의대
『입시
독서』는
달라야 합니다

일상과 이상을 이어주는 책 **일상이상**

의대입시독서는 달라야 합니다

ⓒ 2025, 여성오

초판 1쇄 찍은날 2025년 10월 27일
초판 1쇄 펴낸날 2025년 11월 3일
펴낸이 김종필
펴낸곳 일상과이상
출판등록 제300-2009-112호
주소 경기도 화성시 봉담읍 와우로34번길 63 104-905
전화 070-7787-7931
팩스 031-225-7931
이메일 fkafka98@gmail.com
ISBN 979-11-94227-07-6 (03370)

의대 『입시독서』는 달라야 합니다

여성오 지음

 MMI+ 생기부 52주 의대독서 〉

일상이상

의대입시의 최대변수로 떠오른 독서, 어떻게 준비해야 할까?

| 의대입시를 결정하는 생기부와 다중미니면접(MMI))

"2025년부터는 내신 5등급제가 적용되는데, 의대에 가려면 어떻게 해야 하나요?"

"의대입시독서는 다르게 준비해야 한다는데, 어떻게 해야 하나요?"

입시 정책이 바뀔 때마다 학부모들의 문의 전화가 빗발칩니다. 2025년 고1 학생들부터는 내신 5등급제가 적용됩니다. 과거의 9등급제에서는 4%만 1등급을 받았지만 5등급제에서는 10%가 1등급을 받기 때문에 수시 내신 1등급이 넘쳐나게 되었습니다. 과거에는 1등급만 받으면 원하는 대학에 쉽게 갈 수 있었지만 이제는 1등급을 받더라도 불합격할 수도 있게 되었습니다. 게다가 고교학점제가 시행되면서 다양한 선택 과목을 공부하는 과정에서 지필과 수행평가뿐만 아니라 생기부 세부능력특기사항(소위 '세특') 기재에 대한 부담도 커지게 되었습니다. 그리고 이러한 부담을 줄이려면 독서가 필요하다는 생각이 커지게 되었죠. 수행평가뿐만 아니라 생기부 세특에서 좋은 결과를 얻으려면 진로와 연계해 자신의 꿈을 펼치겠다는 내용을 담아내야 하는데, 그러기 위해 필요한 것이 바로 독서이기 때문입니다.

2025학년도 서울대학교 수시모집 지원서 접수현황

모집단위명			학생부종합전형 지역균형전형			학생부종합/실기위주전형 일반전형		
			모집	지원	경쟁률	모집	지원	경쟁률
생활과학대학	소비자아동학부	소비자학전공	6	28	4.67:1	8	114	14.25:1
		아동가족전공	5	12	2.40:1	10	122	12.20:1
	식품영양학과		4	24	6.00:1	12	123	10.25:1
	의류학과		8	22	2.75:1	12	109	9.08:1
	소계		23	86	3.74:1	42	468	11.14:1
수의과대학	수의예과		6	36	6.00:1	17	276	16.24:1
약학대학	약학계열		11	144	13.09:1	29	358	12.34:1
음악대학	피아노과		–	–	–	23	197	8.57:1
	관현악과		–	–	–	47	352	7.49:1
	국악과		–	–	–	28	279	9.96:1
	소계		–	–	–	98	828	8.45:1
의과대학	의예과		39	350	8.97:1	49	790	16.12:1
학부대학	첨단융합학부		30	211	7.03:1	98	975	9.95:1
	자유전공학부		20	117	5.85:1	48	548	11.42:1
치의학대학원	치의학과		–	–	–	25	360	14.40:1
총계			506	2,486	4.91:1	1,499	15,316	10.22:1

그런데 현 고1 학생들이 치르는 2028학년도 입시부터는 수시와 정시 모두 변하게 됩니다. 서울대의 경우 수시 수능최저학력 기준을 폐지하고, 지역균형전형 추천 인원을 고교별 2명에서 3명으로 증원하게 됩니다. 전 과목을 1등급 또는 1.0×를 받은 내신 최상위권 학생들의 경우 서울대 일반전형 2배수(2026학년도 기준 49명×2배수=98명)와 지역균형전형 3배수(39명×3배수=117명) 안에 들면 1단계 합격입니다. 하지만 최종 합격을 위해서는 구술면접고사에서 좋은 성적을 받아야 합니다. 왜 그럴까요? 서울대에는 전국에서 공부 좀 한다는 학생들이

입학하려 하고, 게다가 서울대 의대는 수재 중에서도 수재인 학생들이 지원합니다. 내신과 수능만으로는 합격과 불합격을 결정하기 어렵기에 구술면접고사를 치르는 것입니다.

서울대 의대뿐만 아니라 의대입시를 준비하려면 각종 교내 활동 등 학업 외 '스펙'까지 탁월한 수준으로 관리해야 합니다. 요즘 지원자 서류를 보면 '나는 의대 참 쉽게 들어왔구나' 하는 생각이 든다는 의대 교수님의 말씀이 생각납니다. 지금 같은 환경이었으면 원서를 쓸 엄두도 못 냈을 것이랍니다. 상황이 이러하니 최근 의대입시에서 당락을 가르는 변수로 다중미니면접(MMI: Multi Mini Interview)이 부상하고 있는 것입니다. 서울대를 비롯해 전국 40개 의대와 의학전문대학원의 입시는 최상위권 수험생들의 격전장으로 불리는데, 구술면접고사인 다중미니면접(MMI)이 의대 합격의 당락을 좌우하는 변수가 되었습니다.

우리는 4차산업혁명 시대를 살고 있습니다. AI가 인간의 일자리를 대체하는 시대에는 대기업 직장인도 공무원도 안전하지 않다는 불안감이 확산되었고, 특히 대한민국 학부모들은 교육열이 유독 높아서 자녀를 의대에 보내고 싶어 하는 분이 많습니다. 저는 대치동 학원에서 20여 년간 학생들을 가르치고, 대일외고와 명덕외고 등 외고에서 대입 논구술 및 학생부 세특 기재 독서 이슈를 가르치고 있는데, 제자들 중에는 드물지만 서울대 인문 또는 경영학과 대신 의대를 선택하는 학생들도 있습니다. 여러 입시 자료에서 의치약 등 메디컬 학과들이 서울대 일반학과들보다 배치 점수나 입결이 높은 상황이 당연하게 여겨지는 오늘입니다.

의대입시독서는 달라야 합니다

"다중미니면접을 준비하려면 어떻게 해야 하나요?"

의대입시를 준비하는 학생들은 다중미니면접(MMI)이 중요하다는 것을 알고들 있어서, 자주 질문받습니다. 2008학년도 강원대 의학전문대학원에서 처음 도입된 다중미니면접은 이름처럼 '여러 개로 구성되는 면접'입니다. 보통의 면접은 1곳의 면접실에서 진행되지만 다중미니면접은 소규모 면접이 여러 곳의 면접실에서 연달아 이어집니다. 그리고 면접 유형은 특정 상황에 대처하게 하거나 제시문을 분석하는 식으로 다양해지고 있는 추세입니다.

원조 서구식 다중미니면접은 일상에서 부딪히는 '도덕적 딜레마' 상황에 윤리적 결정을 어떻게 내리는지를 평가하는 고난도 면접 방식입니다. 현재 한국의 의대들이 실시하는 다중미니면접의 제시문 유형과 난이도는 비슷하지만 질문방(면접 장소)의 개수와 시간은 다릅니다. 수험생이 직접 방을 돌아다니며 면접을 치르는 질문방은 보통 2~6개이고, 시간은 질문방당 8~15분으로 설정됩니다. 대학에서 공개한 기출 제시문을 보면 주로 인간관계에서 의사소통이나 딜레마와 관련된 문제를 많이 출제하는 편이고, 인간과 제도, 과학기술, 윤리, 노동, 사회관계 등과 관련된 문제가 주로 출제됩니다. 공통적으로는 도덕적 딜레마와 의료 사고에 대처하는 자세, 상황에 따른 순발력을 평가합니다.

다중미니면접의 상황 제시문은 주로 특정 상황의 간단한 에피소드 형식으로 구성되어 있고, 딜레마 상황이나 상호 대립되는 관점을 담고 있습니다. 면접 현장에서 긴장하지 않고 차분히 답변할 수 있으려면 제시문을 빠르게 이해할 수 있는 텍스트 분석 능력을 길러야 합니다.

다중미니면접을 준비하기 위해서는 독서와 토론이 필요합니다. 어려서부터 다양한 문제와 상황이 드러난 글을 통해 간접경험하는 것이 중요합니다. 독서는 다중미니면접에서 주어지는 다양한 상황과 대응을 간접 체험할 수 있는 최적의 방법입니다. 그중에서도 등장인물들의 가치관 대립, 다양한 선택, 상황에 따라 인물의 운명이 변화하는 소설 읽기나 다양한 윤리적 딜레마 상황과 그것에 대한 이론적 정리가 되어 있는 교양윤리서가 도움됩니다. 그리고 의사의 눈으로 세상을 보는 연습도 필요합니다. 보편적 인류애를 지닌 의사로서 세상의 아픔과 고통을 외면하지 않는 안목으로 독서, 동아리, 봉사활동에 임한다면 상황 훈련 효과도 얻을 수 있습니다. 또 의대면접은 제법 어려운 편이지만 교육과정 내에서 출제되는 원칙을 지키고 있습니다. 그러니 생명과학 교과서나 사회 교과서를 여러 번 읽고 개념과 내용의 흐름을 파악해 두어야 합니다.

의대입시를 준비하는 고등학생이라면 의료 윤리 문제에도 관심을 기울여야 합니다. 제시문에 나오는 대부분의 상황에 윤리적 딜레마가 많기 때문이기도 하지만, 그보다는 의사의 삶 자체가 수많은 선택 상황에 놓이기 때문입니다. 신문 사회면이나 국제면에서 인권과 의학 분야 기사를 유심히 읽어 두는 것도 좋습니다. 윤리 문제와 딜레마적 상황에 처할 때마다 자신이라면 어떤 선택과 판단을 할지를 연습할 수 있기 때문입니다.

다중미니면접은 수험생의 윤리적인 의사결정, 상황판단, 비판적 사고, 의사소통능력 등을 판단하기 위해 도입한 평가 방식입니다. 다양한 상황(윤리적 딜레마, 역할극, 위기 상황, 의료 환경, 상황 판단, 지원 동기)에 대한 제시문을 주고 어떻게 대처하는지를 알아보는 식입니다. 이를 통해 의료인이 가져야 할 공감능력, 의사소통능력, 팀워크능력 등 비인지적 자질을 평가합니다.

우리 사회에서 의사가 갖춰야 할 덕목으로 '인성'이 중요해지자 공부만 잘하는 지원자를 걸러내기 위해 2013학년도 서울대 의대 수시 일반전형에서 다중미니면접이 본격적으로 도입되었습니다. 그리고 이를 도입하는 의대가 점차 늘면서 2026학년도에는 서울대를 비롯해 가톨릭대, 성균관대, 경희대, 아주대, 한림대, 건양대, 계명대, 대구가톨릭대, 부산대, 울산대, 인제대 등에서 다중미니면접을 실시합니다. 이 책은 의대입시에 필요한 생기부 세특뿐 아니라 다중미니면접에도 대비하기 위한 독서법을 소개했습니다.

빅5 의대 수시 모집 면접 비율

학교이름	유형	전형명	인원	서류	면접
서울대	종합 ▼	일반	50	50	50
	종합 ▼	지역균형	39	70	30
	종합 ▼	사회통합	7	70	30
연세대	종합 ▼	활동우수	45	60	40
	종합 ▼	기회균형	3	60	40
가톨릭대	종합 ▼	학교장추천	25	70	30
	종합 ▼	가톨릭지도자추천	2	70	30
성균관대	종합 ▼	성균인재	20	70	30
울산대	종합 ▼	잠재역량	10	50	50
	교과 ▼	지역교과	10	80	20
	종합 ▼	지역인재	13	50	50
	종합 ▼	지역인재(기초/차상위)	1	50	50

| 일주일에 한 권, 변화된 입시 지형에 맞춘 의대입시 필독서 52권 읽기

이 책은 서울대 의대를 비롯한 주요 의대의 면접과 생기부 기재를 동시에 대비하기 위해 만든 책입니다. 이미 의대입시 필독서를 소개한 다양한 책들이 출간되었지만, 당사자들인 수험생들의 활용도는 높지 않은 것 같아서 일상과이상 출판사 김종필 대표와 함께 이 책을 기획하게 되었습니다. 변화된 입시 지형을 반영하지 못하고 과거의 사례에 머물러 "이래라! 저래라!" 하는 식의 훈계는 학생들과 학부모들에게 불안감만 키워줄 뿐입니다. 2028학년도부터 변화하는 입시에 맞추어 생기부 기재와 의대면접을 동시에 준비할 수 있는 자료가 필요한 시점입니다. 이 책은 다음과 같은 특징이 있습니다.

1. 최신 서울대 다중미니면접 기출 제시문들을 소개했습니다. 매년 3월 말에 공개되는 전년도 기출 자료들을 최신 순으로 정리해 순차적으로 경험해 볼 수 있도록 구성했습니다. 2025학년도부터 2024학년도, 2023학년도, 2022학년도, 2021학년도 등 역순으로 구성했는데, 원본 제시문들을 실전처럼 2분씩(!) 읽으며 의대면접에 대비하면 좋겠습니다. 실제로 다중미니면접을 치르는 것처럼 제시문에 수반되는 질문과 추가 질문, 답변 예시까지 연습할 수 있도록 구성했습니다.

2. 최신 의대입시 트렌드에 맞춰 추천도서들을 소개했습니다. 2025년 고1부터는 교과서가 개정교육과정에 맞게 새롭게 바뀌었습니다. 이 책을 집필하기 위해 새롭게 바뀐 교과서와 트렌드를 반영한 신간 도서들을 찾아보았습니다. 차별화된 생기부, 독창적인 면접에 도움이 되기를 바라며 수험생의 수준에 맞는 책들을 고르고 또 골랐습니다.

그리하여 이미 출간된 '의대입시 필독서'들을 소개한 책들이 미처 소개하지 않은 책들도 소개했습니다. 만약 이미 출간된 책들에서 소개한 책들을 이 책에서도 소개한다면 중요한 책이 맞습니다. 그런 책은 좀 더 주의 깊게 살펴야겠습니다.

3. 이 책에 표기된 '분량 ★★★★★'는 200페이지 내외로 짧아서 좋은 책입니다. 읽기 부담이 클수록 별이 적습니다. 벽돌처럼 두껍고 무거운 책은 '분량 ★★'입니다. '내용 ★★★★★'는 쉬운 책입니다. '내용 ★★★'는 다소 전문적인 내용이라서 난해할 수 있습니다. 이 책은 의대입시에 얼마나 활용도가 높은지를 알려주기 위해 활용 항목도 별점으로 표시했는데, 이 책에서 소개한 책들 대부분은 '활용 ★★★★' 또는 '활용 ★★★★★'로 활용도가 높은 책 위주로 소개했습니다. '백문불여일견(百聞不如一見)'이라고 백 번 듣는 것보다 한 번 보는 것이 낫습니다. 의대입시를 준비한다면 이 책에서 소개한 책들을 e-BOOK도 좋으니 꼭 읽어보기를 권합니다.

4. 실제로 의대에 합격한 학생들의 생기부 세특 예시로 마무리했습니다. 52권의 책을 활용해 생기부 과목별 세부능력특기사항에 기재할 수 있는 샘플들을 소개했습니다. 세특 최대 분량인 1,500Byte에 맞춘 버전과 2/3 분량, 1/3 분량까지 친절하게 정리해 보았습니다. 고등학생들이 국영수사과(나아가 음미체까지) 과목별 세특(세특과 자율, 동아리, 진로 창체)을 작성하면서 학기 중 수행평가와 발표 자료들을 정리할 때, 독서를 활용할 경우 자기주도성을 인정받을 수 있습니다.

지은이 여성오

《이토록 다정한 개인주의자》 | 함규진
" 더불어 사는 삶을 위한 최소한의 도덕 "

| 분량 ★★★★★ | 내용 ★★★★ | 활용 ★★★★★ |

〈2025학년도 서울대 수시 의과대학 면접 제시문 1〉

치과 대기실에 앉아 있는데 겁에 질린 아이의 날카로운 비명소리가 들린다. 어린 시절 치과를 무서워했던 기억이 떠오르며 안타까운 마음이 든다. 의사, 간호사, 아이의 엄마가 아이를 달래기 위해 애쓰고 있는 것 같다. 하지만 아이의 비명소리는 잦아들지 않고 30분째 지속되고 있다. 내가 예약한 시간이 벌써 한참 지났지만 언제 치료를 받을 수 있을지 모르겠다. 점심시간에 겨우 시간을 내어 충치 치료를 하러 온 것인데 점심시간이 얼마 남지 않았다. 아팠던 이가 더욱 욱신거린다. 함께 진료를 받으려고 대기하고 있던 한 사람이 간호사에게 얼마나 더 기다려야 하는지 불만스럽게 물었다. 간호사가 진료실을 쳐다보며 어쩔 수 없는 상황이라고 이야기하자 남자의 언성이 높아진다. 직장인들이 주로 예약하는 이 시간대에는 어린이 환자를 받으면 안 되는 것이 아니냐고 따지듯 묻는다. 나는 그의 의견에 동조하며 눈빛과 고갯짓으로 함께 항의하였다.

의대면접의 대표적 유형인 서울대 다중미니면접(MMI) 제시문입니다. 이 책은 매주 하나씩 총 52개의 서울대 의대면접 제시문을 소개할 것입니다. 서울대 MMI는 제시문 면접방 4개와 생기부 면접방 1개에서 진행됩니다. 제시문 면접은 제시문당 준비시간 2분과 질의응답 8분으로 총 10분, 생기부 면접은 지원자의 생기부에 대한 질의응답으로 20분간 이루어지므로, 한 명의 지원자에게 모두 60분이나 되는 긴 시간이 주어집니다.

2025년 고1부터는 내신 교과 5등급제가 적용됩니다. 기존 내신 교과 9등급제보다 전 과목에서 1등급을 받는 학생이 일정 부분 증가하리라 예상됩니다. 9등급제에서는 4%가 1등급을 받지만 5등급제에서는 10%가 1등급을 받으므로 2.5배 이상 증가한다는 분석도 제기되지만, 기존 절대평가 과목들이 고교학점제에서 상대평가로 바뀌는 측면을 고려하면 전 과목 1등급이 획기적으로 늘어날 수는 없다고 봅니다. 결국 서울대 의대 등 최상위권 경쟁 구도에서 내신은 예선전, MMI 같은 구술면접이 결승전이 될 것입니다.

'이토록 다정한 개인주의자(함규진)' 의대입시에 활용하기

'이토록 다정한 개인주의자(함규진)'는 2024년 8월 발간된 244페이지 분량의 도서입니다. '정의란 무엇인가(마이클 샌델)'로 유명한 마이클 샌델의 '공정하다는 착각'을 번역한 서울교대 윤리교육과 함규진 교수님의 책입니다. 함규진 교수님은 대학에 처음 입학해 법학을 전공했다고 합니다. 대학에 입학해서 교수님께 "학문을 시작하는 입장에서 기초적인 교양과 지식을 쌓으려면 어떤 책부터 읽으면 좋을까요?"라고 질문을 드리자 슬프게도 "법대에 들어왔으면 사법고시에 필요한 책만 봐라. 그것 말고는 볼 책이 없다"는 대답을 들었답니다.

그 후로 법학 공부에 정이 붙지 않아 학교도 학과도 바꾸고 새출발을 했는데 두 번째 선택은 성균관대 행정학과였습니다. 그러나 결국 정착한 학문은 정치외교학입니다. 한국정치사상을 전공하여 동 대학원에서 정치외교학 석사와 박사 학위를 받았습니다. 정약용에 대한 논문을 준비하면서 한국사상과 한국사, 한국정치 사이의 연관성에 대해 깊이 공부하고, 생각하며 쓰게 되었다고 합니다. 동양과 서양, 전통과 현대, 진보와 보수 등 서로 대립하고 외면하는 것들 사이의 화해와 연결을 모색하고자 하는 저자의 고민은 내신과 수능, 구술면접을 준비하기 위해 2022 개정교육과정에 맞춘 새로운 교과서로 통합사회 과목을 공부하는 수험생들에게 필요한 내용을 담은 책이기도 합니다.

표준국어대사전에서 '개인주의'는 사회의 모든 제도에 있어서 개인의 가치를 존중하는 태도로 정의됩니다. 저자는 개인이 '한 명의 시민으로서 자신의 권리와 의무를 합리적으로 수행하는 자'를 뜻한다고도 말합니다. 즉, 자신의 자유와 행복을 추구하기 위해, 타인도 역시 나와 똑같이 그러하다는 사실을 인정하는 사람이 개인주의자입니다. 그러나 개인주의자를 '이기주의자'로 잘못 이해하는 사람들이 많습니다. 이기주의자는 자기만의 이익과 행복만을 추구하며, 다른 사람을 전혀 돌보거나 생각하지 않는 태도를 지닌 사람을 의미합니다. 이들은 언제나 자기 자신이 먼저이기에, '내 생각대로 행동할 자유'만을 강조하며 남의 일에는 귀를 닫고 살아갑니다.

저자는 인터넷에서 벌어지는 각종 논란이나 '알빠노(내가 알 바 아니다)', '누칼협(누가 칼 들고 협박했니?)' 등과 같은 댓글 반응을 보면서 마치 사회가 우리에게 이기적으로 살아가라고 권유하는 것처럼 느껴진다고 말합니다. 팍팍한 현실에 지치고 '나 하나 살기도 벅찬데 남을 어떻게 신경 써'라는 생각이 들면서 점점 냉소적이고 이기적인 태도가 자연스러워지기도 하는 것이 오늘의 한국 사회이기 때문입니다.

그러나 고대 로마의 신학자이자 철학자인 아우렐리우스 아우구스티누스는 다음과 같이 말합니다. "이 세상 어느 것 하나도 나와 관계없는 것은 없다. 인류, 도덕의 문제도 나의 일이며, 진리와 자유와 인도와 정의의 문제를 추궁함도 나의 일이다." 의대면접을 볼 때 뿐만 아니라 살면서 누구나 한 번쯤은 절대로 혼자서 해결할 수 없는 문제와 마주하게 됩니다. 그럴 때마다 우리는 자신이 의식하든 의식하지 못하든 타인의 도움을 필요로 합니다. 그래서 인간을 '사회적 동물'이라고 부릅니다. 다른 사람들과 공존하기 위해 최소한의 노력을 기울여야 하는 이유이기도 합니다.

'문송(문과라서 죄송합니다)'의 시대라지만 철학과 윤리학은 오늘날과 같이 분노와 갈등으로 가득한 세상에서 합리적으로 판단하고, 올바른 기준으로 스스로를 지키며, 이 세상에서 더불어 살아가는 길을 제시합니다. 저자는 플라톤의 정의론부터 마이클 샌델의 공동체주의까지 다양한 학자들이 제안하는 가장 현명한 삶의 태도가 바로 '다정한 개인주의자'라고 결론 내리며 '이토록 다정한 개인주의자'를 책의 제목으로 정했습니다.

이 책은 요즘 논란이 되고 있는 문제들을 철학과 윤리학의 시선으로 바라보도록 이끌어, 나의 생각과 가치관뿐만 아니라 타인의 생각과 가치관을 존중하는 어른이 되는 법을 알려주는 책입니다.

1장에서는 애덤 스미스나 공자의 사상 등 타인을 더 깊이 이해하는 데 도움이 되는 철학 이론을 소개합니다. 'T(사고형)'와 'F(감정형)' 간의 싸움과 같이 타인과 감정적인 문제를 겪을 때 상대방의 입장을 이해하고 현명하게 갈등을 해결하는 법을 배울 수 있습니다.

2장은 정약용이 강조했던 인과 의, 플라톤이 말하는 충실함의 미덕 등을 소개하며 사람들과의 관계 속에서 적정한 선을 지키며 사는 법을 알려줍니다. '자유'라는 이름 하에서 용인될 수 있는 행동의 선은 어디까지인지를 깨닫게 됩니다.

3장은 사회에서 겪는 갈등을 멈추는 데 필요한 도덕적 태도를 설명합니다. 도덕철학의 핵심 이론 중 하나인 행위 공리주의부터 현대 윤리학의 거장인 피터 싱어의 사상까지 과거와 현대의 사상을 넘나들며 오늘날 우리에게 필요한 태도가 무엇인지 정립해 나갈 수 있습니다.

4장은 투표권, 환경보호, 장애인 문제와 같이 사회의 구조적인 문제를 해결하기 위해 필요한 도덕을 다룹니다. 한 명의 시민으로서 기존 관념에 의문점을 품고, 다양한 정보를 찾아보고, 관점을 넓혀 더 바람직한 사회를 만드는 데 이바지하도록 이끌어줍니다.

한 개인으로서 자기 삶을 행복하게 만들기 위해 노력하는 것만으로도 전쟁같이 힘든 세상입니다. 입시 경쟁에서 살아남기 위해, 취업 관문을 뚫기 위해, 직장에서 생존하기 위해 현대인은 너무나도 고통스러운 삶을 견디며 살아갑니다. 이처럼 서로가 서로를 보듬고 배려하기 힘든 세상이지만 그럼에도 인류는 서로를 위하며 살아가야 한다는 저

의대입시독서는 달라야 합니다

자의 주장은 통합사회 교과서에서 등장하는 주요 학자들의 이론과 부합합니다.

"개인주의에서 출발해야 한다. 다만 최대한 다정하도록 애쓸 필요가 있다. 그러려면 관점과 해법의 다양성을 받아들이는 것이 좋다(본문 중)."

'남에게 폐 끼치지 않으면서 자유롭고 행복하게 사는 삶'은 요즘 세상을 사는 이들이 바라는 삶의 방식일 것입니다. 그런데 남에게 폐를 끼치지 않는 것과 자유롭게 사는 것 사이의 균형은 어떻게 맞추어야 할까요?

고속버스에서 좌석 등받이를 뒤로 젖히는 문제로 승객 간에 싸움이 벌어졌고, 여러 언론에서 이 사건을 크게 다루었습니다. 소위 '고속버스 좌석 등받이 논란'은 각종 커뮤니티에서 치열한 찬반 논쟁이 이어지는 등 한동안 인터넷을 뜨겁게 달구었는데, 단순한 '개인의 잘못'이 아니라 '배려'와 '자유' 등 윤리와 관련한 문제로까지 갈등이 확대되었기 때문입니다.

비단 좌석 등받이 문제뿐만 아니라 인터넷 포털에는 복잡하고 혼란스러운 사건사고 소식이 매일 끊임없이 올라옵니다. SNS와 유튜브에서는 다양한 비판과 비난이 쏟아지며 찬반 여론이 격렬하게 충돌하지만, 사건은 금세 잊히고 상처와 분노의 흔적만 남는다는 점에 저자는 주목합니다. 이런 모습이 이제 우리에게 익숙해졌다는 점에서 비판적이고도 대안적인 논의의 필요성이 대두됩니다.

논리적 혹은 윤리적 혼란 속에서 우리는 각자의 경험과 가치관에 근거해 옳고 그름을 판단하지만, 사실 대부분의 문제에 여러 이해관계가 복잡하게 얽혀 있어 무엇이 정말로 옳은지 명확한 기준을 찾기가 쉽지 않습니다. 더욱이 AI 등 과학기술의 발전으로 우리가 지켜온 기존의 가치들이 심각하게 흔들리고 있고, 세계 경제가 저성장의 길에 접어들면서 미래에 대한 불안 역시 날이 갈수록 커지고 있습니다. 이러한 불안은 점점 타인을 향한 분노와 혐오로 번져가고 있고, 이 때문에 올바른 도덕적 기준과 공존을 위한 태도가 그 어느 때보다 절실해졌다고 저자는 주장합니다.

이 책은 살면서 한 번은 만나게 될 공자, 애덤 스미스, 데이비드 흄, 리처드 브란트, 필립 페팃, 정약용, 칼 포퍼, 플라톤, 제러미 벤담, 피터 싱어, 주희, 슬라보예 지젝, 발터 벤야민, 이사야 벌린, 로버트 달, 한스 요나스, 소피아 모로, 아마르티아 센, 마사 누스바움, 아르투어 쇼펜하우어 등 동서고금 20여 명의 주요 학자들의 핵심 개념과 이론들을 소개하므로, 면접뿐만 아니라 생기부 작성, 수능 국어 비문학(독서) 지문 독해와 통합사회에 대비하는 데도 유용합니다.

2025학년도 서울대 수시 의과대학 면접 제시문 1로 돌아가 봅시다. 치과(든 어느 과든) 대기실에 앉아 있는데 겁에 질린 아이의 날카로운 비명소리가 들리는 순간 눈과 귀와 뇌가 돌아보게 됩니다. 어린 시절 치과를 무서워했던 기억이(없는 성인이 누가 있겠습니까?) 떠오르며 안타까운 마음이 드는 건 맹자의 측은지심이기도 합니다. 의사, 간호사, 아이의 엄마가 아이를 달래기 위해 애써도 아이의 비명소리는 잦아들지 않고 30분째 지속되고 있는 괴로운 상황입니다. 예약한 시간이 벌써 한참 지났지만 언제 치료를 받을 수 있을지 모르겠다는 생각이 들 것입니다. 점심시간에 겨우 시간을 내어 충치 치료를 하러 온 것인데 점심시간이 얼마 남지 않았으니 짜증도 나겠습니다. 아팠던 이가 더욱 욱신거리는 느낌은 기분 탓일까요? 함께 진료를 받으려고 대기하고 있던 한 사람이 간호사에게 얼마나 더 기다려야 하는지 불만스럽게 물을 때 반가운 기분이 자연스럽게 들겠죠? 간호사가 진료실을 쳐다보며 어쩔 수 없는 상황이라고 이야기하자 남자의 언성이 높아지는 모습은 드라마보다 더 현실입니다. 직장인들이 주로 예약하는 이 시간대에는 어린이 환자를 받으면 안 되는 것이 아니냐고 따지듯 묻는 그의 의견에 동조하며 눈빛과 고갯짓으로 함께 항의하는 모습을 어떻게 평가해야 하겠습니까?

상황 제시문은 서울대를 포함한 대다수 의대면접의 대표적인 유형입니다. 의대면접에서는 문제 상황을 제시합니다. 해당 상황에서 발생하는 문제가 무엇인지, 그 문제 상황에서 의대 지원자라면 어떻게 할 것인지, 등장 인물들의 감정은 어떠한지 등을 차례로 묻습니다. 이 책('의대입시독서는 달라야 합니다')에는 의료 상황과 비의료 상황 등과 관련된 다양한 제시문들을 소개할 것입니다. 특히 서울대의 경우 비의료 상황의 딜레마와 관련된 제시문을 매년 출제하고 있습니다. 동아리나 조별 프로젝트 상황, 경시대회나 성적 관련 교우관계에서의 갈등, 학교 폭력 등 다양한 상황이 주어집니다. 학교 상황이 아닌 경우도 종종 주어집니다. 일반적으로 사회에서 마주칠 수 있는 장면들이 주어집니다. 피자 가게 사장님이 되기도 하고, 지하철에서 이민자를 만나기도 합니다. 윤리적인 딜레마에서의 선택, 곤경에 처한 친구나 지인에 대한 공감과 배려의 문제까지 짧은 면접 시간에 평가받게 됩니다. 치과 진료 대기실 상황 제시문 면접은 일반적인 윤리 문제로까지 나아갑니다. 추가 제시문으로 친밀도와 공감 관련 통계 자료를 제시하고, 친밀감에 따른 공감의 실천이 윤리적인지를 추가로 질문했다고 합니다.

 **생기부 세특 예시**

'이토록 다정한 개인주의자(함규진)'를 통해 통합사회 교과에서 다루는 다양한 사회적 윤리적 이슈에 대해 주요 학자들의 핵심 개념과 이론들을 연결시켜 살펴봄. 전통과 현대, 보수와 진보 등 서로 대립되는 입장들 사이에서 인류가 공존하는 길을 찾기 위한 공론화의 중요성을 배우며 고대 그리스 사상가 플라톤부터 현대 정치철학의 핵심 인물 마이클 샌델까지 방대한 사상을 바탕으로 꼰대혐오 같은 사소한 문제부터 인종차별, 장애인 혐오, 환경 문제까지 좀 더 명확하고 넓은 시선으로 바라볼 수 있는 시야를 갖게 되는 계기가 됨. 특히 투표권, 환경보호, 장애인 문제와 같이 사회의 구조적인 문제를 해결하기 위해 필요한 도덕의 역할에 대해 성찰해 봄. 한 명의 시민으로서 기존 관념에 의문점을 품고, 다양한 정보를 찾아보고, 관점을 넓혀 더 바람직한 사회를 만드는 데 이바지하기 위한 토론의 중요성을 배우고 느낌. '정의란 무엇인가(마이클 샌델)'와 연계해 공리주의와 공동체주의의 핵심 논리와 쟁점들을 이슈별로 정리해 보고, 나만의 자유만을 중시하던 '개인주의자'에서 자신의 가치와 관심을 중심에 두면서도 타인과 더불어 살아가는 '다정한 개인주의자'가 되기 위한 구체적인 모둠 논의 과

의대입시독서는 달라야 합니다

제를 추가로 설정해 봄.(1,499Byte, 띄어쓰기 포함 613자)

   '이토록 다정한 개인주의자(함규진)'를 통해 통합사회 교과에서 다루는 다양한 사회적 윤리적 이슈에 대해 주요 학자들의 핵심 개념과 이론들을 연결시켜 살펴봄. 전통과 현대, 보수와 진보 등 서로 대립되는 입장들 사이에서 인류가 공존하는 길을 찾기 위한 공론화의 중요성을 배우며 인종차별, 장애인 혐오, 환경 문제까지 좀 더 명확하고 넓은 시선으로 바라볼 수 있는 시야를 갖게 되는 계기가 됨. 특히 투표권, 환경보호, 장애인 문제와 같이 사회의 구조적인 문제를 해결하기 위해 필요한 도덕의 역할에 대해 성찰해 봄. '정의란 무엇인가(마이클 샌델)'와 연계해 공리주의와 공동체주의의 핵심 논리와 쟁점들을 이슈별로 정리해 보고 구체적인 모둠 논의 과제를 추가로 설정해 봄.(908Byte, 띄어쓰기 포함 374자)

   '이토록 다정한 개인주의자(함규진)'를 통해 통합사회 교과에서 다루는 다양한 사회적 윤리적 이슈에 대해 주요 학자들의 핵심 개념과 이론들을 연결시켜 살펴봄. 전통과 현대, 보수와 진보 등 서로 대립되는 입장들 사이에서 공론화의 중요성을 배우며 특히 투표권, 환경보호, 장애인 문제와 같이 사회의 구조적인 문제를 해결하기 위해 필요한 도덕의 역할에 대해 성찰해 봄.(498Byte, 띄어쓰기 포함 204자)

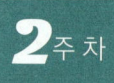

2주차

《넥서스》 | 유발 하라리

" 석기시대부터 AI까지,
정보 네트워크로 보는 인류 역사 "

분량 ★★	내용 ★★★	활용 ★★★★★

📑 〈2025학년도 서울대 수시 의과대학 면접 제시문 2〉

아래는 각 항목의 정의이다.

〈지속 가능 에너지〉

(가) 태양광 발전

태양의 빛 에너지를 변환시켜 전기를 생산하는 발전 기술이다.

(나) 수소 연료 전지

수소의 화학 에너지를 전기로 변환하는 장치이다.

〈혁신기술〉

(다) 자율주행 자동차

운전자의 개입 없이 주변 환경을 인식하고 주행 상황을 판단해 차량을 제어함으
로써 스스로 주어진 목적지까지 주행하는 자동차이다.

(라) 사물 인터넷

인터넷을 통해 데이터를 다른 기기 및 시스템과 연결하거나 교환할 목적으로 센서, 소프트웨어, 기타 기술을 내장한 물리적 객체의 네트워크를 의미한다.

의대면접에서 이런 제시문을 주는 것은, 이 내용들을 바탕으로 여러 질문을 하겠다는 뜻이겠죠? 이 기술들이 의학이나 의료 분야에 어떻게 적용될 수 있을까? 이 기술들이 가져올 사회적 변화나 윤리적 문제에 대해 어떻게 생각하니? 지속 가능 에너지와 혁신기술의 발전이 인류 건강에 어떤 영향을 미칠까? 이런 식으로 제시문에 나온 개념들을 의학이나 사회 문제와 연결해서 생각해 보라는 의도를 파악했다면 1주 차 독서를 잘 마친 학생이니 칭찬합니다!

이 제시문은 기술들의 정의만 담고 있지만, 의대면접임을 고려하면 이 기술들을 의학이나 사회와 연결해서 생각해 보라는 의도가 분명합니다. 제시문의 내용들을 바탕으로 나올 수 있는 질문들을 추론해 봅시다. 먼저 의료 분야에 적용 및 활용할 수 있는 것과 관련된 질문입니다.

- 제시문에 언급된 기술들(태양광 발전, 수소 연료 전지, 자율주행 자동차, 사물 인터넷)이 미래 의료 현장이나 환자 치료에 어떻게 활용될 수 있을까요? 구체적인 예를 들어 설명해 보세요.
- 이 기술들이 의료 서비스의 질을 높이거나 접근성을 개선하는 데 어떤 기여를 할 수 있을까요?
- 자율주행 기술이 응급 환자 이송이나 원격 진료에 어떤 변화를 가져올 수 있을까요?

- 사물 인터넷 기술을 활용하여 환자의 건강 상태를 실시간으로 모니터링하는 시스템을 구상해 본다면?

의대입시에서는 사회적, 윤리적인 것과 관련된 질문도 받을 수 있습니다.

- 이러한 기술 발전이 가져올 수 있는 사회적 불평등이나 윤리적 문제에는 어떤 것들이 있을까요?(예: 기술 접근성의 차이, 데이터 프라이버시 문제, 자동화 시스템의 책임 문제 등)
- 의료 분야에서 자율주행이나 사물 인터넷 기술을 도입할 때 발생할 수 있는 윤리적 딜레마는 무엇이며, 어떻게 해결해야 할까요?
- 지속 가능 에너지가 의료 시스템 운영에 필수적인 요소가 될 때, 에너지 공급의 안정성이나 비용 문제는 어떻게 다루어야 할까요?

미래 의료 전망 및 의사의 역할과 관련된 질문도 받을 수 있습니다.

- 이 기술들이 보편화되었을 때, 미래 의사의 역할은 어떻게 변화할 것이라고 생각하나요?
- 기술 발전이 의사와 환자 간의 관계에 어떤 영향을 미칠 수 있을까요?
- 이러한 기술 발전에 발맞춰 예비 의료인으로서 어떤 준비를 해

야 할까요?

개인적 견해 및 비판도 준비해야 합니다.

- 제시된 기술 중 의료 분야에 가장 큰 영향을 미칠 것이라고 생각하는 기술은 무엇이며, 그 이유는 무엇인가요?
- 이 기술들의 발전 과정에서 예상되는 가장 큰 어려움이나 한계는 무엇이라고 보나요?
- 지속 가능 에너지와 혁신기술의 균형 있는 발전이 왜 중요하다고 생각하나요?

다양한 질문들을 예상해 보고 각 기술에 대해 의료와 연결해 깊이 생각해 두면 면접에서 당황하지 않고 잘 대답할 수 있습니다. 제시문의 내용을 단순히 외우는 것보다 해당 기술들이 현실 세계, 특히 의료 분야에 어떤 영향을 미칠지를 상상하고 고민하는 태도가 중요합니다. 실제로 이 면접에서는 각 기술의 장단점을 설명해 보라고 먼저 물었습니다. 각 기술들이 공통적으로 추구하는 목표에 이어 인간이 AI와 공존하기 위해 고려해야 하는 여러 요소들을 추가 제시문으로 언급했습니다. 자기계발, 상상력과 창의력, 인간관계와 공감, 기술에 대한 통솔력 등 다양한 덕목들 중에서 본인이 생각했을 때 가장 필요한 요소와 본인이 가장 잘할 수 있는 요소를 질문했습니다.

'넥서스(유발 하라리)' 의대입시에 활용하기

'석기시대부터 AI까지, 정보 네트워크로 보는 인류 역사'라는 부제를 달고 있는 '넥서스(유발 하라리)'는 2024년 11월 발간된 저자의 최신 작입니다. 684페이지가 부담스럽다는 학생들에게 마지막 100여 페이지는 각주이므로 실제 분량은 500여 페이지이니 겁먹지 말고, 두 권을 읽는다는 마음으로 도전하라고 응원합니다.

글로벌 베스트셀러《사피엔스》,《호모 데우스》,《21세기를 위한 21가지 제언》을 집필한 우리 시대의 가장 중요한 사상가인 저자가 압도적 통찰로 AI 혁명의 의미와 본질을 꿰뚫어 보고 인류에게 남은 기회를 냉철하게 성찰하는 책입니다. 생태적 붕괴와 국제정치적 긴장에 이어 친구인지 적인지 모를 AI가 일으키는 혁명까지, 인간 본성의 어떤 부분이 우리를 자기 파괴의 길로 내모는 것일까? AI는 이전 정보 기술과 무엇이 다르고, 왜 위험할까? 멸종을 향해 달려가는 가장 영리한 동물, 우리 사피엔스는 생존과 번영의 길을 찾을 수 있을까? 의대면접에서 마주치는 질문들처럼 진지한 질문들이 이어집니다.

대학 연구실에서만 안주하지 않고 정치학과 종교학, 매체학과 진화생물학, 심지어 컴퓨터과학 등 다양한 학제 간 지식을 습득해 온 저자의 독창적인 역사적 시각과 스토리텔링은 인류를 위한 중요한 선택의 순간에 빛을 발합니다. 특히《사피엔스》와《호모 데우스》에서 펼쳤던 논지가 '정보'를 중심으로 통합되어 더 정교하게 실체를 드러내는《넥서스》에서 우리는 '현실주의'적 해법을 만나게 됩니다. AI가 인류의 존재를 위협하는 오늘날에, 우리는 실수할 여유가 없다는 무서운 경고를 보내기도 합니다.

저자 유발 하라리는 예루살렘 히브리대학교의 역사학과 교수입니다. 우리 시대에 가장 영향력 있는 지성인으로 평가됩니다. 영국 옥스퍼드대학교에서 중세 전쟁사로 박사 학위를 받았으나 역사와 생물학의 관계, 호모 사피엔스와 다른 동물 간의 본질적 차이, 21세기에 들어 과학과 기술이 불러일으킨 윤리적 문제 등 다양한 주제를 연구합니다. 2018년과 2020년에 다보스에서 열린 세계경제포럼에서는 인류의 미래에 관해 기조연설을 했습니다. TED와 각종 영상을 통해 연예인처럼 만날 수 있는 저자는 2019년 엔터테인먼트와 교육 부문의 사회적 기업인 '사피엔스십(Sapienship)'을 세워 현재 세계가 직면한 가장 중요한 문제들에 대한 공론을 활성화할 방법을 모색하고 있습니다.

2024년 5월 서울에서 'AI 안전 정상회의'가 열려 세계 각국 정책결정자와 기술 기업 책임자들이 참석했습니다. 2023년 11월 발표된 블레츨리 선언에 이은 후속 회의로, AI를 주제로 열린 이 국제회의의 의제가 '개발'이나 '효율'이 아니라 '안전'이라는 점에 주목해야 합니다. 전례 없는 급속도의 변화를 추동하는 새로운 기술을 둘러싸고 우려의 목소리가 커지고 있기 때문입니다. 2016년 이세돌 9단을 꺾은 알파고가 일으킨 센세이션과도 차원이 다릅니다. 2024년 3월에는 AI 연구를 최소 6개월 동안 중단할 것을 촉구하는 공개서한에 일론 머스크, 스티브 워즈니악 등 2만 7,000명 이상이 서명했습니다. 저자 유발 하라리도 그중 한 명입니다. 책 속으로 들어가 봅시다.

정보는 진실과 딱히 관련이 없으며, 정보가 역사에서 하는 역할은 실존하는 현실을 그대로 재현하는 것이 아니다. 오히려 정보가 하는 일은 별개의 것들을 하나로 묶어서 연인이든 제국이든 새로운 현실을 만들어내는 것이다. 정보의 결정적인 특징은 재현이 아니라 연결이며, 따라서 정보란 서로 다른 지점들을 네트워크로 연결하는 무언가다. 정보가 꼭 어떤 것들에 대해 무언가를 알릴 필요는 없다. 오히려 정보는 서로 다른 것들을 무언가로 묶는 역할을 한다. 별자리 운세는 연인을 별점으로 묶고, 선전 방송은 유권자를 정치적으로 묶고, 군가는 병사들을 군사 대형으로 묶는다.《《1. 정보란 무엇인가?》, 49~50쪽)

알고리즘의 정치적 영향력에 대해서는 더 많은 논의가 필요하다. 무엇보다도 많은 독자들은 알고리즘이 독립적인 결정을 내린다는 주장에 동의하지 않을 것이고, 알고리즘이 한 모든 일은 인간 개발자가 작성한 코드와 인간 경영진이 채택한 사업 모델의 결과물이라고 주장할지도 모른다. 이 책의 입장은 다르다. 인간 병사들은 자신들의 유전 코드와 상사의 명령을 따르지만 그럼에도 여전히 독립적인 결정을 할 수 있다. AI 알고리즘도 마찬가지임을 이해하는 것이 중요하다. 알고리즘도 인간 개발자가 프로그래밍하지 않은 것을 스스로 학습할 수 있고 인간 경영진이 예측하지 못한 결정을 내릴 수 있다. 수많은 새로운 주체들이 세상에 등장하여 강력한 영향력을 행사하고 있다는 것, 이것이 AI 혁명의 본질이다.《《6. 새로운 구성원: 컴퓨터는 인쇄술과 어떻게 다른가?》, 194~195쪽)

하지만 우리에게는 이보다 많은 선택지가 있을 것이다. 앞으로 사람들이 어떤 결정을 내릴지 예측할 수는 없지만, 나는 역사학자로서 변화 가능성을 믿는다. 역사의 중요한 교훈 중 하나는 우리가 자연스럽고 영원하다고 생각하는 많은 것들이 사실은 인간이 만들었으며 바뀔 수 있다는 것이다. 하지만 분쟁이 불가피한 것이 아니라고 해서 안주해서는 안 된다. 오히려 그 반대다. 선택을 잘해야 할 막중한 책임이 우리에게 있기 때문이다. 이는 인류 문명이 분쟁으로 소멸한다면 그것은 어떤 자연법칙이나 낯선 기술 탓이 아니라는 뜻이다. 하지만 반대로 생각하면 우리가 노력할 경우 더 나은 세계를 만들 수 있다는 뜻이기도 하다. 이런 관점은 순진한 것이 아니라 현실주의다. 모든 오래된 것은 한때 새로운 것이었다. *역사의 유일한 상수는 변화다.*(《11. 실리콘 장막: 세계 제국인가, 세계 분열인가?》, 366쪽)

인상적인 마지막 문장입니다. 역사의 유일한 상수는 변화입니다. 통합사회와 통합과학 수행평가와 세특 기재용으로도 좋고, 창체 자율과 진로, 동아리 활동 내용으로 생기부에 담아도 좋은 책입니다. 그리고 무엇보다도 앞에서 소개한 MMI 제시문과 관련된 질문들에 답할 때도 좋은 답변을 제공할 책입니다.

 **생기부 세특 예시**

인공지능 혁명의 의미와 본질에 대해 학습하면서 AI가 주체성을 지

넜다는 주장에 호기심을 품고 '넥서스(유발 하라리)'를 읽게 됨. 이전의 정보 기술인 점토판, 인쇄기, 라디오는 단순히 네트워크 구성원들을 연결하는 장치이자 도구에 불과했지만 컴퓨터는 이미 인간의 통제와 이해를 벗어나 사회, 문화, 역사를 주도적으로 만들어나갈 수 있는 강력한 구성원이 되고 있다는 분석에 공감함. 미얀마에서 자행된 로힝야족의 폭력 이면에 페이스북 알고리즘이 중요한 역할을 했다는 사실과 GPT-4가 문제 해결에 상당한 자율성을 보이며 거짓말을 하면서까지 목표를 완수했다는 사례에 주목해 스스로 목표를 추구하고 결정을 내릴 수 있는 컴퓨터의 출현이 정보 네트워크의 근본적인 구조를 변화시킨다는 주장에 대해 양면성을 토론해 봄. 모든 대규모 사회는 '정보 네트워크'이고, 신화라는 이야기, 관료제의 서류인 문서, 신의 말씀을 기록하고 해석하는 거룩한 책 그리고 오늘날의 AI도 모두 '정보 기술'이라는 거시적 관점을 배우며 저자의 전작 '사피엔스'와 인본주의와 자유주의를 대체할 이념으로 데이터주의를 강조한 '호모 데우스'같이 빅히스토리에 기반해 인류 역사 전반에 대한 통찰력을 키울 수 있는 추가 독서 계획을 준비함.(1,498Byte, 띄어쓰기 포함 614자)

인공지능 혁명의 의미와 본질에 대해 학습하면서 AI가 주체성을 지녔다는 주장에 호기심을 품고 '넥서스(유발 하라리)'를 읽게 됨. 이전의 정보 기술인 점토판, 인쇄기, 라디오는 단순히 네트워크 구성원들을 연결하는 장치이자 도구에 불과했지만 컴퓨터는 이미 인간의 통제와 이해를 벗어나 사회, 문화, 역사를 주도적으로 만들어나갈 수 있는 강력한 구성원이 되고 있다는 분석에 공감함. 미얀마 사례에 주목해 스

의대입시독서는 달라야 합니다

스로 목표를 추구하고 결정을 내릴 수 있는 컴퓨터의 출현이 정보 네트워크의 근본적인 구조를 변화시킨다는 양면성을 토론해 봄. 저자의 전작 '사피엔스'와 인본주의와 자유주의를 대체할 이념으로 데이터주의를 강조한 '호모 데우스'같이 빅히스토리에 기반해 인류 역사 전반에 대한 통찰력을 키울 수 있는 추가 독서 계획을 준비함.(992Byte, 띄어쓰기 포함 404자)

    AI가 주체성을 지녔다는 주장에 호기심을 품고 '넥서스(유발 하라리)'를 읽게 됨. 이전의 정보 기술인 점토판, 인쇄기, 라디오는 단순히 네트워크 구성원들을 연결하는 장치이자 도구에 불과했지만 컴퓨터는 이미 인간의 통제와 이해를 벗어나 사회, 문화, 역사를 주도적으로 만들어나갈 수 있는 강력한 구성원이 되고 있다는 분석과 스스로 목표를 추구하고 결정을 내릴 수 있는 컴퓨터의 출현이 정보 네트워크의 근본적인 구조를 변화시킨다는 양면성을 토론해 봄.(615Byte, 띄어쓰기 포함 251자)

《미술관에 간 의학자》 | 박광혁

" 의학의 눈으로 명화를 해부하다 "

| 분량 ★★★ | 내용 ★★★★ | 활용 ★★★★★ |

📑 〈2025학년도 서울대 수시 의과대학 면접 제시문 3〉

기록화란 특정한 사건을 묘사한 그림이다.

(가)

(나)

의대면접에서는 다양한 그림이 제시됩니다. 2분의 준비 시간 동안 먼저 각 그림의 상황과 차이점을 추론해야 합니다. 실제 면접에서는 (가) 그림은 나폴레옹의 대관식, (나) 그림은 나폴레옹이 페스트 환자를 위문하는 장면이라는 내용을 면접관이 설명해 주고 나서 이 그림들이 무엇을 말하고자 하는지를 질문했습니다.

(가) 그림에서 나폴레옹 대관식의 역사적 의미는 다양하게 설명할 수 있습니다. 먼저, 권력의 정당화와 절대성을 상징합니다. 1804년 나폴레옹이 스스로 황제로 즉위하는 장면으로, 프랑스 혁명 이후 혼란을 수습하고 새로운 권력 질서를 세우려는 의지가 드러납니다. 근대국가와 제국주의의 출발점이기도 합니다. 나폴레옹은 자신을 로마 황제에 비유하며, 프랑스를 강력한 제국으로 재탄생시키려는 야망을 드러냅니다. 정치적 권력을 과시하고 국가를 통합하려는 순간입니다. 대관식은 권력의 신성함과 국가 통합을 상징하는 행사로, 나폴레옹의 권력

집중과 통치의 정당성을 시각적으로 표현합니다. 무엇보다 예술을 통해 정치를 선전하는 사례입니다. 자크 루이 다비드의 이 작품은 권력자의 이미지를 극대화하는 정치적 선전 수단으로 활용되었기 때문입니다.

(나) 그림은 나폴레옹이 페스트 환자를 위문하는 모습을 담아내고 있습니다. 리더십과 인간애를 상징합니다. 나폴레옹이 페스트 환자를 직접 찾아 위문하는 모습은 권력자가 단순한 지배자가 아니라, 고통받는 국민과 함께하는 인간적 리더임을 보여줍니다. 위기 상황에서의 도덕적 책임이 강조됩니다. 역병과 같은 재난 상황에서 지도자의 책임과 희생정신을 상징하며, 사회적 약자에 대한 관심과 연민을 표현합니다. 낭만주의적 인간 중심 가치도 반영됩니다. 이 그림은 권력과 위엄보다 인간의 고통과 연민에 초점을 맞추어, 당시 낭만주의 미술의 특징을 담고 있습니다. 하지만, 역사적 사실과 이상적 리더상 간의 긴장도 나타납니다. 실제 역사에서는 나폴레옹이 페스트 환자들이 있는 곳을 직접 방문하지 않았다는 점에서, 이상적 리더십 이미지와 현실 사이의 간극을 보여주기도 합니다.

'미술관에 간 의학자(박광혁)' 의대입시에 활용하기

'미술관에 간 의학자(박광혁)'는 2017년 초판이 출간되고 MMI, 자소서, 의학논술 대비 등 '의대입시 필독서'로 많은 선배들이 사랑한 책입니다. 의학은 타인의 고통에 응답하는 학문입니다. 환자와 소통하고 그들의 아픔을 이해하는 공감력이야말로 의사에게 가장 중요한 능력이기도 합니다. 그런 점에서 화가가 당대의 가장 예민한 감수성으로 포착한 작품을 감상하는 것은 공감력을 기르는 좋은 훈련입니다. 의학과 의사의 역할에 대해 끊임없이 질문하는 이 책을 통해, 의료인에게 필요한 덕목을 함양하게 됩니다.

- 20만 년 동안 인류를 가장 많이 죽인 '학살자'가 여전히 우리 곁에 있다!
- 다비드가 그린 나폴레옹 초상화에 나폴레옹 사인(死因)의 미스터리를 풀 열쇠가 들어 있다!
- 얀 반 에이크가 첨단 진단 장비보다 또렷하게 캔버스에 투영한 질병은?
- 고흐는 가셰 박사의 방관으로 목숨을 잃은 의료과실 피해자다!
- 카라바조가 그린 바쿠스는 '급성 알코올 중독으로 인한 간염'을 앓고 있다!
- 해부학에 정통한 다 빈치가 성모의 가슴을 실제 가슴이 있어야 할 위치보다 위에 그린 까닭은?
- 티치아노가 그린 '신성로마제국 황제 카를 5세의 초상'에서 신발 크기가 짝짝이인 까닭은?
- 독수리에게 간을 뜯기는 프로메테우스의 고통을 생생히 묘사한 '프로메테우스'의 치명적 오류는?
- 유럽 인구의 3분의 1을 집어삼킨 페스트는 몽골군이 투석기에 실어 성안으로 던져 넣은 한 구의 시체에서 시작됐다!

424페이지이지만 4개의 챕터별로 9개의 작품들을 다루고 있으므로 한 번에 통독하지 않더라도 틈새 시간을 활용해 읽기 좋은 구성입니다. 저자는 진료실에서 보내는 시간 다음으로 미술관에서 많은 시간을 보냅니다. 오늘도 흰 가운을 벗고 병원을 나와 미술관으로 향합니다. 그가 미술관에 간 까닭은 무엇일까요? 상반된 분야처럼 느껴지는 의학과 미술은 '인간'이라는 커다란 공통분모를 가지고 있습니다. 의학과 미술의 중심에는 생로병사를 숙명처럼 안고 살아가는 인간이 있기 때문입니다. 고야의 '디프테리아'처럼 질병에 신음하는 인간의 모습을 생생히 묘사하고 있는가 하면, 푸젤리의 '악몽'처럼 인간의 정신세계 가장 밑바닥에 있는 무의식을 탐사하기도 합니다. 얀 반 에이크의 '참사위원 요리스 반 데르 파엘레와 함께 있는 성모자'는 CT 스캐너 같은 최첨단 의료 장비보다 병세를 더 상세하게 투영한다고 합니다. 2024년 9월에 출간된 개정판의 머리말에서는 '타인의 고통에 응답하는 공부'를 강조합니다.

청진기를 대고 명화와 의학의 숨결을 들어 봅니다. 생로병사는 모든 인간이 숙명처럼 안고 살아가는 '삶의 궤적'입니다. 한 인물의 삶의 궤적을 몇 점의 명화를 통해 훤히 들여다볼 수 있다고 저자는 주장합니다. 나폴레옹은 1821년 사망했는데 '독살설', '비소중독설' 등 죽음의 원인을 둘러싸고 음모론이 끊이지 않습니다. 나폴레옹 사인에 얽힌 미스터리를 풀 열쇠가 미술관에 있다고? 시간차를 두고 나폴레옹을 그린 세 점의 명화는 나폴레옹이라는 인물의 생로병사를 압축적으로 보여 줍니다. 다비드가 그린 '튈르리궁전 서재에 있는 나폴레옹'에서는 나폴레옹에게 찾아온 위암의 전조 증상을 발견할 수 있답니다. 그림 속 나폴레옹은 조끼 단추를 몇 개 푼 다음 오른손을 조끼에 집어넣고 있기 때문입니다. 나폴레옹을 그린 다른 화가의 작품에서도 빈번히 등장하는 이 포즈는 명치 부위에 발생한 통증을 완화시키기 위한 모습이라고 분석합니다. 나폴레옹은 세인트헬레나 섬에 유배된 지 6년 뒤 영욕이 교차했던 생을 마감했습니다. 나폴레옹의 마지막 모습을 그린 베르네의 '임종을 맞는 나폴레옹'도 '위암'이라는 사인에 힘을 실어준답니다. 그림 속 나폴레옹은 앙상하게 말라 있습니다. 유배되기 몇 달 전을 묘사한 들라로슈의 '퐁텐블로의 나폴레옹 보나파르트'에서 배가 불룩 나왔던 모습과 매우 대조적입니다. 위암은 체중 감소, 식욕 부진, 지방 조직 및 근육 쇠퇴 등의 증상을 동반합니다.(90쪽)

화가 이중섭은 디프테리아로 아들을 잃고 잠을 자다 벌떡 일어나 그림을 한 점 그렸답니다. 구상 시인이 그림에 관해 묻자, 이렇게 말했습니다. "우리 아기 천국 가는 길이 심심하지 말라고 친구들을 그려 넣었어. 배고프지 말라고 복숭아도 그려 넣었고." 이중섭은 작은 나무 관에 아들의 시신과 그림을 함께 넣고 묻어주었다고 합니다(106쪽). 선천성 골계통질환인 '농축이골증'을 앓았던 로트레크는 "내 다리가 조금만 길었더라면 난 결코 그림을 그리지 않았을 거야"라고 이야기했습니다(211쪽). 화가에게 찾아온 질병과 그들이 목격한 질병에 신음하는 인간의 모습은 '붓'이 되어 수많은 명작의 산파 역할을 했습니다.

페스트와 스페인독감 같은 치명적 전염병은 문명의 쇠퇴와 몰락을 부추기며 인류 역사를 바꿔놓았습니다. 전염병이 휩쓸고 간 처참한 세상의 모습은 어떤 의학 자료보다도 생생하게 캔버스에 재현되었습니다. 간염, 통풍, 내반족, 메데이아 콤플렉스처럼 오래전 그림에 담긴 몇몇 질병은 현재에도 여전히 위협적입니다. 코로나 펜데믹 시기에 다시 인기를 얻은 이 책은 명화를 통해 인류에게 재앙과 같았던 치명적인 전염병부터 외과의사의 출현, 항생제와 백신의 개발, 정신분석학의 탄생, 초음파와 같은 첨단 의료 장비의 등장 등 의학의 주요 분기점들을 친절히 설명합니다.

의대입시에서는 지원자의 학업능력뿐 아니라 의사로서 필요한 비인지적 자질을 다각도로 평가합니다. 대표적인 평가 방식이 공감력, 의사소통 능력, 상황 판단력을 평가하는 '다중미니면접(MMI, Multiple Mini Interview)'입니다. MMI는 지원자들에게 의료 현장에서 마주할 수 있는 다양한 선택적 상황을 제시하고, 어떻게 대처할지를 묻습니다. 생기부에 기록된 독서 활동 역시 의대입시에서 매우 중요한데, 공감력과 의사소통 능력 등 의사로서 필요한 자질이 문해력과 연관되어 있기 때문입니다. 다시 2025학년도 서울대 의대면접 제시문 3으로 돌아가봅시다. 면접관들은 만약 그림들이 각색된 거라면 각색을 통해 그림을 그리는 게 옳다고 생각하는지를 추가로 질문했습니다.

(가) 작품은 나폴레옹 시대에 프랑스 궁정화가로 명성을 누린 자크 루이 다비드가 1807년 완성했습니다. 3년 앞서 1804년에 일어난 대관식을 묘사했습니다. 폭이 9m가 넘고 높이도 6.1m에 이르는 초대형 그림으로 프랑스 파리 루브르 박물관의 대표작 중 하나입니다. 그런데 100% 역사만 담은 '기록화'가 아닙니다. 오지 않은 사람을 왔다고 그

렸고, 중요 인물의 실제 표정을 그렇지 않은 것처럼 묘사했기 때문입니다. 게다가 당시 절대로 있을 수 없던 인물이 참석한 것처럼 그렸습니다.

당시 조제핀과 나폴레옹 가족들은 사이가 좋지 않았답니다. 실제 대관식에 나폴레옹의 어머니 레티지아 보나파르트와 그의 누이들은 참석하지 않았습니다. 하지만 사이좋은 가족의 모습을 보이고 싶었던 나폴레옹은 화가 다비드에게 요청(이라고 쓰고 명령)해 가족들의 모습을 그려 넣었습니다. 원래 다비드는 교황이 어두운 표정으로 손짓도 없이 황제가 되는 나폴레옹을 바라보는 것을 구상했다고 합니다. 사실에 더 부합했겠죠. 나폴레옹이 유럽을 호령할수록 교황의 권위와 영향력은 떨어집니다. 교황이 흔쾌히 나폴레옹의 즉위를 축복해 주기는 어려웠습니다. 하지만 나폴레옹은 교황이 손을 들어 새 황제를 축복하는 모습을 그림에 남기게 합니다. 원래 다비드의 구상은 나폴레옹이 의기양양하게 허리를 뒤로 젖히고는 직접 왕관을 들어 자신의 머리 위로 올린 장면이라고 합니다. 다비드의 부분 스케치로 분명히 남아 있습니다. 뒤로 한껏 제쳤던 나폴레옹의 허리를 조금 앞으로 옮기자 그만큼 공간이 남습니다. 그곳에는 당시에 있을 수 없는 인물인 카이사르가 들어갔습니다. 율리우스 카이사르는 로마 황제가 된 적이 없습니다. 하지만 로마 시대 이후 유럽의 모든 황제의 권위는 카이사르에서 출발했습니다. 영화 혹성탈출의 '시저', 독일어 '카이저', 슬라브어 '차르'의 어원이 바로 카이사르의 이름입니다. 이처럼 다비드의 세 가지 왜곡은 분명한 목적이 있었습니다. 나폴레옹의 대관식을 사실 그대로 담기보다, 사실과 조금 다르더라도 새 황제의 위엄을 최대한 살릴 수 있는 설정과 장치를 넣었습니다.

(나) 작품도 페스트 환자를 병문안하는 나폴레옹의 모습을 담아냈습니다. 프랑스 군대 내에서 전염병이 창궐했을 때 나폴레옹은 환자들을 방치해 죽였다는 비난을 받기도 합니다. 아편을 주어 유기하거나 안락사시켰다는 기록도 남아 있습니다. 근엄한 얼굴로 자애롭게 환부를 만지는 장면은 조작된 것입니다. 유명한 그림 '알프스를 넘는 나폴레옹'에서도 나폴레옹의 모습은 당당한 영웅 그 자체입니다. 근엄한 표정에 산꼭대기를 가리키는 손, 근육질의 성난 백마 등 완벽한 비주얼입니다. 치솟은 말발굽 밑 바위에는 그의 이름인 '보나파르트'가 쓰였습니다. 그보다 앞서 알프스를 넘은 옛 영웅들, 카르타고의 장군 한니발과 신성로마제국의 황제 카롤루스 대제의 이름도 새겨져 있습니다. 사실 실제로 나폴레옹은 혹한과 빙판길, 암살의 위험 등으로 이처럼 값비싼 치장을 할 수 없었습니다. 그가 알프스를 넘을 때 탄 것 또한 백마가 아닌 노새였다고 합니다. 하지만 역사가 당시 승자의 것이듯, 역사화든 기록화든 그 시대 승자의 것일 수밖에 없었습니다.

의대면접은 8분간의 짧은 시간 동안 실시되지만 추가 질문이 이어졌습니다. 나폴레옹이 만약 이러한 상황에 대해 각색을 원한다면 어떤 경우의 각색이 허용되는지, 추가 제시문과 녹음 자료를 통해 조선어연구회가 우리나라 말을 어떻게 만들었고 어떻게 변화해 왔는지에 대해 옛 말투로 설명해 주었습니다. 이 음성을 왜 녹음했을까요? 일제강점기에 이 음성을 녹음했다는 점을 고려하면 녹음을 하고 보전하는 것이 힘들었을 텐데, 이러한 어려움에도 불구하고 왜 이 녹음을 했다고 생각하나요? 본인이 이와 같이 후대에 기록해 남기고 싶은 게 있다면 설

의대입시독서는 달라야 합니다

명해 보라는 질문까지, 여러 질문이 이어졌습니다.

 ## 생기부 세특 예시

'미술관에 간 의학자(박광혁)'에서 '목에 사는 나비, 갑상샘'이라는 부분을 생명과학 시간에 배운 호르몬 관련 질병과 연관해 흥미롭게 읽으며 역사적으로 지위의 고하나 재물의 다소에 따라 예방할 수 없었다는 점에 주목해 봄. 좋았던 추억을 기록하기 위한 그림에 그치지 않고 당대 사람들을 힘들게 했던 질병이나 유행병 그리고 고통받던 사람들을 그린다는 점에서 예술의 사회적 기능에 대해 성찰해 봄. 20만 년 동안 인류를 가장 많이 죽인 '학살자'가 여전히 우리 곁에 있다는 점에서 예술과 역사, 사회 문제를 연계해 분석해 보고 다비드가 그린 나폴레옹 초상화에 나폴레옹 사인의 미스터리를 풀 열쇠가 들어 있다는 점에서 사실과 왜곡에 대한 비판적 시각의 중요성을 배움. 알프스를 넘는 그림에서도 실제로 나폴레옹은 혹한과 빙판길, 암살의 위험 등으로 값비싼 치장을 할 수 없었다는 점에서 역사가 당시 승자의 것이듯, 역사화와 기록화에 대해 접근하는 새로운 시각을 알게 됨. 유럽 인구의 3분의 1을 감소시킨 중세 페스트가 몽골군이 투석기에 실어 성안으로 던져 넣은 한 구의 시체에서 시작되었다는 가설에 대해서도 당대 그림들 속에 묘사된 진실을 탐구하고, 차별과 편견을 극복하기 위한 공감의 중요성을 느낌.(1,494Byte, 띄어쓰기 포함 614자)

'미술관에 간 의학자(박광혁)'에서 당대 사람들을 힘들게 했던 질병이나 유행병 그리고 고통받던 사람들을 그린다는 점에서 예술의 사회적 기능에 대해 성찰해 봄. 20만 년 동안 인류를 가장 많이 죽인 '학살자'가 여전히 우리 곁에 있다는 점에서 예술과 역사, 사회 문제를 연계해 분석해 보고 사실과 왜곡에 대한 비판적 시각의 중요성을 배움. 나폴레옹 그림을 통해 역사가 당시 승자의 것이듯, 역사화와 기록화에 대해 접근하는 새로운 시각을 알게 됨. 유럽 인구의 3분의 1을 감소시킨 중세 페스트가 몽골군이 투석기에 실어 성안으로 던져 넣은 한 구의 시체에서 시작되었다는 가설에 대해서도 당대 그림들 속에 묘사된 진실을 탐구하고, 차별과 편견을 극복하기 위한 공감의 중요성을 느낌.(918Byte, 띄어쓰기 포함 380자)

'미술관에 간 의학자(박광혁)'에서 당대 사람들을 힘들게 했던 질병이나 유행병 그리고 고통받던 사람들을 그린다는 점에서 예술의 사회적 기능에 대해 성찰해 봄. 예술과 역사, 사회 문제를 연계해 분석해 보고 사실과 왜곡에 대한 비판적 시각의 중요성을 배움. 나폴레옹 그림을 통해 역사가 당시 승자의 것이듯, 역사화와 기록화에 대해 접근하는 새로운 시각을 알게 됨. 당대 그림들 속에 묘사된 진실을 탐구하고, 차별과 편견을 극복하기 위한 공감의 중요성을 느낌.(622Byte, 띄어쓰기 포함 256자)

의대입시독서는 달라야 합니다

《괴짜 경제학》 | 스티븐 레빗

" 마약 판매상은 왜 어머니와 함께 사는 걸까? "

분량 ★★★★	내용 ★★★★	활용 ★★★★★

📋 〈2025학년도 서울대 수시 의과대학 면접 제시문 4〉

(   )

(가) A 국가는 불법 마약 소지 또는 투약을 금지하는 법률과 조례를 두고 있다. 마약 관리를 위한 법에서는 마약의 단순 소지 자체를 금지하며, 초범은 1년 이하의 징역 또는 1,000달러 이상의 벌금, 누범의 경우 최대 3년 이하의 징역 및 5,000달러의 벌금형에 처할 수 있다. A 국가뿐만 아니라 세계의 많은 나라들이 마약의 유통, 소지, 그리고 투약을 엄격히 처벌하는 처벌 중심의 마약 관리 정책으로 국민을 마약으로부터 보호하고 있다.

(나) B 국가는 불법 마약을 투약한 자를 우선 2년간 치료한다. 이후 치료에 실패한 성인에게는 국가가 병원에서 마약을 제공한다. 단 병원에서 가지고 나가는 것은 금지한다. 이는 마약 과다복용, 오염된 주사바늘, 약에 취한 상태에서 초래되는 여러 문제, 길거리 생활에서 발생하는 폭력으로 인한 사망의 원인을 줄일 수 있기 때문이다. B 국가를 비롯한 몇 개의 나라에서 피해 감소 중심의 마약 관리 정책으로 국민을 마약으로부터 보호하고 있다.

청소년 마약범죄, 마약류 온라인 불법거래 등 마약 문제가 심각합니다. 최근 몇 년간 마약사범이 대폭 증가하면서 정부가 마약과의 전쟁을 선포했지만 이미 일상 깊숙이 침투한 마약은 여러 사건·사고를 불러왔습니다. 유명 연예인을 포함한 마약류 범죄도 끊이지 않아 대중에게 큰 충격을 안겼습니다. 마약범죄특별수사본부에 따르면 2023년 1~10월 마약사범 단속 인원은 2만 2,393명으로 전년 동기 대비 47%(1만 5,182명) 증가했다고 합니다. 특히 10~20대 마약사범의 증가세가 도드라졌습니다. 10~20대 마약사범은 7,754명으로 1년 사이 53.8%나 늘었습니다. 해외직구와 사회관계망서비스(SNS), 다크웹 등을 통한 온라인 거래로 마약을 사고파는 범죄가 급증했기 때문입니다. 그동안 마약청정국으로 불렸던 대한민국은 이제 그 위상을 잃어버리고 새로운 마약 신흥시장으로 부상할 만큼 심각한 상황입니다. 때문에 마약으로부터 우리 사회를 안전하게 지키고 미래세대를 보호하기 위한 관심과 노력이 절실히 요구되고 있습니다.

무엇보다 마약 확산을 막기 위해선 공급을 원천적으로 차단하는 것이 바람직합니다. 하지만 전문가들은 중독성이 강한 마약류의 특성상 처벌만으론 재범을 막기 어렵다며 치료·재활이 동반되어야 한다고 강조합니다. 마약범죄는 재범률이 일반범죄보다 훨씬 높기 때문에 마약 관련 정책은 공급차단과 치료·재활을 강화하는 수요 억제 정책이 함께 수행되어야 제대로 된 효과를 낼 수 있다는 주장입니다.

정부는 '마약류 관리 종합대책'을 발표하며 서울·부산·대전에만 설치된 마약류 중독재활센터를 전국 17개 시도로 확대·설치할 계획이라고 밝혔습니다. 다만, 중독자들을 어떻게 센터에 방문하게 할 것이며 또 누가 이들을 상담하고 교육해 이끌어 갈 것인지에 대한 고민이 필요하며 정부뿐 아니라 민간 차원에서의 역할이 확대되어야 한다는 주장도 제기됩니다. 덧붙여 마약 중독자에 대한 사회적 낙인이 재활과 사회 복귀를 포기하게 만든다며, 마약중독은 한 번에 재활이 어려운 만큼 그 과정을 이해하며 기다릴 수 있는 인식의 변화가 필요하다는 주장도 제기됩니다.

서울대 면접 제시문 (가)와 (나) 위에 (   ) 괄호가 있는 이유는 이미 짐작했겠죠? "이 두 제시문을 아우르는 전체 글의 제목을 붙여보세요"라고 면접을 시작하자마자 질문했습니다. 처벌 중심과 피해 감소 중심의 서로 다른 마약 관리 정책이라고 답변한 학생들이 많았습니다. 두 제시문은 서로 다른 입장이나 태도를 보이므로 "왜 이렇게 입장이 차이가 난다고 생각하나요?"라는 질문이 이어졌습니다. 뤼튼 AI에게 비교해 달라고 했더니 예쁘게(!) 다음 페이지와 같은 비교 도표를 만들어 주었습니다.

A 국가는 마약의 소지나 투약 자체를 불법으로 규정하고, 이를 어길 시 엄격한 법적 처벌을 가하는 '처벌 중심'의 정책을 펼치고 있습니다. 마약범죄를 억제하고 사회 전반에 마약에 대한 경고 메시지를 전달하여 마약 확산 방지를 주된 목표로 삼는 방식입니다. 많은 나라들이 이와 유사한 정책을 통해 마약으로부터 국민을 보호하려고 노력하고 있습니다. 이 정책은 마약 사용을 원천적으로 막고 사회적 규범을 확립하는 데 효과적일 수 있지만, 한편으로는 마약 중독자들을 사회에서

A 국가와 B 국가의 마약 관리 정책 비교

항목	A 국가(처벌 중심)	B 국가(피해 감소 중심)
정책 유형	처벌 중심 정책	피해 감소 중심 정책
주요 접근 방식	법적 제재 및 처벌	치료 및 통제된 제공
목표	마약 유통, 소지, 투약의 근절 및 예방	마약 관련 사회적, 보건적 피해 최소화
세부 내용	불법 마약 소지 및 투약 금지. 단순 소지 초범은 1년 이하 징역 또는 1,000달러 이상의 벌금, 누범은 최대 3년 이하 징역 및 5,000달러의 벌금형에 처함.	불법 마약 투약자 우선 2년간 치료. 치료에 실패한 성인에게는 국가가 병원에서 마약을 제공(병원 외부 반출 금지).
예상되는 효과/목적	– 마약 범죄 억제 및 예방 – 사회 질서 유지 – 마약 확산 방지 – 마약에 대한 사회적 경고	– 마약 과다 복용 및 사망률 감소 – 오염된 주사바늘로 인한 질병 확산 방지 – 약에 취한 상태에서 초래되는 문제(범죄, 폭력 등) 감소 – 길거리 불법거래 발생하는 위험 감소 – 투약자들의 사회적 고립 완화

격리시키고 재활의 기회를 제한할 수 있다는 비판도 제기됩니다.

반면 B 국가는 마약 투약자들을 범죄자로만 보기보다는, 그들이 겪는 건강 및 사회적 피해를 최소화하는 데 초점을 맞춘 '피해 감소 중심' 정책을 시행하고 있습니다. 초기에는 치료를 우선시하고, 치료에 실패한 경우 병원이라는 통제된 환경에서 마약을 제공함으로써 마약 과다 복용이나 오염된 주사바늘 사용으로 인한 질병 확산 같은 심각한 보건 문제 감소를 목표로 합니다. 약에 취한 상태에서 발생할 수 있는 폭력이나 길거리 생활의 위험도 감소시키려는 의도가 담겨 있습니다. 이 정책은 마약 중독자들의 생명과 건강을 보호하고 사회적 비용을 줄이는 데 기여할 수 있지만, 마약 사용을 사실상 용인할 수 있어서 도덕적 해이를 유발하거나 마약 확산에 대한 우려를 낳을 수도 있다는 논쟁이 따르기도 합니다. 두 정책 모두 마약으로부터 국민을 보호하려는 목적은 같지만, 그 방식과 철학이 서로 다르기에 추가 질문에서는 '마약 관리 시 중점적으로 고려해야 하는 관점과 가치관'에 대해 질문했습니다. 수험생 본인이라면 어떤 관점을 택할 건가요? 어느 관점을 택하든지 의대면접에서는 반론이 제시됩니다.

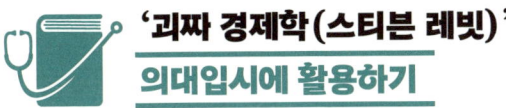

'괴짜 경제학(스티븐 레빗)' 의대입시에 활용하기

'괴짜 경제학(스티븐 레빗)'에서는 기발한 물음이 제기됩니다. 마약 판매상은 왜 부모와 함께 사는 걸까? 낙태의 합법화가 범죄율을 줄인다와 같은 질문과 명제들이 제기됩니다. 흔히 경제학이라고 하면 난해한 이론과 복잡한 수식을 떠올립니다. 그런데 저자는 기존 경제학자들이 쓸데없는 짓이라 여기던 일에 시간을 쏟아붓는 괴짜입니다. 저자는 자신이 연구하는 분야를 '프리코노믹스(Freakonomics)'라 부릅니다. 기존의 경제학과는 다른 '괴짜경제학('Freak' + 'Economics'의 조합어)'입니다. 일상생활 속에 숨겨진 진실을 방대한 데이터를 기초로 치밀한 통찰력과 과학적 논증을 통해 우리가 당연시하던 사회 통념과 상식을 파괴합니다. 윤리학이 이상적인 세계를 대표한다면, 경제학은 현실 세상을 의미한다는 시각도 새롭습니다.

- 마약 판매상은 왜 어른이 되어도 부모와 함께 사는 걸까?
- 어린이에게 어떤 것이 더 위험할까, 총 아니면 수영장?

- KKK와 부동산 중개업자의 공통점은?
- 낙태의 합법화가 범죄율을 줄였는가?
- 온라인 데이트를 즐기는 사람들이 흔히 하는 거짓말은?

사람들은 긍정적이든 부정적이든 다양한 인센티브에 반응하며 살고 있습니다. 때문에 현실 경제를 움직이는 인센티브의 실체를 파악한다 면, 생각보다 흥미진진한 질문에 명쾌한 해답을 내릴 수 있다고 저자 는 주장합니다.

첫째, 인센티브는 현대의 삶을 지탱하는 초석입니다. 인센티브를 이 해하는 것, 혹은 그것을 탐색하는 것은 왜 스모 선수와 학교 선생님은 결정적인 순간에 승부조작과 시험 부정행위를 저지를 수밖에 없는지 를 설명해 줍니다.

둘째, 우리가 진실이라고 믿는 사회 통념 가운데는 잘못된 것들이 다수 존재합니다. 하루에 물 여덟 잔을 마시는 것은 우리에게 도움이 되질 않는다거나 선거에서 돈은 후보자의 승리를 보장해 주지 않는다 는 결론은 이를 반영합니다.

셋째, 전혀 예상치 못한 극적인 결과는 흔히 거리가 멀고 미묘한 사 건을 원인으로 합니다. 1990년대에 미국의 범죄율이 급격히 줄어든 이유는 완벽한 치안 유지보다는 낙태의 합법화라는 뜬금없는 사건이 주요 원인이 되었습니다.

넷째, 범죄학자에서 부동산 중개업자까지 이른바 '전문가'들은 정보 의 우위라는 강점을 자기 자신의 어젠다를 위해 사용합니다. 하지만 인터넷 시대가 도래하자 한계에 부딪치는 모습을 가끔씩 연출하곤 합니다. 결국 전문가들은 고객을 위해 최선을 다하는 것이 아니라 자신이 보유한 정보를 이용하여 적절한 선에서 서비스를 부여해 주는데, 인터넷 시대에서는 그 한계들이 곳곳에서 보이기 때문입니다.

마지막으로 무엇을 어떻게 측정할 것인가를 알면 복잡한 세상이 훨씬 단순해진다고 합니다. 적절한 방식으로 데이터를 파악하고 분석하는 방법을 배우면, 그전에는 도저히 해결할 수 없을 거라고 판단했던 수수께끼들까지 풀 수 있게 됩니다.

결국 '괴짜경제학'의 목적은 모든 현상의 숨겨진 이면을 파헤치는 것입니다. 그 파헤쳐진 이면 속에서 새롭게 보이는 숨겨진 진실에 관해 이야기하기도 합니다.

마약 판매상이 부모와 함께 사는 이유는 그들이 최저 임금보다도 못한 소득을 올리기 때문이랍니다. '괴짜 사회학(수디르 벤카테시)'은 기존 사회학의 방법론에서 벗어나 10년 동안 빈민가의 삶을 직접 경험한 저자가 최하층 빈민지역의 현실을 가감 없이 보여줍니다. 갱단 보스, 마약상, 코카인 중독자, 무단 입주자, 매춘부 등 국가와 법의 보호를 받지 못하고 소외된 삶을 살고 있는 사람들에게 다양한 사회정책들은 아무런 의미가 없었다고 합니다. 이 책에서는 현실을 기만한 유명무실한 복지와 공공정책, 도시 재개발 계획 등을 비판합니다.

미국 최악의 빈민가로 손꼽히는 로버트 테일러 홈스, 이곳은 시카고의 공영 주택단지로 경찰과 구급차를 불러도 오지 않고, 사람들은 수준 이하의 경제적 환경 속에서 그저 생존만을 위해 살아갑니다. 저자는 이곳에 우연히 설문 조사를 하러 갔다가 마약판매 갱단 '블랙 킹스'의 보스인 제이티를 만납니다. 이후 10여 년 동안 빈민가 주민들 및 갱단들과 어울려 지내며 그들의 삶을 기록하고, 그들 나름의 지하 경제망과 거대한 교환 네트워크를 엿보게 됩니다.

저자 수디르 벤카테시는 컬럼비아대학교 사회학 교수로, 빈곤층의 경제 생활 및 사회학에 대해 연구하고 있습니다. 비정규직, 저임금의 고용불안, 사회복지의 급격한 축소, 대규모 청년실업, 자영업자 몰락 등은 오늘날 무한경쟁 자본주의로 성장한 한국 사회가 처한 또 하나의 현실입니다. 지금 우리 공동체가 맞이한 위기를 제대로 들여다보고 해석하고 처방하기 위해서는, 학자들의 연구와 혜안에서 지혜를 구해야 합니다. 특히 사회학자들의 담론과 실효성 있는 해법을 바탕으로 정책 입안자들의 현실적 방책이 세워집니다. 한 개인의 선택은 어떻게 발전되는가? 인간 행동을 예측할 수 있는가? 미래세대 교육의 장기적 결과는 어떤 것인가? 이 같은 인간의 사회적 공동생활을 연구하는 사회학은 그만큼 중요합니다. 그래서 사회학 연구자들은 상아탑에 머물지 말고 살아 있는 현실로 걸어 들어가야 한다고 저자는 주장합니다.

진짜 사회학을 한다는 것은 무엇일까요? 연구자들이 살아 있는 사람을 도외시하는 한, 통계는 박제될 뿐이고 연구실은 꽉 막힌 감옥일 뿐입니다. 연구실에서의 세미나, 토론, 이론화 작업은 추상성과 일반성에 매몰되어 경험적 현실을 이해하려 들지 않습니다. 광범위한 조사를 실시하고 복잡한 수학 기법을 이용해 조사 자료를 분석하여 의미 있는 통계학적 결과를 구하는 방식으로는 역사적이고 구조적인 인식과 분석을 얻는 데 한계가 있기 마련입니다.

이 책의 저자인 수디르 벤카테시는 기존의 관습을 깨고 규칙을 조롱하는 괴짜 사회학자가 되는 길을 택했습니다. 현장, 바로 그곳에 기초한 연구를 하기 위해 거리로 나섰습니다. '최하층 빈민지역'이라는 구체적인 현실 사회를 분석한 이 책은, 사회학을 공부하는 사람이 지녀야 할 문제의식과 연구주제는 무엇인지 그리고 학자로서 어떠한 자세를 견지해야 하는지를 질문합니다. 무릇 (사회)학자들은 우리 시대의 고뇌와 쟁점들을 정면으로 응시해야 합니다.

언젠가부터 나는 사회학 분야 전반에 걸쳐 화를 내고 있는 자신을 발견했다. 이는 스스로에게 화가 나 있다는 의미였다. 정평 난 사회학자들의 다양한 방편들이, 지금 내가 목격하고 있는 고통들을 예방하는 데는 전혀 무력하다는 사실에 점점 화가 치밀었다. 동료 사회학자들이 주택, 교육, 고용을 위해 개발하고 있는 추상적인 사회정책들은 가난한 사람들과는 거리가 멀어 보였다.(241쪽)

왜 가난은 대물림되는가? 왜 범죄는 끊이지 않는가? 왜 실직자는 넘쳐나고, 왜 부랑자들은 거리를 떠도는가? 서울대 면접에서는 마약 관리정책에 대해서도 질문했는데, 이 책은 그에 대한 해답을 담고 있습니다.

생기부 세특 예시

현대 사회 문제를 탐구하며 마약의 소지나 투약 자체를 불법으로 규정하고 이를 어길 시 엄격한 법적 처벌을 가하는 '처벌 중심'의 정책과 마약 투약자들을 범죄자로만 보기보다 그들이 겪는 건강 및 사회적 피해를 최소화하는 데 초점을 맞춘 '피해 감소 중심' 정책을 비교해 봄. 두 정책 모두 마약으로부터 국민을 보호하려는 목적은 같지만, 그 방식과 철학이 아주 다르기에 마약 관리 시 중점적으로 고려해야 하는 관점과 가치관으로 확장시켜 '괴짜 경제학(스티븐 레빗)'을 통해 마약 판매상은 왜 부모와 함께 사는지에 대한 '프리코노믹스(Freakonomics)' 개념을 연계해 봄. 기존의 경제학과는 다른 '괴짜경제학('Freak' + 'Economics'의 조합어)'을 통해 일상생활 속에 숨겨진 진실을 방대한 데이터를 기초로 치밀한 통찰력과 과학적 논증의 중요성을 느낌. 현실 경제를 움직이는 인센티브의 실체를 파악해 보며 '괴짜사회학(수디르 벤카테시)'으로 확장 독서를 진행함. 기존 사회학의 방법론에서 마약과 범죄가 만연한 최하층 빈민지역이라는 구체적인 현실 사회를 생생하게 분석한 내용을 통해 사회학을 공부하는 사람이 지녀야 할 문제의식과 연구주제는 무엇인지 그리고 학자로서 어떠한 자세를 견지해야 하는지 성찰해 보는 계기가 됨.(1,499Byte, 띄어쓰기 포함 631자)

현대 사회 문제를 탐구하며 마약의 소지나 투약 자체를 불법으로 규정하고 이를 어길 시 엄격한 법적 처벌을 가하는 '처벌 중심'의 정책과 마약 투약자들을 범죄자로만 보기보다 그들이 겪는 건강 및 사회적 피해를 최소화하는 데 초점을 맞춘 '피해 감소 중심' 정책을 비교해 봄. 두 정책 모두 마약으로부터 국민을 보호하려는 목적은 같지만, 그 방식과 철학이 아주 다르기에 마약 관리 시 중점적으로 고려해야 하는 관점과 가치관으로 확장시켜 '괴짜 경제학(스티븐 레빗)'

의대입시독서는 달라야 합니다

을 통해 마약 판매상은 왜 부모와 함께 사는지에 대한 '프리코노믹스 (Freakonomics)' 개념을 연계해 봄. 기존의 경제학과는 다른 '괴짜경제학('Freak'+'Economics'의 조합어)'을 통해 일상생활 속에 숨겨진 진실을 방대한 데이터를 기초로 치밀한 통찰력과 과학적 논증의 중요성을 느낌.(992Byte, 띄어쓰기 포함 428자)

현대 사회 문제를 탐구하며 마약의 소지나 투약 자체를 불법으로 규정하고 엄격한 법적 처벌을 가하는 '처벌 중심' 정책과 마약 투약자들을 범죄자로만 보기보다 건강 및 사회적 피해를 최소화하는 데 초점을 맞춘 '피해 감소 중심' 정책을 비교해 봄. 마약 관리 시 중점적으로 고려해야 하는 관점과 가치관으로 확장시켜 '괴짜 경제학(스티븐 레빗)'을 통해 마약 판매상은 왜 부모와 함께 사는지에 대한 '프리코노믹스 (Freakonomics)' 개념을 연계해 봄.(590Byte, 띄어쓰기 포함 252자)

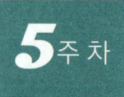

《코끼리는 생각하지 마》 | 조지 레이코프
" 진보와 보수, 문제는 프레임이다 "

분량 ★★★★	내용 ★★★	활용 ★★★★★

〈2025학년도 서울대 수시 의과대학 면접 제시문 5〉

어느 회사의 회장이 기업을 상징하는 조각품을 설치하려고 유명한 조각가에게 작품을 부탁하였다. 작품이 거의 다 완성되어 갈 무렵 회장이 작업장에 방문했다. 그는 마치 전문적인 조각품 감정사라도 되는 양 조각품을 관찰하더니 "작품이 웅장하고 화려하기는 한데 중앙부가 더 강조되어야 할 것 같다"라고 말했다. 조각가는 회장의 위치가 빛이 가려지는 위치에 서 있어서 조각품을 제대로 볼 수 없다는 사실을 알아챘다. 그는 아무 말도 하지 않고 회장에게 중앙으로 이동하라고 손짓했다.

그리고 조각칼과 바닥에 쌓인 대리석 가루를 회장 모르게 집어 들고 조각칼을 두드리는 척하며 대리석 가루를 조금씩 밑으로 떨어뜨렸다. 그 모습은 마치 회장이 요구한 대로 수정하는 것 같았다. 몇 분 동안 다듬는 흉내를 내던 그는 옆으로 한 걸음 물러서며 말했다.

"회장님, 이제 다시 한번 봐 주시죠."

그러자 회장은 "조금 더 뚜렷하게 하니 한결 나아 보이는군요."라고 말했다.

의대입시독서는 달라야 합니다

의대면접 제시문들에서 다루는 이야기들은 재미있고 생각할 거리가 많습니다. 일단 유명한 조각가가 지혜롭다는 생각이 듭니다. 회장님의 위치 때문에 제대로 보지 못한다는 상황을 바로 파악하고, 직접적으로 지적하지 않으면서도 상황을 해결하는 방식이니 갈등이 사전에 방지되는 효과도 기대됩니다. 조각칼로 대리석 가루를 떨어뜨리는 척하는 부분에서는 웃음이 터지기도 합니다.

회장님은 어떤가요? 자신의 의견이 반영된 것 같으니 만족하는 모습이 참 인간적인 것 같기도 합니다. 사실은 아무것도 변한 게 없는데 "한결 나아 보이는군요"라고 말하는 모습을 보면, 사람에게는 보고 싶은 대로 보거나, 자신이 말한 대로 결과가 나왔다고 믿고 싶어 하는 심리가 있다는 것을 알 수 있습니다.

이 이야기는 단순한 조각품 이야기가 아니라 사람들이 서로 소통하고 관계를 맺을 때 얼마나 지혜와 눈치가 필요한지, 그리고 때로는 상대방의 '체면'을 세워주는 것이 얼마나 중요한지를 보여줍니다. 회장과 조각가의 관계는 소비자와 기업 또는 환자와 의사의 관계이기도 합니다. 이 제시문을 토대로 나올 수 있는 질문을 만들어 보겠습니다.

- 조각가의 행동에 대해 어떻게 평가하나요?
- 조각가가 회장에게 직접적으로 이야기하지 않고 우회적인 방법을 사용한 것은 현명한가요?
- 만약 당신이 조각가였다면 다르게 행동했을 것인가요? 어떤 방식으로?

- 회장의 반응에 대해 어떻게 생각하나요?
- 회장의 판단 착오를 어떻게 설명할 수 있나요?
- 이러한 상황이 의사-환자 관계나 상사-부하 관계에서 발생할 수 있을까요?
- 이 상황에서 얻을 수 있는 교훈은 무엇이라고 생각하나요?
- 의사로서 환자와의 소통에서 이 이야기의 교훈을 어떻게 적용할 수 있을까요?
- 리더로서 이 상황에서 어떤 점을 배울 수 있나요?

조각가와 회장님의 이야기를 의료 현장에 적용해 환자와 의사 간의 소통 문제를 물어본다면 아주 깊이 있는 대화가 될 수 있겠습니다. 이 야기의 핵심은 '보는 관점의 차이'와 '지혜로운 소통 방식'입니다. 회 장님은 위치 때문에 제대로 못 보았는데도 본인이 전문가인 양 판단했 습니다. 조각가는 그 점을 직접 지적하지 않고 상대방의 체면을 살리 면서 문제를 해결했습니다. 이 이야기처럼 의료 현장에서도 환자와 의 사 사이에 '보는 관점'의 차이나 '소통의 어려움'이 발생할 수 있습니 다. 예를 들어, 환자는 자신의 증상이나 질병에 대해 특정 정보를 가지 고 있거나, 비의료인의 시각에서 잘못된 기대를 가질 수 있습니다. 때 로는 의학적 사실을 그대로 전달하기 어려운 상황도 발생합니다. 이 이야기를 바탕으로, 의료 현장에서 환자와 의사 간의 소통 문제를 어 떻게 이해하고, 미래의 의사로서 이러한 상황을 어떻게 지혜롭게 해결 해 나갈 수 있을지에 대해 본인의 생각을 말해 보는 것을 지켜보는 면 접관이 다양한 평가를 내릴 수 있습니다.

의대입시독서는 달라야 합니다

환자가 잘못된 정보를 고집하거나 비현실적인 기대를 가질 때, 의사로서 조각가처럼 '직접적인 지적'보다는 '우회적인 접근'이 필요하다고 생각하는 경우가 있을까요? 있다면 어떤 상황일까요? 환자에게 어려운 의학 정보를 설명할 때 조각가가 대리석 가루를 떨어뜨린 것처럼 '비유적'이거나 '간접적인' 설명 방식이 도움이 될 때가 있을까요? 구체적인 예를 들어 설명해 줄 수 있나요? 의료 현장에서 의사나 환자 간의 '체면'이나 '권위'가 소통에 긍정적 또는 부정적으로 미치는 영향은 무엇이라고 생각하나요? 수험생의 통찰력, 환자에 대한 공감 능력, 그리고 문제 해결 능력을 종합적으로 평가하기 위해 이런 질문들이 쏟아질 수 있습니다. 단순히 지식만 평가하는 것이 아니라 사람과 사람 사이의 관계 속에서 어떻게 지혜롭게 소통할 것인지에 대한 깊은 고민을 하는지를 평가하기 위해서입니다.

'코끼리는 생각하지 마(조지 레이코프)' 의대입시에 활용하기

'코끼리는 생각하지 마(조지 레이코프)'는 진보와 보수의 문제는 프레임에 있다고 주장합니다. 인지언어학을 창시한 세계적인 석학 조지 레이코프는 언어학을 현실 정치에 적용합니다. 이 책은 '왜 평범한 시민들이 자기 이익에 반하는 보수 정당에 투표하는가?'라는 의문에 답하며, 사람들이 진실을 알게 되면 올바른 선택을 할 것이라는 계몽주의적 신념이 왜 현실에서 통하지 않는지를 명쾌하게 분석합니다.

EBS '지식채널 e'를 기획한 김진혁 교수(전 EBS PD)가 이 책을 읽고 제작한 'frame' 편은 큰 화제를 낳았습니다. 저자는 어떤 사람보다도 특히 언론인과 미디어 종사자가 이 책을 반드시 읽기를 바랐는데, 그의 희망대로 '프레임'은 한국에서도 학계의 울타리를 벗어나 언론에서 일상적으로 접하는 용어가 되었습니다. 특히 유권자(소비자)의 마음이 작동하는 방식을 다룬다는 점에서 비단 정치뿐만 아니라 홍보, 마케팅, 커뮤니케이션 분야에서도 기본서가 되었습니다.

우리가 어떤 프레임을 부정하려면, 우선 그 프레임을 떠올려야 합니다. 일찍이 닉슨은 그 진리를 뼈아픈 방식으로 깨달았습니다. 워터게이트 사건 후 한창 사임 압력을 받던 당시의 일입니다. 이때 그는 TV에 나와 이렇게 말했습니다. "저는 사기꾼이 아닙니다." 그 순간 모두가 그를 사기꾼이라고 생각하게 되었답니다. 이 일화는 상대편에 반대하는 주장을 펼치려면 상대편의 언어를 사용하지 말라는 프레임 구성의 기본 원칙을 가르쳐주고 있습니다. 상대편의 언어는 어떤 프레임을 끌고 오는데, 그것은 내가 원하는 프레임이 아닙니다.(1장 어떻게 공론을 우리 편으로 만들 것인가)

조지 W. 부시가 백악관에 입성한 바로 그날부터 백악관에서는 '세금 구제'라는 단어가 흘러나오기 시작했답니다. 이 말은 매일같이 반복되었고, 그의 정책을 설명하는 언론은 이 말을 받아 적었고, 서서히 공적 담론 깊숙이 파고들어 급기야 자유주의자들도 이 말을 쓰기 시작했습니다. '세금'이라는 말이 '구제' 앞에 붙게 되면, 그 결과 다음과 같은 은유가 탄생합니다. '과세는 고통이다.' 따라서 이 고통을 없애 주는 사람은 영웅이고, 그를 방해하는 자는 나쁜 놈이다. 이것이 바로 프레임입니다. 이 프레임은 '고통', '영웅' 같은 개념들로 이루어져 있습니다. 이 프레임을 불러일으키는 언어는 백악관에서 흘러나와 보도자료에 삽입되었고, 모든 라디오와 TV 방송국의 전파를 탔고 모든 신문에 실렸습니다. 그리고 곧 민주당 의원들과 지지자들까지 세금 구제라는 단어를 쓰기에 이르렀습니다. 자기 발등을 자기가 찍는 격입니다. 민주당이 '중산층을 위한 세금 구제'를 제안했을 때, 우리는 그들이 과세를 괴롭힘이라고 여기는 보수 세력의 시각을 받아들이는 것을 보았습니다.

코미디언 지미 킴멜은 자기 쇼의 제작진 중 한 명에게 마이크를 들려 로스앤젤레스의 길거리로 내보낸 다음 행인들에게 간단한 질문을 하게 했습니다. '오바마케어'와 '저렴한 건강보험법' 중에 어느 쪽을 더 선호하십니까? 압도적 다수가 자기는 오바마케어는 싫지만 저렴한 건강보험법은 좋은 아이디어라 생각한다고 답했답니다. 그들 대부분은 이 두 개가 같은 법안임을 알지 못했습니다. 결국 명칭이 달라지면 일반적으로 그 지시물도 달라집니다.

프레임이란 우리가 세상을 바라보는 방식을 형성하는 정신적 구조물입니다. 우리가 어떤 단어를 들으면 우리 뇌 안에서 그와 관련된 프레임이 활성화됩니다. "코끼리는 생각하지 마!"라고 말하면 사람들은 코끼리를 생각하게 됩니다. 어떤 프레임을 부정하면 그 프레임이 오히려 활성화됩니다. 프레임은 자주 활성화될수록 더 강해집니다. 그러므로 정치 담론에서 상대편의 언어를 써서 그의 의견을 반박할 때, 그 말을 듣는 사람들의 머릿속에서는 상대편의 프레임이 더 활성화되고 강해지는 한편 자신의 관점은 약화됩니다.

공적 담론의 프레임을 재구성하는 데 성공하면, 대중이 세상을 보는 방식을 바꾸게 됩니다. 프레임 재구성은 우리와 생각이 비슷한 이들이 이미 무의식적으로 믿고 있는 것에 접근하여 이를 의식의 수준으로 끌어올리고, 그것이 대중의 담론 속으로 들어올 때까지 반복하는 일에 가깝습니다. 이 일은 하루아침에 일어나지 않습니다. 부단한 과정이며, 반복과 집중과 헌신이 필요한 일이라고 저자는 주장합니다.

세계는 우리의 이해를 반영하며, 우리의 이해는 세계를 반영한다는 반사성(reflexivity) 개념, 진보의 도덕의 바탕이 되는 감정이입과 공감을 신경과학적 증거로 뒷받침하는 거울신경체계(mirror neuron system)의 발견, 개인의 자유가 공적 자원에 의존한다는 '사적인 것은 공적인 것에 의존한다'는 프레임 등을 제시하여 뇌과학을 비롯해 다양한 학문 분야에서 진행되는 프레임 밖에 있는 요소들을 어떻게 프레임에 넣을 것인지를 기초부터 설명합니다.

2018학년도 서울대 수시 일반전형 인문학 오후 제시문입니다.

(가) 유세(遊說)*의 어려움은 상대방의 마음을 잘 파악하여 그 마음에 꼭 들어맞게 내 주장을 하는 데 있다. 상대방이 명성을 얻고자 하는데 이익을 얻도록 설득한다면 상대는 나를 식견이 낮은 속된 사람이라고 가볍게 여기며 멀리할 것이다. 이와 반대로 상대방이 이익을 얻고자 하는데 명성을 얻도록 설득한다면 상식이 없고 세상 이치에 어둡다고 받아들이지 않을 것이다.

상대방이 속으로는 이익을 바라면서 겉으로는 명성을 원할 때, 명성

의대입시독서는 달라야 합니다

을 얻는 방법으로 설득한다면 겉으로는 받아들이는 척하겠지만 속으로는 멀리할 것이며, 이익을 얻는 방법으로 설득한다면 속으로는 의견을 받아들이면서도 겉으로는 나를 꺼릴 것이다. 유세객은 이러한 점들을 잘 새겨두어야 한다.

*유세(遊說): 제후의 나라를 돌아다니며 자기의 의견을 말하여 제후를 설득하는 일

(나) 한 번은 제가 의사들과 함께 어떤 환자를 찾아갔답니다. 고통스러운 치료를 받아야 하는 환자였는데 의사들이 설득하지 못해서 결국 제가 설득을 했지요. 연설기술로 말입니다. 만약 아테네 민회나 다른 어떤 집회에서 말로 경쟁을 시켜서 의사를 선발한다면, 연설기술에 능한 사람과 의술에 능한 사람 중에서 연설기술에 능한 사람이 선발될 것이라고 단언합니다. 연설기술에 능한 사람은 무엇에 관해서든 대중 앞에서 어떤 장인들보다도 더 설득력 있게 말할 수 있으니까요. 이 기술의 힘은 그토록 크고 대단한 것이랍니다.

(다) 어떤 음식을 먹는 것이 좋은지에 대한 전문가를 정하기 위해서 아이들이나 아이들처럼 지각없는 사람들 앞에서 의사와 요리사가 경쟁을 벌인다면,* 의사는 굶어 죽을 수도 있을 겁니다. 의술은 실제로 좋은 음식이 무엇인지를 알고 그것을 제공해 줍니다. 하지만 상대방은 그것을 싫어할 수도 있지요. 반면에 요리술은 사람들한테 좋아 보이는 음식이 무엇인지를 알고 그것을 제공해 줍니다. 상대방은 좋아하겠지요. 요리술은 아첨의 기술입니다. 그리고 저는 요리술과 의술의 관계가 연설기술과 정치술의 관계와 같다고 주장합니다. 연설기술도 아첨의 기술인 것이지요.

*고대 그리스에서는 식이요법이 의사의 중요한 의료행위였다.

〈문제 1〉 (나)의 화자는 의사가 설득하지 못한 환자를 자신이 설득했다고 주장한다. 그의 말이 사실이라면, (가)를 고려하여 그가 어떻게 설득에 성공할 수 있었을지 구체적인 상황을 가정하여 설명하시오.

〈문제 2〉 (다)의 화자는 (나)의 화자가 정치에 나서는 것을 반대할 것이다. 반대하는 이유가 무엇일지 설명하고, 그러한 반대가 정당한지에 대한 자신의 의견을 개진하시오.

출제자들은 성공적으로 설득하기 위해서는 상대방의 마음을 잘 파악해야 한다는 교훈을 이해하는지를 먼저 평가해 보겠다고 했답니다. 수험생이 이해한 내용이 구체적인 설득 과정에 적용되도록 상황을 구성할 수 있는지도 평가하고자 했답니다. 특히 추가 질문을 통해 (다)의 화자가 연설기술과 정치술을 어떻게 대비하고 있는지를 지문으로부터 유추할 수 있는가를 평가했습니다. 연설기술에 능한 사람이 정치에 나서는 것에 대한 (다)의 화자의 반대를 비판적으로 검토할 수 있는지 다면적 사고를 평가합니다. 고통스러운 치료를 받아야 하는 환자였는데 의사들이 설득하지 못하는 상황에서 설득에 성공한 사람은 수사학을 강조합니다. 연설기술로 말입니다. 만약 아테네 민회나 다른 어떤 집회에서 말로 경쟁을 시켜서 의사를 선발한다면, 연설기술에 능한 사람과 의술에 능한 사람 중에서 연설기술에 능한 사람이 선발될 것이라고 단언합니다. 2009학년도 연세대 수시 논술 제시문에서 아리스토텔레스는 '수사학이란 주제가 무엇이든 그에 유효한 설득의 수단을 찾는 능력'이라고 정의합니다. 이것은 다른 학문분야에는 없는 기능이라고 강조합니다. 다른 모든 학문 분야는 그 나름의 고유한 주제에 대해 가르치거나 설득할 수 있습니다. 예컨대 의학은 건강과 질병에 대해, 기하학은 도형의 속성들에 대해, 수학은 수에 대해 가르치거나 설득할 수 있습니다. 그러나 일반적인 통념에 따르면 수사학은 우리에게 어떤 주제가 주어지든 그것을 설득할 수단을 찾는 능력입니다. 수사학은 한계를 갖는 특정한 주제에 국한된 기술이 아니기 때문입니다.

연설에 사용하는 설득의 수단에는 세 가지 종류가 있답니다. 첫째는 연설가의 성품입니다. 둘째는 청중을 특정한 감정 상태로 만들기입니다. 셋째는 연설 자체가 제공하는 논거와 관련 있습니다. 첫 번째 설득 수단은 연설가의 성품에서 비롯됩니다. 왜냐하면 우리는 성품이 훌륭한 사람들을 다른 사람들보다 더 깊게 믿고 더 쉽게 믿기 때문입니다. 일반적으로 모든 일에서 그런 사람들을 신뢰하기도 하지만, 정확한 판단을 내리기 힘들고 의견이 분분한 경우에 성품이 훌륭한 사람들에 대한 우리의 신뢰는 절대적입니다. 연설가의 훌륭한 성품이 사람들을 설득하는 데 아무 도움이 되지 않는다는 말은 옳지 않습니다. 사람들이 연설에 의해 설득되는 두 번째 경우는 연설이 청중의 감정을 효과적으로 고무할 때입니다. 왜냐하면 우리가 슬픈지 기쁜지 또는 우호적인지 적대적인지에 따라서 어떤 것에 대해 내리는 판단이 달라지기 때문입니다. 마지막으로, 설득력 있는 논증을 적합하게 사용하여 진리를 드러내 보여준다면, 이때 설득은 연설 자체에 의해 이루어집니다. 자, 제시문들은 세 가지 수단 중에서 어떤 측면을 더 강조하는 상황일까요? 이것을 알아차려야 답이 보일 겁니다.

생기부 세특 예시

'코끼리는 생각하지 마(조지 레이코프)'에서 인지언어학을 창시한 저자가 언어학을 현실 정치와 사회에 적용한 다양한 사례들을 검토해 봄, '프레임' 개념이 학계 용어를 벗어나 언론에서 일상적으로 접하는 용어가 된 이유를 분석하고 특히 유권자(소비자)의 마음이 작동하는 방식을 다룬다는 점에서 정치뿐 아니라 홍보, 마케팅, 커뮤니케이션 분야에서 활용 방안을 확장시켜 봄. 닉슨의 워터게이트 사건과 부시의 세금 구제, 오바마케어에서 드러나듯 우리가 세상을 바라보는 방식을 형성하는 정신적 구조물로서 어떤 단어를 들으면 뇌 안에서 관련된 프레임이 활성화된다는 주장에 주목해 코끼리를 생각하지 말라고 할 때 오히려 코끼리를 생각하게 된다는 점에서 특정 프레임을 부정하면 오히려 활성화되는 원리에 대해 호기심을 갖게 됨. 세계와 개인의 이해가 서로를 반영한다는 반사성(reflexivity) 개념, 진보의 도덕의 바탕이 되는 감정이입과 공감을 신경과학적 증거로 뒷받침하는 거울신경체계(mirror neuron system), 개인의 자유가 공적 자원에 의존한다는 명제 등 다양한 학문 분야에서 진행되는 프레임 밖에 있는 요소들을 어떻게 프레임에 넣을 것인지 인간관계의 소통과 설득 측면에서 구체적 상황을 설정해 연습해 봄.(1,497Byte, 띄어쓰기 포함 625자)

의대입시독서는 달라야 합니다

'코끼리는 생각하지 마(조지 레이코프)'에서 인지언어학을 창시한 저자가 언어학을 현실 정치와 사회에 적용한 다양한 사례들을 검토해 특히 유권자(소비자)의 마음이 작동하는 방식을 다룬다는 점에서 정치뿐 아니라 홍보, 마케팅, 커뮤니케이션 분야에서 활용 방안을 확장시켜 봄. 닉슨의 워터게이트 사건과 부시의 세금 구제, 오바마케어에서 드러나듯 우리가 세상을 바라보는 방식을 형성하는 정신적 구조물로서 어떤 단어를 들으면 뇌 안에서 관련된 프레임이 활성화된다는 주장에 주목해 코끼리를 생각하지 말라고 할 때 오히려 코끼리를 생각하게 된다는 점에서 특정 프레임을 부정하면 오히려 활성화되는 원리에 대해 호기심을 갖고 어떻게 프레임에 넣을 것인지 인간관계의 소통과 설득 측면에서 구체적 상황을 설정해 연습해 봄.(983Byte, 띄어쓰기 포함 395자)

'코끼리는 생각하지 마(조지 레이코프)'에서 언어학을 현실 정치와 사회에 적용한 다양한 사례들을 검토해 홍보, 마케팅, 커뮤니케이션 분야에서 활용 방안을 확장시켜 봄. 닉슨의 워터게이트 사건과 부시의 세금 구제, 오바마케어에서 드러나듯 우리가 세상을 바라보는 방식을 형성하는 정신적 구조물로서 어떤 단어를 들으면 뇌 안에서 관련된 프레임이 활성화된다는 주장에 주목해 인간관계의 소통과 설득 측면에서 구체적 상황을 설정해 연습해 봄.(601Byte, 띄어쓰기 포함 243자)

《논리는 나의 힘》 | 최훈

"생각의 힘을 길러 주는 논리 학습의 결정판"

| 분량 ★★★ | 내용 ★★★★ | 활용 ★★★★★ |

〈2025학년도 서울대 수시 의과대학 면접 제시문 6〉

A 연구팀은 암 환자 367명을 환자군으로, 흡연 및 음주 관련 질환이 없는 641명을 대조군으로 선정하고 설문조사를 실시하여 다음과 같은 연구 결과를 얻었다.

성별	1일 커피 소비량(컵)	환자군(명)	대조군(명)	상대 위험[1]	95% 신뢰 구간[2]
남성	없음(0)	92	32	1.0 (기준값)	–
	적음(1~2)	94	119	2.6	1.2~5.5
	보통(3~4)	53	74	2.3	0.9~5.3
	많음(5 이상)	60	80	2.6	1.2~5.8
	합계	216	305		
여성	없음(0)	11	56	1.0 (기준값)	–
	적음(1~2)	59	152	1.6	0.8~3.4
	보통(3~4)	53	80	3.3	1.6~7.0
	많음(5 이상)	28	48	3.1	1.4~7.0
	합계	151	336		

이 제시문은 암 환자와 비환자 집단을 대상으로 커피 소비량과 암 발병 위험 간의 연관성을 조사한 역학 연구 결과를 보여줍니다. 역학, 보건학 또는 의학 통계학 분야에서 다루는 내용입니다. 특히 암 발생 위험과 생활 습관(커피 섭취량) 간의 상관관계를 분석하는 연구에서 흔히 접할 수 있는 유형입니다. 면접에서는 이런 표를 보여주고 다음과 같은 질문이 나올 수 있습니다.

- 상대 위험도(위험비, Relative Risk)의 의미와 해석은?
- 95% 신뢰 구간의 의미와 통계적 유의성에 대해 판단해 보시오.
- 연구 설계(환자군과 대조군 설정)의 적절성은?
- 생활 습관과 질병 발생 간의 인과관계 추론에는 한계가 있나요?

표에 나온 남성과 여성의 상대 위험도를 보면, 남성은 1일 커피 소비량이 적은(1~2잔) 경우에 상대 위험도가 2.6으로 기준(1.0)보다 높습니다. 여성도 중간(3~4잔)과 많음(5잔 이상) 구간에서 각각 3.3, 3.1로 높게 나타납니다. 하지만 중요한 건 95% 신뢰 구간을 함께 보아야 한다는 점입니다. 남성의 경우 1일 커피 소비량이 적은(1~2잔) 경우에 상대 위험도 2.6이 95% 신뢰 구간에서 1.2~5.5로 1을 넘어서 통계적으로 의미 있는 차이를 보입니다. 여성도 중간과 많은 양 구간에서 상대 위험도 3.3과 3.1이 95% 신뢰 구간에서 1.6~7.0, 1.4~7.0으로 1을 넘어서 의미 있는 수치를 나타냅니다.

다만, 남성과 여성 각각의 상대 위험도와 95% 신뢰 구간이 겹치는 부분이 있는데, 두 성별 간 위험도의 차이가 통계적으로 유의미한 차이가 있는지 판단하려면 추가적인 통계 분석(예: 상호작용 검정)이 필요해 보입니다. 즉, 표만으로는 남성과 여성 간 커피 소비에 따른 암 발병 위험 차이가 명확히 유의미하다고 단정하기 어렵지만, 두 그룹 모두 커피 소비량 증가와 암 위험 증가 사이에 유의미한 연관성이 있음을 알 수 있습니다. 더 정확히 성별에 따른 유의성을 판단하려면 연구 논문 본문이나 추가 통계 결과를 참고해야겠습니다.

📑 2021학년도 연세대 모의 논술 제시문 (다)입니다.

실험자는 심리학 실험실이 있는 건물 로비에서 참가자를 맞았다. 함께 엘리베이터를 타고 4층 실험실로 올라가면서, 실험자가 참가자에게 가벼운 투로 서류가방에서 몇 가지 서류를 꺼내야 하니 커피가 담긴 종이컵을 잠시 들어달라고 부탁했다. 그런 다음 커피를 돌려받고 참가자에게 클립보드의 서류를 건넸다. 모두 10초 안에 벌어진 상황이지만, 참가자가 커피를 들고 있던 잠깐의 시간이 우리

연구의 결정적 순간이었다.

실험실에 들어가서 참가자는 어떤 사람에 관한 소개문을 읽었다. 다른 참가자들도 동일한 소개문을 읽었다. 흥미롭게도 따뜻한 커피를 들고 있었던 참가자들은 차가운 커피를 들고 있었던 참가자들보다 그 사람을 더 좋게 보았다. 물리적으로 따뜻하거나 차가운 온도를 경험한 것이 따뜻하거나 차가운 사회적 감정을 활성화시켰고, 이것은 다시 참가자들이 타인에게 느끼는 호감에 영향을 미쳤다. 모두 무의식중에 벌어진 일이었다. 실험이 끝나고 참가자들에게 자세히 물어보자, 커피를 들었던 경험이 그 사람에 대한 인상에 어떤 식으로든 영향을 미쳤을 거라고는 아무도 생각하지 못했다. 그런 생각을 못 한 것은 당연했다. 따뜻하거나 차가운 무언가를 잠깐 들고 있는 행위가 타인에게 느끼는 감정에 영향을 미칠 것이라고 누가 상상이나 하겠는가?

이 연구를 진행하고 발표한 이후 필라델피아의 한 호텔방에서 비슷한 일을 경험하였다. 오전 9시쯤에 방에서 옷을 갈아입고 학회장으로 내려가려던 참에 전화벨이 울렸다. 과학 전문 기자에게 온 전화였다. 몇 달 전에 발표한 커피 논문에 관해 물어보고 싶은 게 있다고 했다. 심리학과 대학원생들에 관한 기사라서 특히 나와 함께 연구에 참여한 로렌스 윌리엄스에 대해서 물어보고 싶어 했다. 나는 열정적인 표현을 써가며 로렌스를 칭찬하고 그가 얼마나 대단한 연구자인지를 여러 가지 방식으로 설명했다. 그러다 잠시 숨을 고를 때 기자가 던진 한마디에 나는 무척 놀랐다. "혹시 지금 뜨거운 커피를 들고 계신가요?" 나는 믿기지 않는 얼굴로 오른손을 보았다. 기자 말이 맞았다. 오른손에는 객실 커피머신에서 뽑은 종이컵에 담긴 커피가 들려 있고, 왼손에는 전화기가 들려 있었다. "맙소사, 그렇군요. 와." 기자가 웃으며 말했다. "딱 걸리셨네요!"

제시문 (다)의 실험 결과는 두 가지로 정리할 수 있습니다. 첫째, 따뜻한 음료를 들고 있었던 참가자가 차가운 음료를 들고 있었던 참가자보다 다른 사람을 더 따뜻하게 대했습니다. 둘째, 이러한 과정을 참가자는 전혀 의식하지 못했습니다. 이러한 결과는 개인이 자신의 행동을 통제할 수 없다는 증거로 해석될 수 있습니다. 개인이 스스로 의도했다고 생각한 행위가 실은 환경에 의해 유도된 것일 수 있기 때문입니다. 자유의지와 결정론의 관점에서 제시문은 '인간에게 자유의지는 없다'라는 방향으로 해석될 수 있습니다.

📝 2021학년도 연세대 모의 논술 추가 제시문 (라)입니다.

유아에서 성인으로, 그리고 노년으로 성장해 가는 과정을 추적하기 위해 30년 이상 성장에 관한 연구를 지속하는 것은 최근에나 가능해진 일이다. 이러한 전향적(prospective) 연구를 통해, 그동안 중요하게 여겨지던 회고적(retrospective) 연구의 수많은 가설들이 폐기되었다. 회고적 연구는 성인기에 이른 개인의 모든 특성을 설명해 낼 수 있었다. 기억을 통해 개인의 삶을 되짚어 보면 설명에 필요한 퍼즐 조각들을 모두 찾아낼 수 있었다. 한 가지 구체적인 단서만 있으면 충분했다. 정신질환으로 고통받던 친척, 엄격한 부모, 교통사고, 폭력적인 이웃 등을 끌어들일 수도 있었다.

유년기가 성인기의 행복에 영향을 끼친다는 것은 누구나 아는 사실이다. 그러나 최근 수행된 전향적 연구들에 따르면 그 사실은 우리가 생각하는 것만큼 중요한 것이 아니다. 가장 훌륭하게 노년에 이른 사람과 최악의 노년에 이른 사람의 유년기를 비교해 보았을 때, 둘 사이에는 주목할 만한 차이가 없었다. 어린 시절 손

의대입시독서는 달라야 합니다

톱을 물어뜯는 습관이 있었다거나, 일찍 대소변을 가렸다거나, 늘 감기를 달고 살았다거나, 신경이 예민한 아버지나 어머니를 두었다고 해서 모두가 다 정서적으로 불안해지거나 불행한 노년을 맞이하는 것은 아니었다. 50세쯤 되면 유아기 때의 신체건강, 형제간의 나이 터울이나 태어난 순서, 심지어 부모를 일찍 여읜 것에도 별로 영향을 받지 않는다. 성인이 된 자녀가 정신 이상을 앓고 있는 경우, 모든 부모는 아이가 영유아기 시절에 겪은 문제들(공포증이나 지나친 수줍음 등)이 18세에도 계속 나타났다고 회상했다. 그러나 정상적인 성인 자녀를 둔 부모 중에도 60퍼센트 정도는 그와 똑같은 경험이 있었다고 회상했다. 고아로 자라난 사람이라 해도 80세 즈음이 되면 부모 품에서 사랑을 받으며 고등학교를 졸업한 사람과 별반 다르지 않게 행복하고 기운이 넘칠 수 있다는 얘기다.

불행한 유년기 때문에 알코올 중독에 빠진다는 가설도 널리 잘 알려져 있다. 그러나 그 가설도 회고적 원인 조사에 기반을 두고 있다. 즉 알코올 중독자나 의사들은 회고적 견지에서 알코올 중독의 원인으로 불행한 유년기를 지목한다. 그러나 전향적 연구를 근거로 보자면, 기억은 원인과 결과를 뒤바꿔놓을 뿐이다. 알코올 중독자가 된 사람들이라고 해서 모두가 다 불행한 유년기를 보내지는 않았으며, 불우한 유년기를 보냈다고 해서 모두가 다 알코올 중독에 걸리는 것은 아니다.

제시문 (라)는 유년기 환경의 영향에 관한 회고적 연구의 결과를 반박합니다. 회고적 연구는 연구 대상자의 기억(회고)에 의존하여 현재의 상태(성인기 행복 또는 불행)와 일치하는 과거의 조건(유년기 환경)을 찾으려 합니다. 그에 비해, 최근에 주목받는 전향적 연구는 연구 대상자를 장기간 추적함으로써 유년기 환경이 개인의 삶에 미치는 영향

력이 예상보다 작다는 증거를 제시합니다. 제시문은 '환경이 인간의 삶을 결정하지는 않는다'는 증거를 제시함으로써 자유의지의 중요성을 암시합니다.

제시문 (다)에 따르면 인간의 결정은 자유의지의 산물이라기보다는 스스로 의식하지 못하는 여러 환경적 요소에 의해 결정됩니다. 인간의 식습관에도 환경요인이 중요하게 반영됩니다. '채식주의자(한강)'에서 좌중은 자신들의 식습관을 마치 스스로 선택한 것처럼 정당화하고 있지만, 그것이 사회문화적인 요인에 의해 결정되었음을 깨닫지 못합니다. 제시문 (다)의 입장이라면 소설 속 좌중의 채식을 본능에 어긋나는 행위로 규정하고 주인공에게 육식을 권하는 행위를 자유의지의 발현이 아닌 환경적 요소에 의해 결정된 것이라고 주장할 겁니다.

하지만 제시문 (라)의 입장이라면 전향적 연구를 통해 기존 회고적 연구의 결론, 즉 인간의 삶이 환경에 의해 결정된다는 관점을 비판적으로 검토합니다. (라)의 입장을 따르면 인간은 자유의지를 발휘하여 환경을 극복할 수 있습니다. 따라서 제시문 (라)의 입장에서, 한 개인이 육식을 당연시하는 환경에서 성장했더라도 음식에 대한 개인의 선호를 결정하지는 못합니다. 그러한 점에서 볼 때 좌중의 권유와 설득을 거부하며, 채식을 고수하는 아내의 행위는 자유의지의 발현으로 해석할 수 있습니다.

의대입시독서는 달라야 합니다

'논리는 나의 힘(최훈)' 의대입시에 활용하기

'논리는 나의 힘(최훈)'은 생각의 힘을 길러 주는 논리 학습의 결정판입니다. 논리에 대해 가장 쉽고 정확하게 설명해 20년간 독보적인 스테디셀러로 자리매김했고, 법학 적성 시험(LEET), 공직 적격성 평가(PSAT)를 준비하는 수험생의 필독서이기도 합니다. 논술과 구술면접 시험을 대비하는 고등학생과 논리력을 쌓고 싶은 대학생에게 교과서 같은 책이며, 수많은 독자에게 사랑받은 논리 교양서답게 풍부한 사례와 설명이 담겨 있습니다.

시대가 바뀌었어도 논리적 사고의 필요성은 중요합니다. 수많은 가치와 관점이 공존하는 현대 사회에는 기술이 발달하며 의사소통이 훨씬 쉬워졌지만 제대로 된 소통은 오히려 어려워지고 있기 때문입니다. 알고리즘의 편리함에 익숙해지면서 편협한 시각에 갇히기도 쉬워졌습니다. 이토록 혼란스러운 시대에서 자기 생각을 지키고 타인의 의견을 제대로 듣고 소통하기 위해서는 '논리의 힘'이 필요하다고 저자는 주장합니다.

논리적 사고는 지식보다는 기술이기에, 단순히 논리학의 개념과 방법을 익히는 데 그치지 말아야 합니다. 논리적 사고의 좋은 실례를 많이 접하고 충분히 연습하고 실천해야 합니다. 개정증보판에서는 연습문제의 양을 대폭 늘렸습니다. 책을 읽으며 하나씩 연습하다 보면 어느새 논리의 힘이 부쩍 커지게 됩니다.

정리하면, 논리적인 사고는 어떤 주장의 이유를 찾고 물어보는 데에서 출발한다. '그냥'이라고 말하지 않고 이유나 근거를 제시하기만 해도 이미 논리적인 사고를 훌륭하게 하고 있는 것이다. 그러나 이왕이면 더 좋은 논리적인 사고를 해야 할 것이다. 그러기 위해서는 감정에 기대거나 사실에 어긋나는 이유가 아니라 적절한 이유에 근거해서 주장해야 한다. 그렇다면 도대체 어떤 이유가 적절한 이유인가? 그것이 바로 이 책에서 말하려고 하는 내용이다.(26쪽)

합리적이고 논리적으로 사고하려는 사람에게는 그 추상화들이 지금 논의하고 있는 주제와 정말로 관련이 있는지 검토해 보는 일이 정말로 중요하다고 저자는 주장합니다. 특히나 한 사람이 갖게 된 어느 지역 출신, 한국인, 여자 등의 추상화는 본인의 노력으로 선택된 추상화가 아니므로 그런 추상화에 의해 다른 사람을 긍정적이든 부정적이든 판단한다는 것은 논리적이지 못할 뿐만 아니라 윤리적이지도 못하다고 강조합니다.

실제로 전제와 결론을 찾는 일뿐만 아니라 논리적 사고의 많은 능력은 오로지 분석적이고 논리적인 능력보다는 해당 분야에 대한 지식이나 관심에 달려 있기가 쉽다. 논리적인 사고 능력이 부족하다고 생각된다면 그것은 문제 해결에 필요한 전문 지식을 제대로 못 갖추고 있다거나, 문제가 너무 추상적이거나 자신의 관심사와 거리가 멀어서 문제를 제대로 파악하지 못했기 때문인 경우가 많다.(176쪽)

그런데 논증을 평가하기 위해서는 그 논증이 주장하고자 하는 바가 무엇이고 그 주장을 위해서 어떤 근거를 제시하고 있는지를 정확하게 이해해야 합니다. 상대방의 논증을 정확하게 이해하지 못하고서 받아들이거나 거부하는 것은 엉뚱한 일이기 때문입니다. 명제와 자료에 대한 논증 분석의 일차적인 목표는 반박이 아니라 이해입니다. 우선 논증을 펼치는 이가 주장하고자 하는 결론이 무엇인지 찾고, 그다음에 그 결론을 지지하기 위해 제시한 전제를 찾아 상대방의 주장을 최대한 합리적으로 이해해야 합니다.

　　논증을 평가한다는 것은 상대방 논증의 전제를 받아들일 수 있는지, 그 전제와 결론 사이의 관계는 올바른지 따져 보는 것인데, 논증을 평가한답시고 결론을 바로 평가하는 사람들이 꽤 많다. 방금 말했듯이 결론 그 자체를 받아들이는가 받아들이지 않는가는 논증을 평가하는 기준이 아니다. 그런데도 사람들은 자신이 동의하지 않는 주장을 들으면 그 주장의 근거 그리고 그 근거와 주장 사이의 관계는 따져 보지 않고 그냥 반대한다. 자신이 동의하는 주장에 대해서도 마찬가지로 그냥 찬성한다.(248쪽)

　아리스토텔레스는 논리학이 올바른 사고를 위한 도구라고 생각했습니다. 실제로 논리적 사고는 다른 사람의 주장을 신중하게 살피고 평가하도록 돕는, 세상을 살아가는 데 꼭 필요한 능력입니다. 저자는 책에서 다양한 논리적 오류를 설명하는데, 논리적 사고는 단순한 지식이 아니라고 거듭 강조합니다. 논리는 태도와 기술의 문제랍니다. 논리적 사고의 중요한 목표 중 하나는 다른 사람의 논증을 받아들일 만한지 신중하게 평가하는 태도입니다. 그런데 논증을 평가하기 위해서는 그 논증이 주장하고자 하는 바가 무엇이고 그 주장을 위해서 어떤 근거를 제시하고 있는지를 정확하게 이해해야 합니다. 왜 그런 수고를 해야 할까요? 논증의 목적은 이기는 것이 아니라 가장 좋은 해결책을 찾는 것이기 때문입니다. 상대방의 논증을 최대한 합리적인 논증으로 해석해야 합니다.

'논리는 나의 힘'은 전체 7부로 구성되어 있습니다. 1부에서는 논리적 사고가 무엇이며 왜 필요한지에 대해 생각해 봅니다. 2부에서는 논증할 때 언어가 갖는 중요성에 관해 살펴봅니다. 논리적인 사고에서 가장 핵심적인 일은 논증을 구성하고 평가하는 일이기에 3부에서는 논증을 이해하고 분석하는 방법을 알아봅니다. 이어지는 4부, 5부, 6부에서는 본격적으로 논증을 평가하는 방법을 배웁니다. 우선 논증 평가의 세 가지 기준을 제시하고, 각 기준이 평가하는 것이 무엇인지 설명합니다. 각각의 기준을 어겼을 때 생길 수 있는 오류들도 살펴봅니다. 그런 다음 논증 평가의 과정을 단계별로 정리하고, 실제로 종합적으로 평가하는 연습을 해 보게 됩니다. 마지막인 7부에서는 앞에서 익힌 논리적인 사고 기술과 능력을 실제로 글쓰기에 적용할 수 있도록 논리적인 글쓰기의 5단계를 제시해 줍니다.

의대입시독서는 달라야 합니다

'논리는 나의 힘(최훈)'을 통해 기술이 발달하며 의사소통이 훨씬 쉬워졌지만 알고리즘의 편리함에 익숙해지면서 편협한 시각에 갇히지 않기 위한 논리적 사고의 중요성을 깨닫고 감정에 기대거나 사실에 어긋나는 이유가 아니라 적절한 이유에 근거해서 주장해야 한다는 교훈을 얻음. 특히나 한 사람이 갖게 된 어느 지역 출신, 한국인, 여자 등의 추상화는 본인의 노력으로 선택된 개념이 아니므로 논리적이지도 윤리적이지도 못하다고 평가함. 유년기 환경의 영향에 관한 회고적 연구 결과를 접하며 연구 대상자의 기억에 의존하여 현재의 상태(성인기 행복 또는 불행)와 일치하는 과거의 조건(유년기 환경)을 찾으려 하는 시도를 반박해 봄. 장기간 추적함으로써 유년기 환경이 개인의 삶에 미치는 영향력이 예상보다 작다는 실제 증거를 제시하므로 '환경이 인간의 삶을 결정하지는 않는다'는 증거를 통해 자유의지의 중요성을 확인함. 스스로 의식하지 못하는 여러 환경적 요소에 의해 결정된다는 사례도 찾아 인간의 식습관에도 환경요인이 중요하게 반영되므로 '채식주의자(한강)'에서 좌중은 자신들의 식습관을 마치 스스로의 선택처럼 정당화하고 있지만 사회문화적인 요인에 의해 결정되었음을 깨닫지 못한다고 지적함.(1,499Byte, 띄어쓰기 포함 603자)

'논리는 나의 힘(최훈)'을 통해 기술이 발달하며 의사소통이 훨씬 쉬워졌지만 알고리즘의 편리함에 익숙해지면서 편협한 시각에 갇히지 않기 위한 논리적 사고의 중요성을 깨닫고 감정에 기대거나 사실에 어긋나는 이유가 아니라 적절한 이유에 근거해서 주장해야 한다는 교훈을 얻음. 특히나 한 사람이 갖게 된 어느 지역 출신, 한국인, 여자 등의 추상화는 본인의 노력으로 선택된 개념이 아니므로 논리적이지도 윤리적이지도 못하다고 평가함. 유년기 환경의 영향에 관한 회고적 연구 결과를 접하며 연구 대상자의 기억에 의존하여 현재의 상태(성인기 행복 또는 불행)와 일치하는 과거의 조건(유년기 환경)을 찾으려 하는 시도를 반박해 봄.(852Byte, 띄어쓰기 포함 346자)

'논리는 나의 힘(최훈)'을 통해 기술이 발달하며 의사소통이 훨씬 쉬워졌지만 알고리즘의 편리함에 익숙해지면서 편협한 시각에 갇히지 않기 위한 논리적 사고의 중요성을 깨닫고 감정에 기대거나 사실에 어긋나는 이유가 아니라 적절한 이유에 근거해서 주장해야 한다는 교훈을 얻음. 특히나 한 사람이 갖게 된 어느 지역 출신, 한국인, 여자 등의 추상화는 본인의 노력으로 선택된 개념이 아니므로 논리적이지도 윤리적이지도 못하다고 평가함.(590Byte, 띄어쓰기 포함 238자)

의대입시독서는 달라야 합니다

《나는 매주 시체를 보러 간다》 | 유성호

" 서울대학교 최고의 '죽음' 강의 "

분량 ★★★★★	내용 ★★★★★	활용 ★★★★★

📋 〈2025학년도 서울대 수시 의과대학 면접 제시문 7〉

----

(1) 당신을 위로하는 사람이라고 해서 그 위로하는 좋은 말들처럼 평탄한 인생을 살고 있다고 생각하지 마라. 그의 인생 역시 어려움과 슬픔으로 가득 차 있을 것이다. 당신의 인생보다 훨씬 뒤처져 있을 것이다. 그렇지 않다면 그 좋은 말들을 찾아낼 수조차 없었을 것이다.

(2) 당신이 자신의 발전을 통하여 조용하고도 진지하게 성장을 이루어 가시라고 충고드리고 싶습니다. 당신이 바깥으로 눈을 돌려, 아마도 당신의 가장 조용한 시간에 당신의 가장 내면적인 감정만이 대답할 수 있을 물음에 대하여 바깥에서 대답을 기대하는 것만큼, 당신의 발전을 크게 해치는 것도 없습니다.

----

(1)과 (2)는 모두 삶과 성장에 대한 깊은 통찰을 담고 있습니다. (1)은 "위로하는 사람도 결코 평탄한 인생을 살지 않는다"는 말입니다. 겉으로 보이는 모습만으로 그 사람의 삶을 판단하지 말라는 따뜻한 위

로와 공감의 메시지를 담고 있습니다. 누군가에게 좋은 말을 건넬 수 있는 것은 그만큼 스스로 어려움을 겪고 이겨낸 경험이 있기 때문이라는 뜻입니다. (2)는 "자신의 내면에 집중해서 조용하고 진지하게 성장하라"는 조언을 건넵니다. 외부의 평가나 기대에 흔들리지 말고 자신의 내면과 마주해야 발전할 수 있다는 의미입니다. 바깥에서 해답을 찾으려 하기보다는 자기 자신에게서 답을 찾는 것이 진정한 성장에 도움이 된다는 말입니다. 이 두 글은 서로 연결되어, 타인의 말과 위로를 통해 위안을 얻으면서도 결국은 자기 내면의 성찰과 꾸준한 노력이 중요하다는 균형 잡힌 삶의 태도에 대해 이야기합니다. 면접관들은 수험생이 이 글들에서 어떤 느낌이나 생각이 들었는지 질문했습니다.

그리고 위로하고 충고하는 사람의 역할과 의미에 대해서도 생각해 보라고 했습니다. (1)에서 말하는 '위로하는 사람'은 단순히 남을 달래는 존재가 아닙니다. 자신의 삶 속에서 이미 많은 어려움과 슬픔을 겪고 그것을 이겨낸 사람이기 때문입니다. 그래서 그가 건네는 위로의 말은 단순한 위안이 아니라, 진심에서 우러나온 경험과 공감의 표현입니다. 즉, 위로하는 사람은 자신의 고통을 숨기지 않고, 그 고통을 통해 타인의 아픔을 이해하고 함께 나누는 '상처 입은 치유자' 같은 존재입니다. (2)에서 말하는 '충고하는 사람'은 자신의 내면을 깊이 들여다보고 진지하게 성장해 온 사람입니다. 그가 건네는 말은 단순한 위로 이상의 무게와 의미를 지닙니다. 그래서 그 좋은 말들이 나오기 위해서는 그만큼의 내면적 성찰과 고통의 시간이 필요하다는 교훈을 줍니다. 결국 위로하고 충고하는 사람은 자신의 아픔을 인정하고, 그 아픔을 통해 타인을 이해하며, 진심 어린 공감과 지혜를 나누는 역할을 하

의대입시독서는 달라야 합니다

는 존재입니다. 그래서 그들의 위로는 단순한 위안이 아니라, 삶의 깊은 진실과 연결된 힘이 됩니다. 이 면접에서는 "자신이 생각하기에, 이런 사람들의 모습이 우리 주변에 얼마나 있고, 또 우리 자신은 어떤 모습일까요?"라는 질문도 등장했습니다.

(1)은 위로와 공감에 관한 현대적인 수필이나 에세이에서 자주 인용되는 글귀입니다. (2)는 독일 시인 라이너 마리아 릴케(Rainer Maria Rilke)가 쓴 '젊은 시인에게 보내는 편지'에 나오는 글귀입니다. 릴케는 이 책에서 젊은 시인 지망생에게 보낸 편지들을 엮어 삶과 예술, 사랑, 고독 그리고 내면의 성장에 대한 깊이 있는 조언들을 건넸습니다. 그 중에서도 이 문장은 외부의 시선이나 평가에 흔들리지 않고, 오직 자신의 내면에 집중하여 진정한 자아를 찾아야 한다는 핵심적인 메시지를 담고 있습니다.

'나는 매주 시체를 보러 간다(유성호)' 의대입시에 활용하기

자신의 진정한 자아를 찾고 삶의 가치를 발견하기 위해서는, 특히 의료계에 종사하려면 인간의 죽음에 대해 진지하게 생각해 봐야 합니다. '나는 매주 시체를 보러 간다(유성호)'는 서울대학교 최고의 '죽음' 강의를 담은 책입니다. 역사, 철학, 과학, 의학, 예술 등 각 분야 최고의 서울대 교수진들이 2017년 여름부터 매월 펼쳐온 다양한 주제의 강의들을 책으로 옮긴 '서가명강 시리즈' 제1권이기도 합니다. 서울대학교 의과대학 법의학교실의 교수이자, '그것이 알고 싶다'에서 자문을 담당하고 있는 유성호 교수의 교양강의를 바탕으로 한 책입니다. 20년간 1,500건의 부검을 담당하며 누구보다 많이 죽음을 접했던 저자는 죽음을 가까이할 때 역설적으로 삶의 가치를 발견할 수 있다는 사실을 깨달았다고 합니다. 저자는 이 책에서 법의학과 관련된 폭넓은 경험들, 죽음을 둘러싼 수많은 논제들, 죽음에 관한 정의들을 소개하며 우리 모두 피할 수는 없지만, 결코 떠올리고 싶어 하지 않는 죽음을 오히려 먼저 준비하라고 권합니다. 삶에 명확히 마감이 있다는 것을 아는 순간 자신이 추구하려는 가치관에 따라 살려고 노력하기 때문입니다.

1부 '죽어야 만날 수 있는 남자'에서는 법의학자의 시선으로 죽음을 풀어나갑니다. 법의학자는 무슨 일을 하는지, 법의학적으로 죽음은 어떻게 구분되는지를 소개합니다. '그것이 알고 싶다', '궁금한 이야기 Y', 'KBS 뉴스' 등에도 소개되었던 부검 사례를 살펴봅니다. 평범한 사람들의 억울한 죽음, 갑작스러운 죽음은 죽음이 우리 삶의 뒷면에 항상 존재하고 있다는 점을 깨닫게 합니다.

2부 '우리는 왜 죽는가'에서는 생명과 죽음의 정의, 과거부터 오늘날까지 죽음관의 변천, 죽음의 원인을 밝힙니다. 뇌사, 존엄사, 안락사, 자살 등에 관한 사례와 주장들을 다룹니다. 죽음이 스스로에 의해, 타인에 의해 선택될 수 있는 것인가에 대해서도 다룹니다.

3부 '죽음을 공부해야 하는 이유'에서는 죽음을 예감하고 남겼던 유언들을 소개하며, 삶의 마지막 순간에 반드시 죽음을 준비해야 한다는 점을 강조합니다. 죽음 앞에 놓인 인간은 어떻게 사고하는지, 다른 사람들은 죽음을 어떻게 준비하는지 여러 사례들을 소개합니다. 이처럼

의대입시독서는 달라야 합니다

죽음에 관한 폭넓은 경험과 다양한 논제들을 전해 죽음을 좀 더 쉽고 자주 떠올릴 수 있게 하고, 죽음을 고민하는 과정을 통해 삶의 의미를 되새기게 합니다.

　20년간 약 1,500건의 부검을 담당한 저자는 죽은 자에게서 삶을 배우는 법의학자입니다. 서울대학교 의학과를 졸업했으며, 서울대학교 병원에서 인턴과 전공의를 거쳐 병리전문의를 취득했습니다. 이후 동대학에서 법의학 박사학위를 받았습니다. 현재 서울대학교 의과대학 법의학교실 교수로 재직 중이며, 국립과학수사연구원 촉탁 법의관을 겸임하고 있습니다. 세월호 등 주요사건 및 범죄 관련 부검의로 잘 알려져 있습니다. 의과대학 교수이자 법의학자인 저자는 매일 죽음과 마주하며 개인의 죽음뿐 아니라 사회가 죽음에 미치는 영향, 죽음에 관한 인식 등 죽음을 둘러싼 다양한 문제를 연구합니다. 이 책에서 저자는 자신의 폭넓은 경험과 함께 죽음에 관한 색다른 시각을 제안함으로써 오히려 삶의 가치를 일깨워 줍니다.

　죽음은 우리 인생의 마지막 과정이다. 그러나 우리는 평소 죽음이라는 주제에 대해 생각하려 하지 않고, 될 수 있으면 언급 또한 피하려고 한다. 더욱이 현대사회는 의도적이든 아니든 죽음을 우리 삶과 철저하게 분리한 채 우리에게 죽음의 민낯을 보여주지 않는다. 그렇기 때문에 우리는 죽음을 생각해본 적도 없게 되고, 삶을 그저 닥치는 대로면서 일시적인 위안과 위로에 현혹되기 쉽다. (…) 그러면 막상 죽음이 닥쳤을 때 우리는 비참함과 슬픔에 사로잡혀 아름다운 마무리를 할 기회를 상실하게 된다. 또한 다른 사람의 죽음에 대해서

도 감정의 둔마를 겪게 되고 더 나아가서 무관심하게 될지 모른다.(들어가는 글, 15~16쪽)

현대사회에서 우리는 갑자기 죽음을 맞이하기보다 어떤 질병에 의해서 사망하는 경우가 많다고 합니다. 과거에는 급속도로 삶이 무너져 사망에 이르렀던 반면 이제는 의학의 발전으로 질병에 걸렸다 해도 완치율이나 생존율 또한 점점 높아지고 있기 때문입니다. 2045년이 되면 과학의 발달로 영생의 가능성까지 우리 앞에 펼쳐져 있답니다. 그래서 더더욱 죽음을 멀리하고자 하는 사회 풍조가 있는 것도 사실입니다. 하지만 그렇다고 우리가 죽음을 피할 수는 없다고 저자는 주장합니다. 영생을 잠시 보류한다면 어쨌든 우리는 죽음을 맞이할 수밖에 없는 존재이기 때문입니다. 그렇기에 미리미리 죽음이라는 것과 친밀한 관계를 유지해 두자는 논리입니다.

그러나 삶의 마지막 여정이 죽음이라는 사실을 담담히 받아들여야만 현재 우리의 삶을 더 온전하게 살 수 있다. "카르페 디엠(Carpe diem)! - 현재를 즐겨라!" 영화 〈죽은 시인의 사회〉에서 키팅 선생이 학생들에게 들려주었던 말이다. 그러나 우리는 그에 앞서 죽음을 생각하며 살아야 한다. "메멘토 모리(Memento mori)! - 죽음을 기억하라!" 삶의 마지막 순간에 자신이 어떠한 모습이기를 바라는지 끊임없이 묻고 답하는 과정에서 우리의 삶은 더욱 풍성해지고 깊은 의미를 품는다.(3부 죽음을 공부해야 하는 이유, 266쪽)

의대입시독서는 달라야 합니다

죽음은 두려운 것인가요? 품위 있는 죽음이란 무엇인가요? 죽음을 계획할 수 있을까요? 죽음을 피할 수 있는 사람은 아무도 없습니다. 그러나 우리에게 죽음은 늘 생경하고 아득합니다. 매주 시체와 마주하는 법의학자에게도 죽음은 항상 낯설다고 합니다. 매주 시체를 만나는 법의학자에게 죽음이란 무엇이며 어떤 의미를 지닐까요? 누구보다 많이 죽음을 만났고, 누구보다 깊이 죽음을 고찰한 저자는 죽음을 가까이할 때 역설적으로 삶의 가치를 발견할 수 있다는 사실을 깨달았다고 합니다. 죽음에 관한 다양한 논제들과 부검 사례를 엮어 '죽음의 과학적 이해'라는 서울대학교 교양강의를 개설했고 그 결과는 놀라웠습니다. 죽음을 인정하고, 바로 보기 시작한 학생들은 자신의 인생을 더욱 긍정적이고 적극적으로 헤쳐 나가게 되었답니다. 학생들은 "단언컨대, 서울대학교라는 이름에 걸맞은 최고의 강의였다!", "이 강의를 들을 수 있어 영광이었다!" 등 환희에 젖은 수강후기를 남겼습니다.

다시 서울대 면접 제시문으로 돌아가 봅시다. (1)은 위로하는 사람의 내면적 고통과 그를 통한 지혜를 이야기하고, (2)는 외부가 아닌 자신의 내면에서 답을 찾으며 성장해야 한다고 조언합니다. 미래의 의사로서, 수험생은 환자들에게 위로와 희망을 주는 역할을 해야 합니다. 동시에 의사로서의 삶은 끊임없는 학습과 내면적 성찰을 요구하며, 때로는 고독한 결정을 내려야 하는 상황을 맞게 됩니다. 그래서 이 면접에서는, '이 두 문장이 의사로서의 삶과 환자와의 관계에 어떤 의미를 준다고 생각하며, 당신은 이 메시지들을 바탕으로 어떤 의사가 되고 싶은지를 구체적으로 이야기해 보라'고 질문했다고 합니다.

이 면접에서는 다음과 같은 추가 질문이 이어질 수 있습니다. (1)의 관점에서 의사로서 환자에게 위로를 건넬 때, 당신 자신의 어려움이나 경험이 어떤 방식으로 환자와의 공감 형성에 도움이 될 수 있다고 생각하나요? 반대로, 의사 자신의 고통이 환자에게 부정적인 영향을 미치지 않도록 어떻게 관리해야 할까요? (2)의 관점에서 의과대학에서 배우는 지식 외에 의사로서 가장 중요하다고 생각하는 '내면의 답'은 무엇이며, 이를 찾기 위해 어떤 노력을 할 계획인가요?

때로는 의사로서 환자나 보호자의 비현실적인 기대 혹은 외부의 압력에 직면할 수 있습니다. 이러한 상황을 고려해 다음과 같은 질문이 쏟아질 수 있습니다. (2)의 관점에서 '바깥에서 답을 기대하지 않고' 자신의 소신을 지키기 위해 어떻게 균형을 잡고 행동할 것인지를 예를 들어 설명해 주십시오. 두 문장을 종합했을 때, 의사에게 가장 필요한 역량은 무엇이라고 생각하며, 그 역량을 키우기 위해 학창 시절에 어떤 경험을 쌓았거나 쌓고 싶은가요?

이런 질문들을 통해 수험생이 단순히 지식을 암기하는 수준을 넘어 의사로서의 자질이 있는지를 평가하게 됩니다. 이러한 질문을 받으면 "자신이 삶과 인간에 대한 깊은 이해를 바탕으로 의학이라는 전공 분야를 선택했고, 앞으로 어떤 의사로 성장하고 싶은지"에 대해 말하는 것이 바람직할 것입니다.

생기부 세특 예시

전공 탐색 과정에서 다양한 진로 분야 독서를 진행하며 '나는 매주 시체를 보러 간다(유성호)'를 찾아 읽음. 20년간 1,500건의 부검을 담당하며 누구보다 많이 죽음을 만났고 깊이 죽음을 고찰한 저자가 죽음을 가까이할 때 역설적으로 삶의 가치를 발견할 수 있다는 주장에 주목해 봄. 저자는 법의학과 관련된 폭넓은 경험들, 죽음을 둘러싼 수많은 논제들, 죽음에 관한 정의들을 소개하며 우리 모두 피할 수 없지만, 결코 떠올리고 싶어 하지 않는 죽음을 오히려 먼저 준비하라고 권하지만 실제 초중고 정규 교육 과정에서 다루지 못하는 현실과 비교해 점검해 봄. 삶에 명확히 마감이 있다는 것을 아는 순간 자신이 추구하려는 가치관에 따라 살려고 노력하게 되므로 개인의 죽음뿐 아니라 사회가 죽음에 미치는 영향, 죽음에 관한 인식 등 죽음을 둘러싼 다양한 '죽음의 과학적 이해' 문제를 연구 주제로 설정해 봄. 뇌사, 존엄사, 안락사, 자살 등 이슈에 관한 사례와 주장들을 분석하며 죽음이 스스로에 의해, 타인에 의해 선택될 수 있는 영역인지 학술적 관심을 갖게 됨. 의과대학에서 배우는 지식 외에 의사로서 가장 중요하다고 생각하는 '내면의 답'은 무엇이며, 이를 찾기 위해 어떤 노력이 필요한지 함께 토론해 보는 계기가 됨.(1,499Byte, 띄어쓰기 포함 625자)

전공 탐색 과정에서 다양한 진로 분야 독서를 진행하며 '나는 매주 시체를 보러 간다(유성호)'를 찾아 읽음. 20년간 1,500건의 부검을 담당하며 누구보다 많이 죽음을 만났고 깊이 고찰한 저자가 죽음을 가까이할 때 역설적으로 삶의 가치를 발견할 수 있다는 주장에 주목해 봄. 저자는 법의학 관련 폭넓은 경험들, 죽음을 둘러싼 수많은 논제들을 소개하며 우리 모두 피할 수 없지만, 결코 떠올리고 싶어 하지 않는 죽음을 오히려 먼저 준비하라고 권하지만 실제 초중고 정규 교육 과정에서 다루지 못하는 현실과 비교해 점검해 봄. '죽음의 과학적 이해' 문제를 연구 주제로 설정해 뇌사, 존엄사, 안락사, 자살 등 이슈에 관한 사례와 주장들을 분석하며 죽음이 스스로에 의해, 타인에 의해 선택될 수 있는 영역인지 학술적 관심을 갖게 됨.(972Byte, 띄어쓰기 포함 408자)

전공 탐색 과정에서 다양한 진로 분야 독서를 진행하며 '나는 매주 시체를 보러 간다(유성호)'를 찾아 읽음. 20년간 1,500건의 부검을 담당하며 누구보다 많이 죽음을 만났고 깊이 고찰한 저자가 죽음을 가까이할 때 역설적으로 삶의 가치를 발견할 수 있다는 주장에 주목해 봄. '죽음의 과학적 이해' 문제를 연구 주제로 설정해 뇌사, 존엄사, 안락사, 자살 등 이슈에 관한 사례와 주장들을 분석하며 학술적 관심을 갖게 됨.(555Byte, 띄어쓰기 포함 237자)

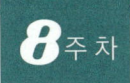

《1984》 | 조지 오웰

" 과거를 지배하는 자는 미래를 지배한다 "

분량 ★★	내용 ★★★★	활용 ★★★★★

〈2025학년도 서울대 수시 의과대학 면접 제시문 8〉

우리가 언어의 의미를 이해하려고 할 때, 자연스럽게 언어가 실제로 어떻게 사용되는지 살펴보게 됩니다. 언어는 단순히 사전에 정의된 것이 아니라, 실제로 사람들이 사용하는 방식에서 비롯됩니다. 언어는 고정된 의미를 가진 단어들의 집합이 아니라, 특정한 맥락과 목적 안에서 기능하는 도구와 같습니다.

예를 들어, '요리하다'라는 단어의 의미를 완전히 이해하려면 사람들이 그 단어를 어떻게 사용하는지를 알아야 합니다. '요리하다'는 일반적으로 음식을 조리하는 행위를 뜻하지만, 사람이나 상황을 자신의 의도대로 조작한다는 의미로도 사용됩니다. 이러한 다양한 사용 방식에 의해 '요리하다'라는 단어의 의미가 형성됩니다.

따라서 언어의 의미는 실제로 사용되는 방식에 따라 결정됩니다. 이는 단어의 의미를 이해하려면 단순히 뜻만 외우는 것이 아니라, 사람들이 실제로 그 단어를 어떤 상황에서 어떻게 쓰는지를 배우는 것이 중요하다는 뜻입니다. 언어는 사회적 활동의 일환으로, 단어의 의미는 우리의 삶과 행동 속에서 드러납니다.

우리는 언어를 통해 세상을 설명하고, 질문하고, 명령하고, 이야기를 나눕니다. 이 모든 언어 활동은 특정한 규칙과 맥락 안에서 이루어집니다. 언어는 단순히 사물에 이름을 붙이는 행위가 아니라, 우리의 삶 속에서 구체적인 역할을 수행하는 데 필요한 도구입니다.

의대면접 제시문으로 생소할 수도 있는 이 글은 언어의 의미에 대한 중요한 통찰을 담고 있습니다. 언어가 단순히 사전적인 뜻풀이로만 이해되는 게 아니라, 실제로 사람들이 어떻게 사용하느냐에 따라 그 의미가 형성되고 변화한다는 이야기가 매우 와닿는 요즘이기도 합니다. 특히 '요리하다'는 단어를 예로 들어준 부분이 재미있습니다. 음식을 만드는 행위뿐만 아니라 사람을 자기 뜻대로 움직이는 모습도 '요리한다'고 표현하는 것처럼, 언어는 살아 움직인다는 것을 깨닫게 합니다.

결국 이 글은 언어의 의미가 고정되어 있지 않다고 말합니다. 우리가 삶 속에서 언어를 사용하는 방식과 맥락에 따라 끊임없이 형성되고 발전하는 생물이라는 주장입니다. 단순히 단어의 뜻을 외우는 수준을 넘어, 사람들이 실제 대화나 상황에서 그 단어를 어떻게 활용하는지를 관찰하고 배우는 노력이 중요하다는 메시지를 건네기도 합니다. 언어가 우리의 삶과 행동 속에서 구체적인 역할을 하는 도구라는 점을 다시 한 번 깨닫게 해줍니다.

이 제시문은 수능 국어 독서 지문에서 자주 접하는 루트비히 비트겐슈타인(Ludwig Wittgenstein)의 언어 철학, 특히 그의 후기 철학을 잘 요약한 내용입니다. 비트겐슈타인은 언어의 의미가 사용 맥락에 따라 결정된다는 '언어 게임(language-game)' 개념을 주장했습니다. 언어

의대입시독서는 달라야 합니다

는 고정된 실체가 아니라 사람들이 사회적 활동 속에서 특정 목적을 가지고 사용하는 '도구'이며, 그 의미는 '사용'에서 비롯된다고 주장합니다. 이 제시문을 바탕으로 의대면접에서 어떤 질문이 이어질 수 있을지를 생각해 봅시다.

이 글은 언어의 의미가 단순히 사전적 정의가 아니라 실제 사용 맥락과 사회적 활동 속에서 형성된다는 비트겐슈타인의 언어 철학을 설명하고 있습니다. '요리하다'라는 단어의 예시처럼, 같은 단어도 상황에 따라 다양한 의미를 가질 수 있다고 합니다. 의료 현장에서는 의학 용어뿐만 아니라 일상적인 언어를 사용하여 환자 및 보호자와 소통해야 합니다. 따라서 수험생은 다음과 같은 질문을 받을 수 있습니다. 이 글의 관점에서 볼 때, 의사소통에 있어 '언어의 사용 맥락'을 이해하는 것이 왜 중요하다고 생각하나요? 그리고 의사로서 이러한 언어의 특성을 어떻게 고려하여 환자와 효과적으로 소통할 수 있을지 구체적인 방안을 제시해 보세요.

추가 질문도 이어질 수 있습니다. 환자가 사용하는 '아프다'는 표현이 의학적 관점에서 볼 때 여러 가지 의미를 가질 수 있습니다. 이 글의 관점에서 환자의 '아프다'는 말을 의사가 어떻게 이해하고 접근해야 할까요? 의학 용어는 전문적이고 정확하지만, 환자에게는 이해하기 어려울 수 있습니다. 이 글에서 말하는 '언어는 특정한 맥락과 목적 안에서 기능하는 도구'라는 관점에서, 의학 용어를 환자에게 설명할 때 어떤 점을 유의해야 할까요? 환자나 보호자가 특정 정보를 잘못 이해하고 있거나 잘못된 믿음을 가지고 있을 때, 의사로서 이 글에서 제시하는 '언어는 사회적 활동의 일환'이라는 점을 고려하여 어떻게 소통해야 할까요? 의사소통 과정에서 언어적 표현 외에 비언어적 표현 (표정, 몸짓 등)도 중요한 '맥락'을 형성합니다. 비트겐슈타인의 언어 게임 관점에서 비언어적 소통의 중요성을 설명하고, 의사로서 어떻게 활용할 수 있을지 이야기해 보십시오.

이 글은 언어가 '단순히 사물에 이름을 붙이는 행위가 아니라, 우리의 삶 속에서 구체적인 역할을 수행하는 데 필요한 도구'라고 말합니다. 의사로서 환자의 '삶' 속에서 언어가 수행하는 '구체적인 역할'은 무엇이라고 생각하나요? 이런 질문들을 통해 수험생이 의사로서 환자와 소통하는 데 있어 얼마나 깊이 있는 이해와 섬세한 접근 방식을 가지고 있는지를 평가하게 됩니다. 의대면접에서는 단순한 지식을 넘어, 인간적인 공감과 소통 능력을 중요하게 평가한다는 점을 명심하기 바랍니다.

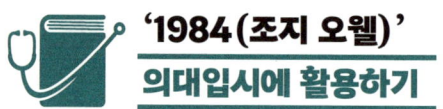

'1984(조지 오웰)' 의대입시에 활용하기

'1984(조지 오웰)'는 타임지 선정 '20세기 최고의 영미권 소설 TOP 100'이자 서울대학교 '6년 연속 지원자들이 가장 많이 읽은 도서 TOP 20'에 속합니다. 인간의 기본 욕구를 억제하는 독재 권력 사회에서 부조리함에 항거하는 개인의 최후를 예리하고 강력하게 묘사한 작품으로 평가됩니다. 이 소설은 미래 예언적 디스토피아 소설입니다. 저자는 소설적 상상력을 발휘해 독재 체제의 현실을 여실히 보여줍니다. 감정을 통제하고, 사고의 범위를 말살함으로써 종국에는 인간의 모든

의대입시독서는 달라야 합니다

가치를 제거하려는 독재 권력 세계를 통해 당대 현실에 대한 비판적 메시지를 담았습니다. 전체주의의 미래를 강력하게 형상화하여 부패한 권력을 비판하며, 뛰어난 통찰력과 예리한 묘사로 20세기의 중요한 문학 작품으로 자리매김했습니다.

독재 정치 기구인 당은 텔레스크린을 통해 24시간 어디에서나 당원들을 감시하고 도청합니다. 표정과 행동을 하나하나 감시하며 당의 이념에 반발하는 '생각'조차 금지되는 세상입니다. 당은 가족 간의 사랑, 성욕까지 통제하며 당원들끼리, 가족들끼리 서로를 의심하고 감시하게 만듭니다. 고발당한 사람은 즉시 끌려가고 존재가 '증발'합니다. 주인공 윈스턴은 당의 이념과 반대되는 생각을 가지고 하루하루를 두렵게 살아갑니다. 당의 눈을 피해 연인 줄리아와의 관계를 아슬아슬하게 지속합니다. 윈스턴과 줄리아는 당이 인간의 말과 행동을 통제하더라도 마음만은 절대 통제할 수 없다고 생각하고, 당의 전복을 꾀하지만 함정에 빠지고 맙니다.

'1984'와 더불어 거론되는 또 다른 디스토피아 소설로는 '멋진 신세계(올더스 헉슬리)'가 있습니다. 흥미로운 점은 이튼 스쿨에서 올더스 헉슬리가 조지 오웰을 가르쳤던 교사였다는 사실입니다. 조지 오웰이 헉슬리에게 영향을 받았을지는 모르지만 교사와 학생 관계로 만난 두 사람이 사뭇 다른 디스토피아 소설을 쓴 점이 흥미롭습니다. '멋진 신세계'가 쾌락을 지나치게 향유하는 미래를 경고했다면 '1984'는 쾌락을 억제하는 미래를 경고합니다. 조지 오웰은 사람들이 낱낱이 감시되고, 정보가 통제되는 것을 두려워했습니다. 생생한 묘사와 전개로 읽는 사람들조차 감시당하는 느낌을 받게 합니다.

'1984'는 끝까지 읽어야 합니다. 소설의 마지막 문장이 전체 내용을 관통하기 때문입니다. 특히 부록인 신조어의 원리도 놓쳐서는 안 됩니다. 계속 언급되는 신조어가 어떤 원리를 가졌는지, 어떤 목적으로 만들어졌는지를 알면 당이 주장하는 INGSOC의 원칙이 더 잘 이해되기 때문입니다. 신조어는 그저 가볍게 언급되는 내용이 아니며, 저자가 얼마나 세심하게 소설 내용을 구성했는지를 이 부록을 읽어야 느낄 수 있습니다. 소설의 마지막과 부록까지 읽어야 비로소 '1984'를 읽었다고 말할 수 있다고 평가합니다.

조지 오웰이 만들어 낸 '신조어'는 '신어(Newspeak)'를 뜻합니다. 소설 속 전체주의 국가인 '오세아니아'의 지배 계층인 당이 기존 영어를 인위적으로 개량해서 만든 언어입니다. 단순히 새로운 단어를 만드는 차원을 넘어 아예 언어 자체를 통제하려는 목적을 가집니다. 신어는 단순한 언어 변화를 넘어, 사고와 현실을 통제하려는 전체주의의 가장 강력한 도구입니다. 먼저 사고를 제한하고 통제합니다. 신어는 어휘의 수를 극단적으로 줄입니다. 부정적인 의미를 가진 단어들을 없애버립니다. 예를 들어, '자유'나 '평등' 같은 개념을 표현할 수 있는 단어 자체가 사라지면, 사람들은 그런 생각을 아예 할 수 없게 될 거라는 무서운 발상입니다. 단어의 의미를 모호하게 만들거나 오직 당이 의도한 한 가지 의미로만 사용하게 함으로써, 복잡하고 다양한 사고를 불가능하게 합니다.

특히, 이중사고(Doublethink)를 하게 합니다. '전쟁은 평화', '자유는 굴종', '무지는 힘' 같은 모순적 슬로건들이 신어를 통해 자연스럽게 받아들여지도록 하기 때문입니다. 신어는 모순되는 두 가지 생각을 아무릇지 않게 받아들이는 '이중사고'를 가능하게 하는 바탕이 됩니다. 언어를 통합 현실 조작은 역사 개조로 이어집니다. 신어는 과거의 기록을 끊임없이 수정합니다. 당의 입맛에 맞게 역사를 조작하는 데 필수적인 역할을 합니다. 과거를 기억할 수 없게 만들어 현재의 지배 체제를 영원히 유지할 수 있다고 믿습니다. 오늘날 현실에서 '대안적 사실(alternative facts)'이라는 말이 등장했을 때 소설 판매량이 역주행해 급증했던 사례처럼, 언어를 통한 현실 조작의 위험성을 경고하는 강력한 메시지가 됩니다.

저자는 신어를 통해 언어를 지배하는 자가 곧 사고와 현실을 지배한다는 강력한 경고를 던집니다. 언어는 단순히 의사소통의 도구를 넘어, 인간의 사고방식과 세계관을 형성하는 근본적인 틀이라는 언어 철학의 정수를 보여준 사례입니다. 현실에서도 '정리해고'라는 말이 '대량해고'의 부정적인 이미지를 완화시키거나 '노동 유연성'이라는 말이 노동자 해고를 쉽게 하기 위해 쓰이는 것처럼, 언어는 사회적 의미를 조작하고 통제하는 데 널리 사용됩니다. 결론적으로, 조지 오웰의 신어는 언어가 인간의 자유로운 사고와 비판 의식을 얼마나 쉽게 억압할 수 있는지를 보여주는 섬뜩하면서도 천재적인 장치라고 할 수 있습니다. 단순히 소설 속 설정에 그치지 않고, 현실 세계의 권력자들이 언어를 어떻게 활용하여 대중을 통제하고 여론을 조작할 수 있는지에 대한 강력한 경고를 담고 있습니다. 정말 대단한 통찰이 아닐 수 없습니다.

루트비히 비트겐슈타인의 철학 지문을 통해 언어의 의미가 사용 맥락에 따라 결정된다는 '언어 게임(language-game)' 개념을 조사해 봄. 언어는 고정된 실체가 아니라, 사람들이 사회적 활동 속에서 특정 목적을 가지고 사용하는 '도구'이며, 그 의미는 '사용'에서 비롯된다는 분석 사례를 확장시켜 의사소통에 있어 '언어의 사용 맥락'을 이해하는 태도의 중요성을 깨달음. 추천도서로 '1984(조지 오웰)'를 연계해 읽으며 미래 예언적 디스토피아 소설로 '멋진 신세계(올더스 헉슬리)'와 비교해 쾌락을 지나치게 향유하는 미래도 쾌락을 억제하는 미래만큼 위험하다는 극단주의의 위험성에 주목해 봄. 특히 부록인 신조어의 원리를 통해 '신어(Newspeak)'의 역할을 다각도로 평가해 단순한 언어 변화를 넘어 사고와 현실을 통제하려는 전체주의의 가장 강력한 도구로써 사고를 제한하고 통제한다는 점에서 '이중사고(Doublethink)'와 연결해 오늘날 '대안적 사실(alternative facts)'의 중요성을 배움. 언어가 인간의 자유로운 사고와 비판 의식을 얼마나 쉽게 억압할 수 있는지 성찰해 보며 현실 세계의 권력자들이 언어를 어떻게 활용하여 대중을 통제하고 여론을 조작할 수 있는지 추가적으로 미디어에 대한 비판적 사고의 필요성을 함께 토의해 봄.(1,496Byte, 띄어쓰기 포함 648자)

루트비히 비트겐슈타인의 철학 지문을 통해 언어의 의미가 사용 맥락에 따라 결정된다는 '언어 게임(language-game)' 개념을 조사해 봄.

언어는 고정된 실체가 아니라, 사람들이 사회적 활동 속에서 특정 목적을 가지고 사용하는 '도구'이며, 그 의미는 '사용'에서 비롯된다는 분석 사례를 확장시켜 의사소통에 있어 '언어의 사용 맥락'을 이해하는 태도의 중요성을 깨달음. 추천도서로 '1984(조지 오웰)'를 연계해 읽으며 미래 예언적 디스토피아 소설로 '멋진 신세계(올더스 헉슬리)'와 비교해 쾌락을 지나치게 향유하는 미래도 쾌락을 억제하는 미래만큼 위험하다는 극단주의의 위험성에 주목해 봄. 현실 세계의 권력자들이 언어를 어떻게 활용하여 대중을 통제하고 여론을 조작할 수 있는지 추가적으로 미디어에 대한 비판적 사고의 필요성을 함께 토의해 봄.(998Byte, 띄어쓰기 포함 420자)

비트겐슈타인의 철학 지문을 통해 언어의 의미가 사용 맥락에 따라 결정된다는 '언어 게임(language-game)' 개념을 조사해 봄. 언어는 고정된 실체가 아니라 사람들이 사회적 활동 속에서 특정 목적을 가지고 사용하는 '도구'이며 '사용'에서 비롯된다는 분석 사례를 확장시켜 '1984(조지 오웰)'를 연계해 읽으며 현실 세계의 권력자들이 언어를 어떻게 활용하여 대중을 통제하고 여론을 조작할 수 있는지 미디어에 대한 비판적 사고의 필요성을 함께 토의해 봄.(601Byte, 띄어쓰기 포함 259자)

9 주차

《마르크스라면 어떻게 할까?》 | 개러스 사우스웰

" 위대한 정치 철학가들에게서 듣는 일상 속 고민 해결법 "

분량 ★★★★★	내용 ★★★★	활용 ★★★★★

📑 〈2025학년도 서울대 수시 의과대학 면접 제시문 9〉

A씨는 기차에서 거래처 대표와 회사 계약과 관련된 중요한 대화를 나누고 있다. 거래처 대표는 바쁜 일정에다 최근 다리 부상까지 당해 만남이 매우 어려운 사람이다. 따라서 대표와 함께 이동하는 30분은 A씨에게 특히 소중하다. 대화를 이어가던 중, 대표의 목소리가 커지면서 기차 객실에서 자고 있던 아기가 깨어나 울음을 터뜨렸다. 아기 보호자는 당황한 표정으로 아기를 달래려 했지만, 아기는 울음을 멈추지 않고 더 크게 울기 시작했다. 기차 안은 금세 소란스러워졌고, 다른 승객들은 아기 보호자와 A씨 일행을 번갈아 바라보며 불편한 기색을 드러냈다.

실제 의대면접에서는 이 제시문을 보여주며, 아직은 19살에 불과한 수험생들에게 난감하면서도 실제 비즈니스와 일상생활에서 충분히 일어날 수 있는 복합적인 문제 상황에 대해 계속 질문했습니다. A씨는 여러 가지 압박 속에서 지혜롭게 대처해야 하는 딜레마에 처해 있다고 볼 수 있습니다. 먼저 A씨는 다음과 같은 복합적인 딜레마에 직면

의대입시독서는 달라야 합니다

해 있습니다. 우선 비즈니스의 성과와 기회의 문제입니다. 바쁜 거래처 대표와의 30분이라는 매우 소중하고 한정된 시간 내에 중요한 계약 대화를 성공적으로 마무리해야 합니다. 이 기회를 놓치면 계약 자체가 어려워질 수 있습니다. 하지만 대화가 어려워지는 상황에 처하게 됩니다. 아기의 울음소리와 객실의 소란스러움으로 인해 중요한 대화에 집중하기 어렵고, 대표 역시 대화에 집중하지 못할 수 있습니다. 다른 승객들의 불편한 시선과 분위기가 A씨와 대표 모두에게 심리적인 압박을 주게 됩니다. 따라서 인간적인 배려와 비즈니스 중 무엇을 우선해야 할지 고민하게 됩니다. 아기와 보호자의 난처한 상황을 이해하고 배려해야 하는 인간적인 마음과 비즈니스 목표를 최우선으로 중시해야 하는 직업인으로서의 책임 사이에서 갈등할 수 있습니다. 대표의 목소리가 커져서 아기가 깼다는 점을 어떻게 다룰지, 대표의 기분을 상하지 않게 하면서 상황을 해결해야 하는 섬세함이 필요합니다.

각 주체의 입장을 나누어 역지사지해 봅니다. A씨는 계약 성사가 최우선입니다. 소란스러운 상황을 해결하고 대화를 이어가고 싶지만, 다른 사람에게 불쾌감을 주고 싶지는 않을 겁니다. 거래처 대표는 중요한 계약 대화에 집중하고자 할 듯합니다. 소란스러운 상황에 불쾌감을 느끼거나 자신의 목소리 때문에 아기가 깼다는 사실에 불편함을 느낄 수도 있습니다. 아기 보호자는 아기가 울어서 당황스럽고 민망합니다. 주변 승객들의 시선에 부담을 느끼며 아기를 달래려 애쓰고 있습니다. 아기는 의도치 않게 소음을 발생시키고 있습니다. 다른 승객들은 조용하고 편안한 이동을 원합니다. 소란스러운 상황에 불쾌감을 느끼고, 상황이 빨리 해결되기를 바랍니다.

A씨는 이 상황에서 여러 가지를 고려하여 가장 현명한 대처를 해야 합니다. 상황 인정 및 양해 구하기가 필수입니다. 아기 보호자와 다른 승객들에게 "죄송합니다" 또는 "잠시만 양해 부탁드립니다"와 같은 제스처나 낮은 목소리로 사과를 표하면 좋겠습니다. 공감 능력을 보여주고, 주변의 불만을 잠시 완화할 수 있습니다. 하지만 근본적인 소음 문제를 해결하지는 못합니다. 그러니 대화 장소 이동을 제안할 수도 있습니다. "대표님, 잠시 객실이 소란스러워졌는데, 혹시 잠시 복도나 다른 칸으로 이동하여 대화를 이어가면 어떨까요?"라고 조심스럽게 제안해 보는 것입니다. 적극적이면서 효과적인 해결책이 될 수 있습니다. 소음 문제를 근본적으로 해결하고, 대표에게 A씨가 상황 관리를 잘한다는 인상을 심어줄 수도 있습니다. 다만, 최근 다리 부상까지 당한 대표가 이동을 불편해할 수도 있으므로 조심스러운 어조가 중요합니다.

대화를 중단하고, 대표에게 "잠시 소란스러워졌네요. 아기가 진정될 때까지 잠시 기다리겠습니다"라고 말하며 잠시 시간을 버는 대처 방안도 유효합니다. 대표에게 A씨가 상황을 인지하고 있음을 보여줄 수 있고, 아기가 빨리 진정될 경우 효과적입니다. 하지만 시간이 30분으로 제한되어 있다는 점에서 비효율적일 수 있습니다. 대표의 목소리 톤 조절을 유도하는 것도 가능한 방법입니다. 직접적으로 "목소리가 크다"고 말하기보다는 A씨 자신이 목소리를 낮추거나, "대표님, 혹시 말씀이 잘 안 들리실까 봐 제가 조금 더 가까이 가서 말씀드려도 될까요?"와 같이 우회적으로 접근하여 대표도 자연스럽게 목소리를 낮추도록 유도해 보는 것입니다. 대표의 기분을 상하게 하지 않으면서

의대입시독서는 달라야 합니다

소음의 원인 중 하나를 해결할 수 있지만 대표가 알아채지 못할 수도 있습니다. 아기 보호자에게 조심스럽게 도움을 요청할 수도 있습니다. 소음 상황이 너무 심각하고 대표가 잠시 기다려주는 분위기라면, 아기 보호자에게 "혹시 제가 잠시 도와드릴 일이 있을까요?"라고 조심스럽게 묻거나, "승무원 호출 버튼을 눌러드릴까요?"라고 제안해 봅니다. A씨의 인간적인 면모를 보여줄 수 있지만, 비즈니스 미팅이 최우선인 상황에서 자칫 주객이 전도될 수 있으므로 신중해야 합니다.

최선의 해결방안을 뤼튼 AI에게 물어보았습니다. 뤼튼 AI는 가장 이상적인 A씨의 대처 방식으로 상황을 빠르게 인지하고, 대표에게 양해를 구한 후 대화 장소 이동을 제안하라고 권합니다. 아기가 울기 시작하고 주변 분위기가 소란스러워지면, A씨는 곧바로 대표에게 "대표님, 잠시 객실이 소란스러워졌네요"라고 짧게 언급하며 대화 흐름을 잠시 멈춥니다. 이어서 "중요한 말씀을 나누시는 데 방해가 될 것 같으니, 잠시 복도나 연결 통로 쪽으로 이동해서 대화를 이어가면 어떨까요? 그곳이 좀 더 조용할 것 같습니다"라고 제안합니다. 이때 대표의 목소리 톤에 대한 언급은 피합니다. 대표가 동의하면 다리 부상을 당한 대표를 도와 빠르게 이동하여 대화를 재개합니다. 이 방법은 비즈니스에 대한 A씨의 집중력과 문제해결 능력을 보여주면서도, 주변 상황에 대한 민감성과 배려심을 동시에 드러낼 수 있는 현명한 대처가 될 수 있습니다. 이러한 문제해결 능력을 의대면접에서도 종종 평가하곤 합니다.

'마르크스라면 어떻게 할까? (개러스 사우스웰)' 의대입시에 활용하기

　일상에서 부딪치는 여러 문제들을 해결하기 위해서는 어떻게 해야 할까요? '마르크스라면 어떻게 할까?(개러스 사우스웰)'는 위대한 정치 철학가들에게서 듣는 일상 속 고민 해결법이라는 부제처럼 40가지 질문을 통해 우리 시대에 직면한 여러 문제를 탐구합니다. 정치 철학이 충돌하는 과정을 보여주면서 마르크스, 홉스, 로크, 밀 등 국어 지문과 사회 교과서에서 자주 등장하는 위대한 정치 철학자들의 이론과 아이디어를 소개합니다. 기발한 일러스트를 이용해, 마르크스주의와 자유주의 등 다양한 정치 철학 이데올로기와 개념어에 대해 더욱 쉽게 이해할 수 있도록 구성한 책입니다.

　상대적으로 밀은 언론의 자유를 제한해야 한다는 주장에는 거의 지면을 쓰지 않는다. 밀이 보기에 당시 사회에서는 언론의 자유가 위험에 처해 있었으므로 언론의 자유를 수호하는 것이 제한하는 것보다 정당하다고 생각했을 것이다. 밀의 주장에 따르면, 언론의 자유는 앞으로 발생할 위해나, 비방, 명예훼손(한 사람의 명성을 해치는 거짓된 말이나 글)에서 누군가를 보호하기 위해 필요한 때에만 유일하게 제한할 수 있다. 이 경우를 제외하면 아무리 혐오스러운 생각을 표현하고 인신공격을 해도 자유로운 표현을 제약하는 것은 자유 그 자체에 더 큰 피해를 주게 된다.(Chapter 1 자유)

세상은 점점 더 논쟁적인 곳이 되어가고 있습니다. 아니, 그보다는 SNS와 인터넷을 통해 정치적인 이슈에 더 많이 노출되고 있기 때문에 그렇게 느끼는지 모릅니다. 이제 우리는 원한다면 하루 24시간 내내 지구상 모든 곳의 거의 모든 주제에 관한 최신 뉴스를 찾아볼 수 있습니다. 그래서 멸종 위기에 몰리는 동남아시아 산호초 이야기든, 시리아 난민들의 가슴 아픈 탈출 소식이든, 우리 지역 동네의 소식이든, 지속적으로 정보를 얻고 참여하고 공유하며 의견을 말하고 지지하거나 규탄하기가 훨씬 쉬워졌습니다. 친구, 지인, 회사 동료, 심지어는 전혀 모르는 사람의 정치적인 의견까지 쉽게 접할 수 있게 되면서 이 모든 뉴스들에서 탈출하는 삶은 한층 어려워졌습니다.

물론 책이나 인터넷, 언론 매체를 통해서만 정치적인 이슈를 접하는 것은 아닙니다. 우리는 일상생활 속에서도 현실적 딜레마라는 흔한 형태로 다양한 이슈를 접합니다. 공정무역 커피를 사야 할 것인가? 자선단체에 기부해야 할 도덕적 의무가 있는가? 결혼을 해야 할 타당한 이유가 있는가? 아이를 갖는 것이 좋은 생각일까? 더 나은 직장, 더 큰 집을 원해도 괜찮은가? 심지어는 자전거 헬멧을 써야 하는지, 친구의 반려동물을 돌봐주어야 하는지까지 등 언뜻 이 질문들은 전혀 정치적으로 보이지 않습니다. 그러나 자세히 들여다보면 정치 철학자들이 이런 일상적인 질문에 얼마나 할 말이 많은지를 알게 됩니다.

플라톤은 시대 특성상 페이스북 중독 문제를 언급하지 않았지만, 우리가 파괴적인 열정에서 벗어나 분별력을 가질 수 있도록 정부가 어떤 역할을 해야 하는지에 대해 많은 말을 했습니다. 존 스튜어트 밀은 살아생전 트위터를 본 적도 없지만, 만약 그가 우리 시대를 살아간다면

SNS에 원하는 글을 쓸 권리를 제한할 때는 가능한 한 최소한도에 그쳐야 한다고 주장할 것입니다. 이 책은 우리가 부딪칠 수 있는 문제들에 대해 질문을 던지고, 위대한 정치 철학가들은 21세기의 일상적 상황들을 어떻게 해결했을지를 고찰해 봅니다.

인간이 생활 속에서 부딪히는 딜레마는 대부분 질문해 본 적이 없는 다양한 가정들을 바탕에 깔고 있습니다. 이 책은 선과 의무의 본질을 대하는 윤리적 태도, 개인이 국가와의 관계에서 가져야 하는 자유와 힘의 정도, 정의와 공정 또는 부의 분배와 가난을 바라보는 관점 등 생활 속에서 자주 하는 고민들을 분석하고 이런 이슈들을 밖으로 드러내고 탐구하면서, 얼마나 다양한 학자들이 그에 대해 발언했는지를 알려 주고 있습니다.

책을 통해 학자들의 의견이 늘 일치하지는 않는다는 점을 깨달을 수 있습니다. 우리가 따르고 적용할 단순 명료한 조언을 얻지 못하고 마는 경우도 많습니다. 그러나 철학에서 정답은 중요하지 않습니다. 그보다는 왜 그 질문 속의 이슈가 많은 논쟁을 불러일으키며, 왜 여전히 많은 이슈들이 격렬한 논쟁거리로 남아 있는지를 좀 더 깊게 이해하려는 태도가 중요합니다. 그리고 그 논쟁의 끝에서 마르크스라면 어떻게 할지, 플라톤과 아리스토텔레스, 헤겔과 밀 같은 철학자들은 어떻게 할지를 알게 됩니다. 독자의 입장에서 동의하는 주장도 있고 동의하지 않는 주장도 있습니다. 아마도 전보다 더 많은 질문들을 떠올리게 될지도 모릅니다. 저자는 그것이 바로 철학의 본질이라고 강조합니다. 독자는 이렇게 얻은 깨달음을 바탕으로 더 나아진 위치에서 마음을 정하고, 또 가장 중요한 질문에 대답할 수 있게 되기 때문입니다. 의대면

의대입시독서는 달라야 합니다

접에서 가장 자주 묻는 질문은 "당신이라면 어떻게 할까?"입니다. 이 책을 읽고 그 질문에 대해 생각하는 연습을 해보기 바랍니다.

생기부 세특 예시

'마르크스라면 어떻게 할까?(개러스 사우스웰)'에서 40가지 구체적 질문을 접하며 우리 시대에 직면한 여러 문제를 탐구하고 토론해 봄. 공정무역 커피를 사야 할 것인가, 자선단체에 기부해야 할 도덕적 의무가 있는가, 결혼을 해야 할 타당한 이유가 있는가, 더 큰 집을 원해도 괜찮은가 같은 질문부터 심지어 자전거 헬멧을 써야 하는지, 친구의 반려동물을 돌봐주어야 하는지까지 다양한 의문들 자체가 정치적으로 보이지 않지만 철학자들이 일상적인 질문에 중요한 개념과 이론을 적용해 가는 방식을 배움. 존 스튜어트 밀은 살아생전 트위터를 본 적도 없지만, SNS에 원하는 글을 쓸 권리를 제한할 때는 가능한 한 최소한도에 그쳐야 한다고 주장하리라는 추론을 분석하며 역사 속 훌륭한 철학가들의 통찰을 현대 사회의 일상에 어떻게 적용할 수 있는지 이해해 보려 시도함. 딜레마는 대부분 질문해 본 적 없는 다양한 가정들을 바탕에 깔고 있으며 선과 의무의 본질을 대하는 윤리적 태도, 개인이 국가와의 관계에서 가져야 하는 자유와 힘의 정도, 정의와 공정 또는 부의 분배와 가난을 바라보는 관점 등 생활 속 평범한 고민들을 분석하는 가운데 학자들의 의견이 늘 일치하지는 않는다는 점에 주목해 공론장의 중요성을 느낌.(1,498Byte, 띄어쓰기 포함 614자)

'마르크스라면 어떻게 할까?(개러스 사우스웰)'에서 40가지 구체적 질문을 접하며 우리 시대에 직면한 여러 문제를 탐구하고 토론해 봄. 자선단체에 기부해야 할 도덕적 의무가 있는가, 더 큰 집을 원해도 괜찮은가 같은 질문부터 심지어 자전거 헬멧을 써야 하는지, 친구의 반려동물을 돌봐주어야 하는지까지 다양한 의문들 자체가 정치적으로 보이지 않지만 철학자들이 일상적인 질문에 중요한 개념과 이론을 적용해 가는 방식을 배움. 역사 속 훌륭한 철학가들의 통찰을 현대 사회의 일상에 어떻게 적용할 수 있는지 이해해 보려 시도함. 선과 의무의 본질을 대하는 윤리적 태도, 정의와 공정 또는 부의 분배와 가난을 바라보는 관점 등 생활 속 평범한 고민들을 분석하는 가운데 학자들의 의견이 늘 일치하지는 않는다는 점에 주목해 공론장의 중요성을 느낌.(1,005Byte, 띄어쓰기 포함 409자)

'마르크스라면 어떻게 할까?(개러스 사우스웰)'에서 40가지 구체적 질문을 접하며 우리 시대에 직면한 여러 문제를 탐구하고 토론해 봄. 자선단체에 기부해야 할 도덕적 의무가 있는가 같은 질문부터 심지어 자전거 헬멧을 써야 하는지, 친구의 반려동물을 돌봐주어야 하는지까지 다양한 일상적인 질문에 중요한 개념과 이론을 적용해 가는 방식과 학자들의 의견이 늘 일치하지는 않는다는 점에 주목해 공론장의 중요성을 배움.(564Byte, 띄어쓰기 포함 228자)

《결정력 수업》 | 캐스 R. 선스타인

" AI 시대의 행동경제학 "

분량 ★★★★	내용 ★★★★	활용 ★★★★★

📑〈2024학년도 서울대 수시 의과대학 면접 제시문 1〉

다음은 자기평가(Self-Assessment)에 대한 연구 결과에서 제시된 그래프이다.

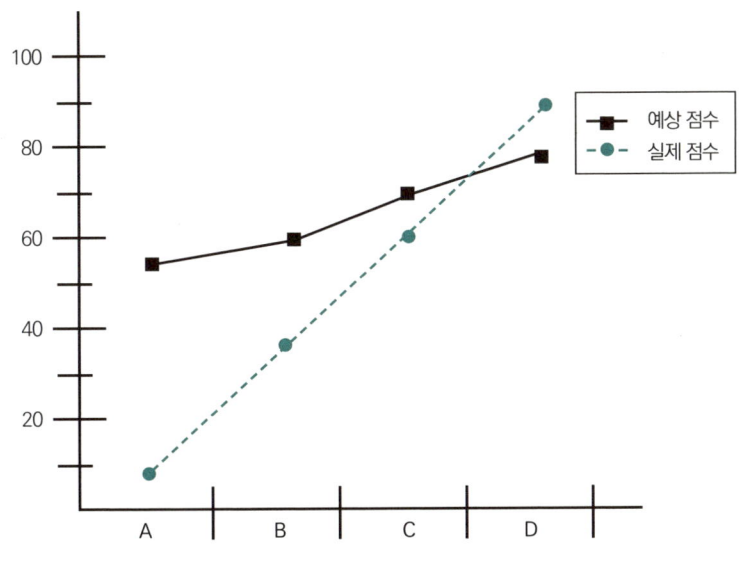

의대면접에서는 제시문으로 그래프가 자주 등장합니다. 2분이라는

짧은 시간에 주어진 제시문의 그래프를 정확히 이해하고 설명할 준비를 해야 합니다. 자기평가 연구 결과 그래프를 보면 흥미로운 점들이 보입니다. 먼저 ■의 예상 점수는 A 55점부터 D 80점까지 차이를 보입니다. 참가자들이 스스로에 대해 평가할 때 격차는 25점 정도입니다. 반면 ●의 실제 점수는 A 10점부터 D 90점까지 격차가 80점이나 됩니다. 예상 점수와 비교하면 A와 B의 경우 실제 점수가 2/3에서 1/5 수준으로 훨씬 낮습니다. C와 D의 경우 실제 점수가 예상 점수를 1.1~1.2배 수준으로 넘어섭니다.

능력이 낮은 사람들(10점 A, 40점 B, 60점 C)은 자신의 능력을 과대평가하는 경향이 있습니다. 즉, 실제 점수보다 자기 평가 점수가 높아 자신에 대한 인식이 부풀려져 있습니다. 능력이 높은 사람(90점 D)은 오히려 자신의 능력을 과소평가합니다. 이런 현상은 심리학에서 잘 알려진 더닝-크루거 효과(Dunning-Kruger Effect)와 일맥상통합니다. 능력이 부족한 사람일수록 자신의 부족함을 인지하지 못해 과대평가하고, 능력이 뛰어난 사람일수록 자신의 한계나 부족한 점을 더 잘 인식해 겸손하게 평가하는 경향이 있다는 주장입니다. 즉, 이 연구는 자기평가가 항상 정확하지 않고, 특히 능력이 낮은 사람들은 자신의 능력을 제대로 평가하지 못하는 경향이 있음을 보여줍니다. 반대로 능력이 높은 사람들은 자기 자신을 더 엄격하게 평가하는 경향이 있습니다.

이런 결과는 교육이나 직장, 의료 현장 등에서 자기 인식과 피드백의 중요성을 강조하는 데 활용됩니다. 의대면접에서도 자기 인식과 겸손 그리고 객관적인 자기평가를 중요한 자질로 평가합니다. 수험생들

의대입시독서는 달라야 합니다

은 다음과 같은 질문을 받을 수 있습니다. "무슨 그래프 같아요?"와 "왜 점수 차이가 나는지"를 질문받고 나서 "본인과 연관된 경험이 있는지", "본인은 A부터 D 중에서 어디에 해당되는지", "왜 그렇게 생각하는지"를 질문받을 수 있습니다.

한국사회 및 성격심리학회(KSPPA)는 '2025 한국사회가 주목해야 할 사회심리 현상'으로 '더닝-크루거 효과(Dunning-Kruger effect)'를 선정하였습니다. 이 심리학 용어는 미국의 사회심리학자 더닝과 크루거가 실험을 통해 입증하면서 붙여진 이름입니다. 이 이론에 따르면 특정 분야에서 능력이 부족한 사람은 자신의 능력을 과대평가하고 능력이 뛰어난 사람은 자신의 능력을 과소평가하는 경향성을 보입니다. 실제 능력이 중하위권 이하이면서도 대개의 사람들은 '나는 중상위권(25~50%)쯤 되지 않을까?'라고 생각하는 현상입니다.

중간고사를 마친 자녀에게 "오늘 시험 어땠어, 잘 봤어?"라고 물어봅니다. 아이가 "응, 별로 어렵지 않았어. 잘 봤어요"라고 대답합니다. 이때 어른들은 경험상 알 수 있습니다. '이 녀석 이번 시험 망쳤겠네…….' 대개 슬픈 예감은 틀리지 않습니다.

더닝과 크루거의 실험 연구에 의하면 실제 성적이 낮은 참가자들은 자신의 점수를 과대평가하는 경향이 있었습니다. 이들은 실제로는 40점을 맞았지만 60점 정도의 점수를 기대했습니다. 반대로 성적이 우수한 참가자들은 실제 점수보다 낮은 점수를 예상했습니다. 특정 분야의 전문가들은 자신은 과소평가하고 타인은 과대평가하는 경향이 있습니다. 자기 능력에 대한 메타인지가 충분히 높아 자신이 누군지, 자신의 능력이 어떠한지 등에 대한 판단능력이 있기 때문입니다.

심리학자 최훈 교수에 의하면 머뭇거리는 전문가들은 '내가 아는 것들은 다른 사람들도 다 알겠지'라고 생각해 자기 능력을 과소평가하는 경향이 있다고 합니다. 진정한 전문가들은 자신의 생각이 수많은 해결책 중 하나일 뿐이라는 사실을 알고 있기에 뭔가를 강하게 주장하기 힘들다고도 합니다.

나이가 들어감에 따라 강의를 들을 때 화려하거나 큰 목소리의 강사보다 잔잔하면서 밍밍한 강의를 더 주의 깊게 듣게 됩니다. 지나치게 확신에 찬 말을 내뱉는 어설픈 도사보다는 조심스럽게 자신의 의지를 표현하는 전문가의 말에 더 귀를 기울입니다.

한국 사회 및 성격심리학회 홈페이지에는 '더닝-크루거 효과'에 대해 아래와 같이 마무리합니다.

"일상에서 우리는 마치 더닝-크루거 효과가 타인에게만 나타날 것이라고 치부한다. 하지만 자신이 특정 분야에 대해서 모두 다 잘 알고 있다는 생각이 든다면, 스스로가 빈 수레가 요란한 사람이나, 사람 잡는 선무당인 것은 아닌지 냉정히 돌아볼 필요가 있을 것이다. 스스로가 '더닝-크루거 효과'에 빠져 있는지 않은지를 따져보는 방법은 더닝과 크루거가 제안한 것처럼 겸손한 자세로 늘 배우고 탐구하는 자세를 견지하는 일일 것이다."

'더닝-크루거 효과'에 빠져 있는 주변 사람을 쉽게 알아차리는 방법은 무엇일까요? 매사 자신감이 지나치며 오만할 경우 '더닝-크루거 효과'에 잠식되어 있음이 틀림없겠습니다.

의대입시독서는 달라야 합니다

'결정력 수업(캐스 R. 선스타인)' 의대입시에 활용하기

　'더닝-크루거 효과'에 빠지지 않으려면 자기 능력에 대한 메타인지를 갖춰야 합니다. 하지만 그러기가 어디 쉽겠습니까? 그런데 우리를 지배하는 인지 편향을 극복하게 해주는 책이 있습니다. '결정력 수업(캐스 R. 선스타인)'은 AI 시대의 행동경제학이라는 부제로 2025년 4월에 출간되었습니다. "(인공지능) 알고리즘이 인간 판사보다 더 공정하고 현명한가?"라는 오늘날의 중차대한 질문에 하버드 법학대학원 교수인 저자 캐스 R. 선스타인은 이렇게 답합니다. "그렇다. 벗어나고 싶지만 우리를 지배하는 인지 편향의 폐해를 알고리즘으로 극복할 수 있다."

　점심 식사 메뉴를 정하는 일부터 정치적 결단까지 우리가 일상에서 내리는 크고 작은 결정이란 무엇이며, 어떤 결정법이 합리적이고, 사람들이 어떠한 함정과 모순에 빠지는지를 두루 살피는 책입니다. 삶이 180도 바뀔지도 모를 중대한 기로에 섰을 때 옳은 방향으로 나아가려면 무엇을 물어야 하는가? 아는 것이 힘인가, 모르는 것이 약인가? 정치적 신념은 왜 이토록 극단으로 치닫는가? 그리고 가장 시급한 현안으로 '인간은 알고리즘을 따라야 하는가?'라는 다양한 질문을 깊고 넓게 탐구합니다.

　신중한 사람은 함부로 결정하지 않습니다. 리더는 '어떻게 결정할지를 결정'하는 사람입니다. 이 책은 그 자리에서 성급히 판단하기보다는 두 단계로 나누어 접근하는 이차적 결정(결정에 관한 결정) 전략을 소개합니다. 기업은 '규칙'을 세워 사원들을 관리합니다. 정보가 부족하다면 의사나 변호사 같은 전문가에게 판단을 '위임'합니다. 때로는 '직감(휴리스틱)'에 의존하기도 합니다. 과연 어떤 상황에서 어떤 전략이 가장 바람직할까요? 이 책은 매 순간 이루어지는 결정의 부담과 책임감, 평등, 공정성 등 중요한 것들을 다채롭게 살피며 각자의 상황에 맞는 답을 발견할 수 있도록 도와줍니다.

이 책은 몇 가지 흥미로운 최신 행동과학 연구를 소개합니다. 한 연구에 따르면, 인간 판사는 피고인의 머그샷(얼굴 사진)이 지저분하기보다 깔끔할 때 더 많이 석방했습니다. 이러한 '머그샷 편향'은 알고리즘이 인간보다 나은 한 가지 이유가 됩니다. 기후변화에 대한 믿음을 설문조사한 연구에서는 사람들이 자신의 기존 신념과 일치하는 정보에 더욱 기우는 '편향 동화'를 보였으며, 여기서는 정치적 신념이 양극화되는 양상을 자세히 유추해 볼 수 있습니다.

저자는 마지막으로 "자유주의가 큰 압박을 받는 시대에 살고 있다"고 말하며 선택의 다양성과 결정의 자율성을 예찬하며 글을 마칩니다. 고성능의 인공지능이 실제와 구분되지 않는 딥페이크 등 생성물을 쏟아내고, 이념이 첨예하게 대립하는 와중에 넘치는 가짜뉴스와 악의적인 선전과 마케팅이 개인의 판단을 왜곡하고 결정을 조종하려 하는 시대입니다. 경제학부터 심리학, 법과 공공정책, 철학까지 통찰하는 이 책으로 흔들리지 않는 '결정력'을 기를 수 있습니다.

이 책의 저자는 2008년 출간된 세계적인 베스트셀러 『넛지』의 공저자로 명성을 얻었습니다. 2009년부터 2012년까지 오바마 정부에서 규제정보국 국장으로 일하며, 당시 대통령의 정책 고문으로 행동경제

의대입시독서는 달라야 합니다

학을 정부 정책에 활용했습니다. 백악관을 떠난 뒤에는 하버드대학교 교수직으로 자리를 옮겨 하버드 로스쿨의 '행동경제학과 공공정책 프로그램'을 창립했습니다.

우리가 결정을 내릴 때는 물질적인 결과가 중요하다. 돈도 중요하고, 건강도 중요하며, 안정도 중요하다. 하지만 사람의 정서적 경험 또한 중요하고, 우리가 결정을 할 때면 이 점에 초점을 맞춰야 한다. 실제 감정과 예상되는 감정이 우리를 옳거나 그른 방향으로 이끈다. 당신이 무언가를 믿는 이유의 일부는 당신이 그것을 믿고 싶어서일 수도 있다.(머리말, 10쪽)

개인의 가능성을 예측할 때는 보통 나쁜 소식보다 좋은 소식이 더욱 강한 영향을 미치고, 이는 사전에 어떠한 신념을 가졌는지와 무관하다. 이것이 바로 좋은 소식 나쁜 소식 효과(good news-bad news effect)다. 당신이 스스로 생각하는 모습보다 더 똑똑하다는 이야기를 들었다고 해보자. 이 말을 믿을 것인가? 또는 본인이 생각했던 것보다 더 잘생겼다는 말을 들었다면, 이 말을 믿겠는가? 기본적으로 사람들은 반갑지 않은 소식보다 반가운 소식을 더욱 신뢰한다.(4장 정치적 신념의 양극화: 기후변화에 대한 믿음, 121~122쪽)

뉴욕대학교의 헌트 올콧 교수는 사람들이 페이스북을 중단할 때 우울과 불안이 크게 줄고 행복도가 상당히 높아지며 정치 양극화가 크게 낮아진다는 사실을 밝혔답니다. 그런데 이어지는 연구에서는 사람들이 이 사실을 인지한 상태에서도 여전히 페이스북을 사용하려 한다는 문제를 발견합니다. 일각에서는 'SNS 탈출은 지능 순'이라며 소셜 미디어 유저들을 조롱하기도 합니다. 불행해지는 줄 알면서도 SNS를 끊지 못하는 사람들은 과연 비합리적일까요?

'결정력 수업'은 근본적으로 큰 깨달음을 줍니다. 오늘의 점심 메뉴 선정부터 5년을 책임질 대통령 선거까지 결정을 내려야 할 상황은 매우 다양하고, 세상엔 수많은 사람이 존재하며, 저마다의 합리성을 찾을 수 있다는 교훈입니다. 다채롭고 종합적인 분석을 통해 각자 옳은 결정으로 나아가도록 스스로를 성찰해 보게 합니다. 의대면접에서는 상황 제시문을 보여주고 무엇을 선택하고 결정할지를 자주 묻는데, 이 책을 읽고 스스로 생각하고 결정하는 힘을 길러 볼 수 있습니다.

 ## 생기부 세특 예시

'결정력 수업(캐스 선스타인)'을 통해 AI 시대 행동경제학의 관점에서 일상과 정치 등 다양한 상황에서 내리는 결정의 본질과 함정을 깊이 탐구해 인간이 갖는 인지 편향을 알고리즘이 극복할 수 있다는 시각에서 '어떻게 결정할지를 결정하는' 이차적 결정 전략을 분석함. 점심 메뉴부터 대통령 선거까지, 크고 작은 결정들이 어떻게 이루어지는지, 사람들이 흔히 빠지는 판단 오류와 모순을 다루는 과정에서 인간 판사가 피고인의 깔끔한 얼굴 사진에 영향을 받아 석방 여부를 결정하는 '머그샷 편향'은 알고리즘이 인간보다 공정할 수 있는 이유 중 하나

의대입시독서는 달라야 합니다

임을 확인함. 특히 정치적 신념이 극단으로 치닫는 '편향 동화' 현상에 주목해 정보 과잉과 가짜뉴스가 개인 판단을 왜곡하는 현실을 비판해 봄. 결정의 자율성과 다양성을 강조하며, AI가 생성하는 가짜 정보 속에서도 흔들리지 않는 '결정력'을 키우는 법을 토의해 보고 행동경제학, 심리학, 법학, 철학을 아우르는 통합적 태도의 중요성에 대해서도 실감하는 계기가 됨. 더닝과 크루거의 실험 연구에서 실제 성적이 낮은 참가자들은 자신의 점수를 과대평가하는 경향이 있었다는 점에서 자기 능력에 대한 메타인지의 중요성을 실감하고 '넛지'와 같은 추가 독서 계획을 세워 봄.(1,498Byte, 띄어쓰기 포함 616자)

'결정력 수업(캐스 선스타인)'을 통해 AI 시대 행동경제학의 관점에서 일상과 정치 등 다양한 상황에서 내리는 결정의 본질과 함정을 깊이 탐구해 인간이 갖는 인지 편향을 알고리즘이 극복할 수 있다는 시각에서 '어떻게 결정할지를 결정하는' 이차적 결정 전략을 분석함. 점심 메뉴부터 대통령 선거까지, 크고 작은 결정들이 어떻게 이루어지는지, 판단 오류와 모순을 다루는 과정에서 인간 판사가 피고인의 깔끔한 얼굴 사진에 영향을 받아 석방 여부를 결정하는 '머그샷 편향'은 알고리즘이 인간보다 공정할 수 있는 이유 중 하나임을 확인함. 더닝과 크루거의 실험 연구에서 실제 성적이 낮은 참가자들은 자신의 점수를 과대평가하는 경향이 있었다는 점에서 자기 능력에 대한 메타인지의 중요성을 실감하고 '넛지'와 같은 추가 독서 계획을 세워 봄.(996Byte, 띄어쓰기 포함 408자)

'결정력 수업(캐스 선스타인)'을 통해 AI 시대 행동경제학의 관점에서 일상과 정치 등 다양한 상황에서 내리는 결정의 본질과 함정을 깊이 탐구해 인간이 갖는 인지 편향을 알고리즘이 극복할 수 있다는 시각에서 '어떻게 결정할지를 결정하는' 이차적 결정 전략을 분석함. 점심 메뉴부터 대통령 선거까지, 크고 작은 결정들이 어떻게 이루어지는지, '머그샷 편향'과 '더닝과 크루거 효과' 등 메타인지의 중요성을 실감하고 '넛지'와 같은 추가 독서 계획을 세워 봄.(611Byte, 띄어쓰기 포함 255자)

의대입시독서는 달라야 합니다

《1795년, 정조의 행복한 행차》 | 윤민용

" 화성원행도를 따라가 보다 "

분량 ★★★★★	내용 ★★★★★	활용 ★★★★

📑 〈2024학년도 서울대 수시 의과대학 면접 제시문 2〉

1795년 2월 새벽, 정조는 창덕궁을 출발하여 현재의 수원 화성(華城)으로 갈 예정이다. 이 행사는 정조의 어머니인 혜경궁 홍씨의 회갑연과 정조 즉위 20주년을 기념한다. 행렬에 참여하는 인원은 약 1,800명이며, 행사를 위해 동원할 인원은 6,000여 명이다. 행사를 보 기 위해 9,000여 명이 모일 것으로 예상하고 있다.

당신은 위의 행사에서 총 8편의 기록화(記錄畵)*를 담당하는 부서의 책임자입니다.

*기록화
실제로 있었던 특별한 사건이나 사실을 오래도록 남기기 위하여 그린 그림

화성능행도병풍(華城陵幸圖屛風, 화성능행도), 김득신(金得臣, 1754~1822) 등, 국립중앙박물관, 서울, 대한민국

정조가 아버지 사도세자의 능인 현륭원이 있는 화성에 가서 어머니 혜경궁 홍씨 이 회갑연을 치렀을 때 행사와 잔치 모습을 그린 그림. 김홍도가 그린 원행을묘 정리의궤(園幸乙卯整理儀軌)에 기초하여 이를 병풍 형태로 만든 것임. 국왕의 친림, 호위하는 군사, 관료들과 구경 나온 백성에 이르는 여러 인물들을 그렸고, 시정을 사실적으로 묘사함.

이 제시문은 수험생에게 1795년 2월 정조가 어머니 혜경궁 홍씨의 회갑연과 자신의 즉위 20주년을 기념하며 수원 화성으로 행차하는 이 행사의 기록화를 담당하는 책임자라면 어떻게 할 것인지 묻습니다. 이 질문에 뤼튼 AI는 8편의 기록화에 다음과 같은 장면들을 담는 것이 의 미 있을 거라고 답합니다.

1. 출발 장면 : 창덕궁에서 정조가 행차를 시작하는 모습, 왕과 수행

의대입시독서는 달라야 합니다

원들이 준비하고 출발하는 모습, 궁궐의 분위기를 생생하게 담겠습니다.

2. 행렬의 대열과 구성 : 마병, 보병, 금군, 가전별초군, 의장기, 취타대 등 약 1,800명이 행진하는 대열의 위엄과 질서, 각 군대의 역할과 복장을 자세히 표현하겠습니다. 특히 행군 방식과 군사 조직의 체계성을 담아내겠습니다.

3. 수원 화성의 주요 성문과 방어 시설 : 장안문과 팔달문 같은 성문의 독특한 구조와 옹성, 치성 등 군사적 방어 시설을 배경으로 행렬이 성문을 통과하는 모습을 기록하면 역사적 의미가 크리라 기대합니다.

4. 정조와 혜경궁 홍씨의 행사 장면 : 회갑연과 즉위 20주년 축하 행사가 열리는 화성행궁에서의 공식 의식과 축하 분위기를 담아야 합니다. 왕실의 권위와 축제의 화려함을 극대화해서 표현하겠습니다.

5. 군사들의 휴식과 일상 모습 : 긴 행군 중 군사들이 휴식하거나 준비하는 모습, 취타대가 연주하는 장면 등 일상적인 순간도 기록하면 행사 전체의 생동감을 살릴 수 있습니다.

6. 백성들의 환영과 참여 : 행사에 모인 9,000여 명의 백성들이 행렬을 지켜보며 환호하거나 경외하는 모습과 거리의 분위기를 담아 당시 사회 분위기를 후대에 보여주겠습니다.

7. 야간 행렬과 조명 : 새벽에서 출발해 밤까지 이어지는 행렬의 모습, 횃불이나 등불로 밝혀진 길과 행렬의 신비로운 분위기를 표현하면 역사적 현장의 긴장감과 아름다움을 살릴 수 있습니다.

8. 행렬의 마무리와 환궁 장면 : 행사가 끝나고 정조와 수행원들이

환궁하는 모습, 행사 전반을 마무리하는 장면을 담아 전체 이야기를 완성하는 기록화로 삼겠습니다.

이렇게 8편의 기록화는 단순한 행사 기록을 넘어, 당시 군사 조직, 건축물, 왕실 문화, 백성들의 삶과 반응까지 다각도로 보여주는 역사적 자료가 됩니다. 영상 기술이 전무하던 18세기에 이 그림들을 통해 1795년 정조의 역사적인 수원 화성 행차를 생생하게 재현하고, 그 의미를 후대에 잘 전달하겠습니다.

의대면접에서는 8개의 기록화 주제를 선택한 이유에 대해 다음과 같은 질문들을 추가로 받을 수 있습니다.

각 기록화가 행사 전체를 이해하는 데 어떤 역할을 한다고 생각하나요? 이 질문의 의도는 수험생이 선택한 장면들이 서로 어떻게 연결되어 전체 이야기를 구성하는지 그리고 역사적·문화적 의미를 어떻게 포괄하는지를 설명할 수 있는지를 평가하려는 것입니다.

기록화 중에서 가장 중요하다고 생각하는 장면은 무엇이며, 그 이유는 무엇인가요? 우선순위 판단과 그 근거를 통해 지원자의 분석력과 가치관을 파악하기 위해 던지는 질문입니다.

이 기록화들을 통해 당시 사회나 정치, 군사 체계에 대해 어떤 점을 알리고 싶나요? 단순한 그림 선택을 넘어서 역사적 배경과 의미를 깊이 이해하고 있는지를 확인하기 위해 던지는 질문입니다.

제한된 시간이나 자원 때문에 8개보다 적은 개수만 기록할 수 있다면, 어떤 기준으로 우선순위를 정할 건가요? 현실적인 문제 해결 능력과 우선순위 설정 능력을 평가하는 질문입니다.

이 기록화 작업을 의사로서의 역할과 연결지어 설명해 본다면 어떻게 말할 수 있을까요? 의대면접 특성상, 지원자의 직업적 소명감과 책임감을 묻는 질문으로, 기록과 관찰, 세심한 주의 등 의사에게 중요한 자질을 평가하는 질문입니다.

이 행사 기록을 통해 후대에 전달하고 싶은 가장 중요한 메시지는 무엇인가요? 지원자가 역사적 사건의 의미를 어떻게 해석하고, 그것을 통해 어떤 교훈을 얻었는지를 묻고자 던지는 질문입니다.

기록화 작업 중 예상치 못한 어려움이 발생한다면 어떻게 대처할 것인가요? 문제 해결 능력과 스트레스 관리 능력을 평가하는 질문입니다.

이 기록화들이 현대 사회나 의료 현장에 주는 시사점이 있다면 무엇이라고 생각하나요? 과거 기록을 현대적 맥락에서 해석하고, 의사로서의 통찰력을 평가하는 질문입니다.

이러한 추가 질문들은 단순히 그림을 고른 이유를 묻는 수준을 넘어, 지원자의 사고력, 역사적 이해, 문제 해결 능력 그리고 의사로서의 태도와 연결된 깊이 있는 답변을 평가하는 시금석입니다. 수능 국어 및 역사 관련 지문들을 독해하거나 한국사 과목을 공부하며 미리 예상 질문들을 만들어 생각해 보고 준비하면, 면접에서 훨씬 자신 있게 대답할 수 있을 겁니다.

'1795년, 정조의 행복한 행차(윤민용) 의대입시에 활용하기

　'1795년, 정조의 행복한 행차(윤민용)'는 화성원행도를 따라가 보는 48페이지 분량의 도서입니다. 조선 시대 최초로 국왕이 어머니의 환갑잔치를 위해 궁궐 밖으로 7박 8일간 행차한 모습을 담아낸 책입니다. 실제로 어머니 혜경궁을 위해 정조가 2년이 넘도록 효심을 담아 준비한 환갑잔치이기도 합니다. 과거 시험, 군사 훈련 등 백성들과 함께 치르는 성대한 잔치와 7박 8일이라는 긴 여정을 기록한 '화성원행도'를 지금의 시선으로 새롭게 재현한 책입니다. 이 책은 1795년 정조의 화성원행을 기록한 의궤와 기록화, 그 밖의 회화와 지도 등을 바탕으로 구성했습니다.

　저자는 어린 시절부터 그림책과 역사책, 지도 그리고 여행을 좋아했습니다. 대학생 때 교환학생으로 미국 뉴욕에 체류하면서 박물관의 즐거움을 알게 되었습니다. 졸업 후 경향신문사에서 기자로 일했으며, 한국예술종합학교, 한국학중앙연구원 한국학대학원에서 한국미술사를 전공했습니다. 미국 메트로폴리탄박물관에서 대학원생 인턴으로 일했고, 지금은 조선 시대 궁중 회화를 공부하며 학생들을 가르치고 있습니다. 어린이들에게 우리나라의 역사와 문화에 대해 알려주고 싶어서《여행길에 만난 국립 박물관》,《역사가 숨 쉬는 우리 성곽》등을 썼습니다.

　매년 10월 초에 수원화성문화제의 하나로 정조대왕 능행차 재현 행사가 진행됩니다. 서울시와 수원시, 화성시 등 세 군데에서 치러지는 데 1997년부터 꾸준히 이어져 온 행사입니다. 조선 시대 왕의 행차를 기리기 위해 이틀 동안 세 군데의 도시에서 행사를 치르는 것은 매우 드문 경우입니다. 그만큼 정조의 능행이 후대에 길이 남을 만큼 대단하고 놀랍기 때문에 지금까지 재현되는 게 아닐까 싶습니다.

정조는 세종대왕 이래로 백성을 살피는 성군이었고, 극진히 어머니를 챙기는 효자였다고 평가됩니다. 아버지 사도세자가 임오화변(1762년)으로 뒤주에서 생을 마감한 뒤, 정조는 1776년 24세에 왕위에 올랐습니다. 왕위에 오른 첫해에 여러 차례 자객의 습격을 받았습니다. 정적들은 정조가 왕위에 오른 것이 못마땅했기 때문입니다. 위험한 일을 당하면서도 정조는 정적들을 내치기보다 손을 내밀어 통합하려 노력했고, 백성을 돌보고 개혁을 이루어내는 일에 더 힘을 쏟았습니다.

정조는 1789년 사도세자의 묘소를 현릉원으로 옮긴 뒤 11년 동안 총 13번의 능행을 다녔습니다. 서울에서 수원까지 오고 가는 일이 그리 쉽지 않았던 조선 시대, 그것도 왕의 행차라서 절차와 준비가 만만치 않았을 텐데도 정조는 아버지의 묘소를 자주 찾아갔습니다. 그중에서 정조 즉위 19년인 1795년 을묘년에 어머니 혜경궁을 모시고 수원 화성에 다녀온 8일 동안의 행차는 기록할 만한 대규모 행사였습니다. 당시 행차 준비 과정 및 행사 내용을 글과 그림으로 기록하여 책으로 남긴 것이 바로 《원행을묘정리의궤》입니다. 정조는 매우 꼼꼼한 왕이었습니다. 행사 전반에 대한 소소한 일까지 기록하고 그려서 후대에 남겨야 다음 왕이 어떤 행사를 할 때 도움이 될 거라 여겼나 봅니다. 덕분에 지금의 우리도 정조가 어머니의 환갑잔치를 화성에서 성대하게 치러주었다는 사실을 알게 됩니다.

이 그림책은 민화를 그리는 이화 작가가 조선의 마지막 왕인 고종의 마지막 황실 잔치를 그린 '임인진연도병'의 한 장면을 따라 그린 그림을 들고 출판사를 찾아가면서부터 시작되었다고 합니다. 잔치 장면은 화려하고 아름다웠습니다. 하지만 이야기를 어떻게 엮어야 할지 화가도 출판사도 길을 찾지 못하고 근 1년 가까운 시간이 흘렀답니다. 그러다가 한국학중앙연구원에서 한국미술사를 공부한 윤민용 박사에게 '임인진연도'를 바탕으로 어떤 책을 만들 수 있을까 조언을 구했습니다. 윤 박사가 작업에 합류하면서 이 그림책은 구체적인 꼴을 갖춰나가기 시작했습니다. 저자 윤민용 박사는 조선 시대 궁중 회화가 많지만 어린이를 위한 첫 책으로 내기에는 고종의 '임인진연'보다 정조의 '화성원행'을 시작으로 잡는 게 좋겠다고 했답니다. 조선 시대 전체를 보더라도 정조의 화성원행의 업적과 의의는 전무후무하여 충분히 기릴 만하기 때문입니다. 게다가 그 모든 행사를 그림으로 기록한 화원(화가)은 정조가 도화서 소속 화원 중에서 별도로 시험을 쳐서 선발한 차비대령화원과 도화서 소속 화원들이었습니다. 《원행을묘정리의궤》 첫 권에 수록된 '반차도' 판화를 조금 가까이 들여다본 사람이라면 조선 시대 왕실 화가들이 얼마나 그림을 잘 그리는지 알 수 있습니다. 의궤에 수록된 반차도 판화의 밑그림은 여러 명의 도화서 화원들이 맡고, 조선에서 제일가는 화원으로 불리던 김홍도가 밑그림의 총감독을 맡았던 것으로 추정됩니다.

저자는 《원행을묘정리의궤》의 내용을 아이들이 이해하기 쉽게 쓰는 작업을 했습니다. 정조가 어떤 마음으로 화성에서 어머니 혜경궁의 환갑잔치를 차려드리고 싶었는지와 구체적인 잔치 계획을 세우는 것으

의대입시독서는 달라야 합니다

로 이야기가 시작됩니다. 조선 시대 역사상 국왕이 어머니를 모시고 한양 밖으로 선왕의 능을 찾아 떠난 일은 단 한 번도 없었습니다. 도성 밖에서 궁중 잔치를 여는 일 또한 처음입니다. 그러니 얼마나 많은 준비가 필요했을까요. 정조는 1793년부터 이 잔치를 준비하라고 했습니다. 세금이 아닌 다른 방도로 경비를 마련했고, 화성까지 가는 길을 정비했으며, 한강에 배다리를 설치했습니다.

1795년 윤2월 9일, 궁궐 밖 왕실 잔치를 위한 7박 8일간의 거대한 행차가 시작되었습니다. 정조는 말을 타고 혜경궁이 탄 가마 뒤를 따라갔습니다. 시흥 행궁에서 하룻밤을 묵었고 이튿날에는 어머니를 걱정하며 직접 미음을 올렸답니다. 비가 내려 길이 질척거렸지만 저녁 무렵 화성 행궁에 도착했습니다. 윤2월 11일, 정조는 가장 먼저 사도세자의 무덤인 현륭원을 참배했습니다. 유생들에게는 특별 과거 시험을 보게 했습니다. 12일에는 혜경궁이 현륭원을 참배하러 갔고 정조가 먼저 가서 어머니를 맞았습니다. 이날 오후 정조는 서장대에서 군사 훈련을 지휘했고, 13일에 드디어 혜경궁의 환갑잔치를 치렀습니다. 14일에는 어머니의 이름으로 가난한 백성들에게 쌀과 곡식을 나눠주고 낙남헌에서 양로연을 열었습니다. 혜경궁과 같이 환갑을 맞은 이들, 7~80대 관료와 평민과 선비 등이 초대되었습니다. 오후에는 득중정에서 활쏘기도 하고 행사의 하이라이트로 매화포를 터트렸습니다. 15일에는 한양으로 돌아오는 행차가 시작되었습니다. 오가며 애를 쓴 백성들의 노고를 생각하여 환곡을 탕감해 주고 부역도 줄여 주었습니다.

창덕궁에 돌아온 정조는 한강에 설치했던 배다리를 해체하라고 했고 후세를 위해 의궤를 제작하라고 명했습니다. 행차에 동원된 군인들을 창덕궁 춘당대로 불러 노고를 치하하는 작은 잔치를 열어주기도 했습니다. 6월에 혜경궁의 생신을 맞아 창경궁 연희당에서 조촐하게 무병장수를 기원하며 글과 옷감을 올렸습니다. 화성원행은 역사상 유래 없는 특별한 행사였다고 평가됩니다. 정조의 명에 의해 기록된 글과 그림 덕분에 오늘날 사람들은 7박 8일간 열린 정조와 혜경궁의 잔치와 행렬을 기억할 수 있게 되었습니다.

화성 행차를 준비하면서 관청끼리 주고받은 문서와 임금의 명령, 진행 경과 등을 모두 꼼꼼하게 모아둔 것이 《원행을묘정리의궤》라면, 그 내용을 바탕으로 행사 그림을 따로 그린 것이 '화성원행도병'입니다. '병'은 병풍 그림입니다. 현재 국립중앙박물관이 소장하고 있는 '화성원행도' 병풍과 채색필사본 '원행정리의궤도'를 바탕으로 병풍에 없는 그림은 다른 그림을 바탕으로 새롭게 그렸다고 합니다. 예를 들어 책에서 맨 처음에 나오는 그림은 '화성전도'를 토대로 이화 작가가 새롭게 그린 상상력의 산물입니다. 화성전도는 여러 종류의 그림이 남아 있는데 국립중앙박물관에 소장되어 있는 '화성전도' 병풍을 기본으로 1795년의 상황을 추정하여 다시 그렸답니다. '봉수당진찬도'나 '낙남헌양로연도', '향교알성도' 같은 그림은 병풍과 다른 자료들에서도 확인할 수 있어 따라 그리기가 그리 어렵지 않았답니다.

하지만 창의력을 발휘하여 새롭게 그려야 하는 부분도 있었습니다. 혜경궁이 현륭원을 참배하는 모습이나 행사가 모두 끝난 뒤 춘당대에서 군인들의 노고를 치하하는 잔치를 그린 그림은 조선 후기의 궁중기록화에서 배경을 따와 그렸습니다. 마지막 장면은 '동궐도'를 바탕으로 창경궁의 연희당에서 작은 잔치를 치른 것을 상상하여 그렸습니다. 1795년 화성원행을 기록한 조선 시대의 의궤와 기록화를 따라 그리기도 했고 새롭게 해석해서 그리기도 했다는 점에서 다양한 시각으로 접근할 수 있습니다. 그런 의미에서 이화 작가의 그림은 기존의 민화를 똑같이 모사하는 방식과는 일정 부분 다르다고 할 수 있습니다. 첫 번째 장면처럼 기존의 화성전도를 토대로 봄기운이 나도록 초록빛 나무들을 더 그려 넣거나, 원래 자료에는 없는 잔치를 구경하는 백성들을 더 그려 넣는 등 다양한 변주를 했기 때문입니다.

이 책의 본문만 읽으면 정조의 행사에 대한 내용을 모두 이해하기 어려울 수도 있습니다. 책의 뒷부분에 수록된 부록을 통해 더 풍부하고 깊은 정보를 얻을 수 있습니다. 부록을 통해 정조가 왜 화성에서 잔치를 벌였는지, 정조가 만든 화성 행궁과 화성을 축조한 이야기, 현재 사도세사와 정조의 능이 있는 현릉원에 대한 설명, 화성 행차를 기록한 책과 그림에 대한 좀 더 상세한 설명, 혜경궁을 태웠던 왕실의 이동수단인 가마에 대한 설명, 궁중 잔치에서 공연되는 춤과 음악, 악기 등에 대해 자세히 소개했습니다.

책을 읽고 나면 정조 시대에 행해졌던 궁중 잔치에 대한 이해도를 높일 수 있고, 궁중 회화, 풍습, 행사 관례 등에 대해 다양한 정보를 접할 수 있습니다. 표지에 있는 그림을 또 다른 말로 '반차도'라고 합니다. 반차도란 '궁중 행사를 치를 때, 의례에 투입되는 기물과 인물들의 배치와 순서를 기록한 그림'입니다. 요즘으로 치자면 국가 행사 때 필요한 의전 배치도와 비슷합니다. 예에 따른 통치를 내세웠던 조선 시대에는 여러 행사와 의례를 실시할 때, 이런 배치도를 그려 미리 순서와 위치를 시뮬레이션하고, 행사가 끝난 후에는 이를 의궤에 수록하였습니다. 후세 사람 누구라도 유사한 행사를 의궤를 참조하여 치를 수 있게 되었습니다. 이렇듯 조선 시대의 기록물은 매우 중요한 자료입니다. 그 가치를 누구보다 잘 알았던 정조가 후세를 위해 남긴 《원행을묘정리의궤》와 '화성원행도' 병풍을 따라가 보면 당시 리더의 마음을 조금은 헤아려볼 수 있습니다.

임금이 궐 밖으로 나가는 것을 '행행(行幸)'이라 하고, 임금이 선조의 능에 가는 것은 '능행(陵幸)'이라 합니다. 예로부터 황제와 왕의 행행은 정치적으로 파급력이 큰 이벤트입니다. 조선 후기에는 국왕의 행차를 직접 구경하러 나오는 백성들이 많았습니다. 이를 통해 국왕과 백성이 소통하기도 합니다. 그 결과 왕이 행차할 때는 백성에게 반드시 은택이 따르기 때문에, 행복한 행차라 부르기도 합니다. 특히 정조는 행차 때 백성의 고충을 들어주며 여러 폐단을 없애고, 생활에 도움이 되는 여러 조치를 취하도록 했습니다. 꿈에 그리던 아버지 사도세자를 현륭원에 모신 뒤 어머니의 환갑잔치를 화성에서 치르면서 국왕과 왕실의 권위를 드러내면서도 백성과 소통하는 기회를 가졌으니 1795년의 능행, 아니 행행은 어느 누구보다 정조 본인에게 가장 행복했던 행차가 아니었을까 미소지어 봅니다.

 **생기부 세특 예시**

'1795년, 정조의 행복한 행차(윤민용)'를 통해 글과 그림으로 화성

원행도를 따라가 봄. 조선 최초로 국왕이 어머니의 환갑잔치를 위해 떠난 궁궐 밖 7박 8일간의 행차 과정에서 과거 시험, 군사 훈련 등 백성들과 함께 치러 내는 성대한 잔치와 긴 여정을 기록한 '화성원행도'를 현재적 시선으로 새롭게 감상함. 매년 10월 초에 수원화성문화제의 하나로 정조대왕 능행차 재현 행사가 진행된다는 정보를 얻고 서울시, 수원시, 화성시 세 군데에서 치러지며 1997년부터 꾸준히 이어져 온 행사임을 확인함. 정조가 아버지 사도세자의 묘소를 현륭원으로 옮긴 뒤 11년 동안 총 13번의 능행을 다녔으며 당시 행차 준비 과정 및 행사 내용을 글과 그림으로 기록하여 책으로 남긴 것이 바로 '원행을묘정리의궤'라는 역사적 의의를 확인하며 행사 전반에 대한 소소한 일까지 기록하고 그려서 후대에 남겨야 다음 왕이 어떤 행사를 할 때 도움이 되리라 여긴 혜안을 평가하며 행사 기록을 통해 후대에 전달하고 싶은 가장 중요한 메시지는 무엇인지 토의해 봄. 상이한 주체의 시각에서 역사적 사건의 의미를 어떻게 해석하고, 어떤 교훈을 얻었는지, 다양한 기록화들이 현대 사회나 관련 분야 연구에 주는 시사점이 무엇인지 추가 탐구 과제를 수립해 봄.(1,498Byte, 띄어쓰기 포함 624자)

'1795년, 정조의 행복한 행차(윤민용)'를 통해 글과 그림으로 화성원행도를 따라가 봄. 조선 최초로 국왕이 어머니의 환갑잔치를 위해 떠난 궁궐 밖 7박 8일간의 행차 과정에서 과거 시험, 군사 훈련 등 백성들과 함께 치러 내는 성대한 잔치와 긴 여정을 기록한 '화성원행도'를 현재적 시선으로 새롭게 감상함. 매년 10월 초에 수원화성문화제의 하나로 정조대왕 능행차 재현 행사가 진행된다는 정보를 얻고 서울시,

수원시, 화성시 세 군데에서 치러지며 1997년부터 꾸준히 이어져 온 행사임을 확인함. 서로 다른 주체의 시각에서 역사적 사건의 의미를 어떻게 해석하고, 어떤 교훈을 얻었는지, 다양한 기록화들이 현대 사회나 관련 분야 연구에 주는 시사점이 무엇인지 추가 탐구 과제를 수립해 봄.(916Byte, 띄어쓰기 포함 384자)

'1795년, 정조의 행복한 행차(윤민용)'를 통해 글과 그림으로 화성원행도를 따라가 봄. 궁궐 밖 7박 8일간의 행차 과정에서 과거 시험, 군사 훈련 등 백성들과 함께 치러 내는 성대한 잔치와 긴 여정을 기록한 '화성원행도'를 현재적 시선으로 새롭게 감상함. 매년 10월 초에 수원 화성문화제의 하나로 정조대왕 능행차 재현 행사가 1997년부터 꾸준히 이어져 온 행사임을 확인함. 다양한 주체의 시각에서 기록화들이 현대 사회나 관련 분야 연구에 주는 시사점이 무엇인지 추가 탐구 과제를 수립해 봄.(654Byte, 띄어쓰기 포함 278자)

의대입시독서는 달라야 합니다

《노명우의 한 줄 사회학》 | 노명우

" 앎의 세계로 건너가기 "

분량 ★★★★	내용 ★★★★	활용 ★★★★★

📑 〈2024학년도 서울대 수시 의과대학 면접 제시문 3〉

정현이와 선우는 지난주에 교내 수학 경시대회에서 공동 1등을 하였다. 4주 후에 전국 수학 경시대회가 열리는데 이 대회에는 학교마다 한 명의 학생만 출전할 수 있다. 담당 교사는 정현이와 선우에게 일주일 후에 전국 수학 경시대회에 출전할 학생을 재시험을 통해 결정하자고 하였다. 정현이는 내일부터 중간고사 준비를 시작할 계획이었는데 재시험으로 인해 공부 계획이 변경되어 아쉬웠다. 하지만 정현이는 중간고사 준비를 조금 미루고 일주일 후에 있을 재시험을 준비하기로 하였다.

이제 제시문을 읽으면 면접관들이 어떤 질문을 던질지 어느 정도 예상할 수 있겠죠? 아마도 이런 질문을 받을 겁니다.

정현이의 결정에 대해 어떻게 생각하나요? 자신의 계획을 조정하면서도 공정한 경쟁을 하려는 태도를 평가하는 질문입니다.

재시험으로 대표를 정하는 방식에 대해 어떻게 생각하나요? 더 나은 방법이 있을까요? 공정성, 효율성, 스트레스 관리 측면에서 다른 대안을 찾아야 합니다. 두 학생의 협의나 추첨도 좋은 방식입니다.

경쟁 상황에서 친구나 동료와의 관계를 어떻게 유지할 수 있을까요? 협력과 경쟁 사이의 균형, 스스로의 감정 관리가 중요합니다.

중간고사 준비와 재시험 준비를 병행하는 데 어떤 어려움이 있을까요? 어떻게 극복할 수 있을까요? 시간 관리와 우선순위 설정의 어려움이 발생합니다. 스트레스 대처법 등을 일상적으로 훈련해야 합니다.

이 상황에서 의사로서 중요한 가치나 태도는 무엇이라고 생각하나요? 책임감과 공정성, 자기 관리와 협력 등을 연결해 볼 수 있습니다.

이런 질문들은 지원자의 문제 해결 능력, 자기 조절력, 윤리 의식, 대인 관계 능력 등을 평가하기 위해 하는 것입니다. 실제로 이 면접 시험을 치른 수험생들에게 들은 것을 소개해 보겠습니다. 첫 질문입니다. "개인 사정으로 인해 전국 수학 경시대회 출전 학생 선발 재시험을 미루는 것에 대해 어떻게 생각하나요?"

찬성 답변 예시입니다. "팀원 간의 협의가 전제된다면, 재시험을 미룰 수 있다고 생각합니다. 프로젝트에 충분히 집중할 수 없는 상황에서 무리하게 진행하면, 결과물의 질이 떨어질 수 있습니다. 충분한 시간을 갖고, 모든 팀원이 최상의 상태에서 참여할 수 있도록 하는 것이 프로젝트의 질을 높이는 데 도움이 됩니다. 또한, 팀원들이 개인 사정을 존중하고, 공동의 목표를 위해 협력하는 과정에서 더 큰 성과를 이룰 수 있다고 생각합니다."

반대 답변 예시입니다. "개인 사정보다는 함께하는 팀 활동이기에 정해진 일정을 미뤄서는 안 된다고 생각합니다. 공평한 실력 발휘를 위하여 제시된 일정에 맞게 진행되어야 하며 이 과정이 제대로 되지 않을 시 후속 일정에 차질이 생길 수 있다고 생각합니다. 또한, 개인 사정으로 시험을 미루게 되면 팀원 간의 소통에 오류가 생길 수 있을 것이므로 주어진 일정을 그대로 소화해야 한다고 생각합니다."

이어지는 질문입니다. "만약, 대회를 지원자의 사정으로 미루는 데 동의했다면 이를 배려해 준 친구에게 어떤 마음이 드나요?"

답변 예시입니다. "친구에게 감사한 마음이 가장 크게 들 것입니다. 뿐만 아니라, 대회에 대한 책임감도 증가하여 이후에 공정한 시험을 치를 수 있도록 노력할 것입니다. 또한, 시험 이후에 친구가 다른 부분에서 도움을 요청하였을 때 많은 도움을 줄 수 있도록 노력할 것입니다."

추가 질문입니다. "친구에게 배려받은 경험과 배려한 경험을 이야기해 주세요."

답변 예시입니다. "같은 반이었던 친구는 제가 어려워하던 물리학을 가르쳐 주었습니다. 자신의 공부 시간이 부족할 수 있었지만 친구가 먼저 다가와 저에게 어려운 개념을 설명해 주고, 함께 문제를 풀어 주면서 제 공부를 도와주었습니다. 제가 친구를 배려한 경험은 친구의 발표 준비를 위해 많은 자료를 수집하고, 내용을 정리하며 밤늦게까지 공부를 했던 상황입니다. 발표가 얼마 남지 않자 친구는 준비가 덜 되었다는 생각에 점점 불안해하고 있었습니다. 친구의 불안도를 낮춰 주고자 친구와 함께 발표 연습을 했습니다. 저는 청중 역할을 하며, 발표 내용을 듣고 피드백을 제공했습니다. 친구가 자신감을 가질 수 있도록 긍정적인 피드백을 주면서, 개선할 점도 구체적으로 알려주었습니다."

'노명우의 한 줄 사회학(노명우)' 의대입시에 활용하기

 '노명우의 한 줄 사회학(노명우)'은 사회학자 노명우와 함께 한 줄 속담을 통해 우리가 사는 세상에 관한 지식을 익히는 흥미로운 책입니다. 저자는 사회학의 고전으로 꼽히는 사회학자들의 텍스트와 오늘날 우리가 살아가는 세상의 통념과 장면들을 절묘하게 교차시키며 앎의 세계로 건너가는 법을 안내합니다. 세속의 지식과 사회학적 상상의 대화가 때로는 오싹하게, 때로는 통쾌하게 펼쳐집니다. '낫 놓고 기역 자도 모른다'를 비롯한 열두 가지 속담과 관련된 사회과학 개념들이 자연스럽게 연결되어 학문과 일상이 맞닿는 지점을 발견할 수 있습니다.

 속담은 한 사람의 창작품이 아닙니다. 속담은 구전으로 전해지는 설화나 서사시처럼 집단 창작의 결과물입니다. 한 명의 경험이나 해석이 아니라 집합체의 경험과 공유된 해석이 하나의 문장으로 표현된 것이지요. 속담은 사회학자보다 세상 경험을 더 많이 했고, 그래서 사회를 구석구석 더 잘 알고 있고, 직접 경험했기 때문에 생생한 지식을 가지고 있는 평범한 사람이 만들어냈고 평범한 사람들 사이에 전수된 지식 체계라는 점이 장점입니다. 속담은 학문적 언어가 아니라 민중의 언어로 표현된 사실상의 사회학이라 할 수 있습니다.《1. 시작하는 한 줄. 낫 놓고 기역 자도 모른다》 중에서)

 1990년대 초반의 베스트셀러 『공부가 가장 쉬웠어요』는 막노동꾼 출신으로 서울대학교 인문계에 수석 합격한 장승수 씨가 쓴 책입니다. 왜 책 제목이 '공부가 가장 쉬웠어요'이냐면, 이분은 막노동을 하면서 대학교 입학시험을 준비했다고 합니다. 막노동을 하면서 대학교 입학시험을 준비했는데도 누구나 가고 싶어 하는 서울대학교에, 그것도 인문계 수석으로 합격했는데, 노동에 비하면 공부는 오히려 쉬웠다는 메시지를 책에 담았고 시대적인 공감을 사서 초대형 베스트셀러가 되었습니다. 이 책을 읽고 많은 사람들이 고개를 끄덕였죠. 역시 용은 개천에서 나온다고요. 1990년대 초반까지만 하더라도 부잣집 아이들은 공부를 못한다는 속설이 있었고, 공부를 잘하는 집 아이들은 오히려 집안이 가난한 경우가 많아서 우리 사회는 개천에서 용이 끊임없이 나오는 역동적인 사회라는 생각을 상식으로 품고 있었습니다.(《10. 개천에서 용 난다》 중에서)

"사촌이 땅을 사면 배가 아프다"는 언제라고 정확히 특정할 수는 없지만 아주 오래전에 이 말이 처음 생겨났을 때에도 그랬고, 지금도 사람들은 사촌과 같이 가까운 사람을 나와 비교할 때 이 속담을 사용합니다. 누군가가 아파트를 샀다고 하면 남몰래 배 아파합니다. 누구나 듣자마자 무릎을 탁 치게 되는 그 절묘한 한 줄 속에는 생활 세계의 깨달음과 온갖 희로애락이 담겨 있습니다. 저자는 이 한 줄 속담을 바로 지금 이 사회에 호출해 오늘의 언어로 해석하며 숨을 불어넣습니다.

"낫 놓고 기역 자도 모른다"라는 속담으로 책을 시작하면서, 사회학자이지만 정작 세상 물정의 이치를 잘 안다고는 할 수 없는 자신의 처지를 고백합니다. 이 책은 저자가 몸담고 있는 사회학이라는 학문의 본질과 우리가 살아가는 사회의 속살을 파헤칩니다. 저자는 자신의 전문 분야인 사회학과 세상 물정의 사회학 언어라 할 수 있는 속담의 숨은 의미들을 절묘하게 교차시키고 대비시키며 우리가 살아가는 세상을 종횡으로 해석해 나갑니다.

저자는 사회학이 사회를 다루는 학문이지만 사회 전체를 다룰 수 없다는 근본적 한계를 지적합니다. 그 예로, 세상의 모든 식물을 수용하지 못하는 식물원 안에서만 오랜 기간 연구한 식물학자를 이야기합니다. 제아무리 학식이 깊어도 닫힌 곳에서만 연구한 식물학자는 열린 숲과 들에서 자라는 생소한 식물 앞에서는 꿀 먹은 벙어리가 되기 때문입니다.

만약 자신이 속한 사회를 낱낱이 들여다보고자 한다면 그 사회에 속한 사람들의 언어, 즉 토박이의 언어를 알아야 합니다. 바로 그러한 토박이의 언어, 즉 오랜 기간 한 사람 한 사람의 삶의 경험과 지혜가 쌓여 만들어진 하나의 함축적 문장이 속담입니다. 저자는 독일 사회학자 게오르크 지멜의 '이방인' 개념을 통해 학자로서 세상의 속담을 배우고 재해석해야 하는 이유를 설명하는 등 속담에 담긴 삶의 지혜를 사회학과 연결해 낯선 면접 상황에서 수험생들이 활용할 수 있는 다양한 지혜를 제공합니다.

저자는 속담에 대해 '사회학자보다 더 많이 세상을 경험하고, 사회를 구석구석 잘 알고 있고, 직접 경험한 생생한 지식을 평범한 사람들 사이에서 전수된 지식 체계'라고 정의합니다. 또 사회학이라는 학문과 사회학과 교수가 등장하기 이전부터 평범한 사람들이 그런 역할을 해왔다는 점에 주목합니다. 그만큼 속담에는 시대를 뛰어넘고 장소에 구

의대입시독서는 달라야 합니다

애받지 않는 지식과 지혜가 담겨 있다고 말합니다.

예를 들어 "재주는 곰이 넘고 돈은 주인이 받는다"라는 속담은 오늘날 자본주의의 대표적 장이 된 플랫폼과 플랫폼 노동자들의 관계를 매우 정확하게 묘사합니다. 새로운 자본주의의 구조인 플랫폼에서 착취의 대상이 되기 쉬운 노동자들의 노동 환경에 대한 개선은 물론, 플랫폼의 데이터로 전락하고 만 일반 대중의 '그림자 노동' 같은 무급 노동에 대한 인식이 제고되어야 한다고 지적합니다.

속담이 묘사한 사회의 풍경과는 이질적인 풍경이 펼쳐지고 있는 지금의 세상에 대해 일침을 가하기도 합니다. 특히 "개천에서 용 난다"라는 속담 속 희망의 메시지가 점점 실현 불가능해지고 있는 오늘날의 세태를 꼬집습니다. 불과 반세기 전, 가깝게는 1990년대만 하더라도 가난한 집에서 태어나더라도 대학 입시에서 좋은 성적을 받은 사람이 많았습니다. 반면 오늘날에는 사교육 시장에 투입되는 교육비가 천정부지로 높아질 뿐만 아니라 지역 간 격차도 심화되고 있습니다. 이처럼 계층 간 소득 불평등이 심화될수록 자녀 세대의 계층 이동 가능성이 줄어드는 부조리를 낱낱이 해부합니다.

한 줄의 속담에 담긴 지혜를 무관심, 타인 지향, 공유지의 비극, 내집단 편향, 몰개인화, 디지털 디톡스, 확증 편향 등 오늘날의 사회학 언어로 치환해 살펴보며 우리를 새로운 앎의 세계로 이끌어줍니다. 서울대등 의대면접에서 자주 등장하는 딜레마와 갈등 상황들을 해결하는 데 도움되는 책입니다.

'노명우의 한 줄 사회학(노명우)'에서 한 줄 속담을 통해 우리가 사는 세상에 관한 경험과 지식을 확장해 나가는 학문적 의의를 발견함. 사회학의 고전으로 꼽히는 유명 사회학자들의 텍스트와 오늘날 우리가 살아가는 세상의 통념과 장면들을 교차시켜 세속의 지식과 사회학적 상상의 대화를 통해 열두 가지 속담과 관련된 사회과학 개념 용어들을 정확히 적용해 봄. '발 없는 말이 천 리 간다'는 옛말이 오늘날 매체 통치, 타인 지향, SNS, 마이크로 셀러브리티, 해시태그, 가십(뒷담화), 준거 집단, 일반화된 타자와 연계되고, '재주는 곰이 넘고 돈은 주인이 받는다'는 플랫폼 노동, 그림자 노동, 프레카리아트, 공유경제, 긱경제, 플랫폼 자본주의의 특성을 예견하며, '귀신 씻나락 까먹는 소리 한다'가 확증 편향, 속담, 통념, 상식, 앎, 무지로 확장되는 경험을 통해 일상 언어 사용과 학술 개념의 활용 사례를 탐구해 봄. '개천에서 용 난다'라는 속담 속 희망의 메시지가 점점 실현 불가능해지고 있는 오늘날 소득 불평등과 자녀 세대의 계층 이동 가능성이라는 지표에 주목해 구체적 수치를 조사하고 무관심, 타인 지향, 공유지의 비극, 내집단 편향, 몰개인화, 디지털 디톡스, 확증 편향 등 오늘날의 사회학 언어로 치환해 살펴봄.(1,498Byte, 띄어쓰기 포함 634자)

'노명우의 한 줄 사회학(노명우)'에서 한 줄 속담을 통해 우리가 사는 세상에 관한 경험과 지식을 확장해 나가는 학문적 의의를 발견함.

사회학의 고전으로 꼽히는 유명 사회학자들의 텍스트와 오늘날 우리가 살아가는 세상의 통념과 장면들을 교차시켜 세속의 지식과 사회학적 상상의 대화를 통해 열두 가지 속담과 관련된 사회과학 개념 용어들을 정확히 적용해 봄. '개천에서 용 난다'라는 속담 속 희망의 메시지가 점점 실현 불가능해지고 있는 오늘날 소득 불평등과 자녀 세대의 계층 이동 가능성이라는 지표에 주목해 구체적 수치를 조사하고 무관심, 타인 지향, 공유지의 비극, 내집단 편향, 몰개인화, 디지털 디톡스, 확증 편향 등 오늘날의 사회학 언어로 치환해 살펴봄.(898Byte, 띄어쓰기 포함 370자)

'노명우의 한 줄 사회학(노명우)'에서 열두 가지 속담과 관련된 사회과학 개념 용어들을 정확히 적용해 봄. '개천에서 용 난다'라는 속담 속 희망의 메시지가 점점 실현 불가능해지고 있는 오늘날 소득 불평등과 자녀 세대의 계층 이동 가능성이라는 지표에 주목해 구체적 수치를 조사하고 무관심, 타인 지향, 공유지의 비극, 내집단 편향, 몰개인화, 디지털 디톡스, 확증 편향 등 오늘날의 사회학 언어로 치환해 살펴봄.(554Byte, 띄어쓰기 포함 232자)

《필립 짐바르도 자서전》| 필립 짐바르도

" 스탠퍼드 교도소 실험 "

분량 ★★★★	내용 ★★★★	활용 ★★★★★

〈2024학년도 서울대 수시 의과대학 면접 제시문 4〉

전국시대(戰國時代) 위나라 관리인 방총이 적대국인 조나라로 위나라 태자(太子)를 호위하여 같이 인질로 가게 되었다.

위나라를 떠나기에 앞서 위왕(魏王)을 만나 방총이 말했다.

"지금 어떤 사람이 와서 거리에 범이 나타났다고 하면 대왕께서는 믿으시겠습니까?"

"전혀 믿지 못하겠네." 위왕이 대답했다.

방총은 또 말했다.

"두 사람이 거리에서 범이 나타났다고 하면 대왕께서는 믿으실 수 있으십니까?"

"음, 반신반의인데."라고 위왕이 말했다.

방총은 다시 "그러면 세 사람이 거리에 범이 나타났다고 하면 대왕께서는 믿으시겠죠?"라고 묻자

"그야 물론 믿고 말고!" 위왕은 서슴없이 대답했다.

방총은 태자와 함께 조나라로 떠났다.

이후 태자는 위나라로 돌아왔지만 방총은 위나라에서 볼 수 없었다.

이 면접에서는 다음과 같은 질문들이 쏟아졌습니다. 이 질문들에 대해 어떻게 대답해야 할지도 알려드리겠습니다.

질문 1. 제시문이 어떠한 내용이라고 생각하나요?

답변 : 거짓말이라도 여러 사람이 말하면 사실로 믿게 된다고 생각합니다. 특히 루머나 잘못된 정보가 대중들에게 진실이라고 믿게 퍼질 수 있는 이유에 대한 사례라고 생각합니다.

질문 2. 그렇다면, 이러한 경험을 한 적이 있나요?

답변 : 제가 직접 경험한 것은 아니지만 교내에서 발생할 수 있는 예시를 들어 보겠습니다. 한 학생이 어떤 동급생이 시험에서 부정행위를 했다는 소문을 퍼뜨리기 시작합니다. 처음에는 소문을 듣는 사람들도 이를 의심하지만, 두 번째, 세 번째 사람이 같은 소문을 반복하게 되면, 결국 많은 학생들이 그 소문을 진실로 믿게 됩니다. 이 과정에서 실제로 그 학생이 부정행위를 했는지 여부는 확인되지 않았지만, 반복된 소문으로 인해 많은 사람들이 이를 사실로 여기게 될 수 있다고 생각합니다.

질문 3. 왜 이런 현상이 발생한다고 생각하나요?

답변 : 몇 가지로 나누어 말씀드리겠습니다. 첫 번째로, 사람들에게는 자신이 속한 집단에서 다른 사람들이 믿는 것을 믿으려는 경향이

있다고 생각합니다. 다수가 어떤 정보를 믿고 있다는 사실은 그 정보의 신뢰성을 높이는 역할을 할 수 있고 사람은 소속감을 느낄 때 안정적인 느낌을 받는다고 생각합니다. 따라서, 자신이 속한 집단 내에서 다수가 인정하는 이야기를 진실로 받아들인다고 생각합니다. 두 번째로, 사람들은 자신의 기존 신념이나 가설을 강화하는 정보를 더 쉽게 받아들이고, 반대되는 정보를 무시하려는 경향이 있기에 이러한 현상이 나타난다고 생각합니다. 마지막으로 인간의 인지 구조는 복잡한 정보를 처리할 때 효율성을 추구합니다. 그래서 여러 사람이 같은 정보를 반복하면, 뇌는 그것을 진실로 간주하는 경향이 있다고 생각합니다.

질문 4. 해결하려면 어떻게 해야 할까요?

답변 : 우선, 확인되지 않은 정보를 다른 사람에게 전달하지 않는 것이 중요합니다. 불확실하다고 생각하는 정보를 전달하는 경우에 소통 오류가 생길 수 있기에 이야기를 전할 때는 신중해야 한다고 생각합니다. 또한, 한쪽의 이야기만 듣지 말고, 다양한 사람들의 관점을 들어보는 것이 중요합니다. 이렇게 하면 정보의 신뢰성을 높이고, 더 균형 잡힌 판단을 할 수 있다고 생각합니다. 뿐만 아니라, 교내에서 학급 및 학교 단위로 소통의 장을 만드는 것도 방법이라고 생각합니다. 이 과정에서 오해가 생기지 않도록 각 집단의 리더가 참여한 환경에서 진행하여 신뢰도를 높이고, 소통이 끝난 이후에 피드백을 받을 수 있는 설문지 등을 만드는 것도 방법이라고 생각합니다.

'필립 짐바르도 자서전(필립 짐바르도)' 의대입시에 활용하기

예전에 EBS에서 재미있는 실험을 했습니다. 사람들이 많이 다니는 강남역 한복판에서 한 남자가 무언가 있는 것처럼 손짓을 하며 하늘을 유심히 바라보고 있지만 아무도 신경 쓰지 않고 갈 길을 바쁘게 지나가 버립니다. 잠시 후 두 번째 사람이 같은 곳을 바라보며 똑같은 행동을 하지만 몇몇 사람이 힐끗 쳐다보고 그냥 지나칩니다. 그런데 세 번째 사람이 두 사람과 나란히 서서 아무것도 없는 허공을 바라보면서 감탄사를 연발하고 신기한 듯 바라보니 지나가던 사람들이 하나둘 발길을 멈추고 그들과 함께 똑같은 곳을 올려다보는 것입니다. 제작팀은 행인들에게 왜 하늘을 올려다보았는지 물었는데 대다수의 사람들이 그냥 세 사람이 하늘을 올려다보길래 따라서 하늘을 쳐다보았다는 대답을 할 뿐이었습니다. 왜 두 사람일 때는 관심을 갖지 않다가 왜 세 사람일 때는 상황이 급변하게 되는 것일까요?

스탠퍼드대학의 필립 짐바르도(Philip Zimbardo) 교수가 답합니다. "세 명이 모이면 그때부터 집단이라는 개념이 생깁니다. 그것이 사회적 규범 또는 법칙이 되고 특정한 목적을 갖고 있는 것으로 보이는 거죠. 왜 세 명이 같은 행동을 하는지, 거기엔 그럴 만한 이유가 있다고 생각하게 되는 것입니다. 최소 3명이 모이면 하나의 움직임이 됩니다. 3의 법칙은 상황을 바꾸는 구체적인 힘으로 작용합니다"라고 분석했습니다. 고사성어에도 '삼인성호(三人成虎)'라는 말이 있는데, '세 사람이면 호랑이도 만들어낸다'는 뜻으로 거짓말도 여러 번 되풀이하면 참인 것처럼 여겨진다는 말입니다.

'필립 짐바르도 자서전(필립 짐바르도)'은 '스탠퍼드 교도소 실험'으로 큰 파장을 불러일으킨 사회심리학의 대가 필립 짐바르도의 삶을 다룹니다. 이탈리아인인 그는 유년 시절 유대인으로 오해받아 친구들의 따돌림을 받았고, 고등학교 시절에는 시칠리아 출신 마피아일지도 모른다는 이유로 학교에서 외톨이가 되었다고 합니다. 예일대대학원 입학 과정은 더욱 버라이어티합니다. 명문 대학 학부 과정을 최우등생으로 졸업하고 학부생 때 논문을 발표한 것도 모자라 대통령상까지 받은 그가 단지 '흑인'일지도 모른다는 이유로 대학원 입학이 보류되었답니다. 어둡게 인화된 증명사진 한 장과 재즈를 좋아한다는 자기소개서가 오해를 낳은 것입니다. 그 결과 선량한 사람을 악하게 만드는 '상황의 힘'에 주목하게 됩니다.

1979년, 필립 짐바르도 교수는 '상황의 힘'을 연구하기 위해 '교도소 실험'에 돌입합니다. 이 실험을 위해 신체적, 정신적으로 아무 문제가 없는 남자 대학생 24명이 피험자로 선출됩니다. 실험 당일, 연구진은 무작위로 교도관과 수감자로 역할을 나눈 후 역할에 따라 제복과 죄수복을 입게 했습니다. 처음 몇 시간은 교도관과 수감자들이 함께 웃고 떠들며 잡담을 나누는 등 실험에 몰입하지 못했습니다. 하지만 채 하루가 지나기 전에 양측의 대립이 시작됩니다. 수감자들의 자유분방한 태도가 교도소 내 질서를 무너뜨린다고 판단한 교도관들에 의해 전에 없는 강한 통제가 시작되었기 때문입니다. 이에 수감자들이 거세게 반발하며 실제 교도소에서 일어날 법한 폭동이 실험 현장에서 발생합니다. 그 순간부터 그곳은 실험 장소가 아니라 심리학자들이 운영하

의대입시독서는 달라야 합니다

는 교도소가 되어 버렸습니다. 권력이 지배하는 감옥이 된 것입니다.

실험 당일, 진짜 경찰이 죄수 역할을 맡은 학생들을 찾아가 체포했습니다. 미란다 원칙을 고지하고 수갑을 채운 뒤 사이렌이 울리는 순찰차에 태워 팰로앨토 경찰서로 데려갔어요. 그들의 지문과 사진을 찍고 눈가리개를 씌운 뒤 진짜 유치장에 넣었습니다. 실제 범죄자에게 적용되는 입건 절차를 그대로 따른 거죠. 아마 실험동의서에 서명한 피험자가 정해진 날짜에 스탠퍼드 교도소로 와서 "실험하러 왔는데요"라고 말한 뒤 실험을 시작했다면 결과는 크게 달라졌을 겁니다. 자발적으로 자유를 포기했기 때문에 실험이 '힘들다'라는 생각이 들면 가석방심사위원회를 통해 직접 자유를 되찾으려고 했을 겁니다. 한마디로 실험을 쉽게 그만두었을 거라는 이야기죠. 저는 이런 일이 일어나는 것을 원하지 않았어요.(〈'교도소 생활 실험에 참가할 대학생 구함'〉 중에서)

반란의 주동자는 수감 번호 8612번이었는데, 그는 매우 영리하게 행동했어요. 계속 소리 지르고 욕을 하며 교도관 역할을 맡은 학생에게 굴욕감을 주었습니다. 실험 36시간 만에 가장 먼저 신경쇠약 증상을 보인 것도 그였죠. 8612번은 덩치가 좀 작은 교도관에게 "X만한 게, 여기서 나가면 가만 안 둬!"라고 소리쳤고, 모욕을 당한 교도관은 "그렇게 하던가! 어디 두고 보자고!"라고 대답했죠. 어느새 '역할 연기'가 '개인적인 문제'로 변한 겁니다.(〈권력이 지배하는 교도소 실험의 탄생〉 중에서)

한국의 독자들에게도 친숙한 짐바르도 교수는 혁신적인 연구자이자 교육자이며 '심리학의 발견(Discovering Psychology)'이라는 TV 시리즈를 창안해 상을 받았습니다. 그는 또한 성인의 수줍음에 대해 최초로 연구했으며 수줍음이라는 사회적으로 불리한 조건으로 고통받는 성인과 청소년을 위한 '수줍음 클리닉'을 개설했습니다. 그가 수행한 스탠퍼드 교도소 실험은 세계 곳곳에서 TV를 통해 방영되었고 영화로도 만들어졌으며, 많은 대학교와 고등학교의 필수 교재에 수록되어 있습니다. 2004년에 그는 이라크의 아부그라이브 포로수용소에서 발생한 범죄행위로 기소된 미군 퇴역군인의 군법재판에서 전문가 증인으로 출석하기도 했습니다.

신학자, 극작가, 시인, 사회학자, 범죄학자 등 많은 사람들이 오랫동안 악에 대해 연구했습니다. 그들은 대부분 외부에서의 악을 연구한 반면 짐바르도는 내부에서 악을 창조하고 싶었다고 합니다. 그가 내부에서 악을 창조하는 방법은 그리 어렵지 않았습니다. 익명일 때, 비인간적 환경에 놓여 있을 때, 규칙과 역할이 있을 때, 의상을 갖춰 입을 때, 모두가 같은 일을 할 때, 지시를 내리는 강력한 권위자가 있을 때 등 '상황 조건'만 형성되면 어렵지 않게 악이 창조되기 때문입니다.

실제 실험에서도 3명으로 이루어진 각 근무조마다 '우두머리 역할'을 하는 교도관이 한 명씩 있었습니다. 명령을 내리는 사람, 즉 1번 교도관이 있다는 뜻입니다. 그들은 죄수에게 벌을 주고 다른 교도관도 통제했습니다. 다음 근무 조에게 업무를 인수할 때마다 "아무개가 말썽을 부리고 있어. 그에게 본때를 보여줄 필요가 있다고"라고 말했습니다. 신기하게도 모든 조에서 3번 교도관은 수동적이고 죄수에게도

의대입시독서는 달라야 합니다

호의적인 사람들로 꾸려졌습니다. 만약 2번 교도관이 너그러운 3번 교도관과 뜻을 함께하면 그 근무조의 권력은 '부드러운 특징'을 띠게 됩니다. 반면 2번 교도관이 지배적인 1번 교도관에 동조하면 '부정적 특징'을 띱니다. 그런데 모든 근무 조에서 2번 교도관은 권력을 가진 1번 교도관 쪽에 힘을 실었습니다.

이 실험은 '어떤 상황에 놓이기 전, 당신이 어떤 식으로 행동할 것인지 어떻게 알 수 있는가?'라는 거대한 질문을 던집니다. 인간은 누구나 자신이 좋은 사람이라고 생각합니다. 다만 상황이 선한 행동과 나쁜 행동을 하게 만들 뿐입니다. 문제는 사람들이 이런 현실을 과소평가한다는 것입니다.

아이오와 주에 있는 라이스빌은 백인과 기독교 신자로 이루어진 작은 농촌 마을이다. 이곳에 사는 초등학교 3학년 교사 제인 엘리엇은 학생들의 '눈동자 색깔'을 가지고 한 가지 실험을 진행했다. 수업을 듣는 아이들에게 "눈동자가 갈색인 사람이 파란색인 사람보다 열등하다"라고 말한 뒤 그 차이를 입증하는 수많은 사례를 제시했다. 그리고 파란색 눈동자를 가진 학생들에게 갈색 눈동자를 가진 학생들의 옷깃에 일련의 표식을 달도록 했다. 두 그룹을 구별하기 쉽게 만든 것이다.

갈색 눈동자를 가진 학생들은 교실 뒤쪽에 있는 책상에 앉아야 했고, 자신들보다 우월한 파란 눈의 학생들이 점심을 다 먹고 나서야 비로소 점심 식사를 할 수 있었습니다. 아이들은 서로 오랜 시간을 함께 보낸 이웃이자 친구로 지냈습니다. 그런데 표식을 달아준 뒤로 파란색 눈동자를 가진 아이들은 갈색 눈동자를 가진 '열등한 친구들'에게 적대적으로 변했습니다. 비난을 퍼붓는 것은 물론 사사건건 대립하며 그들을 학대했습니다.

다음 날 아침, 갈색 눈동자를 가진 학생들에게 좋은 소식이 들려왔습니다. 엘리엇이 어제 실수가 있었다면서 수업 내용을 반대로 뒤집은 것입니다. 과연 갈색 눈동자를 가진 학생들은 파란색 눈동자를 가진 친구들에게 아량을 베풀었을까요? 바로 전날 자신들을 괴롭혔는데 말입니다. 천만의 말씀! 임의적 차별은 즉각적으로 그 추악한 모습을 드러냈습니다. 갈색 눈동자를 가진 학생들은 열등한 존재가 된 파란색 눈동자를 가진 학생들에게 "네 눈동자 색깔이 그러니까 벌을 받아야 해"라고 말하면서 분노 어린 학대를 행사했습니다. 이 실험 역시 스탠퍼드 교도소 실험과 마찬가지로 '개인의 성격'이 아닌 '상황의 힘'이 원인임을 밝혀냈습니다.

사회 시스템이 존재하려면 규칙과 규범, 이를 따르는 사람이 필요합니다. 문제는 '복종의 거미줄'입니다. 이 거미줄에 걸린 사람은 권위를 가진 인물이 비도덕적 행동을 요구해도 '거절'할 생각을 하지 못합니다. 복종이 비난받아 마땅한 행동을 불러오기 때문입니다.

스탠퍼드 교도소 실험은 사회적 역할과 외적 압력의 영향력을 과소평가해선 안 된다고 설득합니다. 누구든 그런 상황에 놓일 수 있음을 경고합니다. 개인은 자신의 행동이 초래하는 결과에 대해 개인적·사회적·법적으로 책임을 져야 합니다. 어떤 행동의 동기가 이해된다고 해서 결과에 대한 책임이 사라지는 건 아닙니다. 외부적 상황의 힘에 몰

의대입시독서는 달라야 합니다

려 그릇된 판단을 내릴 수밖에 없었다고 해도 우리는 그 책임에서 결코 자유로울 수 없다고 저자는 강조합니다.

이 책은 짐바르도가 9·11테러, 트럼프 대통령, 아부그라이브교도소 사건, ISIS 등 굵직한 국제 사회 현상들을 학술적으로 분석한 육성회고록을 부록으로 담아냈습니다.

생기부 세특 예시

두 사람일 때는 관심을 갖지 않다가 세 사람일 때는 상황이 급변하게 되는 실험 결과에 호기심을 가지고 다양한 심리 실험 결과를 조사하며 '삼인성호(三人成虎)'라는 고사성어의 유래와 연계해 탐구해 봄. '필립 짐바르도 자서전(필립 짐바르도)'을 통해 '스탠퍼드 교도소 실험'과 관련한 구체적 맥락을 살펴보고 선량한 사람을 악하게 만드는 '상황의 힘'에 주목함. 실험 장소가 아니라 심리학자들이 운영하는 교도소, 권력이 지배하는 감옥이 된 과정을 점검하며 사회 시스템이 존재하려면 규칙과 규범, 이를 따르는 사람이 필요한데 '복종의 거미줄'에 걸린 사람은 권위를 가진 인물이 비도덕적 행동을 요구해도 '거절'할 생각을 하지 못한다는 지점에 의문을 품게 됨. 개인은 자신의 행동이 초래하는 결과에 대해 개인적·사회적·법적으로 책임을 져야 하는데 외부적 상황의 힘에 몰려 그릇된 판단을 내릴 수밖에 없었다고 해도 책임에서 자유로울 수 있는지 모둠원들과 토론해 봄. 육성 회고록을 통해 9·11테러, 트럼프 대통령, 아부그라이브교도소 사건, ISIS 등 굵직한 국제 사회 현상들을 학술적으로는 어떻게 분석하고 있을지 일그러진 악의 시대를 건너기 위한 학문적 연구 방향을 고민하고 윤리적 연구의 중요성을 깨달음.(1,497Byte, 띄어쓰기 포함 619자)

'삼인성호(三人成虎)'라는 고사성어의 유래와 연계해 탐구해 '필립 짐바르도 자서전(필립 짐바르도)'을 통해 '스탠퍼드 교도소 실험'과 관련한 구체적 맥락을 살펴보고 선량한 사람을 악하게 만드는 '상황의 힘'에 주목함. 실험 장소가 아니라 심리학자들이 운영하는 교도소, 권력이 지배하는 감옥이 된 과정을 점검하며 개인은 자신의 행동이 초래하는 결과에 대해 개인적·사회적·법적으로 책임을 져야 하는데 외부적 상황의 힘에 몰려 그릇된 판단을 내릴 수밖에 없었다고 해도 책임에서 자유로울 수 있는지 모둠원들과 토론해 봄. 육성 회고록을 통해 9·11테러, 아부그라이브교도소 사건 등 굵직한 국제 사회 현상들을 학술적으로는 어떻게 분석하고 있을지 학문적 연구 방향을 고민하고 윤리적 연구의 중요성을 깨달음.(955Byte, 띄어쓰기 포함 391자)

'삼인성호(三人成虎)'라는 고사성어의 유래와 연계해 탐구해 '필립 짐바르도 자서전(필립 짐바르도)'을 통해 '스탠퍼드 교도소 실험'과 관련한 구체적 맥락을 살펴보고 선량한 사람을 악하게 만드는 '상황의 힘'에 주목함. 외부적 상황의 힘에 몰려 그릇된 판단을 내릴 수밖에 없었다고 해도 책임에서 자유로울 수 있는지 모둠원들과 토론해 봄. 9·11테러, 아부그라이브교도소 사건들을 통해 윤리적 연구의 중요성을 깨달음.(559Byte, 띄어쓰기 포함 233자)

의대입시독서는 달라야 합니다

《왕이 절박하게 묻고 신하가 목숨 걸고 답하다》 | 김준태

" 책문으로 국가경영 "

분량 ★★★★★	내용 ★★★★	활용 ★★★★★

📝 〈2024학년도 서울대 수시 의과대학 면접 제시문 5〉

임금이 신하들과 정사를 보고 있다. 참찬 김점이 아뢰기를, "전하께서 하시는 정사는 마땅히 금상황제(今上皇帝)의 법도를 따라야 될 줄로 아옵니다." 하니, 예조 판서 허조는 아뢰기를, "중국의 법은 본받을 것도 있고 본받지 못할 것도 있습니다." 하였다.

김점은 아뢰기를, "신은 황제가 친히 죄수를 끌어내어 자상히 심문하는 것을 보았습니다. 전하께서도 본받아 주시기를 바라옵니다." 하니, 허조는 아뢰기를, "그렇지 않습니다. 관을 두어 직무를 분담시킴으로써 각기 맡은 바가 있사온데, 만약 임금이 친히 죄수를 결제하고 대소를 가리지 않는다면, 관을 두어서 무엇하오리까." 하였다.

김점은 아뢰기를, "온갖 정사를 전하께서 친히 통찰하시는 것이 당연하옵고 신하에게 맡기시는 것은 부당하옵니다." 하니, 허조는 "그렇지 않습니다. 전하께서 대신을 선택하여 육조의 장을 삼으신 이상, 책임을 지워 성취토록 하실 것이 마땅하며, 몸소 자잘한 일에 관여하여 신하의 할 일까지 하시려고 해서는 아니 됩니다." 하였다.

제시문을 보면서 면접관이 던질 만한 질문이 자동(!)으로 떠오를 만큼 연습이 되어 있나요? 일단 첫 질문은 제시문에 등장하는 두 인물 중에 하나를 선택하라는 것이겠죠?

질문 1. 참찬 김점과 예조 판서 허조 중 어떤 신하의 입장에 동의하나요?

학생 1. 예조 판서 허조의 입장에 동의합니다. 리더가 모든 일을 잘할 수는 없습니다. 그래서 저는 리더가 모든 일을 나서서 하기보다는 적절한 자리에 적절한 사람을 배치하고, 전반적인 일을 총괄하는 역할을 해야 한다고 생각합니다.

학생 2. 참찬 김점의 입장에 동의합니다. 리더는 집단의 목표와 방향을 명확하게 설정하고, 구성원들에게 이를 전달하는 역할을 해야 한다고 생각합니다. 명확한 목표와 방향이 있으면 집단의 모든 구성원이 같은 목표를 향해 나아갈 수 있어 효과적인 성과를 도출할 수 있습니다. 또한, 신속한 의사결정이 가능하여 효율적인 일처리가 가능하다고 생각합니다.

다음과 같은 질문이 이어질 수도 있습니다.

질문 2. 고교 시절 리더의 역할을 한 적이 있나요?

답변 : 있습니다. 저는 학생회 임원을 맡아본 경험이 있습니다. 이 경

험을 통해 리더십, 의사소통 그리고 책임감 등 다양한 면에서 성장할 수 있었습니다.

수시 입학전형에서 자기소개서가 사라졌으므로, 구술면접은 수험생의 인물됨을 엿보는 평가수단으로 활용되기도 합니다. 구술면접에서는 개인적인 경험에 대해서도 종종 질문합니다.

질문 3. 본인은 리더로서 어떻게 집단을 이끌었나요?

답변 : 새로 들어온 친구들이 업무를 배울 수 있도록 전임 학생회로부터 인수인계를 진행하고, 해당 부서의 부장과 긴밀하게 소통할 수 있도록 도왔습니다. 초반에는 김점이 말한 것처럼 모범을 보이고자 노력했으며, 부원들이 업무에 적응하여 자신의 역할에 책임감을 가지고 임했던 후반부에는 허조처럼 학생회 부원들을 이끌었습니다.

질문 4. 혹시 자신의 능력을 과대평가한 경험도 있나요?

답변 : 당시 저는 팀 프로젝트를 성공적으로 이끌기 위해 필요한 모든 기술과 리더십 능력을 갖추고 있다고 믿었습니다. 팀원들에게 업무를 분배하고, 일정 관리와 목표 설정 등을 하면서 초기에는 순조롭게 진행되는 것처럼 보였습니다. 하지만 프로젝트 중반에 여러 문제가 발생했습니다. 팀원들 간의 의사소통 문제, 일정 지연, 기술적 어려움 등이 겹치면서 프로젝트가 점점 어려워졌습니다.

질문 5. 본인이 만약 이러한 집단의 리더가 되었다면 어떻게 하는

게 좋을 것 같나요?

학생 1. 우선, 큰 목표보다는 달성 가능한 작은 목표를 설정하여, 작은 성취를 통해 자신감을 키울 수 있도록 할 것입니다.

학생 2. 저는 공통적으로 동기를 높일 수 있는 활동을 기획할 것입니다. 동기를 높이려면 해당 집단의 모든 구성원이 가지는 공동의 목표가 있으면 좋겠다고 생각합니다. 따라서 가장 먼저 친구들과의 대화 및 설문을 통해 의견을 파악한 후 집단의 목표를 명확하게 인지시키고 동기를 유발하기 위한 활동을 계획할 것입니다.

질문 6. 리더가 되어 집단 구성원들에게 하고자 하는 이야기를 해보세요.

답변 : 우리 집단은 구성원 여러분의 기여와 능력을 매우 높게 평가하고 있습니다. 구성원 여러분의 재능이 우리 집단을 발전시키는 데 얼마나 중요한지 알고 있나요? 작은 성과라도 서로를 인정하고, 칭찬해 주면 좋겠습니다. 또한, 이러한 부분이 각자의 동기부여에 큰 영향을 미치면 좋겠습니다.

'왕이 절박하게 묻고 신하가 목숨 걸고 답하다(김준태)' 의대입시에 활용하기

'왕이 절박하게 묻고 신하가 목숨 걸고 답하다(김준태)'는 책문으로 배우는 조선의 국가 경영 방식을 담고 있습니다. 저자는 오늘날의 대한민국에 경고합니다. 대다수 국민이 다방면에서의 혁명적 변화에 따른 불확실성 앞에서 자기 한 몸을 챙기기에도 힘든 와중에, 모두를 아우르며 책임 있는 정치를 하려는 자가 없다고 비판합니다. 곤두박질치는 경제와 뒤숭숭해지는 사회를 되살리려는 노력의 주체도 사라져 버린 모양새라고 진단합니다. 지금 가장 시급한 나랏일이 무엇인지 알고 있지만 '모르쇠'로 일관하기 때문이랍니다.

조선 역시 처한 상황은 별반 다르지 않았습니다. 그럼에도 남다른 혜안을 갖고 근본적인 해법을 제시하려는 시도는 끊이지 않았답니다. 이 책은 조선 시대 과거시험의 형태로 치러진 왕의 '책문'과 신하의 '대책'을 다룹니다. 당대의 가장 시급한 현안과 과제, 국가경영과 국가 비전 등을 총체적으로 구상하며 대응 방안을 마련하고자 했습니다. 국가를 이끄는 리더 '왕'은 절박한 심정으로 물었고, 리더를 보필하는 인재 '신하'는 목숨 걸고 제대로 된 답안을 마련하려 했습니다.

유물로만 남아 역사적 가치를 띨 뿐인 고문헌이 어떻게 현재적 가치를 가질 수 있을까 생각해 보면, 몇백 년 전 절박한 심정으로 물은 왕의 질문과 필사즉생의 각오로 임한 신하의 답안이 지금 현대인의 삶에 직접적으로 연결되거니와 오늘날에도 반복되는 문제들을 해결해 주기도 합니다. 특히 신하의 대책은 개인의 철학과 역사 인식, 현실 분석이 집약되어 있을 뿐만 아니라 경제, 정치, 행정, 복지 등 다양한 영역에서 옳은 말, 맞는 말만 내놓습니다. 그 말들은 매우 유용하고 실용적인 교훈을 줍니다.

저자는 성균관대학교에서 한국철학 전공으로 박사 학위를 받았고, 한국철학문화연구소 책임연구원을 거쳐 현재 같은 대학교 유학동양학과 초빙교수입니다. 〈이코노미스트〉와 〈경기일보〉의 필진으로 활동했으며, 〈동아비즈니스리뷰(DBR)〉에 칼럼을 연재 중입니다. 국가평생교육진흥원 'K-MOOC', 현대경제연구원 'CreativeTV', 전통문화연구회 '사이버서원' 등 온라인 강의 플랫폼에서도 강의합니다.

이 책은 흘러간 이야기라고 생각하기 쉬운 역사에서 오늘날 우리에게 필요한 삶의 지혜를 탐색합니다. 시대가 변해도 인간과 인간사회의 본질은 변하지 않기 때문에, 생기부 기재와 면접 준비에도 매우 유용한 책입니다.

> 태종은 "당우와 삼대가 더할 나위 없이 훌륭한 치세를 이룩할 수 있었던 요인은 무엇인가?"라고 물었다. (…) 태종의 질문은 옛날 성군들은 어떻게 그처럼 어진 정치를 펼칠 수 있었는지, 지금 그러한 정치를 본받아 실천하려면 어떻게 해야 하는지 질문한 것이다. 이에 대한 변계량의 답변이다.
>
> 나라를 다스리는 도리는 마음에 근본을 두고, 나라를 다스리는 법은 때에 알맞아야 합니다. 도리가 마음에 근본을 두지 않으면 정치하는 근원을 만들 수 없고, 법이 때에 알맞게 제정되지 않으면 좋은 정치를 이룩하는 도구가 될 수 없습니다. 마음을 보존해 치도를 창출하고 때를 따라 치법을 수립하는 요체는 중도를 견지하는 데 있으니, 중도를 견지하는 요령은 정일 외에는 다른 것이 없습니다.(20~21쪽)

조선의 왕은 무엇을 고민했을까요? 신하는 어떻게 답했을까요? 태종과 변계량의 문답은 원론적입니다. 태종이 옛 성군들은 어떻게 그처럼 어진 정치를 펼칠 수 있었는지, 그 정치를 본받아 실천하려면 어떻

의대입시독서는 달라야 합니다

게 해야 하는지 질문했을 때 변계량은 "나라를 다스리는 도리는 마음에 근본을 두고, 나라를 다스리는 법은 때에 알맞아야 합니다"라며 중도와 정일을 강조했습니다.

정조는 "한나라와 당나라 때는 한 직무만 맡아 평생을 마친 사람이 많았으니, 관청을 설치하고 직책을 분담시킨 정신이 완전히 사라지진 않았으나 요즘 우리나라의 풍속은 이와 반대다"라고 한탄하며 대책을 물었다.
정약용의 답변이다. 그는 "농정관을 자주 바꾸므로 세입이 얼마나 많고 경비가 얼마나 적은지 알지 못하며, 병조를 자주 바꾸므로 병사의 일 중에 무엇을 먼저 처리해야 하고 무관 중에 누가 쓸 만한지 기억하지 못합니다. 전임 관리에게서 결정된 재판이 후임 관리에게서 번복되는 건 형조가 자주 바뀌기 때문으로 옥송에 원망이 많고, 규례에 어두운 건 예조가 자주 바뀌기 때문으로 의례를 고증할 수 없습니다."라고 대답했다.(220~221쪽)

정조와 정약용의 문답은 실용적입니다. 정조가 보기에 당대 조선은 신하들의 전문성을 제대로 살리지 못하고 있으니, 이를 어떻게 해야 하는지 질문했습니다. 이에 정약용은 하급 관리는 다양한 직무를 경험하게 하되 상급 관리는 임기를 길게 해 업무 전문성과 행정 일관성을 확보케 하자고 제안합니다. 인사 제도를 개선하여 소외되고 사장되는 인재가 없게끔 하자는 현실적 대안입니다.
국가의 경영과 비전에 대해 왕과 젊은 인재들이 나눈 대화들을 담은 이 책은 18장으로 구성됩니다. 조선 시대 500년을 시간 순으로 태종과 변계량, 세종과 신숙주 그리고 강희맹, 연산군과 이목 그리고 이자, 중종과 권벌, 김구, 송겸, 김의정, 명종과 양사언, 선조와 조희일, 광해군과 임숙영, 인조와 정두경 그리고 오달제, 숙종과 권이진, 정조와 정약용, 철종과 김윤식의 책문과 대책을 다룹니다. 나아가 부록에서는 본문에서 미처 소개하지 못한 왕의 책문과 신하의 대책들을 간략하나마 언급합니다.

이들이 나눈 대화는 국가의 경영과 비전에 관한 내용들인데 오늘날의 시선으로 보아도 열정적이다 못해 때로는 불길처럼 타오르기도 합니다. 그만큼 시급한 현안을 다루고 있는데, 신하가 왕을 신랄하게 비판하기도 합니다. 본인의 안위 따위는 염두에 두지 않고 오직 나라와 백성만을 생각하는 자세입니다.

연산군은 "듣건대, 인재는 국가의 이기라고 한다. 예로부터 제왕이 훌륭한 정치를 이룰 적에 인재를 얻는 걸 급선무로 삼지 않은 적이 없었다."라고 전제하고 (…) 조선이 다양한 선발 방식을 도입하고 있는데도 인재가 부족하다고 느껴지는 이유가 무엇인지, "어떻게 해야 어진 인재가 등용되어 나무가 무성하듯 울창하게 세상을 위해 쓰이고 국가의 다스림을 도울 수 있는지" 그 방법을 이야기해 보라고 요구했다. 이목은 다음과 같이 말한다.

신이 바라건대, 전하께서 몸소 행하고 마음으로 얻은 실제를 미뤄 교화를 밝혀 사람의 마음을 바루고 바뤄서 인재를 기르십시오. 인재가 끊임없이 배출되어 집집마다 가득하면, 전하께서 인재를 선발하

의대입시독서는 달라야 합니다

시는 건 마치 부유한 집에서 물건을 취하는 것과 같아 마음먹은 대로 되지 아니함이 없을 것입니다. 어찌 인재가 부족하다는 게 근심거리가 되겠습니까? 전하께서 인재를 얻는 걸 물으셨는데 신이 인재를 기르는 것으로 구구하게 대답한 건 이 때문입니다.(54~61쪽)

중종은 우리가 시종일관하지 못하는 이유가 무엇인지, 삼대의 위대한 성군들은 어떻게 시종일관할 수 있었는지 물었다. 이 질문에 대한 권벌의 답변이다.

예로부터 임금이라면 시작과 끝을 잘하고 싶어 했습니다. 하지만 『시경』에서 말한 것처럼, 처음에는 잘했더라도 마지막까지 잘하는 건 아닙니다. 일찍이 공자께서 "붙잡으면 보존할 수 있으나 놓치면 없어지고, 시도 때도 없이 드나들어 어디로 가는지 알 수 없는 게 사람의 마음이다"라고 하셨습니다. 사람마다 마음을 붙잡고 놓치는 게 한결같지 않은데, 선과 악의 구분이 여기에서 결정됩니다. 시작을 잘하는 건 마음을 붙잡았기 때문이고, 마지막을 제대로 하지 못하는 건 마음을 잃어버렸기 때문입니다. 마음을 간직했느냐 잃어버렸느냐에 따라 선악이 관계되니 참으로 두려운 일입니다. 엎드려 바라옵건대, 전하께선 시작부터 마지막까지 이 마음을 간직해 조금도 소홀하지 않으셔야 합니다.(84쪽)

"조선의 리더는 무엇을 고민했는가?"를 오늘날 리더는 무엇을 고민해야 하는가로, "당면 현안은 무엇이고 어떻게 대응해야 하는가?"는 한국 사회의 대립과 갈등을 어떻게 해결할지로 이어지게 됩니다. 연산군 때나 지금이나 인재 구하기와 같은 교육과 입시는 사회 발전을 위한 토대이며, 중종이 질문한 시작과 끝의 문제는 삶과 죽음의 유한한 시간을 살아가는 인간의 근본적 고민이기도 합니다.

 **생기부 세특 예시**

'왕이 절박하게 묻고 신하가 목숨 걸고 답하다(김준태)'에서 조선 시대 과거시험 형태로 치러진 왕의 '책문'과 신하의 '대책'을 다루는 다양한 사례를 접하며 현대적 교훈을 도출해 보고서를 작성함. 당대 가장 시급한 현안과 과제, 국가경영과 국가 비전 등을 총체적으로 구상하며 대응 방안을 마련하고자 국가를 이끄는 리더 '왕'은 절박한 심정으로 물었고, 리더를 보필하는 인재 '신하'는 목숨 걸고 제대로 된 답안을 마련하려 했다는 점에서 조선의 왕은 무엇을 고민했을까, 신하는 어떻게 답했을까 호기심을 품고 구체적 상황을 평가해 봄. 정조가 보기에 신하들의 전문성을 제대로 살리지 못하고 있는데 어떻게 해야 하는지 질문했을 때 하급 관리는 다양한 직무를 경험하게 하되 상급 관리는 임기를 길게 해 업무 전문성과 행정 일관성을 확보케 하자고 인사 제도를 개선하자는 정약용의 대안을 높게 평가함. 국가 경영과 비전에 대해 왕과 인재들이 나눈 대화들을 통해 본인의 안위보다 나라와 백성을 생각하는 자세를 높게 평가하며 "조선의 리더는 무엇을 고민했는가?"를 오늘날 리더는 무엇을 고민해야 하는가로, "당면 현안은 무엇이고 어떻게 대응해야 하는가?"는 한국 사회의 대립과 갈등에 대

의대입시독서는 달라야 합니다

한 해법 모색으로 연결해 봄.(1,499Byte, 띄어쓰기 포함 615자)

'왕이 절박하게 묻고 신하가 목숨 걸고 답하다(김준태)'에서 조선 시대 과거시험 형태로 치러진 왕의 '책문'과 신하의 '대책'을 다루는 다양한 사례를 접하며 현대적 교훈을 도출해 보고서를 작성함. 정조가 보기에 신하들의 전문성을 제대로 살리지 못하고 있는데 어떻게 해야 하는지 질문했을 때 하급 관리는 다양한 직무를 경험하게 하되 상급 관리는 임기를 길게 해 업무 전문성과 행정 일관성을 확보케 하자고 인사 제도를 개선하자는 정약용의 대안을 높게 평가함. 국가 경영과 비전에 대해 왕과 인재들이 나눈 대화들을 통해 "조선의 리더는 무엇을 고민했는가?"를 오늘날 리더는 무엇을 고민해야 하는가로, "당면 현안은 무엇이고 어떻게 대응해야 하는가?"는 한국 사회의 대립과 갈등에 대한 해법 모색으로 연결해 봄.(957Byte, 띄어쓰기 포함 393자)

'왕이 절박하게 묻고 신하가 목숨 걸고 답하다(김준태)'에서 조선 시대 과거시험 형태로 치러진 왕의 '책문'과 신하의 '대책'을 다루는 다양한 사례를 접하며 현대적 교훈을 도출해 보고서를 작성함. 정조와 정약용 등 국가 경영과 비전에 대해 왕과 인재들이 나눈 대화들을 통해 오늘날 리더의 과제와 덕목, 한국 사회의 대립과 갈등에 대한 해법 모색으로 연결해 봄.(483Byte, 띄어쓰기 포함 201자)

《내가 만난 데미언 허스트》 | 김성희

" 현대미술계 악동과의 대면 인터뷰 "

| 분량 ★★★★★ | 내용 ★★★★ | 활용 ★★★★★ |

〈2024학년도 서울대 수시 의과대학 면접 제시문 6〉

(가)

예술가 데미안 허스트는 나비 수천 여 마리의 몸통을 제거하고 날개만 사용하여 작품을 만들었다.

(나)

예술가 마르코 에바리스티는 트라폴트 미술관에서 'Helena'라는 작품을 전시했다. 이 작품은 물이 든 10개의 믹서기 안에 살아 있는 금붕어를 넣어 놓고, 관람객이 믹서기의 작동 버튼을 자유롭게 누를 수 있도록 만들었다.

의대면접답지(?) 않게 두 예술가의 특이(!)한 작품을 만나게 된 상황입니다. 나비 수천여 마리의 몸통을 제거하고 날개만 사용하여 만든 (가) 작품도, 물이 든 10개의 믹서기 안에 살아 있는 금붕어를 넣어 놓고 관람객이 믹서기의 작동 버튼을 자유롭게 누를 수 있도록 만든 (나) 작품도 19살 수험생 입장에서는 비호감일 가능성이 높습니다. 면접실로 들어가 봅니다.

질문 1. (가)와 (나) 작품들에 대해 여러 측면에서 설명해 보세요.

답변 : 예술적 측면에서 설명하자면 작가는 이 작품을 통해 관람객들에게 도덕적 딜레마를 제시하고, 그들이 예술 작품과 상호작용하면서 도덕적 선택을 해야 하는 상황을 만들고자 했다고 생각합니다. 윤리적 측면에서 설명하자면 이 작품은 동물을 학대했다는 비판을 받습니다. 살아 있는 생물을 고의적으로 위험에 처하게 하여 예술을 표현하는 방식은 윤리적으로 용납될 수 없다는 주장이 제기될 수 있다고 생각합니다. 사회적 측면에서 설명하자면 이 작품은 대중과 미디어의 큰 반향을 불러일으킵니다. 일부 사람들은 예술의 한계를 넓혔다고 생각하겠지만, 대중들 사이에서도 여러 의견이 갈려 사회적인 문제로 대두될 수 있다고 생각합니다.

질문 2. 만약 나비의 날개로 만든 작품이 나비가 죽은 후 떼어낸 것으로 만든 것이라면, 면접자의 윤리적 판단이 달라질 수 있나요?

답변 : (원래 답변을 유지해야 할지 당황스럽지만) 달라질 수 있다고 생각합니다. 사회적 측면을 제외한다면, 작품 제작 과정에서 생명체

가 고통을 받았는지는 중요한 판단 기준이 될 수 있습니다. 다만, 생명을 경시한다는 인식을 주는 작품이라는 점에서 (산 나비든 죽은 나비든) 어떤 쪽이든 비판받아 마땅하지만 (죽은 후라는 특성을) 온전히 무시할 수는 없다고 생각합니다.

질문 3. (나) 작품을 보면 관객에게 선택권이 있는데 만일 금붕어가 죽어도 작가에게는 책임이 없나요?

답변 : 아니라고 생각합니다. 믹서기의 작동 버튼을 누르면 금붕어가 죽는 결과를 일차적으로 만드는 관객의 책임이 큽니다. 하지만 그러한 위험한 상황에 놓이도록 의도적으로 행한 전시 책임자와 작가 또한 책임을 피할 수 없습니다. 아동학대를 예로 들자면 아동학대는 직접적으로 폭력을 가하는 행위뿐만 아니라 위험한 상황에 놓이도록 내버려두는 방임과 같은 행위 또한 포함됩니다.

📑 **다음 추가 제시문을 읽고 답해 보세요.**

대한민국 동물보호법상 '동물'의 정의

'동물'이란 고통을 느낄 수 있는 신경체계가 발달한 척추동물로서 다음 각 목의 어느 하나에 해당하는 동물을 말한다.

1. 포유류

2. 조류

3. 파충류·양서류·어류 중 농림축산식품부장관이 관계 중앙행정기관과의 장과의 협의를 거쳐 대통령령으로 정하는 동물

의대입시독서는 달라야 합니다

질문 4. 추가 제시문에 담긴 대한민국 동물보호법상 '동물'의 정의에 대해 어떻게 생각하나요?

답변 : 법적인 효율성을 위해 동물의 정의를 확정 짓는 기준이 필요하지만 주어진 정의는 상대적으로 좁다는 생각이 듭니다. 법률에 서술된 생명체뿐 아니라 다양한 생물이 우리 주변에 살아가고 있습니다. 괴롭히면 고통을 느낍니다. 생명 전반의 특성을 반영할 필요가 있다고 생각합니다.

질문 5. 대한민국 동물보호법상 '동물'의 정의를 기반으로 주어진 작품을 바라보고 이에 대해 설명해 보세요.

답변 : (가) 작품은 곤충을 재료로 한 예술품이기에 동물보호법의 적용은 받지 못합니다. 그리고 (나) 작품은 어류의 경우 법률에서 행정기관의 인정을 필요로 하기에 정확히 알 수 없습니다. 하지만 앞에서 드린 답변처럼 생명체를 대상으로 작품을 만드는 행위는 법의 적용 차원을 벗어나 도덕적으로 비판받아야 할 상황이라고 생각합니다.

(가)의 작가는 1993년 어미소와 송아지를 반 토막으로 잘라 뼈와 장기가 고스란히 드러나는 작품을 선보이기도 했습니다. 사람들은 동물 학대라고 비난했지만 작가는 표현의 자유를 주장했습니다. 이미 죽은 동물의 사체를 활용했다는 이유로 법에 저촉되지 않았습니다.

(나) 작품은 2000년 덴마크 트라폴트 미술관에서 열린 전시회에서 공개되었습니다. 실제로 끔찍하게도 버튼을 누르는 관객이 있었습니

다. 두 마리 금붕어가 갈려서 죽었습니다. 신고를 받은 경찰이 미술관 측에 전원을 끄라고 요구했지만 이를 거부한 디렉터는 동물학대죄로 기소되었습니다. 이후 재판에서 금붕어가 즉사했기 때문에 고통을 느끼지 않았으리라는 이유로 무죄 선고를 받았습니다.

코스타리카 출신 예술가 기예르모 베르가스는 2008년 중앙아메리카 비엔날레에서 거리에서 굶어 죽어가는 유기견을 전시장에 묶어두는 전시를 하겠다고 예고했습니다. 반대하는 사람들이 서명운동을 했고, 작가는 유기견이 아니라 도살당할 개를 사용하겠다고 계획을 수정했습니다. "돕고 싶은 사람은 자유롭게 데려가시오"라는 문구를 적어두었습니다. 사람들은 작가가 준비한 수십 마리의 개를 데려갔습니다. 덕분에 작품 제목인 '굶어 죽은 개'는 단 한 마리도 발생하지 않았습니다. 그러나 몇 달 후, 전국 각지의 공원에 쇠약한 개들이 방치된 사례가 발생합니다. 사회적 분위기에 휩쓸려 전시장에서 개를 데려갔던 사람들이 끝까지 책임지지 못하고 다시 내놓았기 때문입니다. 전시회장에서는 완성되지 못했던 '굶어 죽은 개'가 오히려 관객들에 의해 완성되었다고도 볼 수 있겠습니다.

"나는 세계의 파괴자, 죽음이 되었다"라는 오펜하이머의 독백을 제목으로 차용한 (가)의 작가 데미안 허스트의 작품에 흐르는 일관된 주제는 죽음입니다. 무거운 주제임에도 불구하고 신선한 충격을 주는 작품들은 천문학적인 액수에 팔려나가 허스트는 53세의 나이에 억만장자의 반열에 올랐다고 합니다. 허스트는 (가) 작품을 완성하기 위해 살아 있는 나비 2,700마리 이상을 죽였습니다. 나비들의 형형색색 날개가 생생하게 보이도록 하기 위해 유광 도료를 사용해 나비를 박제하듯 캔버스에 만화경 패턴을 그리며 붙였습니다. 그리스 로마 신화에서 재탄생과 변신을 상징하는 수천 마리 나비의 목숨은 작가의 손을 거쳐 마치 불교의 만다라같이 화려함과 정교함이 극치를 이루는 아름답고 장엄한 작품으로 다시 태어났습니다. '나는 세계의 파괴자, 죽음이 되었다'는 바가바드 기타에서 죽음의 신이자 창조의 신이기도 한 크리슈나가 한 말로 알려져 있습니다.

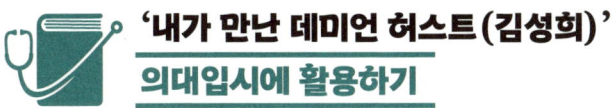

'내가 만난 데미언 허스트(김성희)' 의대입시에 활용하기

'내가 만난 데미언 허스트(김성희)'는 현대미술계의 악동으로 평가되는 작가 데미언 허스트(Damien Hirst)와의 대면 인터뷰 내용을 담고 있습니다. 허스트는 1995년에 터너상을 수상하고, 2005년과 2008년 미술 전문지 〈아트리뷰〉가 선정한 세계 미술계 영향력 있는 작가 1위가 되었고, 이 책은 세계적인 작가이자 영국 현대 미술의 부활을 이끈 데미언 허스트를 국립현대미술관 김성희 관장이 영국을 방문해 직접 만나 작품 주제를 토대로 삶을 정리한 평전이자 인터뷰집입니다. 평범하지 않은 성장기를 거치며 형성된 그의 예술관을 주요한 작품 주제인 '죽음과 소멸', '패러독스', '신에 대한 사랑', '욕망의 허상'과 연결해 살펴봅니다. 이후 이어지는 인터뷰에서는 데미언 허스트의 궤적과 그에게 예술이 의미하는 바를 진솔한 목소리로 들어보며 예술가의 고민을 깊이 있게 알아갈 수 있게 도와줍니다.

"나는 7살 때부터 항상 죽음에 대해 생각했습니다. 그때 죽음이 피할 수 없는 현실임을 처음 알게 됐죠. 당시의 그 충격을 결코 잊을 수 없었어요. (…) 그 이후로 자주 그 생각에 빠져들곤 했습니다. 그럴 때마다 죽음은 뭔가 다르다는 생각이 밀려오곤 했고요. 죽음을 경험한다는 것은 불가능하기 때문에 그 자체로 유일합니다. 그래서 나는 어떤 면에서는 죽음이 삶을 아름답게 한다고 생각했던 것 같아요."(「소년 데미언」 중에서)

대부분의 작가의 삶은 작품에서 시작해서 작품으로 끝난다. 하지만 데미언의 삶의 궤적을 살펴보면 이 문제에 복합적인 양상으로 반응했음을 알 수 있다. 데미언의 작품 세계에 대한 글을 정리하면서 작가란 '자신의 시대가 봉착한 문제에 대한 도전과 응전의 결과로 탄생하게 되는 존재'가 아닐까 하는 생각을 하게 된다.(「큐레이터 데미언 허스트」 중에서)

예술가는 저마다 천착하는 주제가 있습니다. 데미언 허스트에게는 신과 종교, 삶과 죽음, 선과 악, 사랑과 욕망 등이 주요한 주제입니다. 저자는 작가가 유년기에 보낸 시간에서 이러한 주제들이 비롯되었다고 분석합니다. 데미언 허스트는 가톨릭 신자인 어머니와 외할머니 아래서 자랐습니다. 어머니는 생계를 유지하는 데 여념이 없었고 데미언은 종교에 의지해 홀로 유년기를 보냈습니다. 영적인 존재를 의식하는 순간 속에서 그는 죽음이 피할 수 없는 현실임을 깨닫게 되었고 삶과 죽음, 선과 악, 사랑과 욕망 등 이후 예술가로서 자신이 골몰하게 될

의대입시독서는 달라야 합니다

주제들을 마주하게 됩니다. 이후 이 주제들을 다양한 기법과 소재로 변주하며 지속적으로 다루기 시작합니다.

데미언의 대표작으로 평가받는 작품인 '천 년'에는 두 개의 공간으로 나뉜 유리 상자 한쪽에는 전기 살충기가 매달려 있고 그 아래에는 피가 흐르는 죽은 소의 머리가 놓여 있으며, 다른 한쪽에는 파리가 드나드는 상자가 설치되어 있습니다. 파리는 피를 마시기 위해 소의 머리로 향하지만 이후 살충기에 걸려 죽고 맙니다. 데미언 허스트는 이 작품을 통해 삶에서 죽음으로 가는 여정을 조망하는 신의 위치에 관객을 세웁니다. 관객에게 사체와 생물을 소재로 삶과 죽음의 사이클을 시각화하여 보여줌으로써 불쾌함을 유발하지만, 달갑지 않은 감정이 일어나는 이유가 도리어 삶을 사랑하기 때문이라는 역설임을 깨닫게 합니다.

데미언 허스트(1965~)는 언뜻 대비되는 듯 보이는 개념들을 활용해 다양한 소재로 작품을 제작했고 그 활동은 현재진행형입니다. 그러나 오랜 시간 예술계에서 활약한 데미언을 두고 지나치게 상업적이라거나 작품들이 기괴하다는 비난 또는 혹평이 따라붙기도 합니다. 그럼에도 그는 예술가로서 자신이 연구하는 주제를 꾸준히 작품으로 구현해 왔습니다.

데미언 허스트는 사람들에게 낯설지 않고 대중의 관심사에서 벗어나지 않는 주제를 두고 시각예술 작업을 해왔습니다. 큐레이터로 활동하며 작품 선정, 설치, 전시 제목과 내용 결정에서부터 도록 디자인, 홍보에 이르는 모든 기획을 도맡기도 했답니다. 컬렉터, 창업가, 예술경영가로 활동하며 다양한 모습으로 예술에 관여하는 행보를 보입니다.

자아에 갇혀 완고한 태도로 개념에 경도된 현대 미술을 추구하기보다 시대의 소리를 듣고 받아들이며 다양한 차원에서 작품을 제작하는 방식으로 동시대인과 소통합니다. 데미언에게 예술은 사조나 학문을 뒷받침하기 위한 부차적인 도구가 아니라, 그 자체로 목적이 되는 표현의 대상이자 새로운 의미를 파생시킬 수 있는 원천입니다.

 **생기부 세특 예시**

예술과 사회의 관계에 대해 토론해 볼 여러 사례를 찾아 다양한 시각에서 의견을 나누고 추가 탐구함. 덴마크 미술관 금붕어 작품 논란에 대해 관객이 실제로 버튼을 눌러 두 마리 금붕어가 갈려 죽는 상황에서 경찰이 전원 차단을 요구했으나 미술관 측은 거부했고 디렉터가 동물학대죄로 기소되었는데, 금붕어가 즉사해 고통을 느끼지 않았다는 이유로 무죄 판결을 받은 사건이 예술과 동물 학대에 대한 경계심을 불러일으킨 사회적 논쟁을 정리해 봄. 거리에서 굶어 죽는 유기견을 전시장에 묶어두는 전시에서 시민들이 선의로 개들을 데려가 전시장에서는 굶어 죽는 개가 발생하지 않았지만 몇 달 후 공원에 쇠약한 개들이 방치되는 일이 벌어졌다는 점에서 관객에 의해 전시가 완성되었다는 역설적 상황을 사회적 책임과 연대의 중요성으로 평가함. '내가 만난 데미언 허스트(김성희)'를 참고해 '죽음'을 일관된 주제로 삼아 살아 있는 나비 수천 마리를 죽여 박제하는 등 충격적이면서도 신선한 여러 작품들에서 삶과 죽음, 소멸과 재탄생을 분석해 봄. 예술이

단순한 시각적 표현을 넘어 사회적 메시지와 윤리적 질문을 던지는 중요한 매개체임을 파악하고 예술가와 관객, 사회가 함께 책임지고 소통해야 한다는 교훈을 얻음.(1,497Byte, 띄어쓰기 포함 607자)

예술과 사회의 관계에 대해 토론해 볼 여러 사례를 찾아 다양한 시각에서 의견을 나누고 추가 탐구함. 시민들이 선의로 개들을 데려가 전시장에서는 굶어 죽는 개가 발생하지 않았지만 몇 달 후 공원에 쇠약한 개들이 방치되는 일이 벌어졌다는 점에서 관객에 의해 전시가 완성되었다는 역설적 상황을 사회적 책임과 연대의 중요성으로 평가함. '내가 만난 데미언 허스트(김성희)'를 참고해 '죽음'을 일관된 주제로 삼아 살아 있는 나비 수천 마리를 죽여 박제하는 등 충격적이면서도 신선한 여러 작품들에서 삶과 죽음, 소멸과 재탄생을 분석해 봄. 예술이 단순한 시각적 표현을 넘어 사회적 메시지와 윤리적 질문을 던지는 중요한 매개체임을 파악하고 예술가와 관객, 사회가 함께 책임지고 소통해야 한다는 교훈을 얻음.(956Byte, 띄어쓰기 포함 390자)

예술과 사회의 관계에 대해 토론해 볼 여러 사례를 찾아 다양한 시각에서 의견을 나누고 추가 탐구함. '내가 만난 데미언 허스트(김성희)'에서 살아 있는 나비 수천 마리를 죽여 박제하는 등 여러 작품들에서 삶과 죽음, 소멸과 재탄생을 분석해 봄. 예술이 단순한 시각적 표현을 넘어 사회적 메시지와 윤리적 질문을 던지는 중요한 매개체임을 파악하고 예술가와 관객, 사회가 함께 책임지고 소통해야 한다는 교훈을 얻음.(557Byte, 띄어쓰기 포함 229자)

《완벽에 대한 반론》 | 마이클 샌델

" 생명공학 시대 인간의 욕망과 생명윤리 "

분량 ★★★★★	내용 ★★★★★	활용 ★★★★★

〈2024학년도 서울대 수시 의과대학 면접 제시문 7〉

선천성 질환을 출생 전에 높은 확률로 예방할 수 있는 기술이 개발되었다. 이 기술의 적용 범위에 대해 논의하기 위한 국제 회의가 개최되었다.

다른 제시문들과 달리 짧은 제시문입니다. 2분의 준비 시간 동안 많은 질문과 답변을 구상해 볼 수 있습니다. '선천성 질환'이 구체적으로 무엇일지, 출생 전에 높은 확률로 예방할 수 있는 기술이라는데, 어느 정도 확률인지, 어떤 기술인지? 국제 회의가 개최되었다면 기술 적용 범위 관련 논란이 있었다는 얘기인데, 어떤 이슈를 찾아야 할지, 특히 '적용 범위'는 무엇을 의미하는지에 대해 생각하면 좋겠습니다. 실제 면접에서 이어진 질문과 답변은 다음과 같습니다.

질문 1. 선천적 질환을 태아 상태에서 예방할 수 있는 기술에 대해 어떻게 생각하나요?

의대입시독서는 달라야 합니다

답변 : 찬성합니다. 태어난 이후에 겪어야 하는 잠재적인 고통을 해결해 줄 수 있다고 생각하기 때문입니다. 그러나, 제시문에 언급된 국제 회의에 대한 내용을 참고하여 사회적인 부분도 고려해야 한다고 생각합니다. 비용적 문제도 발생하고 오용될 소지가 있는 기술이기에 사회적 논의가 선행되어야 합니다.

질문 2. 만약 학생이 20대 초반에 해당 기술을 적용받을 수 있다면 하시겠습니까?

답변 : 네. 보편적인 인간의 생애주기를 고려하였을 때, 사회 초년생인 나이이기 때문에 기술을 적용받아 더욱 건강한 삶을 살아가고자 합니다.

질문 3. 만약 이러한 질병이 단순 약물 치료와 병원 방문으로 관리가 된다면 어떤 선택을 할 것인가요?

답변 1 : 단순 약물 치료로 치유가 된다면 유전자 조작 시 나타날 수 있는 부작용을 고려하여 출생 후 병원 방문을 통해 치료받는 방법을 택할 수 있다고 생각합니다. 비교적 간단한 치료법이더라도 부작용이 있는 경우가 많기에, 유전자 조작의 경우 발현 시 예기치 못한 부작용이 생길 수 있다는 위험 부담이 크기 때문입니다.

답변 2 : 유전 질환을 유전자 조작을 통해 예방하는 것은 여러 윤리적, 사회적, 과학적 문제를 동반합니다. 특히, 과학이 가지는 불확실성과 비용의 문제가 크다고 생각합니다. 이러한 기술이 가져올 수 있는 잠재적인 이득이 있음에도 불구하고, 그에 따른 위험과 불확실성을 신중하게 고려해야 합니다. 따라서 유전자 조작 기술을 도입하기보다는, 기존의 윤리적이고 안전한 방법들을 통해 유전 질환을 예방하고 관리하는 것이 더 바람직하다고 생각합니다.

질문 4. 만약 이 기술이 저렴해진다면 어떻게 생각하나요?

답변 : 그럼에도 불구하고 반대할 것 같습니다. 유전자 조작의 과학적 안전성과 장기적인 영향을 완전히 이해하지 못한 상태에서 이를 시행하는 것은 위험할 수 있습니다. 예상하지 못한 부작용이 나타나거나, 미래에 자손을 낳았을 때에도 자기 자신과 같은 예상하지 못한 상황이 나타날 수 있기 때문입니다.

질문 5. 자신이 해당 국제 회의에 참석한 한국 대표라고 생각하고 발언해 보세요.

답변 1 : 안녕하십니까. 대한민국 대표로 유전자 치료 도입에 대한 회의에 참가하게 되어 영광입니다. 많은 사람들이 고통받고 있는 선천적 질환을 태아 상태에서 예방할 수 있는 치료법이 개발되었다는 점은 인류의 발전에 좋은 소식이라고 생각합니다. 다만, 유전자 조작이 필요하기 때문에 전 세계적으로 논의를 통해 해당 기술의 도입에 사회적 합의를 거쳐야 하며, 이를 오용·남용하는 경우에 대한 규제를 해야 한다고 생각합니다. 비용 및 인력의 문제로 인하여 해당 기술이 도입되기 어려운 국가의 경우 가능한 국제 원조를 통해 도움을 주어야 할 것이고 대한민국 또한 필요한 곳에 도움을 주고자 합니다.

답변 2 : 안녕하십니까. 대한민국 대표로 유전자 치료 도입에 대한

의대입시독서는 달라야 합니다

회의에 참가하게 되어 영광입니다. 유전자 치료는 그 가능성과 잠재력에 대해 많은 기대를 받고 있지만, 이를 무분별하게 도입하는 것에 대해 신중한 고려가 필요합니다. 다음과 같은 이유로 유전자 치료에 반대하는 입장을 제시하겠습니다. 자연의 질서를 침해한다는 윤리적 문제, 비용에 의한 사회적 불평등의 문제, 과학적 불확실성이 크고 대안이 존재한다고 생각하기 때문에 유전자 치료에 반대합니다.

질문 6. 만일 이러한 기술이 지능향상 등의 능력에도 적용되는 것에 대해서는 어떻게 생각하나요?

답변 1 : 찬성합니다. 유전자 조작을 개인적인 능력 향상에 사용하는 것은 개인의 잠재력 극대화, 건강과 복지 향상, 경쟁력 강화, 과학과 기술의 발전, 자유와 선택권 확대 등 여러 측면에서 긍정적인 영향을 미칠 수 있습니다. 물론 이러한 기술의 사용에는 신중함이 필요하지만, 적절한 규제와 윤리적 기준을 마련하여 활용한다면, 개인과 사회 모두에 큰 이익을 가져올 수 있을 것입니다.

답변 2 : 반대합니다. 여러 윤리적 문제가 확대될 수 있기 때문에 정상적인 신체 기능을 사용하지 못하는 경우(질병이나 장애로 인정된 경우)에만 활용되어야 한다고 생각합니다.

질문 7. 선천성 심장병을 치료하는 것도 능력향상으로 볼 수 있는 것이 아닌가요?

답변 : 선천성 심장병은 말 그대로 질병으로 인지되기 때문에 신체 기능에 제약을 받는다고 생각합니다. 따라서 선천성 심장병의 치료는

정상인이 신체 기능을 높이기 위해 활용된 것이라고 판단하기 어렵습니다.

새롭게 개발된 선천성 질환 예방 기술이 국제 회의에서 논의되면 이 기술이 인류에게 큰 희망을 주는 동시에 여러 가지 복잡한 문제들을 일으킬 수 있겠습니다. 실제 면접 질문과 답변들을 통해 이 기술에 대해 어떤 점들을 깊이 고민해야 하는지를 살펴보았습니다. 먼저 기술 도입에 대한 기본적인 입장과 고려사항을 살펴야 합니다. 긍정적인 측면부터 고려할 경우 이 기술은 태어난 이후 겪을 수 있는 잠재적인 고통을 미리 해결해 줄 수 있다는 점에서 인류에게 큰 도움이 될 수 있습니다. 질병으로 인한 고통을 줄이고 더 건강한 삶을 기대할 수 있기 때문입니다. 하지만 동시에, 이 기술이 비용적인 문제가 발생하고 오용될 소지가 있으므로 사회적인 문제를 반드시 고려해야 합니다. 아무리 좋은 기술이라도 사회적 합의 없이 무분별하게 적용되면 예상치 못한 부작용을 낳을 수 있기 때문입니다.

개인적인 적용 여부와 치료 방식의 선택도 고민해야 합니다. 20대 초반에 이 기술을 적용받을 의향이 있는지에 대한 질문에는 '건강한 삶을 위해 적용받겠다'는 긍정적인 답변이 많았습니다. 기술이 개인의 삶의 질 향상에 기여할 수 있다고 기대한 답변입니다. 만약 단순 약물 치료나 병원 방문으로 관리가 가능한 질병이라면, 유전자 조작 기술의 잠재적 부작용이나 불확실성을 고려해 출생 후 치료를 택할 수도 있다는 신중한 입장도 제기되었습니다. 특히 유전자 조작이 가져올 수 있는 윤리적, 사회적, 과학적 문제들(불확실성, 비용 문제)을 깊이 고민해

의대입시독서는 달라야 합니다

야 한다는 점이 중요하게 다루어졌습니다. 그런데 기술이 저렴해지더라도 '반대할 것 같다'는 답변은 인상적이었습니다. 단순한 비용의 문제가 아니라 유전자 조작의 과학적 안전성과 장기적인 영향, 미래 세대에 미칠 수 있는 예측 불가능한 부작용 등에 대해 근본적으로 우려하는 태도를 보여주기 때문입니다. 이러한 답변은 좋은 평가를 받을 수 있습니다.

국제 회의에서 발언 기회가 주어진 한국 대표의 입장에서 말해 보라는 추가 질문을 받으면 잠시 뿌듯한 기분이 들 수도 있겠습니다. 먼저 찬성론이더라도 신중한 도입을 강조해야 합니다. 선천성 질환으로 고통받는 이들을 위한 반가운 소식임을 인정하면서도, 유전자 조작의 특성상 전 세계적인 논의와 사회적 합의 그리고 오남용 방지를 위한 규제가 필요하다는 입장을 견지해야 합니다. 더불어, 기술 도입이 어려운 국가에 대한 국제적인 원조와 협력의 중요성을 강조하는 것이 좋겠습니다. 반대론을 택한다면 반드시 반대의 근거를 제시해야 합니다. 유전자 치료의 잠재력에도 불구하고, '자연의 질서 침해'라는 윤리적 문제, '비용으로 인한 사회적 불평등' 그리고 '과학적 불확실성' 등을 이유로 반대 입장을 표명하는 사람들이 있습니다. 기술이 가져올 수 있는 사회적 파장과 부작용이 발생할 수 있으니 사회적으로 지속적인 논의를 해야 한다고 답변하는 것이 좋겠습니다.

'완벽에 대한 반론(마이클 샌델)' 의대입시에 활용하기

'완벽에 대한 반론(마이클 샌델)'은 생명공학이 발달한 시대에 인간의 욕망과 생명윤리 문제를 진지하게 다루는 책입니다. 앞에서 살펴본 서울대 의대면접 상황은 새로운 과학기술이 가져올 수 있는 잠재적 이점과 함께 인류가 사회적·윤리적으로 그리고 미래 세대를 위해 어떤 책임감을 가져야 하는지에 대한 깊은 고민을 던져주고 있습니다. '정의란 무엇인가'와 '돈으로 살 수 없는 것들'의 저자이기도 한 마이클 샌델은 생명공학의 발전이 밝은 전망과 어두운 우려를 동시에 안겨준다고 말합니다. 밝은 전망은 인간을 괴롭히는 다양한 질병을 치료하고 예방하는 길을 열어준다는 시각이고, 어두운 우려는 우리의 유전적 특성을 마음대로 조작할 수 있을지도 모른다는 우려입니다. 그렇다면 일부 생명공학 기술의 사용에 대해 우리가 느끼는 도덕적 불편함의 정체는 무엇일지 질문합니다. 저자는 특유의 소크라테스식 화법을 통해 우리가 지극히 당연하다고 생각했던 생명윤리의 여러 논제들에 대해 끊임없이 반론을 제기하고 질문을 던지며 답을 찾아가게 만듭니다.

유전학의 획기적인 발전은 밝은 전망과 어두운 우려를 동시에 안겨준다. 유전학은 인간을 괴롭히는 다양한 질병을 치료하거나 예방할 길을 열어준다는 점에서 밝은 전망을 제공한다. 우려되는 점은 새로운 유전학적 지식으로 인해 자연으로서의 우리 모습을 마음대로 조작할 수 있을지도 모른다는 사실이다. 가령 근육의 힘과 기억력과

의대입시독서는 달라야 합니다

기분을 향상시키고, 자녀의 성별과 키를 비롯한 유전적 특질을 선택하고, 신체적·인지적 능력을 개선하고, 우리 자신을 "비할 데 없는 최선의 상태"로 만드는 것이 가능해지는 것이다.(20쪽)

나는 강화와 유전공학에 따르는 주요한 문제는 그것이 인간의 노력과 주체성을 훼손한다는 점은 아니라고 생각한다. 그보다 더욱 위험한 것은 그러한 기술이 일종의 과도한 행위 주체성을, 다시 말해 우리의 목적과 욕구를 충족시키기 위해 인간 본성을 비롯한 자연을 개조하려는 프로메테우스적 열망을 대표한다는 사실이다. 문제는 인간의 기계화가 아니라 자연과 본성을 정복하려는 충동이다. 그리고 그런 태도는 인간의 능력과 성취가 우리 각자에게 주어진 선물이라는 관점을 놓치고 있으며 심지어 그런 관점을 파괴할 수도 있다.(45쪽)

2016년 3월, 이세돌과 인공지능 바둑 프로그램 알파고 간의 '세기의 대결'이 있었습니다. 결과는 4승 1패로 알파고의 압도적인 승리였습니다. 언론과 대중은 인공지능의 눈부신 발전 속도를 찬탄하는 동시에 인공지능이 우리 삶에 몰고 올 변화를 예측하며 두려워했습니다. 급속도로 발전하고 있는 영역은 비단 인공지능뿐만이 아닙니다. 생명공학 기술은 더 극적으로 발전하고 있습니다. 인간 유전자 합성은 곧 '맞춤형 인간'을 탄생시킬 가능성을 내포합니다. 인간은 생명공학 기술을 통해 완벽해지려는 항해에 박차를 가하고, 급기야 인간을 복제할 수 있는 가능성의 문턱까지 다다랐습니다. 저자는 인간 복제, 근육·신장·기억력 강화 약물 복용, 줄기세포 연구 등 유전공학의 다양한 이슈들에 대해 어떠한 윤리적 입장을 취해야 할지 더 이상 그 결정을 미룰 수 없다고 강조합니다. 생명윤리를 둘러싼 다양한 도덕적 난제들을 제시하면서, 인간 생명의 근원을 재설계하는 것이 과연 옳은지에 관한 도덕적 판단을 촉구합니다. 새로운 국면을 맞이한 생명과학 시대, 삶과 생명에 대해 우리가 갖춰야 할 올바른 가치와 미덕은 무엇일까요?

저자는 조지 W. 부시 대통령 시절인 2002년부터 4년간 '미국 생명윤리 위원회'의 위원으로 활동하며 대통령에게 생명의료 과학기술의 진보가 갖는 윤리적 함의에 관하여 자문하는 역할을 맡았습니다. 이 책은 위원회 활동이 끝난 후에도, 샌델이 관련 주제를 지속적으로 연구하고 하버드대학교에서 '윤리학과 생명공학 그리고 인간 본성의 미래'라는 강의를 개설하여 강의했던 내용을 정리한 결과물입니다. 최근 의대입시에서 요구하는 '의료인문학'의 자질을 기르는 데 유용한 책이기도 합니다.

이 책은 다양한 사례를 소개하고 있습니다. 청각장애를 가진 한 레즈비언 커플은 똑같은 장애를 가진 아이를 낳기 위해, 5대째 청각장애를 갖고 있는 가족 출신의 남성으로부터 정자를 기증받았답니다. 이 일이 보도된 후, 세상 사람들은 부모가 자식에게 고의로 장애를 유발했다는 사실에 매우 분노했습니다. 한편, 하버드대학교 교내신문에는 "키 175센티미터, 탄탄한 몸매, 가족병력 없음, SAT 점수 1,400점 이상"인 난자 기증자를 찾는 광고가 실렸습니다. 이 광고에는 대중의 엄청난 비난이 쏟아지지 않았지만, 여전히 도덕적으로 꺼림칙합니다. 이 감정의 정체는 무엇일까요?

생명공학 기술을 활용한 유전적 강화나 복제에 반대하는 진영은 '선택의 자유 침해'를 이유로 듭니다. 부모가 아이의 유전적 구성을 미리 선택함으로써 아이 스스로 미래를 열어갈 권리를 앗아간다는 논리입니다. 그러나 자신의 유전적 특징이나 능력을 선택하여 태어나는 사람은 아무도 없으며, 이 '자율성' 논리는 자녀가 아닌 자기 자신의 능력을 더 높은 수준으로 끌어올리기 위해 이러한 기술을 이용하는 사람들에 대한 도덕적 망설임은 설명해 주지 못한다고 저자는 반박합니다.

여러 생명공학 회사들은 기억력을 높여주는 인지력 강화제를 개발하고 있습니다. 이 약은 알츠하이머처럼 심각한 기억 장애를 가진 환자를 위한 '치료'와 자연적인 기억력 감퇴를 겪는 중년들을 대상으로 한 '강화' 사이에 걸쳐 있지만, 완전히 비치료적인 용도로도 쓰일 수도 있습니다. 여기서 비판론자들은 '공정성'이라는 두 번째 근거를 제시합니다. 즉 일반인들에게 인지력 강화제 복용을 허용할 경우, 인간은 기억력 강화제에 쉽게 접근할 수 있는 부유층과 그렇지 못한 사람, 두 계급으로 나뉘게 됩니다. 나아가 강화된 기억력이 유전된다면, 결국 인류는 기억력이 강화된 종과 그렇지 못한 종으로 양분될지도 모릅니다. 그러나 저자는 기술의 진보를 통해 모든 사람들이 기억력 강화제를 평등하게 확보할 수 있게 함으로써 그 불공평함을 해결할 수 있기 때문에, 이러한 비판은 결정적이지 않다고 다시 반론을 제기합니다.

저자는 유전공학 사용의 윤리에서 따져야 할 중요한 문제가 자율성과 평등권을 확보할 수 있는가의 차원이 아니라고 강조합니다. '과연 그 기술을 열망해야 하는가? 충분히 건강한데도 기억력을 더 높이고, 키를 더 늘리고, 운동을 더 잘하기 위해 생명공학 기술을 활용하는 사회에서 살고 싶은가'라고 질문합니다.

새롭게 개발된 선천성 질환 예방 기술이 인류에게 큰 희망을 주면서도 동시에 복잡한 윤리적, 사회적 논의를 촉발하고 있다는 사례를 접하고 태아의 잠재적 고통을 줄여줄 수 있다는 긍정적인 측면과 비용 문제, 오용 가능성, 장기적인 안전성 등 사회적 합의가 필수적이라는 점을 분석해 봄. 개인적으로는 건강한 삶을 위해 기술 적용을 고려할 수 있다는 의견도 있지만, 유전자 조작의 불확실성과 잠재적 부작용 그리고 기존 대안 치료법의 존재를 고려하면 신중해야 한다는 비판, 기술이 저렴해지더라도 예측 불가능한 미래 때문에 근본적으로 반대하는 시각까지 확대해 비교해 본 후 기술의 적용 범위를 논의하는 국제 회의 상황에서 찬반 진영의 근거를 논리적으로 추론해 봄. 선천성 심장병 치료는 질병으로 인한 신체 기능 제약을 회복시키는 것이므로 '치료'이지 '능력 향상'이 아니라는 주장과 연계해 '완벽에 대한 반론(마이클 샌델)'에서 다룬 생명공학 시대의 인간 욕망과 생명윤리 문제와 연계해 봄. 기술 발전이 불러일으키는 도덕적 불편함의 본질을 성찰하며 과학적 이점뿐 아니라 사회적 책임, 윤리적 성찰 그리고 미래 세대에 대한 깊은 고민을 요구하는 중대한 과제라고 정리하며 추가 사례 논의를 제안함.(1,497Byte, 띄어쓰기 포함 611자)

새롭게 개발된 선천성 질환 예방 기술이 인류에게 큰 희망을 주면서도 동시에 복잡한 윤리적, 사회적 논의를 촉발하고 있다는 사례를 접하고 태아의 잠재적 고통을 줄여줄 수 있다는 긍정적인 측면과 비용 문제, 오용 가능성, 장기적인 안전성 등 사회적 합의가 필수적이라는 점을 분석해 봄. 유전자 조작의 불확실성과 잠재적 부작용 그리고 기존 대안 치료법의 존재를 고려하면 신중해야 한다는 비판, 기술이 저렴해지더라도 예측 불가능한 미래 때문에 근본적으로 반대하는 시각까지 확대해 비교해 봄. '완벽에 대한 반론(마이클 샌델)'에서 다룬 생명공학 시대의 인간 욕망과 생명윤리 문제와 연계해 기술 발전이 불러일으키는 도덕적 불편함의 본질을 성찰하며 사회적 책임, 윤리적 성찰, 그리고 미래 세대에 대한 깊은 고민을 요구하는 추가 사례 논의를 제안함.(1,023Byte, 띄어쓰기 포함 417자)

새롭게 개발된 선천성 질환 예방 기술이 인류에게 큰 희망을 주면서도 동시에 복잡한 윤리적, 사회적 논의를 촉발하고 있다는 사례를 접하고 유전자 조작의 불확실성과 잠재적 부작용, 기존 대안 치료법 등 비판 논거를 분석해 봄. '완벽에 대한 반론(마이클 샌델)'에서 기술 발전이 불러일으키는 도덕적 불편함의 본질을 성찰하며 사회적 책임, 윤리적 성찰, 미래 세대에 대한 고민을 요구하는 추가 사례를 조사함.(547Byte, 띄어쓰기 포함 225자)

《온전히 평등하고 지극히 차별적인》 | 김원영

" 변호사에서 무용수가 되는 경험 "

분량 ★★★★	내용 ★★★★	활용 ★★★★★

〈2024학년도 서울대 수시 의과대학 면접 제시문 8〉

명백한 이질성에도 불구하고 평등은 다소 복잡한 개념이고, 많은 개인들이 도달할 수 없는 도덕적 수준을 요구한다. 사람들은 차라리 인간의 다양성을 부인하고 평등을 동일성으로 대체해 버린다. 또는 단지 형태학적 특성만이 유전자에 의해 지배되고 마음의 나머지 특성들은 '조건화'나 다른 비유전적 요소들에 의해 좌우된다는 점에서 인류는 생물의 세계에서 예외적인 존재라고 주장한다. 그런 사람들은 쌍둥이 연구가 보여주는 결과와 동물의 비형태학적 특성을 유전적으로 분석한 결과를 편리에 따라 무시해 버린다. 그렇게 명백히 잘못된 전제를 기초로 한 이데올로기는 재앙으로 직결될 수 있다. 인간의 평등을 옹호하기 위해 모든 인간이 동일하다고 주장하는 것이다. 동일성이라는 것이 존재하지 않는다는 사실이 입증되자마자 평등에 대한 지지도 똑같이 사라진다.

어려운 글입니다. 차분하게 읽고 핵심 단어와 문장을 찾아 제목을 만들어 보거나 질문을 구상해 보아야 합니다.

의대입시독서는 달라야 합니다

질문 1. 제시문의 내용에 대해 어떻게 생각하나요?

답변 : 평등과 동일성은 혼동되어서는 안 되며, 인간의 다양성을 인정하면서도 평등을 실현하는 방법을 모색해야 합니다. 이는 매우 복잡하고 도전적인 문제이지만, 사회의 발전과 개인의 행복을 위해 반드시 해결해야 할 중요한 과제입니다. 결론적으로 평등이 동일성과 같이 취급되어선 안 됩니다. 동일성을 전제로 하여 평등을 추구하게 되면 오히려 개개인의 실질적인 평등을 이룰 수 없습니다. 이 세상에 동일한 사람은 없기에 사람들의 다양성을 충분히 고려해야만 평등이 이뤄질 수 있다고 생각합니다.

질문 2. 차이를 인정하며 차별하지 않으려면 어떻게 해야 할까요?

답변 : 차이를 인정하면서 차별하지 않기 위해서는 교육, 정책, 개인의 실천, 커뮤니티 활동, 미디어와 문화 등 다양한 측면에서 노력이 필요합니다. 이를 통해 모든 사람이 존중받고, 평등한 기회를 누릴 수 있는 사회를 만들어나갈 수 있다고 생각합니다.

제시문은 평등과 다양성의 개념에 대한 깊이 있는 통찰을 요구합니다. 일반적인 의미로 쓰이는 '평등'과 '동일성'이라는 개념을 혼동하는 경우 얼마나 위험한지, 인간의 본질적인 '다양성'을 인정하는 노력이 왜 중요한지를 이야기합니다. 많은 사람이 평등을 주장하면서 모든 사람이 같다고 오해하거나, 다름을 외면하려 한다는 현실을 지적합니다. 그릇된 전제는 결국 재앙으로 이어질 수 있다는 경고까지 담아 오늘날 우리에게 매우 중요한 메시지를 던져줍니다.

제시문에서는 "평등과 동일성은 혼동되어서는 안 되며, 인간의 다양성을 인정하면서도 평등을 실현하는 방법을 모색해야 한다"는 문장이 핵심입니다. 이 세상에 똑같은 사람은 없는데, 모두가 같아야만 평등하다고 생각한다면 오히려 개개인의 고유한 가치와 실질적인 평등을 이룰 수 없다는 지적입니다. 차이를 인정하면서 차별하지 않기 위한 구체적인 노력들을 교육, 정책, 개인의 실천, 커뮤니티 활동, 미디어와 문화 등 여러 방면에서 체계적으로 해야 한다는 답변이 바람직합니다. 개인과 사회 모두의 다각적인 노력이 함께 이루어져야만 모든 사람이 존중받고 평등한 기회를 누릴 수 있는 사회를 만들어나갈 수 있기 때문입니다. 의대에서는 깊이 있는 사회적 통찰을 보여주는 학생을 기다리고 있다고 볼 수도 있겠습니다.

'온전히 평등하고 지극히 차별적인(김원영)' 의대입시에 활용하기

사실 개정교육과정 교과서에서는 위에서 소개한 제시문과 마찬가지로, 우리 사회가 진정한 평등을 이루려면 '다름'을 인정하는 노력부터 시작해야 한다는 점을 강조하고 있습니다. 사회적으로 중요한 가치를 깊이 고민하고 실천하려는 자세는 내신이나 수능 문제만으로는 확인할 수 없으니, 생기부와 면접을 중요하게 평가하는 것입니다. '온전히 평등하고 지극히 차별적인(김원영)'은 '실격당한 자들을 위한 변론'의 저자이자 '사이보그가 되다'의 공저자인 김원영 변호사의 책입니다. 앞의 책에서는 소수자들의 법적, 사회적 권리에 대한 뜨거운 변론을 펼치고 뒤의 책에서는 장애인의 신체와 기술이 결합해 이룬 또 다른 정체성을 사유해 온 저자가 '몸과 춤 그리고 평등'이라는 새로운 주제로 쓴 책입니다.

> 내가 장애를 가리는 문화적·지적 휘장을 두르고 최대한 '정상적이고 평범한 시민의 한 명'으로 위장할 방법을 모색했다면, 1895년의 프릭 소년에게는 그런 선택지가 없었다. 오히려 그는 현실을 살아내기 위해 자신의 변형된 몸을 정면으로 응시하고서, 괴물과 야만, 신비와 기이함을 극대화하는 길로 나아간다. 이는 장애를 감추는 것보다 훨씬 더 용기가 필요한 일일 것이다. 자신에 대한 대중의 노골적인 시선을 돋보기로 태양열을 모으듯 강렬하게 끌어당기는 길을 나는 상상도 못 한다.(「프릭쇼」, 68쪽)

특이하게도 저자는 변호사에서 무용수가 되었습니다. 이 책은 차별과 평등의 관계를 탐구했는데, 저자는 골형성부전증으로 지체장애 1급 판정을 받았습니다. 열다섯 살까지 병원과 집에서만 생활했습니다. 검정고시로 초등학교 과정을 마치고, 장애인을 위한 특수학교의 중학부와 일반 고등학교를 거쳐 서울대학교 사회학과를 졸업했습니다. 서울대학교 로스쿨을 졸업하고 국가인권위원회 등에서 일했으며, '장애문화예술연구소 짓'에서 연극배우로 활약하기도 했습니다. 그의 한편에는 장애, 질병, 가난 때문에 소외당하는 동료들이 있고, 다른 한편에는 좋은 직업, 학벌, 매력적인 외모로 세상의 '중심'에 서 있는 동료들이 있었습니다. 그들 가운데서 진동하듯 살면서, 또 사회학과 법학을 공부하면서 자신의 정체성과 장애인 문제를 사회적 차원에서 고민하기 시작했고, 그 고민을 여러 매체에 글로 발표했습니다. 2013년부터 공연예술 연구와 창작에 관여했고 2019년부터는 안무, 극작, 무용수 등으로 공연에 직접 참여하고 있습니다. '인문의학'의 공저자이면서 장애와 인권·예술·기술의 관계 등을 다루는 여러 책과 논문을 발표했습니다.

1부 〈빛 속으로〉에서는 장애를 가지고 태어나 고립된 유소년기를 거쳐, 장애인들의 공동체와 일반고등학교, 대학을 졸업하고 변호사가 될 때까지도 몸을 꼭꼭 숨긴 저자가 무대에서 춤을 추게 되기까지 만난, 자신의 몸에 깃든 타인들의 이야기를 따라갑니다. 또한 이사도라 덩컨, 로이 풀러, 최승희 등 현대무용사에 중요한 영향을 끼친 무용수들의 사례를 통해, 타인의 지배적인 시선에 맞서 자신만의 힘을 발견하고 기존의 '춤추는 능력'에 대한 규정을 전복한 이야기를 다룹니다.

2부 〈닫힌 세계를 열다〉에서는 20세기 후반에 등장한 장애인 무용수들과 배우들의 이야기를, 객석과 무대의 규칙과 조건을 재구성하는 동시대의 공연 접근성에 관한 사례를 소개합니다. 우리가 어떻게 차별적인 존재가 되기를 기꺼이 선택하면서도 평등한 공동체를 지향할 수 있는지에 관한 실제 사례도 소개했습니다.

3부 〈무용수가 되다〉에서는 1부에 이어 춤의 역사를 다시 살펴보면서, 정치공동체와 춤추는(움직이는) 몸의 관계에 대해 주목합니다. 춤의 역사, 춤에 관한 다양한 실천의 사례를 살펴보면서, 저자는 '장애가 있는 몸'이 지극히 차별적인 개인 또는 공동체가 되려는 과정에서 타자를 공격하려는 함정에 빠질 수 있다고 말하며, 타자에 대한 폭력을

의대입시독서는 달라야 합니다

견제하는 '닻'이 필요하다고 합니다. 이 '닻'에 의지할 때 우리는 더 나은 춤을, 더 나은 공동체를 위해 필요한 움직임을 연마할 수 있다고 합니다.

무용의 역사에 장애가 있는 몸들이 진입하는 계기도 그렇게 시작되었다. 엄청나게 혁명적인 장애인 무용수가 실존을 건 용기 있는 도전으로 기회를 열어젖힌 것이 아니었다. 위대하고 영웅적인 천재 예술가들의 시대가 저물던 20세기 중반, 무용수들은 서로의 몸을 '타고' 춤추기 시작했다. 장애인 무용수들은 일상적으로 이 '타기'의 전문가였기에 무용계 진입의 문을 열 수 있었다. 혼자 열에 들떠 파멸로 달려가다 강물에 빠져 죽는 예술가 대신 타인의 손을 잡고 파도를 타는 사람들이 등장했다. 서로에게 적극적으로 깃들기 시작하자 어느새 무대가 열렸다.(323쪽)

저자는 고백합니다. 장애인 차별을 비판하고 정치 주체로서 이들의 평등을 주장해 왔지만 자신의 몸에 대해서는 오랫동안 긍정할 수 없었다고 말입니다. 내심 '장애 없는 신체의 효율성'에 감탄했으며 비장애인들의 "효율적이고 빠르고 균형 잡힌 몸은 아름다웠다"고 자백합니다. 하지만 10여 년 전에 무대에 올라 몸을 움직이면서 "가장 생생한 내가 되는 경험"을 하고 "나로서 존재한다"는 감각에 눈뜨기 시작했답니다. 몸을 숨기기보다 드러내는 과정에서 자신의 몸에 깃든 '힘'을 인식한 뒤로, 그는 더 이상 몸을 비장애인처럼 위장하지 않게 되었습니다.

여느 예술 장르보다 몸이 중요한 무용의 세계에서 장애가 있는 그는 어떤 경험을 했을까요? 신체의 장애가 상대적으로 불편하지 않은 변호사의 삶을 그만두고 그는 무용수가 되었습니다. 불거진 가슴과 가느다란 다리를 내보이는 무용수가 된 그의 몸은 여러 질문을 스스로에게 던졌습니다. 과연 아름다움이란 무엇인가? 역사적으로 '비정상'의 몸들이 무대에 선 적은 없었는가? 그들은 당대인의 시선에 어떻게 대응했고 무엇을 욕망했는가? 동시대 장애인 무용수들은 어떤 무대를 만들어가고 있는가? 춤을 비롯한 예술에 대한 접근성은 왜 장애인뿐 아니라 비장애인에게도 중요한가? 이 책에는 꼬리에 꼬리를 무는 질문들이 이어집니다.

몸 자체로 세상을 느끼고 경험하지 못한 채 이 몸을 어떻게든 남의 시선이나 폭력, 물리적인 사고로부터 보호하고 지키고 감추려고 의식적인 노력을 계속하다 보면, 자신이 처한 상황 안에서 내 몸(나)에 잠재된 역량의 한계 지점까지 나아가기가 어려울 것이다. (…) 내가 내 몸이 작동하는 '원천'임을 잊는 단계까지 나아가보는 것, '나'를 잃을 수 있을 때 '몸'이 곧 가장 생생한 내가 되는 경험, 가슴이 불거지고 바닥에서 잘 기지만 걷지는 못하는 소년은 자신의 몸이 어디까지 움직일 수 있는지 가늠하지 못한다. 나는 내 몸이 무엇을 할 수 있고 할 수 없는지 모른다.(32~33쪽)

'장애가 있는 몸'과 비장애인의 몸은 평등할까요? 이 몸들에게 아름다울 기회는 평등하게 주어질까요? 저자는 우리 모두 '힘'을 지녔다는

의대입시독서는 달라야 합니다

점에서 평등한 존재라고 강조합니다. 다만 힘은 능력과 동의어가 아니랍니다. 힘은 능력을 갖추는 바탕이 되지만, 각자의 한계에 머무르지 않고 능력에 관한 세상의 기준을 뒤바꾸는 원동력이기도 하기 때문입니다. 그리하여 저마다 능력이 다르다는 점에서 인간은 지극히 차별적인 관계에 놓여 있지만, 상대의 힘을 존중하고 신뢰함으로써 온전한 평등에 이를 수 있다고 강조합니다.

저자에게 춤을 춘다는 행위는 그저 개인적인 즐거움의 차원에 머물지 않습니다. 장애가 있는 무용수의 존재는 그 몸에 대한 사회적 인식을 뛰어넘는다는 점에서 그 자체로 정치적이고, 타인의 존재를 전제한다는 점에서 공동체적입니다. 공동체는 '우리'라는 개념 없이 성립할 수 없기에 우리 외의 다른 존재들을 배제할 수밖에 없는데, 저자는 춤의 한 원리인 '접근성'을 공동체의 새로운 윤리로 제안합니다. 무용에서 접근성이란 객석에 배리어프리 같은 장치를 두는 조치 또는 무대 위에서 다양한 움직임을 가능하게 하는 시도를 뜻하지만, 춤의 무대뿐 아니라 공동체라는 무대를 평등하게 만들기 위한 장치로서 접근성의 개념을 활용했습니다. 접근성을 활용해 '우리' 외의 타인의 존재를 의식하고, 다른 구성원을 이해할 수 있습니다. 저자는 이러한 접근성이 춤의 민주주의를 펼치는 원리이고, 한 사회의 민주주의를 구현하는 원리이기도 하다고 말합니다.

접근성은 삶의 여러 분야를 규율하는 특정한 형식의 집합이 아니며 모종의 이념도 아니다. 접근성을 높인다는 건 애초에 너무 다양한 사례와 존재에 관련한 실천이므로 일련의 규칙도 체계적인 논리나

이념의 목표가 되기 어렵다. 오히려 반대다. 접근성은 우리가 어떤 압도적인 이념에 매혹될 때, 우리가 자칫 세상에 존재하는 다른 구성원이나 다양한 맥락에 대해 문을 닫고 자아도취적(집단도취적) '황홀경'에 빠져 어딘가로 떠밀려 갈 때 우리를 붙잡는 닻이다.(299쪽)

생기부 세특 예시

차별과 불평등에 대한 구체적 사례를 탐구하며 추천도서 '온전히 평등하고 지극히 차별적인(김원영)'을 통해 골형성부전증이라는 장애를 가진 저자의 경험과 춤의 역사를 넘나들며 인간의 다양성을 인정하고 차별 없이 평등을 실현하는 방법을 살펴봄. 장애를 숨기려 했던 저자의 유년기와 달리 자신의 변형된 몸을 정면으로 드러내며 대중의 시선을 끌었던 과거 '프릭 쇼'의 인물들을 통해 무용사에 등장했던 '이례적' 신체들을 살피고, 최승희나 니진스키처럼 동서양 무용계의 '타자'들을 넘어, 오늘날 장애인 극단과 무용팀의 상황을 통해 무대에서 잊혔던 존재들에 초점을 맞추어 분석해 봄. 우리 몸에 새겨진 정상과 비정상, 다수자와 소수자 같은 비대칭적 권력 관계에 주목해 타인의 시선에 맞서 자신만의 힘을 발견한 이야기, 20세기 후반 등장한 장애인 무용수들의 사례, 정치공동체와 몸의 관계까지 지극히 차별적인 개인들이 모여 온전히 평등한 공동체를 만들 때 빠지기 쉬운 함정인 타자에 대한 폭력을 견제하는 '닻'의 중요성을 배움. 다름을 인정하고 환대하는 사회를 위한 깊은 사유와 실천적 제안에 공감하며 '실격당한 자들을 위한 변론(김원영)'과 '사이보그가 되다(김원영, 김초엽)' 등 연계 독서 계획을 세움.(1,497Byte, 띄어쓰기 포함 615자)

차별과 불평등에 대한 구체적 사례를 탐구하며 추천도서 '온전히 평등하고 지극히 차별적인(김원영)'을 읽음. 골형성부전증이라는 장애를 가진 저자의 경험과 춤의 역사를 넘나들며 인간의 다양성을 인정하고 차별 없이 평등을 실현하는 방법을 살펴봄. 우리 몸에 새겨진 정상과 비정상, 다수자와 소수자 같은 비대칭적 권력 관계에 주목해 타인의 시선에 맞서 자신만의 힘을 발견한 이야기, 20세기 후반 등장한 장애인 무용수들의 사례, 정치공동체와 몸의 관계까지 지극히 차별적인 개인들이 모여 온전히 평등한 공동체를 만들 때 빠지기 쉬운 함정인 타자에 대한 폭력을 견제하는 '닻'의 중요성을 배움. '실격당한 자들을 위한 변론(김원영)'과 '사이보그가 되다(김원영, 김초엽)' 등 연계 독서 계획을 세움.(942Byte, 띄어쓰기 포함 388자)

차별에 대한 구체적 사례를 탐구하며 '온전히 평등하고 지극히 차별적인(김원영)'을 읽음. 장애를 가진 저자의 경험과 춤의 역사를 넘나들며 인간의 다양성을 인정하고 평등을 실현하는 방법을 살펴봄. 정상과 비정상, 다수자와 소수자 같은 비대칭적 권력 관계에 주목해 온전히 평등한 공동체 만들기의 중요성을 배우며 '실격당한 자들을 위한 변론(김원영)'과 '사이보그가 되다(김원영, 김초엽)' 등 연계 독서 계획을 세움.(559Byte, 띄어쓰기 포함 231자)

《소음공해》 | 오정희

" 서로에게 '공해'가 되어 버린, 각박한 사회의 민낯! "

| 분량 ★★★★★ | 내용 ★★★★★ | 활용 ★★★★★ |

〈2024학년도 서울대 수시 의과대학 면접 제시문 9〉

나는 공동주택 2층에 살고 있는 고등학교 3학년 학생이다. 재작년에 이사 온 윗집과는 친분이 없고 가끔 집주변에서 만나면 목례(目禮)를 하는 사이이다. 윗집이 이사 온 후부터 간혹 밤 10시를 넘어서까지 피아노 연주 소리가 들렸다. 늦은 시간에 들리는 피아노 소리가 불편하였지만 자주 있는 일은 아니어서 별다른 조치를 하지 않았다. 작년에 한번 피아노 소리가 크게 들려서 관리실을 통해 소음에 대한 의견을 전달하였다. 관리실은 윗집에서 "자녀 두 명이 피아노 전공으로 입시를 준비하고 있어서 조금만 이해해 달라"라고 했다며 의견을 전달했다.

올해 초부터는 밤 10시를 넘어서까지 피아노를 연습하는 소리가 빈번하게 들렸다. 우리 집은 관리실을 통해 항의하였고 윗집에서는 "그동안 소리에 대해 별말 없었으면서 왜 이렇게 유난스럽냐, 우리도 소음을 줄이기 위해 방음 처리를 했고 노력했다. 공동주택에 살면서 이 정도는 감수하고 지내야 하는 것이 아니냐"라고 오히려 반문했다고 한다. 나는 그동안 윗집 층간 소음에 대해 적극적으로 시정을 요구하지 않은 것에 대해 후회를 했다. 우리 집은 객관적인 사실 확인을 위해 소음 측정기로 일주일간 매일 밤 10시부터 5분 동안 층간 소음을 측정했고 아래 기록을 바탕으로 소송을 준비 중이다. 윗집도 소송에 맞대응하겠다고 한다.

월요일	화요일	수요일	목요일	금요일	토요일	일요일
41dB	20dB	39dB	40dB	15dB	30dB	10dB

※ 층간 소음 허용 기준은 주간(06:00~22:00) 45dB 이하, 야간(22:00~06:00) 40dB 이하임.

※ dB 수준을 다음과 같이 가정함.

20dB: 조용한 독서실 소리, 40dB: 일반 대화 소리.

제시문에 등장하는 사람은 공동주택 2층에 사는 고3 학생이고, 재작년에 이사 온 윗집과는 친분이 없고, 가끔 목례만 하는 사이로 지내고 있습니다. 그런데 밤 10시가 넘어 이웃집에서 피아노 연주 소리가 들렸고, 올해 초부터 빈번해졌습니다. 관리실을 통해 항의했고, 일주일간 층간 소음을 측정했습니다. 층간 소음 허용 기준은 야간 40dB 이하인데 월요일에는 41dB이 측정되었습니다. 제시문에서 주어진 정보를 2분의 짧은 준비 시간 동안 파악해야 하는데, 이처럼 정보를 파악해야 하는 제시문을 만나면 주요 내용을 메모하는 것이 바람직합니다.

그리고 이러한 제시문을 보여주는 이유는 역지사지에 기반한 공감 능력, 문제 상황에 대한 이성적 분석과 감성적 공감 능력을 평가하려는 것입니다. 이러한 능력들은 모두 청소년기부터 꾸준히 연습해 함양해야 기를 수 있습니다.

질문 1. 위 상황에서 본인이 느끼는 문제점을 모두 말해 보세요.

답변 : 첫 번째 문제점은 윗집 이웃이 "자녀의 입시를 위해 어쩔 수 없이 피아노를 쳐야 된다"고 말한 것입니다. 하지만 이 상황에서는 '나' 또한 고3인데, 고3의 대입 또한 인생에서 매우 중요한 입시이므로 서로 간의 입장을 헤아린다면 윗집에서도 배려해 주어야 한다고 생각합니다. 상황을 보아하니 피아노를 아예 치지 말라는 것이 아니라, 밤 10시 이후에는 소음을 줄여 달라고 요구했습니다. 하지만 이를 받아들이지 않은 것은 배려가 부족하다고 생각합니다. 두 번째 문제점은 "공동주택에 산다면 이 정도 소음은 양해하고 넘어가야 된다"고 주장한 것입니다. 물론 약간의 층간 소음은 발생할 수 있지만 법적 기준으로 정해 놓은 층간 소음 허용 기준이 있습니다. 매일은 아니지만 기준치를 초과한 소음이 측정된 요일이 있으므로 휴식에 방해가 될 소지가 충분히 있다고 생각합니다. 세 번째 문제점은 층간 소음을 측정하기 위해 10시부터 '5분간' 평균 세기를 구했다고 했는데, 층간 소음 기준이 층간 소음의 평균값인지, 최댓값인지를 명확히 규정하지 않았습니다. 따라서 소음 데이터를 근거로 윗집과 법적 공방을 해야 한다면 최댓값과 평균값을 모두 측정하여 제시할 필요성이 있습니다.

질문 2. 윗집과의 협상 과정에서 300만 원 정도의 무소음 전자 피아노를 살 테니 우리 집에서 반절 정도 비용을 부담하라고 이야기했습니다. 어떻게 대처할 것인가요?

답변 : 우선 해결책을 제안한 것에 대해서 감사하다고 할 것입니다. 하지만 층간 소음 기준을 초과하는 소음을 일으킨 것은 윗집입니다. 전자 피아노 비용을 부담하는 것은 정당하지 않으며, 전자 피아노는

결국 윗집의 자녀 입시를 위한 것이기 때문에 반액에 해당하는 금액을 부담하는 해법은 합당하지 않다고 이야기할 것입니다.

질문 3. 윗집에서 30만 원 정도만 부담해 달라고 요구했습니다. 30만 원 정도는 지원자의 가계에 큰 부담이 되는 가격이 아니라면 어떻게 할 것인가요?

답변 : 윗집과의 대화 과정에서 부담 여부를 판단하고자 합니다. 저의 의견이 왜 합당한지 주장할 것인데, 저의 주장을 잘 들어준다면 의견을 끝까지 제시하고자 합니다. 하지만 대화를 지속하기가 어려운 사람이라고 판단되면 미래에 지속될 층간 소음과 법적 분쟁으로 소모하는 에너지를 고려하여 제가 30만 원을 부담한다고 이야기할 것입니다.

📑 〈추가 제시문〉

서울의 한 아파트 단지, 2층에 살고 있는 김 씨 가족은 요즘 들어 밤마다 계속되는 소음 때문에 잠을 설쳤습니다. 저녁 7시만 되면 위층에서 피아노 소리가 들려오기 시작했기 때문입니다. 김 씨는 피곤한 하루를 마치고 집에 돌아와서도 쉬지 못해 점점 지쳐갔습니다.

결국 김 씨는 아파트 관리사무소를 찾아갔습니다. "3층에서 나는 소음 때문에 너무 힘들어요. 저녁 7시 이후에는 좀 조용히 해줬으면 좋겠는데, 관리사무소에서 얘기 좀 해주실 수 있나요?"

관리사무소 직원은 김 씨의 부탁을 받아들여 3층에 올라갔습니다. 3층에는 박

씨 가족이 살고 있었습니다. 관리사무소 직원은 박 씨에게 2층의 상황을 설명했습니다.

박 씨는 "약간의 소음이 있더라도, 저녁 7시는 너무 늦지 않은 시간이고, 저희 아이의 피아노 콩쿨 대회가 얼마 남지 않았다"라는 의견을 관리사무소 직원을 통해 2층에 사는 김 씨에게 전달해 달라고 했습니다. 2층과 3층의 갈등은 현재 일주일째 동일하게 반복 중이기에 관리사무소에서도 매우 어려운 상황입니다.

답답함, 원망, 짜증, 혼란스러움, 고마움, 미안함, 당황스러움, 실망, 놀라움, 긴장, 외로움, 두려움, 안도, 감동, 씁쓸함

질문 4. 제시된 단어들을 이용해 2층과 3층 중 한쪽의 입장에서 감정을 표현해 보세요.

답변 : 사람은 본인의 생활 공간, 휴식 공간을 침해받고 싶어 하지 않는 기본적인 욕구가 있습니다. 이런 욕구가 본인의 잘못도 아닌 외부적인 요인에 의해 침해되어서 일단 답답하고 짜증 나고 원망스럽습니다. 게다가 관리사무소 직원을 통해 항의를 해도 상황 개선의 여지가 보이지 않기에 실망스럽고 답답합니다.

질문 5. 제시된 단어들을 이용해 관리사무소 직원의 가족 입장에서 감정을 표현해 보세요.

답변 : 매일 반복되는 갈등 상황에서 아무리 중재를 해도 상황이 해결되지 않아서 답답합니다. 관리사무소 직원이기는 하지만 가족의 입장에서는 서로 갈등을 일으키는 2층과 3층이 짜증 나고 원망스럽습

의대입시독서는 달라야 합니다

니다. 또한, 어떻게 해야 두 층의 거주자 모두를 만족시킬 수 있을지를 몰라서 답답하고 혼란스럽습니다.

 '소음공해(오정희)' 의대입시에 활용하기

1993년 발표된 단편 소설 '소음공해(오정희)'는 심신장애인들을 위해 봉사를 하고 클래식을 즐길 줄 아는, 교양 있다고 여겨지는 여성이 윗집에서 들려오는 정체 모를 소음 때문에 겪게 되는 하루를 담고 있습니다. 이 소설은 다른 사람의 사정을 이해하려고 하기보다는 자신의 시간과 자유가 침해되는 상황을 참지 못하고 쉽게 예민해지고 분노하는 우리 모습을 그대로 담고 있습니다. 지극히 현실적인 설정과 인물로 독자들의 공감을 끌어내고, 극적인 반전을 통해 주인공이 자신도 몰랐던 이중적인 태도를 스스로 직면하게 하여 독자들이 끝까지 책을 놓지 못하게 합니다.

인터폰의 수화기를 들자 경비원의 응답이 들렸다. 내 목소리를 알아채자마자 길게 말꼬리를 늘이며 지레 짚었다.
귀찮고 성가셔 하는 표정이 눈앞에 역력히 떠올랐다.
"위층이 또 시끄럽습니까? 조용히 해 달라고 말씀드릴까요?"
잠시 후 인터폰이 울렸다.
"충분히 주의하고 있으니 염려 마시랍니다."
경비원의 전갈이었다. 염려 마시라고? 다분히 도전적인 저의가 느껴

지는 전언이었다. 게다가 드르드륵 소리는 여전하지 않은가.

이젠 한판 싸워보자는 얘긴가. 나는 인터폰을 들어 다짜고짜 909호

를 바꿔달라고 말했다.(27쪽)

아파트나 빌라와 같은 공동주택에 살다 보면 쓰레기 문제, 주차장 및 공동현관 사용 문제 등 이웃과 의견이 충돌하는 다양한 상황에 맞닥뜨리게 됩니다. 특히, '층간 소음'은 가장 흔하게 벌어지지만 때때로 무서운 강력 사건으로 번지기도 하는 아주 심각한 문제이기도 합니다. 대부분의 층간 소음은 사람이 집 안에서 생활하는 동안 필연적으로 발생할 수밖에 없는 생활 소음이므로 이로 인한 갈등을 해결할 유일한 방법은 바로 이웃 간의 이해와 배려, 양보라고 할 수 있습니다.

하지만 서로가 양보하고 배려를 해도 때로는 어쩔 수 없이 생기는 소음들이 있습니다. 또 이해하고 참아보려고 해도 도저히 참을 수 없는 순간도 있지요. 바로 소설 속에 나오는 주인공과 윗집 여자의 경우가 그렇습니다.

힘들게 봉사활동을 하고 온 뒤 오롯이 혼자만의 휴식을 즐기던 주인공은 윗집에서 들려오는 "드륵드륵드르륵" 소리에 방해를 받습니다. 소중한 시간을 빼앗겼다는 사실에 신경이 예민해진 주인공은 윗집에 어떤 사정이 있는지 궁금해하거나 들어보려 하지 않고, 그저 이 소음을 멈춰 달라고 요청합니다. 그리고 어처구니없게도, 되레 윗집 여자에게 항의의 말을 듣습니다. 여자의 말에 주인공의 분노는 극에 달하고, 이제 직접 나서서 문제를 해결하기로 하면서, 갈등은 최고조에 달합니다.

의대입시독서는 달라야 합니다

소설은 '층간 소음'이라는 익숙한 소재로 이해와 배려보다 타인에 대한 경계와 배척이 점점 더 흔해지는 각박한 현대 사회의 모습을 적나라하게 그려 내고 있습니다. 모범적이고 교양 있는 주인공이 타인의 존재를 공해로 느끼는 모습은 우리에게도 낯설게 느껴지지 않습니다. 마치 상대를 이해하는 것을 내가 손해를 보고 희생을 당하는 것처럼 느끼며, 당장 내가 입은 피해에 분노하는 모습은 이제 우리 사회에 너무나 흔한 장면이 되었습니다. 독자들은 책을 읽으며 서로가 서로에게 공해가 되어버린 우리 사회의 민낯을 마주하고, 나아가 이웃과 더불어 살아가는 더 나은 세상을 만들기 위한 한 걸음을 내딛게 됩니다.

이 소설에는 우리 주변에서 흔히 볼 수 있는 평범한 사람들이 등장합니다. 평범한 가정주부로서 선하게 살고자 하는 주인공, 공동생활의 수칙을 어기는 이웃을 보며 가족들에게 험담을 하는 주인공의 남편, 잦은 부부싸움으로 충고 아닌 충고를 들은 후로 주인공을 피해 다니는 아랫집 여자 등 책 속에 등장하는 인물들은 우리와 우리 주변의 모습을 지극히 현실적으로 담아내고 있습니다.

주인공은 매주 목요일 시간을 내어 심신장애인 시설에서 자원봉사도 하고 클래식도 즐길 줄 아는, 스스로 교양 있다고 여기는 중년 여성입니다. 하지만 선하게만 비춰졌던 모습 뒤에는 아랫집의 부부싸움 소리를 엿듣고 인생 선배라며 아랫집 여자에게 훈수를 늘어놓기도 하며 남의 일에 간섭을 하는 모습도 있습니다. 또 층간 소음으로 괴로워할 다른 피해자들을 위해서라는 명분으로 경비실에 전화를 걸어 공동생활의 수칙을 지키지 않는 것이 얼마나 무교양하고 몰상식한 짓인가 등을 일깨우면서 의도치 않게 갈등을 일으키기도 합니다.

누구보다 공동생활 수칙을 잘 지킨다고 자부하는 주인공에게 끊임없이 "드르륵드르륵" 소리가 들려오자 자신이 나서서 해결해야겠다고 생각했습니다. 소리를 들은 주인공은 자신의 경험과 생각을 보태 '아이를 집 안에서 자전거나 스케이트를 타게 하는 상식 없는 젊은 엄마일 것'이라고 윗집 여자에 대해 자기 나름대로 정의해 버립니다. 사실을 제대로 살피지 않고 일부 정보만으로 상황을 판단하는 우리의 모습이 떠오릅니다. 결국 화를 참지 못하고 윗집에 찾아간 주인공이 현관문 너머로 휠체어를 탄 윗집 여자의 허전한 하반신을 보며 어찌할 바를 모를 때, 어느새 우리의 얼굴도 함께 뜨거워지게 됩니다. 주인공의 심리에 온전히 공감하고 집중하다 극적인 반전을 마주하는 순간, 독자들은 스스로를 돌아보고 많은 질문을 던지게 됩니다.

생기부 세특 예시

'소음공해(오정희)'에서 장애인들을 위해 봉사를 하고 클래식을 즐길 줄 아는, 교양 있다고 여겨지는 여성이 윗집에서 들려오는 정체 모를 소음 때문에 겪게 되는 하루를 분석해 토론해 봄. 끊임없이 불거지는 층간 소음 문제 속에서 다른 사람의 사정을 이해하려고 하기보다는 자신의 시간과 자유가 침해되는 상황을 참지 못하고 쉽게 예민해지고 분노하는 현대 사회의 모습을 성찰해 봄. 아파트나 빌라와 같은 공동 주택에 살다 보면 쓰레기 문제, 주차장 및 공동현관 사용 문제 등 이웃과 의견이 충돌하는 다양한 상황에 맞닥뜨리게 되는데 '층간 소음'은

의대입시독서는 달라야 합니다

가장 흔하게 벌어지지만 때때로 무서운 강력 사건으로 번지기도 하는 아주 심각한 문제이기도 하다는 측면에서 이웃 간의 이해와 배려, 양보를 위한 상황극을 연출해 봄. 주인공의 심리에 온전히 공감하고 집중하다 극적인 반전을 마주하는 순간을 통해 스스로를 돌아보고 질문을 제기해 봄. 역지사지에 기반한 공감 능력, 문제 상황에 대한 이성적 분석과 감성적 공감 능력 모두 청소년기부터 꾸준히 연습해 함양해야 할 '능력'이라는 점을 공유하며 개인적 차원뿐만 아니라 사회적 측면에서 기술적 대안이나 제도적 해법 등을 다양한 각도에서 모색해 보며 공동체성을 키움.(1,498Byte, 띄어쓰기 포함 610자)

'소음공해(오정희)'에서 장애인들을 위해 봉사를 하고 클래식을 즐길 줄 아는, 교양 있다고 여겨지는 여성이 윗집에서 들려오는 정체 모를 소음 때문에 겪게 되는 하루를 분석해 토론해 봄. 끊임없이 불거지는 층간 소음 문제 속에서 다른 사람의 사정을 이해하려고 하기보다는 자신의 시간과 자유가 침해되는 상황을 참지 못하고 쉽게 예민해지고 분노하는 현대 사회의 모습을 성찰해 봄. 상황극을 연출해 주인공의 심리에 온전히 공감하고 집중하다 극적인 반전을 마주하는 순간을 통해 스스로를 돌아보고 질문을 제기해 봄. 역지사지에 기반한 공감 능력, 문제 상황에 대한 이성적 분석과 감성적 공감 능력의 중요성을 공유하며 개인적 차원뿐만 아니라 사회적 측면에서 기술적 대안이나 제도적 해법 등을 다양한 각도에서 모색해 공동체성을 키움.(994Byte, 띄어쓰기 포함 402자)

'소음공해(오정희)'에서 장애인들을 위해 봉사를 하고 클래식을 즐길 줄 아는, 교양 있다고 여겨지는 여성이 윗집에서 들려오는 정체 모를 소음 때문에 겪게 되는 하루를 분석해 토론해 봄. 상황극을 연출해 주인공의 심리에 온전히 공감하고 집중하다 극적인 반전을 마주하는 순간을 통해 스스로를 돌아보고 질문을 제기해 봄. 개인적 차원뿐만 아니라 사회적 측면에서 기술적 대안이나 제도적 해법 등을 다양한 각도에서 모색해 공동체성을 키움.(591Byte, 띄어쓰기 포함 239자)

《미학 스캔들》 | 진중권

" 누구의 그림일까?"

분량 ★★★	내용 ★★★★	활용 ★★★★

📝〈2023학년도 서울대 수시 의과대학 면접 제시문 1〉

다음 글을 읽고 제목을 한 문장으로 정해 보십시오.

투명성은 오늘날의 예술—그리고 비평—에서 가장 고상하고 의미심장한 가치다. 투명성이란 사물을 있는 그대로 경험하는 것을 의미한다. 예전에는 예술작품을 만들어내는 것이 혁명적이고 창조적인 활동이었기 때문에 그 경험이 여러 층위로 받아들여졌다. 오늘날은 그렇지 않다. 오늘날의 예술 창작은 현대인의 삶에서 주된 고민거리인 과잉의 법칙을 강화할 뿐이다. 고급 예술이 귀했던 예전에는 예술작품을 해석하는 것이 분명히 혁명적이고 창조적인 활동이었을 것이다. 그러나 오늘날 우리에게 필요한 것은 예술을 지적 사고나 문화에 더 이상 동화시키지 않는 것이다.

예술작품에 대한 해석은 예술작품을 감각적으로 경험하는 것에서부터 시작한다. 그러나 현대 시대의 문화는 무절제한 과잉 생산에 기초하며 복잡한 도시 환경에 적응을 강요한다. 따라서 우리는 감각적 경험의 예리함을 서서히 잃어가고 있다.

더욱이 현대 생활의 물질적 풍요 그리고 걷잡을 수 없는 혼잡함 역시 우리의 감각 기관을 무디게 만든다. 지금 중요한 것은 감성을 회복하는 것이다. 우리는 더 잘 보고, 더 잘 듣고, 더 잘 느끼는 법을 배워야 한다. 예술작품 속에 있는 것 이상의 내용을 불필요하게 짜내기보다는 오히려 내용을 쳐내서 조금이라도 실체를 보는 것이 필요하다.

오늘날, 우리는 예술작품(그리고 거기에서 유추한 우리의 경험)이 우리에게 훨씬 더 실감나도록 만드는 것을 목표로 해야 한다. 비평의 기능도 예술작품이 무엇을 의미하는지 보여주는 것이 아니라, 예술작품이 어떻게 예술작품이 됐는지, 더 나아가서는 예술작품은 예술작품일 뿐이라는 사실을 보여주어야 한다.

의대면접, 특히 다중미니면접(MMI) 기출 문제를 준비해 보지 않은 학생에게는 당혹스러운 제시문입니다. 반대로, 미리 준비한 학생이라면 차분히 답변 가능합니다. 먼저 한 문장으로 제목을 정해야 합니다.

질문 1. 해당 제시문에 제목을 한 문장으로 붙여 보세요.

답변 : 저는 이 제시문의 제목을 '현대 예술의 투명성과 감각적 경험의 중요성'으로 지었습니다. 이 제목은 제시문에서 강조하는 투명성과 감각적 경험의 중요성을 포괄적으로 나타냅니다. 제시문은 현대예술에서 작품을 있는 그대로 경험하고, 해석보다는 감각적 경험을 중시해야 한다는 메시지를 담고 있습니다.

오늘날 예술과 비평은 과잉된 현대 문화 속에서 무뎌진 감각을 회복하고, 예술 작품을 있는 그대로 경험하게 하여 그 본질을 드러내는 '투명성'을 추구해야 한다.

의대입시독서는 달라야 합니다

질문 2. 지원자는 이 의견에 찬성하시나요, 반대하시나요? 예시를 들어 말씀해 주세요.

답변 1 : 저는 이 제시문의 관점에 찬성합니다. 현대 예술이 투명성과 감각적 경험을 중시하는 것이 중요하다고 생각합니다. 현대 예술 작품은 복잡하고 다양한 의미를 담고 있을 수 있지만, 그 의미를 해석하기보다는 작품을 있는 그대로 경험하고 느껴야 예술의 본질을 더 잘 전달할 수 있습니다. 예를 들어, 앤디 워홀의 팝 아트 작품은 복잡한 해석보다 시각적 즐거움과 직관적인 감각적 경험을 통해 사람들에게 더 큰 영향을 미칩니다. 워홀의 작품은 현대 소비문화와 대중 매체를 비판적으로 바라보지만, 동시에 그 자체로 감각적인 즐거움을 제공합니다. 또한, 현대 음악에서도 감각적 경험이 중요한 역할을 합니다. 예를 들어, 전자 음악이나 앰비언트 음악은 특정한 메시지나 해석을 강요하기보다는 청취자가 그 음악을 듣고 느끼는 감각적 경험을 중시합니다. 이처럼 현대 예술에서는 투명성과 감각적 경험이 중요한 가치로 여겨지며, 이는 사람들에게 예술 작품을 더 직관적이고 직접적으로 다가갈 수 있게 합니다.

답변 2 : 저는 이 제시문의 관점에 반대합니다. 예술 작품은 단순히 감각적으로 경험하는 것만으로는 충분하지 않다고 생각합니다. 작품의 배경, 작가의 의도 그리고 시대적 맥락을 이해함으로써 예술을 더 깊이 감상할 수 있습니다. 예를 들어, 정지용 시인의 '향수'라는 시는 일제강점기라는 시대적 배경을 알고 감상할 때, 고향에 대한 그리움이 더 깊이 와 닿습니다. 시인의 생애와 역사적 배경을 통해 시의 의미를 더 풍부하게 이해할 수 있습니다.

질문 3. 그러면 예술 외적인 부분을 배제하고 감상하는 것이 더 나은 이유는 무엇일까요?

답변 : 예술 작품을 감상할 때 외적인 요소를 배제하는 접근 방식의 주요 장점은 작품 자체의 순수한 아름다움과 감각적 경험에 집중할 수 있다는 것입니다. 첫째, 편견 없이 작품을 경험할 수 있습니다. 외적인 정보를 배제하면, 관람자는 작가의 의도나 시대적 배경 없이도 작품을 직접적으로 느끼고 감상할 수 있습니다. 이는 각자가 자신의 감각과 직관을 통해 작품을 더 깊이 이해하고 느낄 수 있게 합니다. 둘째, 예술의 보편성을 강조합니다. 특정한 배경 지식이 없는 사람들도 작품을 감상하고 이해할 수 있으며, 이는 예술의 접근성을 높입니다. 예술 작품은 특정한 엘리트나 전문가만의 전유물이 아니라, 모든 사람들이 자유롭게 즐길 수 있는 것이어야 합니다. 이로써 대중은 예술에 보다 쉽게 다가갈 수 있습니다. 셋째, 감각적 경험을 회복하는 데 도움이 됩니다. 현대 사회의 복잡성과 혼잡함 속에서 우리의 감각은 쉽게 무뎌질 수 있습니다. 예술작품을 외적인 해석 없이 순수하게 감상하면, 우리의 감각을 예리하게 하고, 작품의 본질적인 아름다움과 감동을 더욱 깊이 느낄 수 있습니다. 이는 감성을 회복하고 일상 속에서 예술을 더 풍부하게 즐길 수 있게 합니다.

질문 4. 예술 외적인 부분을 작품 감상에 반영한다면 다수의 비평과 의견에 휩쓸리지 않을까요?

답변 : 작품 외적인 부분을 반영하는 것이 타인의 비평에 휩쓸린다는 의미는 아닙니다. 오히려 스스로 작품의 외적인 정보를 찾아가는

의대입시독서는 달라야 합니다

과정은 예술을 더 깊이 이해하는 데 중요한 요소가 될 수 있습니다. 다양한 비평과 대중의 의견을 열린 마음으로 토론하는 것도 중요합니다. 이러한 토론의 장을 통해 소수의 의견도 존중받을 수 있으며, 다양한 관점을 통해 예술 작품을 더 풍부하게 감상할 수 있습니다.

'미학 스캔들(진중권)' 의대입시에 활용하기

'미학 스캔들(진중권)'의 부제는 '누구의 그림일까?'입니다. 2016년, 세상을 한바탕 떠들썩하게 만든 사건이 있었습니다. TV 뉴스에서는 가수이자 화가인 어느 연예인이 반복적으로 등장했고, 그를 보면서 입 달린 사람이면 누구나 한마디씩 거들었습니다. 안 그래도 이런저런 언행으로 부정적 이미지가 있었던 인물인지라 사건이 불거진 후 그를 향한 대중과 언론의 시선은 대체로 싸늘했습니다. 심지어 그는 '사기꾼'으로 회자되었습니다. 이른바 '조영남 그림 대(리제)작' 사건입니다. 급기야 검찰은 "조 씨에게 (사기의) 기망행위가 있었다"라고 보고 1심 재판에서 징역 1년 6개월을 구형했습니다. 미술가 단체에서는 추가로 '명예훼손죄'를 물어 소송을 제기했습니다. 일반 대중 역시 '조영남은 사기꾼'이라는 프레임 안에 있었습니다.

극소수만 다른 의견을 냈습니다. 그중 한 사람이 진중권 교수입니다. 당시 트위터 등을 통해 이른바 그림 대작 문제에 관한 자신의 생각을, 무엇보다 미학자로서 갖고 있던 소신을 분명하게 밝혔던 저자는 이 책을 통해 이제는 어느덧 사람들의 기억에서 잊혔을 그 사건을 미학적·예술사적 차원에서 혹은 상식적 논리의 차원에서 재조명합니다.

조영남 그림 대작 사건은 2018년 항소심에서 무죄판결을 받았으며, 책이 나올 무렵까지는 대법원의 판단을 기다리고 있었습니다. 저자는 그 사건을 둘러싼 논쟁을 벌이는 과정에서 스스로 내상을 입었다고 고백하면서도, 사건의 불편한 기억과 더불어 사건이 우리에게 던져준 교훈까지 흘려보내서는 안 된다는 생각에서 이 책을 썼다고 밝힙니다. 소위 '조영남 사건'은 한국 사회에 통용되는 예술의 관념이 대체로 19~20세기 초에 머물러 있음을 충격적으로 보여주는 사건이었다고 이야기하면서, 영원불변한 예술의 보편적 본질 따위는 이제 존재하지 않으며, 예술의 모든 장르에 공통된 특징은 없다고까지 말합니다.

> 중세와 르네상스에는 이렇게 진품성(authenticity)의 개념이 친작성(autographness)과 일치하지 않았다. 위의 인용문이 말해주듯이 당시에 '제작된(fatto)'이라는 말은 '스스로 만들다(fare)' 외에 '만들게 시키다(far fare)'라는 뜻도 갖고 있었다. 즉 장인이 조수에게 만들도록 시킨 작품도 "그[장인]의 손으로 제작된" 작품으로 간주됐다는 얘기다. 다시 말해 작품이 일정한 품질을 갖추고 해당 장인의 양식을 반영하기만 한다면 누구의 손을 거쳤든 당시에는 장인의 진품으로 간주했다. 오늘날 우리도 물건을 살 때 브랜드는 따져도 그것을 실제로 만든 이들의 이름은 굳이 묻지 않는다. 그와 마찬가지 이치다.(24쪽)

1~8장에서 저자는 이 사건과 관련한 미술사적 접근을 시도합니다. '미술 작품의 물리적 실행을 조수에게 맡기는 방식'은 르네상스 이래

의대입시독서는 달라야 합니다

서양 미술의 전통임을 알립니다. 대중들 사이에서 이미 신화화된 여러 화가를 중심으로 해당 전통의 구체적 사례까지 제시합니다. 미켈란젤로, 루벤스, 렘브란트는 물론이고 조수를 전혀 쓰지 않았다고 알려져 있던 푸생과 쿠르베의 숨은 이야기까지 논거로 제시하며 예술에서 저자성(authorship)에 관한 관념이 역사적으로 어떻게 변화해 왔는지 기술합니다.

친작의 관습은 이처럼 비교적 최근에 확립된 것이다. 그 관습이 관행으로 굳어지자 과거에도 당연히 그랬으리라 착각들을 하게 된 것이다. 실제로 바사리와 같은 르네상스 저자들의 글을 읽으면 마치 그 시절에 이미 오늘날 우리가 갖고 있는 근대적 예술문화가 '완성태'로 존재한 듯 느껴진다. 하지만 기억해야 할 것은 그들의 저작이 보여주는 것은 르네상스의 '이상'일 뿐 그 시대의 '현실'이 아니라는 점이다. 시스티나 성당에서 홀로 비계에 누워 그 모든 그림을 손수 그렸다는 미켈란젤로의 전설. 이 신화와 현실 사이에는 상상력만으로는 메꿀 수 없는 넓은 간극이 존재한다. 그리고 이 간극이 가끔은 당혹스러운 상황을 만들어내기도 한다.(43쪽)

루벤스의 시대에는 첫째, 장인의 양식에 따라 그려져 그의 작품으로 식별되며 둘째, 장인이 만든 것 못지않게 훌륭한 품질을 가진 작품이라면 설혹 조수들이 그렸더라도 장인의 터치가 구현된 장인의 원작으로 간주됐다. 친작에 집착하는 이들은 그의 스튜디오 작품들을 되도록 그의 친작으로 돌리고 싶어 한다. 그중에는 심지어 그의 스튜디오작 전체가 친작이었다고 주장하는 이도 있다. 루벤스는 워낙 그림을 잘 그려 작품 하나를 완성하는 데 이틀이면 충분했다는 것이다. 하지만 수천 점에 달하는 그림을 그 혼자 그렸다는 것은 매우 비현실적인 가정이다.(85쪽)

조영남 사건이 벌어진 직후인 2016년 7월, 이 책의 저자 진중권은 오마이뉴스에 연재한 세 편의 기고를 9장과 10장에 걸쳐 소개합니다. 작품의 물리적 실행을 조수에게 맡기는 관행에 대한 일반 대중의 비난과 미술계 안팎 몇몇 인사의 비판을 일일이 반박하는 가운데 현대 미술을 잘 알지 못하는 이들을 위해 '저자성의 현대적 기준'을 통해 설명합니다.

이 책에서 저자는 "이 사건을 통해 조영남은 (본의 아니게) 우리 미술계에 한 가지 중요한 의제를 던져주었다"라면서 작가는 그것이 바로 미술의 '현대성(modernity)'이라는 의제임을 강조합니다. "대중은 이 사건에서 화가가 자기 그림을 남에게 대신 그리게 한다는 사실에 충격을 받은 모양이다. 하지만 나는 이미 수십 년 전에 창작의 정상적인 방법으로 확립된 그 관행을 여전히 '충격'으로 받아들이는 사람들이 남아 있다는 사실에 충격을 받았다."

그리고 이 책은 "현대미술의 규칙을 왜 대한민국에서는 검찰이 제정하려 드는가?"라는 쟁점을 담고 있습니다. 이 사건은 미술계 안에서 "섬세한 논의"가 필요한 사안이니 "미술계 밖에서 형사재판이나 인민재판의 굿판을 벌일 게 아니라 미술계 안에서 윤리적이고 미학적인 논쟁을 시작하자"고 제안한 것입니다. 하지만 저자의 제안은 받아들여지지 않았습니다. 대한민국 미술계에서 이 사건을 법정으로 가져

의대입시독서는 달라야 합니다

가는 데에 공식적으로 반대한 이는 거의 없었습니다. 대한민국 미술계 (와 그들을 비롯한 예술계)는 자기들이 진심을 다해 논의해야 할 사안을 사법부로 넘겼습니다. '대한민국 미술계가 스스로 법원에 신탁통치를 바라는 사태'가 벌어진 것일까요? 이 책을 읽으면 앞서 소개한 서울대 의대면접 제시문의 메시지를 파악할 수 있을 겁니다.

생기부 세특 예시

예술과 사회의 관계에 대한 논쟁 사례를 조사하면서 대중과 언론을 크게 흔들었던 미술계 논란으로 자신의 이름으로 그림을 팔면서 실제로는 조수들이 그린 작품을 사용했다는 혐의로 '사기' 논란에 휩싸였고 검찰은 징역형을 구형했던 사건을 정리해 토론해 봄. 대중은 그를 사기꾼으로 규정했지만, 미학적·예술사적 관점에서 재조명하며 예술의 본질에 대한 근본적 질문으로까지 확장해 봄. 한국 사회에서 예술에 대한 관념이 20세기 초에 머물러 있다는 지적에 대해 현대 예술은 더 이상 '한 개인의 고독한 창작'만을 의미하지 않으며, 역사적으로 예술은 장인과 조수들의 협업으로 만들어져 왔다는 사례를 찾아봄. 르네상스 시대부터 미술 작품은 장인이 직접 그리지 않아도 그의 양식과 품질을 반영하면 '진품'으로 인정받았으며 미켈란젤로, 루벤스, 렘브란트 등 유명 화가들도 조수들과 함께 작업했고, 이 전통은 현대 미술에도 이어지고 있다는 점에서 '친작' 개념과 '예술가 혼'에 대한 신화를 종합적으로 분석해 봄. 예술의 본질과 저자성에 대한 고정관념을 깨고, 현대미술의 다양성과 복잡성을 인정하는 계기라는 측면에서 개인의 '창작'만으로 정의되기보다 시대와 문화에 따라 의미가 변화한다는 중요한 교훈을 얻음.(1,497Byte, 띄어쓰기 포함 609자)

　예술과 사회의 관계에 대한 논쟁 사례를 조사하면서 대중과 언론을 크게 흔들었던 미술계 논란으로 자신의 이름으로 그림을 팔면서 실제로는 조수들이 그린 작품을 사용했다는 혐의로 '사기' 논란에 휩싸였고 검찰은 징역형을 구형했던 사건을 정리해 토론해 봄. 현대 예술은 더 이상 '한 개인의 고독한 창작'만을 의미하지 않으며, 역사적으로 예술은 장인과 조수들의 협업으로 만들어져 왔다는 사례를 찾아봄. 미켈란젤로, 루벤스, 렘브란트 등 유명 화가들도 조수들과 함께 작업했고, 이 전통은 현대 미술에도 이어지고 있다는 점에서 '친작' 개념과 '예술가 혼'에 대한 신화를 종합적으로 분석해 개인의 '창작'만으로 정의되기보다 시대와 문화에 따라 의미가 변화한다는 중요한 교훈을 얻음.(920Byte, 띄어쓰기 포함 376자)

　예술과 사회의 관계에 대한 논쟁 사례를 조사하면서 자신의 이름으로 그림을 팔면서 실제로는 조수들이 그린 작품을 사용했다는 혐의로 '사기' 논란에 휩싸였고 검찰은 징역형을 구형했던 사건을 정리해 토론해 봄. 미켈란젤로, 루벤스, 렘브란트 등 유명 화가들도 조수들과 함께 작업했다는 점에서 '친작' 개념과 '예술가 혼'에 대한 신화를 종합적으로 분석해 시대와 문화에 따라 의미가 변화한다는 중요한 교훈을 얻음.(557Byte, 띄어쓰기 포함 227자)

　　　　　　　　의대입시독서는 달라야 합니다

《장애인을 만난 AI》| 이인구

" AI 기술이 장애인에게 미치는 영향 "

| 분량 ★★★★★ | 내용 ★★★★★ | 활용 ★★★★ |

📋 〈2023학년도 서울대 수시 의과대학 면접 제시문 2〉

복잡한 지하철의 교통약자 배려석 앞에서 한 가족이 이야기를 나누고 있는 상황입니다.

아동(8세): (빈자리를 가리키며) 여기 비었는데 앉으면 안 돼?

아빠: 안 돼, 여기는 장애인, 아프신 분들, 노인분들 앉는 자리야.

엄마: 그냥 앉아. 한 정거장만 갈 거니까, 필요한 노인이나 장애인이 오시면 양보하면 되지.

아동: 아빠, 그런데 나도 눈이 나쁘잖아.

질문 1. 아동이 "여기 비었는데 앉으면 안 돼?"라고 물었을 때 아빠의 대답은 왜 "안 돼"였을까요?

답변 : 아빠의 대답은 교통약자 배려석이 장애인, 아프신 분들, 노인분들을 위한 자리라는 규칙을 지키려는 이유 때문입니다. 교통약자 배

려석은 이러한 분들이 더 편리하게 이동할 수 있도록 배려하는 자리로 마련되어 있습니다. 따라서 이 자리는 교통약자들이 우선적으로 사용할 수 있도록 비워두는 것이 중요합니다. 아빠는 이를 자녀에게 교육하기 위해 '안 돼'라고 답한 것입니다.

질문 2. 아이의 입장에서 이 상황에 대해서 어떻게 생각해요?

답변 : 저는 아이의 입장에서는 저렇게 생각하는 것이 당연하다고 생각합니다. 아이는 성인보다 세상을 배우고 느끼는 시간이 적기 때문에, 아이의 입장에서 "눈이 나쁘다"는 것이 교통약자석에 앉을 이유가 된다고 생각할 수 있습니다. 이는 아이가 세상과 규칙을 배우는 과정 중 하나로 볼 수 있으며, 성인과 동일한 도덕 기준을 아이에게 적용하는 것은 적절하지 않을 수 있습니다.

질문 3. 엄마와 아빠 중 본인의 생각과 더 맞는 사람은 누구라고 생각해요?

답변 : 저는 아빠의 생각이 옳다고 생각합니다. 교통약자석은 장애인, 아프신 분들, 노인분들을 위한 자리입니다. 사회적 약자들이 우선적으로 앉을 수 있도록 비워두는 배려심이 중요합니다. 아빠의 대답은 공동체의 규칙을 지키고, 아이에게도 사회적 규칙의 중요성을 가르쳐주는 데 의미가 있습니다.

질문 4. 아이도 눈이 불편하다고 했는데 왜 앉으면 안 된다고 생각해요?

의대입시독서는 달라야 합니다

답변 : 아이가 눈이 불편하다고 해도, 교통시설을 이용하는 데 있어서 직접적인 불편함을 주는 요소는 아닙니다. 교통약자 배려석은 장애인, 노인, 임산부 등 교통시설을 이용하는 데 있어 직접적인 불편함을 겪는 사람들을 위해 마련된 자리입니다. 따라서 눈이 나쁘다는 이유로 앉는 것은 옳지 않습니다.

질문 5. 아빠가 되어서 면접관이 아내라고 생각하고 말해 볼래요?

답변 : 여보, 지금은 노약자석에 앉으셔야 하는 분이 없지만, 나중에 그런 분이 오셨을 때 우리에게 자리를 양보해 달라고 말하게 만드는 것 자체가 불편할 수 있어. 그리고 우리는 부모로서 아이에게 무엇이 옳은지, 보편적인 도덕 기준을 가르쳐야 하는 의무가 있어. 우리가 지금 이 상황을 그냥 넘어가면, 아이는 다음에도 그래도 되는 줄 알고 노약자석에 앉는 것을 대수롭지 않게 생각할 것 같아. 그러니 나는 우리아이가 노약자석에 앉지 않는 것이 옳다고 생각해.

면접 상황에서 아이의 마음을 생각해 보면, 아마도 "여기 비었는데 왜 앉으면 안 돼?"라는 질문은 단순한 호기심과 당연한 의문에서 나온 말일 수 있습니다. 제시문에서 주어진 정보를 고려한다면 아이는 8세이고, 아직 교통약자 배려석의 의미나 이유를 완전히 이해하지 못합니다. 게다가 자신도 눈이 나쁘다는 점을 말하며, 자신도 배려받아야 한다고 느꼈을 수 있습니다.

8세 어린이 입장에서는 '빈자리니까 앉아도 되지 않을까?' 하는 자연스러운 의문이 들면서 '왜 자신은 앉으면 안 되는지', 그 이유가 조금 답답하거나 혼란스러울 수도 있습니다. 특히 아빠가 "안 돼"라고 단호하게 말하니 서운하거나 이해가 잘 안 될 수도 있습니다. 하지만 엄마가 "필요한 사람이 오면 양보하면 된다"고 말해 주었으니 조금은 상황을 이해하려고 노력하는 모습을 보일 수도 있습니다.

8살은 아직 배려석의 사회적 의미를 완전히 알기 어려운 나이지만, 가족과 대화를 통해 조금씩 배우고 이해해 가는 과정에 있다고도 볼 수 있습니다. 이런 경험이 쌓이면 나중에는 누군가를 배려하는 마음이 자연스럽게 생길 수 있습니다.

아빠는 교통약자 배려석의 원래 취지에 따라 "안 돼"라고 단호하게 말했습니다. 그 자리는 장애인, 노인, 아픈 분들이 우선적으로 앉아야 하는 자리라서, 비어 있어도 일반인이 앉는 것은 배려하지 않는 것에 해당합니다. 특히 '복잡한' 지하철이므로 아빠의 의견은 설득력을 더 가질 수 있습니다. 반면 엄마는 현실적인 입장에서 "한 정거장만 갈 거니까, 필요한 사람이 오면 양보하면 된다"라고 말합니다. 즉, 너무 엄격하게 규칙을 지키기보다는 상황에 따라 융통성 있게 행동해도 된다는 생각입니다. 아이가 잠깐 앉는 것쯤은 크게 문제되지 않는다고 보는 것입니다. 결국 엄마와 아빠 모두 아이에게 사회적 배려와 규칙을 알려주려는 의도는 같지만, 접근 방식이 다르다고 볼 수 있습니다. 엄마는 유연한 태도, 아빠는 원칙을 강조하는 태도를 취합니다. 상황에 따라 어느 쪽이 더 적절한지는 맥락과 가족의 가치관에 따라 달라질 수 있습니다.

이 제시문에서는 아이가 앉아도 되는 상황도 고려해야 합니다. 먼저 아이가 직접 교통약자에 해당할 때입니다. 어린 유아나 미취학 아동일

의대입시독서는 달라야 합니다

때(만 6세 이하 아동 동반자 또는 만 12세 이하 어린이 자체), 몸이 아프거나 다쳐서 앉아야 하는 경우, 피곤함이 심하거나 멀미 등으로 인해 컨디션이 좋지 않아 앉아서 쉬어야 하는 경우, 스스로 이동하기 어려운 정도의 장애가 있는 경우입니다. 아이가 언급한 "눈이 나빠서"가 일시적인 불편함 때문인지 시각 장애인에 해당하는지도 세부적으로 살펴볼 수 있습니다. 또 상황적으로 앉아도 되는 경우도 발생합니다. 열차나 버스 안이 매우 한산하여 빈자리가 많고, 주변에 교통약자가 없는 경우 잠시 앉았다가 필요한 분이 오시면 언제든 바로 양보할 준비가 되어 있다면 괜찮을 수도 있습니다. 매우 짧은 거리를 이동하며 다음 정거장에서 바로 내릴 예정일 경우도 엄마의 이야기처럼 잠깐 앉았다가 바로 내릴 수 있다면 유연하게 대처할 수도 있습니다. 하지만 이 또한 주변을 잘 살피고 '혹시나 누가 타지 않을까' 하고 배려할 필요가 있습니다.

이와는 반대로 아이가 앉으면 안 되는 상황도 고려해야 합니다. 먼저 교통약자가 주변에 서 있는 경우입니다. 아이가 아무런 불편함 없이 서 있을 수 있는 건강한 상태인데, 주변에 노인이나 임산부, 장애인 등 교통약자가 서 계실 때는 앉으면 안 되겠습니다. 다른 빈 일반석이 많은 경우도 마찬가지입니다. 굳이 배려석이 아니어도 앉을 자리가 많은데, 습관적으로 배려석에 앉으려고 하는 것은 좋지 않습니다. 이 자리는 정말 필요한 사람들을 위해 비워두는 공간이라고 인식하는 것이 필요합니다. 다만 위 제시문에서는 '복잡한' 지하철이라고 전제되어 있습니다. 아이가 충분히 스스로 서 있을 수 있는 상태인 경우일 수도 있습니다. 8세면 초등학생입니다. 단순히 '앉고 싶어서' 빈 배려석에 앉기보다는, 어른들과 마찬가지로 주변을 둘러보고 양보하고 배려하는 마음을 배우는 게 중요합니다. 우리나라의 교통약자석은 법적인 처벌 규정이 있다기보다는 사회적 '배려'를 목적으로 합니다. 아이가 상황을 보고 스스로 판단하며 타인을 존중하는 마음을 키우도록 옆에서 잘 가르쳐주는 가정 교육이 중요하겠습니다.

이처럼 의대면접에서는 양보와 배려 등 사회성과 관련된 질문을 자주 합니다. 의사로서 중요한 자질을 평가하기 위해서인데, 바로 이 책을 추천합니다.

'장애인을 만난 AI(이인구)' 의대입시에 활용하기

'장애인을 만난 AI(이인구)'는 커뮤니케이션북스 출판사에서 펴내는 시리즈 도서 중 하나인데, 100페이지 정도이니 부담 없이 읽을 수 있습니다. 이 책은 'AI가 의료, 교육, 산업 등 다양한 분야에서 혁신을 주도하며 편리한 삶을 제공하지만, 장애인에게는 어떤 영향을 미칠까?'라는 질문을 던집니다. AI 기술이 장애인에게 미치는 긍정적 영향과 부정적 영향을 함께 분석하고, 포용적인 기술 개발 방향을 제시합니다.

저자는 기술로 공정한 기회 사회를 만드는 비콥 인증 소셜 벤처 이큐포올의 공동창업자 겸 대표입니다. 연세대학교 금속공학과를 졸업하고 한국과학기술원(KAIST)에서 경영학 석사 학위를 받았습니다. 삼성SDS를 시작으로 글로벌 ICT 기업으로 옮긴 후 한국 어도비 사업개발 팀장을 거쳐 미국 기업인 카세야, 스위스 기업인 나그라에서 한국 지사장을 역임했습니다. 2017년 이큐포올 창업 후에는 글로벌 수어 번역 기술 학회인 SLTAT 2023에서 조직위원으로 활동했으며, 현재 식스티헤르츠사의 비상임 등기이사를 맡아 기술로 환경 문제를 해결하는 데에 기여하고 있습니다.

> *가족과의 소통은 청각 장애 아동이 태어나서 처음으로 겪게 되는 장벽이다. 이를 다양한 인공지능 및 에듀테크, 그리고 방송 분야 기술의 융합과 농교육에 헌신하는 교수, 교사 분들의 노력으로 그 장벽의 높이를 낮추는 사례를 이야기했다. 이러한 노력은 더 많은 청각 장애 아동의 조기 수어 교육을 통해 학습력 배양과 가족과의 소통을 통한 정서 발달을 이뤄내고 더 나아가 사회 참여 기회를 증진시킬 것으로 예상한다.*(《1. 청각 장애 아동의 첫 번째 장벽》 중에서)

인공지능 기반 수어 번역 기술이 발전함에 따라 중요한 정보에 대한 수어 안내를 제공하게 되었습니다. 열차 내 안내 방송 내용이 인공지능 음성 인식 기술을 통해 한글로 변환되고, 이를 수어로 번역해 승객에게 전달하는 서비스는 이미 고속철도와 지하철에서 쉽게 볼 수 있습니다. 대한민국에서 먼저 실 구축을 시작한 이 서비스는 해외 수어 기술 전문 기업들을 통해 영국, 오스트리아, 스위스 등지에서도 볼 수 있게 되었습니다. 교통 수단 내 안내 방송에 대한 수어 서비스는 이미 박물관과 같은 다중 이용 시설에서도 활용되고 있습니다. 기존에 자막으로만 제공되던 재난 방송 내용을 지상파를 통해 수어와 함께 제공하는 서비스도 과기정통부의 사업으로 개발되어 제주도에서 시험 송출 중입니다.

현재까지 누적 150여 명의 청각 장애인이 택시 호출 애플리케이션인 '고요한 M'을 통해 취업하거나 새로운 일자리를 찾았다고 합니다. 또 4만 명 이상의 승객이 고요한 M의 호출 애플리케이션을 통해 편하게 이동하게 되었습니다. 이 택시 서비스는 장애인 드라이버들이 또 다른 장애인의 이동을 돕는 이동 서비스도 준비 중입니다.

AI는 장애인의 삶을 크게 개선할 수 있습니다. 예를 들어, 음성 인식 기술은 시각장애인의 정보 접근성을 높이고, 자율주행차는 이동성을 향상시키며, AI 기반 보조 기기는 일상생활을 더욱 편리하게 만듭니다. 하지만 AI가 편향된 데이터를 학습하거나 장애인을 배제하는 알고리즘을 적용할 경우, 오히려 불평등을 심화할 수도 있습니다. 이 책은 AI의 기회와 위험을 균형 있게 조망하며, 기술이 누구나 활용할 수 있는 방향으로 나아가야 한다는 점을 강조합니다.

특히, 저자는 장애인의 목소리를 중심에 두고 AI 기술이 실생활에서 어떻게 활용되는지를 설명합니다. 단순한 기술적 분석을 넘어 사회적 맥락과 윤리적 문제를 깊이 있게 다루고 있습니다. 이 책은 기술 개발자, 정책 결정자뿐만 아니라 사회적 약자와 더불어 살아가는 포용 사회를 꿈꾸는 모든 이들에게 의미 있는 통찰을 제공합니다. AI와 장애의 접점에서 새로운 가능성을 탐색하고자 하는 의대입시생들에게도 유익한 교훈을 줍니다.

의대입시독서는 달라야 합니다

'장애인을 만난 AI(이인구)'를 통해 AI가 의료, 교육, 산업 등 다양한 분야에서 혁신을 주도하며 편리한 삶을 제공하지만, 장애인에게는 어떤 영향을 미칠까라는 질문을 던지며 AI 기술이 장애인에게 미치는 긍정적이고도 부정적인 영향을 함께 분석해 봄. '수어 번역 기술 현황과 사례로 보는 청각 장애인의 접근성 향상'을 참고해 가족과의 소통은 청각 장애 아동이 태어나서 처음으로 겪게 되는 장벽이라는 점에서 다양한 인공지능 및 에듀테크 그리고 방송 분야 기술의 융합과 농교육에 헌신하는 교수, 교사 분들의 사례를 공유함. 열차 내 안내 방송 내용이 한글로 변환되고 수어로 번역해 승객에게 전달하는 서비스, 박물관과 같은 다중 이용 시설과 재난 방송, 모두를 위한 이동을 꿈꾸는 장애인 드라이버들이 또 다른 장애인의 이동을 돕는 서비스 등을 통해 AI의 순기능을 확장시켜 봄. 음성 인식 기술은 시각 장애인의 정보 접근성을 높이고, 자율주행차는 이동성을 향상시키며, AI 기반 보조 기기는 일상을 더욱 편리하게 만들지만 편향된 데이터를 학습하거나 장애인 배제 알고리즘을 적용할 경우와 같은 우려도 검토해 기회와 위험을 균형 있게 조망하며 기술이 누구나 활용할 수 있는 방향으로 나아가야 한다는 점을 강조함.(1,498Byte, 띄어쓰기 포함 620자)

'장애인을 만난 AI(이인구)'를 통해 AI가 의료, 교육, 산업 등 다양한 분야에서 혁신을 주도하며 편리한 삶을 제공하지만, 장애인에게는 어떤 영향을 미칠까라는 질문을 던지며 AI 기술이 장애인에게 미치는 긍정적이고도 부정적인 영향을 함께 분석해 봄. '수어 번역 기술 현황과 사례로 보는 청각 장애인의 접근성 향상'을 참고해 AI의 순기능을 확장시켜 봄. 음성 인식 기술은 시각 장애인의 정보 접근성을 높이고, 자율주행차는 이동성을 향상시키며, AI 기반 보조 기기는 일상을 더욱 편리하게 만들지만 편향된 데이터를 학습하거나 장애인 배제 알고리즘을 적용할 경우와 같은 우려도 검토해 기회와 위험을 균형 있게 조망하며 기술이 누구나 활용할 수 있는 방향으로 나아가야 한다는 점을 강조함.(927Byte, 띄어쓰기 포함 387자)

'장애인을 만난 AI(이인구)'를 통해 AI 기술이 장애인에게 미치는 긍정적이고도 부정적인 영향을 함께 분석해 봄. '수어 번역 기술 현황과 사례로 보는 청각 장애인의 접근성 향상'을 참고해 편향된 데이터를 학습하거나 장애인 배제 알고리즘을 적용할 경우와 같은 우려도 검토해 기회와 위험을 균형 있게 조망하며 기술이 누구나 활용할 수 있는 방향으로 나아가야 한다는 점을 강조함.(510Byte, 띄어쓰기 포함 212자)

《선량한 차별주의자》 | 김지혜

" 은밀하고 사소하며
일상적이고 자연스럽게 벌어지는 "

| 분량 ★★★★★ | 내용 ★★★★★ | 활용 ★★★★★ |

📑 〈2023학년도 서울대 수시 의과대학 면접 제시문 3〉

다음 제시문을 읽고 각각의 글을 쓴 사람은 어떤 상황에 있는지 생각해 봅시다.

(가) 귀뚜라미나 여치 같은 큰 울음 사이에는

너무 작아 들리지 않는 소리도 있다.

그 풀벌레들의 작은 귀를 생각한다.

(나) 사회적 약자는 가진 게 없는 사람이 아니라 무지한 질문*에 답해야 하는 사람이라는 것을 몸으로 겪었다.

*무지한 질문 : 굳이 확인해야 할 필요가 없는 경우에도 상대방의 입장을 고려하지 않고 내뱉는 질문

이 제시문을 만나면 다음과 같이 반성할 것입니다. '평소 문학 시간에 시 내용을 열심히 분석했다면, 통합사회 수업에서 사회적 약자의 개념을 조금 더 깊게 생각했다면….' 서울대뿐 아니라 의대면접에서는

제시문으로 시가 자주 등장하고, 그와 함께 사회적 약자에 대한 내용이 자주 출제됩니다.

질문 1. 각 제시문의 인물이 어떤 상황, 정서일지 말해 보세요.

답변 : (가)의 화자는 사회적 약자에 대해 깊이 고민하는 상황에 놓여 있습니다. 큰 소리들 사이에서 작고 들리지 않는 소리를 생각하는 것으로 보아, 사회에서 주목받지 못하거나 소외된 사람들의 고통을 이해하고 공감하려는 모습을 보여줍니다. 이는 사회적 억압이나 차별 속에서 약자의 목소리를 들으려는 태도를 나타냅니다. 화자는 작은 존재들에 대한 연민과 배려의 감정을 느끼고 있습니다. 이들은 큰 울음 속에서 들리지 않는 작은 소리처럼 주목받지 못하지만, 그들의 고통과 어려움을 공감하고 이해하려는 따뜻한 마음을 가지고 있습니다. (나)의 화자는 사회적 약자로서 무례하고 무지한 질문들에 답해야 하는 상황을 겪고 있습니다. 이는 자신이 사회적으로 무시되거나 제대로 대우받지 못하고 있다는 것을 몸소 체험하고 있음을 나타냅니다. 화자는 이러한 상황에서 큰 억울함과 좌절감을 느끼고 있습니다. 사회적 약자로서 불합리한 대우를 받으며, 그로 인해 깊은 무력감과 고통을 경험하고 있습니다.

질문 2. 본인이 (가)의 풀벌레 같다고 느껴 본 적이 있나요?

답변 1 : 네, 저도 종종 (가)의 풀벌레 같다고 느낀 적이 있습니다. 특히 고등학교에서 학업 스트레스가 극에 달했을 때, 많은 학생들이 시험 준비에 집중하고 있을 때, 개인적으로 힘든 상황을 겪고 있었습니다. 그때 제 고민과 고통은 다른 사람들에게 들리지 않는 작은 소리처럼 느껴졌습니다. 예를 들어, 반 친구들이 시험 성적에 대해 이야기하고 있을 때, 저는 가정에서 일어나는 문제로 힘들어하고 있었지만, 아무도 그것을 알아채지 못했습니다. 그때 제 감정과 고통이 다른 사람들에게 전혀 전달되지 않는다고 느꼈고, 마치 작은 풀벌레처럼 외로움을 느꼈습니다. 이러한 경험을 통해, 주위 사람들이 겉으로는 잘 지내고 있는 것처럼 보여도, 그들 각자가 겪고 있는 어려움이 있을 수 있다는 것을 배웠습니다. 그래서 더 많이 공감하고 배려하기 위해 노력하게 되었습니다. 비록 작은 소리일지라도 그 소리를 귀 기울여 듣는 태도가 얼마나 중요한지 깨달았습니다.

답변 2 : 네, 있습니다. 특히 고등학교 1학년 때, 선후배 간의 엄격한 규율을 처음 경험했을 때 그런 기분을 느꼈습니다. 당시 선배들이 신입생들을 엄격하게 통제하고 규율을 지키도록 요구했는데, 그 상황에서 제 의견을 말할 수 없었고, 설령 말을 해도 무시당하는 것 같았습니다. 모든 학생들이 선배들의 요구에 따라 행동해야 했고, 저의 작은 목소리는 그 큰 울음 사이에 묻혀 버리는 것 같았습니다. 그때 저는 마치 작은 풀벌레처럼 느껴졌습니다. 이 경험을 통해 소외된 사람들의 고통을 이해하고 그들의 목소리에 귀 기울이는 것이 얼마나 중요한지 깨달았습니다. 작은 소리도 무시하지 않고 들으려는 노력이 필요하다는 교훈을 배웠습니다. 이는 제가 의사가 되고자 하는 이유 중 하나입니다. 환자들의 작은 고통과 목소리에도 귀 기울여 듣고, 그들의 삶이 더 나아지도록 돕고 싶습니다.

질문 3. 제시문 (나)와 같은 문제를 해결하는 것이 왜 중요할까요?

답변 : 사회적 약자들이 무지하고 무례한 질문에 지속적으로 답해야 한다면 당사자들의 자존감과 정신 건강에 큰 영향을 미칠 수 있습니다. 이는 개인의 인격과 존엄성을 침해하는 행위로, 장기적으로는 사회 전체의 통합과 조화를 해칠 수 있습니다. 첫째, 인권 문제를 해결하는 것은 인간의 기본적인 존엄성을 보호하는 데 필수적입니다. 모든 사람은 존중받을 권리가 있으며, 무례한 질문을 받지 않을 권리가 있습니다. 이러한 권리가 보호될 때, 사람들은 자신이 소중한 존재임을 느끼고, 자존감을 회복할 수 있습니다. 둘째, 사회적 약자들이 불합리한 대우를 받지 않는 사회는 더 건강하고 조화로운 사회가 될 수 있습니다. 사람들은 자신이 공정하게 대우받고 있다고 느낄 때, 더 큰 동기와 열정을 가지고 사회에 기여할 수 있습니다. 이는 사회 전체의 발전과 번영에 긍정적인 영향을 미칠 것입니다. 마지막으로, 무지하고 무례한 질문을 하는 행위는 사회적 편견과 차별을 강화할 수 있습니다. 이러한 질문들은 특정 집단에 대한 부정적인 인식을 심어줄 수 있으며 사회적 갈등을 초래할 수 있습니다. 따라서, 이러한 문제를 해결하고 공정하고 평등한 사회를 만드는 것은 매우 중요합니다. 예를 들어, 의사로서 환자들을 대할 때, 환자들의 배경이나 상황을 존중하고, 그들의 감정을 이해하려고 노력해야 합니다. 환자들이 불필요한 스트레스를 받지 않도록 배려하는 것이 중요합니다. 이는 환자들이 더 나은 치료를 받을 수 있도록 도와주며, 궁극적으로는 의료 서비스의 질을 향상시키는 데 기여할 것입니다.

의대입시독서는 달라야 합니다

'선량한 차별주의자(김지혜)' 의대입시에 활용하기

'선량한 차별주의자(김지혜)'는 일상적으로 자연스럽게 벌어지는 일들 속에서 우리가 놓치고 있던 차별과 혐오의 순간을 날카롭게 포착합니다. 차별의 사각지대에 놓인 이들을 직접 찾아가는 현장 활동가이자, 통계학·사회복지학·법학을 넘나드는 통합적인 시각을 바탕으로 국내의 열악한 혐오·차별 문제의 이론적 토대를 구축하는 데 전념해 온 저자가 인간 심리에 대한 국내외의 최신 연구, 현장에서 기록한 생생한 사례, 학생들과 꾸준히 진행해 온 토론수업과 전문가들의 학술포럼에서의 다양한 논쟁을 바탕으로 우리 일상에 숨겨진 혐오와 차별의 순간들을 생생하게 담아냈습니다.

1부에서는 우리가 차별을 보지 못하고 선량한 차별주의자가 되는 이유를 중점적으로 다룹니다. 모든 사람은 가진 조건이 다르기에, 각자의 위치에서 아무리 공정하게 판단하려 한들 편향될 수밖에 없다는 점을 지적합니다. 다수가 보지 못하는 차별을 알아채기 위해서는 자신이 가진 특권을 발견하는 노력이 중요하다고 말합니다. 저자의 날카롭고 다각적인 문제제기를 따라가다 보면, 아무리 선량한 시민이라도 차별을 전혀 하지 않을 가능성은 거의 없다는 한계를 깨닫게 됩니다.

2부에서는 다양한 사례를 통해 차별이 지워지거나 공정함으로 둔갑되는 메커니즘을 살핍니다. 저자는 차별에 대한 논란들을 차근차근 해부하며 역으로 질문을 던집니다. 인간 심리와 사회현상에 대한 다양한 연구와 이론을 소개하면서 독자로 하여금 자연스럽게 평등과 차별을 탐구해 볼 수 있게 합니다. 3부에서는 차별과 혐오에 대응하는 우리의 자세를 점검합니다. 각종 논쟁과 실험을 풍부하게 제시하며, 지금 당장 시작할 수 있는 대안부터 모두가 나아가야 할 방향까지 폭넓게 살펴봅니다.

혐오와 차별은 잡초처럼 자란다고 합니다. 조금만 신경 쓰지 않으면 온 사회에 무성해지기 때문입니다. 사람들은 때로 아주 작은 차별은 무시해도 되고, 심지어 다수에게 유리한 차별은 합리적인 차등이라고 이야기하며, 차별에 대한 문제제기를 하면 역차별이라고 공격하기도 합니다. 이런 말을 하는 사람들은 심각한 혐오주의자나 차별주의자가 아닙니다. 바로 나, 당신, 우리일 수 있습니다.

"장애인이 버스를 타면 시간이 더 걸리니까 돈을 더 많이 내야 하는 것 아닐까요?" 장애인의 시외버스 탑승에 대한 토의 수업에서 한 학생이 한 말입니다. 일부러 장애인을 차별하기 위해 한 말은 아니겠지만, 그렇다면 어떻게 장애인이 돈을 더 내야 공정하다는 생각을 하게 되었을까요? 비장애인을 중심으로 설계된 질서 속에서 바라보면 버스의 계단을 오르지 못하는 것은 장애인의 결함이고 다른 사람에게 부담을 주는 행위입니다. 애초에 비장애인에게 유리한 속도와 효율성을 기준으로 삼는 것이 이미 편향된 사고임을 이 학생은 인식하지 못했을 뿐입니다.

저자는 이처럼 우리가 차별을 보지 못하는, '선량한 차별주의자'가 되는 이유를 중점적으로 다룹니다. 먼저 모든 사람은 가진 조건이 다르기에, 각자의 위치에서 아무리 공정하게 판단하려 한들 편향될 수밖에 없다는 점을 지적합니다. 특히 우리가 보지 못하는 차별을 알아채기 위해서는 자신이 가진 특권을 발견하는 시각이 중요하다고 강조합니다. 그 특권은 나에게는 아무런 불편함이 없는 구조물이나 제도가 누군가에게는 장벽이 되는 그때 발견할 수 있다고 합니다. 시외버스 좌석에 앉아서 자신이 특권을 누리고 있다고 생각하는 사람은 거의 없습니다. 하지만 시외버스에는 휠체어 리프트가 마련되어 있지 않기 때문에 휠체어를 사용하는 사람은 차표를 사도 버스를 탈 수가 없습니다. 타인은 갖지 못하고 내가 가진 어떤 것, 여기서는 시외버스를 이용할 수 있는 기회가 특권입니다.

그에 더해 저자는 우리가 때에 따라 특권을 가진 다수자가 되기도 하고, 차별받는 소수자가 되기도 한다는 점을 지적합니다. 한 개인이 어떤 점에서 소수자라고 해서 늘 차별을 받기만 하는 것은 아니라고 지적합니다. 이런 교차성은 차별에 대한 논의를 어렵고 복잡하게 만든다고 합니다. 예멘 난민 수용 논란이 일었을 때, 예멘의 성차별적 문화를 이유로 더 거세게 난민 수용에 반대한 이들이 '소수자'인 여성이었다는 점을 예로 들며, 차별에 대한 논의를 더욱 다각적으로 검토해야 한다고 말합니다. 더 나아가 아이러니하게도 차별을 당하는 사람들조차 차별적인 질서에 맞추어 생각하고 행동함으로써 불평등을 유지시키면서, 차별이 고착화되었다는 점도 지적합니다.

한국 사회의 차별감수성은 10~20년 전에 비하면 놀랄 만큼 높아졌습니다. 대다수의 사람들은 적어도 관념적으로는 평등을 지향하고 차별에 반대하기 때문입니다. 실제로 대부분의 선량한 시민들은 차별을 하는 사람이 되고 싶어 하지 않고, 평등이라는 원칙을 도덕적으로 옳고 정의로운 것이라고 받아들입니다. 하지만 구체적인 사안에 대해 물으면 어떤 차별은 합리적이라고, 또 어떤 차별은 차별이 아니라고 생각합니다. 차별이 지워지거나 '공정함'으로 둔갑되는 메커니즘을 살필 필요가 있습니다.

코미디 프로그램의 '바보' 캐릭터가 장애인을 비하한다는 문제제기를 하자 왜 웃자고 하는 말에 죽자고 덤비냐고 말합니다. 학생 성적별로 수준에 맞춘 교육을 제공하는 게 이상적이라고, 학급을 우열반으로 나누는 것이 학생들에게 좋은 일이라고 여기는 사람들도 많습니다. '노키즈존' 논란에 대해 어떤 사람들은 사업주에게는 손님을 거절할 권리가 있다고 말하기도 합니다.

저자는 차별과 관련된 여러 논란들을 차근차근 해부하며 역으로 질문을 던집니다. 인간 심리와 사회현상에 대한 다양한 연구와 이론을 소개하면서 독자가 자연스럽게 평등과 차별을 탐구해 볼 수 있게 합니다. 애초에 '바보' 캐릭터는 왜 웃긴지, 비하적 농담이 사회에 미치는 영향은 없는지 되묻습니다. 우열반 편성처럼 '다른 것은 다르게' 대우한다는 '능력주의' 원칙은 얼핏 객관적인 듯 보이지만, 실제로는 획일적인 평가 기준으로 '승자'가 모든 기회를 독식하고 패자는 박탈감과 배제를 감수하도록 만드는 방식은 아닌지 질문합니다. '노키즈존'이 사업주의 정당한 권리라면 '노장애인존'도 괜찮은지 질문합니다. 사업주가 손님에게 예의를 지켜달라고 요구해도 된다고 해서 어떤 손님이 이를 지키지 않는다는 이유로 아예 특정 '집단' 전체를 거부해도 괜찮을까요? 이 책에 소개된 생생한 질문과 대답들을 차근차근 따라가다 보면 어느새 우리가 미처 몰랐던 차별적인 생각이 우리 안에 있었다는 것을 깨닫게 됩니다.

노예제 시대에는 노예를 자연스럽게 여겼고, 여성에게 투표권이 없는 시대에는 그것이 당연해 보였습니다. 우리의 생각은 시야에 갇힙니다. 그래서 의심이 필요합니다. 세상은 정말 평등한가? 내 삶은 정말 차별과 상관없는가? 시야를 확장하기 위한 성찰은 모든 사람에게 필요합니다. 그 성찰의 시간이 없다면 우리는 그저 자연스러워 보이는 사회 질서를 무의식적으로 따라가며 차별에 가담하게 될 뿐입니다. 이 책은 스스로의 시야가 미치지 못한 사각지대를 발견할 기회를 제공해 줍니다.(78쪽)

모두가 평등을 바라지만, 선량한 마음만으로는 평등이 이루어지지는 않습니다. 서로 다른 위치에 있는 우리는 서로에게 차별의 경험을 이야기해 주고 경청해야 은폐되거나 보이지 않는 불평등을 감지할 수 있습니다. 불평등한 세상에서 '선량한 차별주의자'가 되지 않기 위해, '우리에게 익숙한 질서 너머의 세상을 상상해야 한다'는 것이 서울대 의대면접 제시문과 이 책이 건네는 메시지입니다.

 **생기부 세특 예시**

'선량한 차별주의자(김지혜)'를 통해 일상 속에 숨어 있는 차별과 혐오를 통계학과 사회복지학, 법학 등 통합적 시각으로 분석해 봄. 왜 차별을 보지 못하고 선량한 차별주의자가 되는지, 사람마다 처한 조건이 다르고 각자의 위치에서 아무리 공정하려 해도 편향될 수밖에 없다는

한계를 파악하고 자신이 가진 특권을 발견하려는 노력의 중요성을 느낌. 시외버스에 휠체어 리프트가 없다는 사실은 비장애인에게는 불편함이 아니지만 장애인에게는 큰 장벽이 된다는 점과 한 사람이 어떤 상황에서는 소수자, 또 다른 상황에서는 다수자가 될 수 있다는 교차성의 의미도 적용해 봄. 차별이 어떻게 지워지거나 '공정함'으로 둔갑하는지 '바보' 캐릭터 농담, 우열반 편성, 노키즈존 논란 등을 통해 차별의 메커니즘과 무심코 가진 차별적 생각을 깨닫게 됨. 차별과 혐오에 어떻게 대응해야 할지 지금 실천할 수 있는 구체적 대안부터 사회가 나아가야 할 제도 개선 방향까지 폭넓게 토론해 봄. 다수자 위주의 구조적 한계를 넘어서기 위해 다양한 소수자들의 경험을 듣고 이해하며, 익숙한 질서 너머의 세상을 상상해야 한다는 교훈을 얻고 평등은 선한 마음만으로 이루어지지 않고, 끊임없는 성찰과 실천이 필요하다는 메시지를 공유함.(1,498Byte, 띄어쓰기 포함 610자)

　'선량한 차별주의자(김지혜)'를 통해 일상 속에 숨어 있는 차별과 혐오를 통계학과 사회복지학, 법학 등 통합적 시각으로 분석해 봄. 왜 차별을 보지 못하고 선량한 차별주의자가 되는지, '공정함'으로 둔갑하는지 '바보' 캐릭터 농담, 우열반 편성, 노키즈존 논란 등을 통해 차별의 메커니즘과 무심코 가진 차별적 생각을 깨닫게 됨. 차별과 혐오에 어떻게 대응해야 할지 지금 실천할 수 있는 구체적 대안부터 사회가 나아가야 할 제도 개선 방향까지 폭넓게 토론해 봄. 다수자 위주의 구조적 한계를 넘어서기 위해 다양한 소수자들의 경험을 듣고 이해하며, 익숙한 질서 너머의 세상을 상상해야 한다는 교훈을 얻고 평등은 선한

　　　　의대입시독서는 달라야 합니다

마음만으로 이루어지지 않고, 끊임없는 성찰과 실천이 필요하다는 메시지를 공유함.(941Byte, 띄어쓰기 포함 387자)

　'선량한 차별주의자(김지혜)'를 통해 일상 속에 숨어 있는 차별과 혐오를 통계학과 사회복지학, 법학 등 통합적 시각으로 분석해 봄. '바보' 캐릭터 농담, 우열반 편성, 노키즈존 논란 등을 통해 차별의 메커니즘과 무심코 가진 차별적 생각을 깨닫게 됨. 다양한 소수자들의 경험을 듣고 이해하며, 익숙한 질서 너머의 세상을 상상해야 한다는 교훈을 얻고 평등은 선한 마음만으로 이루어지지 않고, 끊임없는 성찰과 실천이 필요하다는 메시지를 공유함.(596Byte, 띄어쓰기 포함 246자)

《우리 몸이 세계라면》 | 김승섭

" 우리 몸을 둘러싼 지식의 사회사 "

| 분량 ★★★ | 내용 ★★★★★ | 활용 ★★★★★ |

📝 〈2023학년도 서울대 수시 의과대학 면접 제시문 4〉

평생을 노동자의 건강에 관하여 연구해 온 퀘백대학교의 캐런 매싱 교수는 '보이지 않는 고통'이라는 책을 통하여 다음과 같은 현실을 비판하였습니다.

"의사들은 테니스엘보라고도 알려진 팔꿈치 관절에 생기는 근골격계 질환에 대해서 테니스를 자주 쳐서 생긴 결과라고 자신 있게 진단한다. 그러나 그 질환이 주당 50시간씩 전선을 잡아당기고 벗겨내는 업무를 해도 생긴다는 것을 모르거나 부인하는 의사들이 많다. 의사들은 테니스를 자주 치기 때문에 테니스엘보는 쉽게 이해한다. 그러나 의사들은 반복적인 육체노동에 대한 경험은 거의 없다. 따라서 그들이 어떻게 전선 피부를 벗겨내는 노동자의 고통을 이해할 수 있겠는가? 그들은 대체로 노동자의 이야기를 신뢰하지 않는다."

질문 1. 제시문의 인물이 어떤 상황, 정서일지 말해 보세요.

답변 : 저는 이러한 문제가 경험의 부족 때문에 발생한다고 생각합니다. 제시문의 의사들은 테니스를 해 본 경험은 있지만, 장시간의 반

복적인 육체노동을 한 경험이 없기 때문에 노동자들의 상황이나 감정에 대해 공감하지 못했습니다. 이러한 경험의 부재가 노동자의 고통을 이해하지 못하고, 그들의 이야기를 신뢰하지 않게 만드는 원인이라고 생각합니다. 의사들이 다양한 노동환경을 경험하거나 이해하지 못한다면, 그들의 진단과 치료가 노동자들의 실제 고통과 괴리될 수밖에 없습니다.

질문 2. 교수의 의견에 대해 어떻게 생각하나요?

답변 : 저는 교수의 의견에 동의합니다. 저 역시 고등학교에 입학하고 이전에는 겪지 못했던 다양한 경험을 하며 공감의 폭을 넓혀갔습니다. 경험한 것에 대해 공감하기 쉽다는 것은 사실입니다. 하지만 그 과정에서 '그럼 나는 경험해 보지 못한 것은 앞으로 공감할 수 없는 것인가?'라는 고민을 하게 되었습니다. 이를 상상력을 통해 극복할 수 있다고 결론을 내렸습니다. 직접 경험해 보지 못한 상황이라도, 그 사람이어떤 상황에 처해 있는지, 어떤 감정을 느끼고 있을지 상상해 보는 과정을 통해 그와 유사한 감정을 느낄 수 있습니다. 이 방법을 통해 다양한 상황에 대한 공감을 넓혀갈 수 있다고 생각합니다.

질문 3. 그럼 이러한 문제와 비슷한 경험이 있나요? 어떻게 해결했어요?

답변 : 네, 비슷한 경험이 있습니다. 고등학교에 처음 입학했을 때, 새로운 환경에 적응하며 다양한 사람들과 교류하는 과정에서 많은 어려움을 겪었습니다. 특히, 동아리 생활에서 선후배 간의 문화 차이로

인해 갈등을 경험했습니다. 이때 저는 선배들의 경험과 감정에 대해 이해하려고 노력하며 문제를 해결했습니다. 선배들의 입장에서 왜 그런 행동을 하는지, 어떤 감정을 느끼고 있는지 상상하고 공감하려고 했습니다. 이를 통해 갈등을 줄이고 더 나은 관계를 형성할 수 있었습니다.

질문 4. 이런 문제의 해결방법이 있을까요?

답변 : 봉사활동을 통해 해결할 수 있다고 생각합니다. 대학병원에 진료를 받으러 갔을 때 1시간씩 기다리지만, 막상 진료는 3분 만에 끝나는 경험을 했습니다. 의사로서 환자와 공감하는 것이 중요하다는 것을 깨닫게 되었고, 이를 위해 봉사활동이 큰 도움이 될 수 있다고 생각했습니다. 서울대학교 의대에서는 예과-본과 진급 조건에 봉사 시간이 포함되어 있습니다. 단순히 시간을 채우기 위한 봉사가 아니라, 그 시간을 통해 다양한 사람들을 만나고 그들의 이야기를 들으며 공감 능력을 키우는 것이 중요합니다. 봉사활동을 통해 사람들에게 집중하고, 그들의 감정을 이해하는 경험을 쌓는다면, 진료실에서 짧은 시간 동안에도 환자와 공감할 수 있다고 생각합니다.

질문 5. 다른 방법이 또 있을까요?

답변 : 네, 다양한 사람들을 많이 만날 수 있는 기회를 만드는 것도 하나의 방법이라고 생각합니다. 다양한 직업, 배경, 나이를 가진 사람들과 교류하고 그들의 이야기를 듣는 것은 공감 능력을 키우는 데 큰 도움이 됩니다. 예를 들어, 멘토링 프로그램이나 직업 체험 프로그램

을 통해 다른 사람들의 일상과 고충을 직접 경험하고 이해할 수 있습니다. 이는 의사들이 환자들의 다양한 배경과 상황을 이해하고, 더 나은 진료를 제공하는 데 도움이 될 것입니다.

제시문 속의 캐런 매싱 교수는 노동자의 건강 문제를 오랫동안 연구해 온 전문가입니다. 그는 노동자들이 겪는 고통이 제대로 인정받지 못하는 현실에 답답함과 안타까움을 느끼고 있습니다. 특히 의사들이 '테니스엘보'라는 질환을 단순히 테니스를 자주 쳐서 생긴 병으로만 진단하는 데 대해 실망하고 분노합니다. 왜냐하면, 실제로는 반복적인 육체노동으로 인해 발생하는 고통임에도 불구하고, 의사들이 그 노동자의 고통을 이해하지 못하거나 믿지 않는 현실이 너무나 부당하기 때문입니다.

캐런 매싱 교수는 노동자의 이야기를 신뢰하지 않는 의사들의 태도에 대해 안타까움과 무력감을 느낍니다. 자신의 연구와 경험을 통해 노동자의 고통을 알리고 싶지만, 사회적 인식과 의료 현장의 한계 때문에 고립감을 느끼기도 합니다. 정서적으로는 답답함, 분노, 안타까움, 무력감이 복합적으로 섞여 있고, 노동자들의 '보이지 않는 고통'을 세상에 알리고자 하는 강한 책임감과 사명감도 함께 품고 있습니다.

'우리 몸이 세계라면(김승섭)' 의대입시에 활용하기

'우리 몸이 세계라면(김승섭)'은 '분투하고 경합하며 전복되는 우리 몸을 둘러싼 지식의 사회사'라는 부제의 책입니다. 2017년 '아픔이 길이 되려면'으로 큰 화제를 모았던 저자는 현재 서울대 보건대학원에서 학생들을 가르치고 있습니다. 데이터를 통해 인구집단의 건강을 연구하는 사회역학 연구자인 저자가 지난 20년 동안 의학과 보건학을 통해 공부해 온 몸과 질병에 관한 주제들을 '지식'에 방점을 찍고 집필한 책입니다.

저자는 이 책에서 인간의 몸은 다양한 관점이 각축하는 전장이라고 이야기합니다. 지식의 전쟁터가 된 우리 몸에 대해 여러 학술적 쟁점들을 다룹니다. 병원 진단 과정 또는 의학 지식을 생산하는 과정에서 남성의 몸만을 표준으로 삼아 생긴 문제들을 지적하고, 신약 개발을 할 때 고소득국가에서 소비되는 약만 개발되면서 저소득국가에서는 필요한 약이 개발되지 못하는 현실을 지적하는 등 몸을 둘러싼 지식의 생산 과정에 대해 비판적 시각을 드러냅니다.

과학과 역사의 사례, 현대의 여러 연구를 망라하며 사회역학자답게 데이터를 근거로 몸을 둘러싸고 어떤 지식이 생산되고 어떤 지식은 생산되지 않는지, 누가 왜 특정 지식을 생산하는지, 우리에게 필요한 지식을 만들기 위해 상식이라 불리는 것들에 질문해야 하는 이유는 무엇인지 자세하게 보여줍니다.

저자는 의사로서 화려한 경력을 자랑합니다. 연세대학교 의과대학을 졸업하고, 서울대학교 보건대학원에서 석사 학위를, 하버드대학교 보건대학원에서 박사 학위를 받은 환상적(!)인 경력이 눈에 띄는 저자는 조지워싱턴대학교 보건대학원 강사를 거쳐 고려대학교 보건과학대학 보건정책관리학부와 동대학원 보건과학과 부교수를 역임했습니다. 2022년부터 서울대 보건대학원 환경보건학과 교수로 활동하고 있습니다. 저자는 '데이터 분석을 통해 사회적 약자의 건강을 연구하는 것은 보건학자'라고 정의하는데, 결혼이주여성, 성소수자, 세월호 참사 생존학생, 재소자, 쌍용자동차 해고노동자와 가족, 화장품 판매직 노동자, 천안함 생존장병에 대한 연구를 진행했습니다. 지은 책으로 '아픔이 길이 되려면'과 '우리의 상처가 미래를 바꿀 수 있을까', '타인의 고통에 응답하는 공부' 등이 있는데, 이 책들은 모두 의대입시생 필독서입니다.

전작 '아픔이 길이 되려면'이 10년간 김승섭 교수가 언론 매체를 통해 소통한 글들을 엮은 것이라면, '우리 몸이 세계라면'은 지난 20년 동안 의학과 보건학을 통해 공부해 온 몸과 질병에 관한 주제들을 '지식'에 방점을 찍고 집필한 책입니다.

혈액형에 따라 성격이 다르다는 이야기는 2018년인 지금도 심심치 않게 매스컴에서 다루어지는 내용입니다. 그 뿌리를 따라가면, 제국주의 시기의 혈액형 인류학을 찾을 수 있습니다. 루드빅 히르쉬펠트는 혈액형을 '과학'의 도구로 이용해 민족과 인종을 처음 설명한 사람입니다. 그는 마케도니아 전장에서 16개 국가의 군인 8,500명의 피를 뽑아 분석한 후 '생화학적 인종계수(AB형+A형/AB형+B형)'라는

지수를 만듭니다. A형 인자를 가진 사람이 B형 인자를 가진 사람보다 더 진화했다는, 인종주의적 전제를 담은 지표입니다. 이 지표는 당시 조선인과 일본인의 차이를 드러낼 도구를 찾던 일본에게 주요한 관심사가 됩니다. 일본은 조선에서 인종계수를 측정하면서, 일본과 가까울수록 인종계수가 높다는 계산을 도출해냅니다.(33쪽)

저자는 이러한 일제강점기 인종주의 과학을 소개하면서, 어떤 현상의 본질을 이해하기 위해서는 누가 왜 그 시기에 그 질문을 던졌는지, 그 질문에 답하기 위한 연구들은 어디에 발표되었고, 그렇게 만들어진 지식은 이후 어떻게 활용되었는지 물어야 한다고 강조합니다.

저자는 병원 진단 과정이나 의학 지식을 생산하는 과정에서 남성의 몸만을 표준으로 삼아 생긴 문제들도 지적합니다. 신약 개발에 있어서 고소득국가에서 소비되는 약만 개발되면서 저소득국가에서는 필요한 약이 개발되지 못하는 현실도 폭로합니다. 저자가 이 책 전반을 통해 말하고자 하는 바는 명확합니다. '지식' 그 자체에 질문해야 한다는 주장입니다. 어떤 지식이든 그것을 생산하는 과정에서 누군가의 관점이 담기게 마련입니다. 어떤 지식은 특정한 누군가의 이익을 반영해 만들어지기도 합니다.

2016년 담배회사 필립 모리스는 서울대 보건대학원에 4년간 1억원의 장학금을 제안했답니다. 흡연자가 고객인 담배회사가 건강을 연구하는 보건대학원에 장학금을 제안한 이유는 무엇일까요? 필립 모리스는 "기존의 담배가 중독성이 있고 사망위험을 높인다는 사실은 인정하지만 담배의 종류는 다양하며, 그 독성정보가 공개되지 않아 오히려 흡연자의 알 권리를 침해"한다고 말하며, 장학금을 제안했습니다. '덜 해로운 담배 선택권' 즉, 전자담배에 대한 연구 제안을 한 셈입니다. 서울대 보건대학원은 교수회의를 거쳐 이 제안을 거절합니다. 이 책에서는 이러한 지식 생산의 주체인 지식인들의 문제를 함께 다룹니다. 대표적으로 자본이 지식 생산 과정에 관여한 사례로서, 담배회사가 자신들에게 필요한 지식을 만들기 위해 과학자들을 어떻게 매수하는지를 여러 사례와 연구를 통해 보여줍니다. 2018년 연구에서 국제 구호단체인 유니세프(UNICEF, 유엔아동기금)가 담배회사의 후원을 받으며 어린이 흡연 예방 활동을 축소한 문제를 다루고, 미국에서 공개된 담배회사 내부문건에서 한국의 학자들이 등장한 내용도 소개했습니다. 최근 담배회사들이 주력하는 전자담배에 대한 내용도 언급했습니다.

2018년 스탠턴 글랜츠 교수는 필립모리스가 전자담배 '아이코스'의 미국식품농약청 승인을 받기 위해 제출한 데이터를 분석했는데, 필립 모리스는 미국과 일본에서 90일간 아이코스를 사용한 사람의 폐활량, 백혈구 수치, 콜레스테롤 수치를 포함한 24개 생체지표의 변화량을 제시했다. 분석 결과 24개 지표 중 23개에서 기존의 궐련 담배와 통계적으로 유의미한 차이가 없다는 결과가 나온 것이다. 담배회사는 과거 스트레스의 대가인 셀리에를 섭외해 폐암의 주요원인이 스트레스인 것처럼 지식을 생산한 바 있다.(49쪽)

저자는 데이터를 통해 인구 집단의 건강을 말하는 '사회역학' 연구자입니다. '아픔이 길이 되려면'에서는 사회역학의 연구방법으로 질병의 사회적 원인을 드러냈다면, '우리 몸이 세계라면'에서는 데이터를 활용해 몸과 질병의 사회사를 이야기합니다. 조선 중종 시대에 티푸스로 추정되는 전염병의 실제 사망자 수의 데이터를 제시하고, 일제강점기에 병원을 이용한 외래환자 수, 법정 전염병 사망차 수, 평균키 데이터를 제시합니다. 중세 흑사병을 말하면서는 '14세기 유럽에서 흑사병으로 인해 여성이 남성보다 더 많이 사망했을까?'라는 질문을 던지며, 흑사병 유행 시기와 유행하지 않은 시기의 남녀 사망비를 분석한 2017년 네덜란드의 연구를 소개합니다. 데이터를 보여주며 동시에 질문합니다. '대규모 재난 앞에서 더 큰 위험을 감수해야 했던 사람이 누구'인지 죽음의 불평등에 관해 묻습니다. 대규모 재난이 끊이지 않고 발생하는 오늘날에 의미심장한 질문입니다. 의대입시생이라면 이 질문에 답할 수 있어야겠지요?

 **생기부 세특 예시**

'우리 몸이 세계라면(김승섭)'에서 우리 몸을 둘러싼 지식이 어떻게 만들어지고, 누가 이 과정에 영향을 미치는지 탐구하는 학문적 노력의 중요성을 배움. 보건학에서 데이터를 통해 인구 집단의 건강을 연구하는 사회역학 분야로 시야를 확장해 봄. '인간의 몸은 다양한 관점이 각축하는 전장'이라는 명제에 대해 병원 진단이나 신약 개발 과정에서 남성의 몸을 기준으로 삼거나, 고소득 국가 중심의 약 개발처럼 특

정 관점이나 이익이 지식 생산에 개입하는 문제들을 비판적으로 검토해 봄. 데이터와 역사적 사례를 통해 어떤 지식이 왜 만들어지고 사라지는지, 누가 특정 지식을 생산하는지 파헤치면서 '상식'처럼 여겨지는 상황들에 질문해야 하는 이유를 찾아 혈액형 성격론이 제국주의 시대의 인종주의적 편견에서 시작되었음을 확인하고, 일제강점기 조선인의 건강 통계가 보여주는 이면을 추가로 조사해 봄. 자본의 영향이 지식 생산에 어떻게 작용하는지 담배 회사가 학자들을 통해 자신들에게 유리한 지식을 만들고자 했던 사례나 전자담배 연구의 숨겨진 이야기들을 근거로 의학과 보건학이 몸과 질병에 대한 주제를 새로운 정보라는 관점에서 깊이 있게 다루지만 지식 자체에 대해 스스로 질문해야 한다는 교훈을 얻음.(1,498Byte, 띄어쓰기 포함 604자)

'우리 몸이 세계라면(김승섭)'에서 우리 몸을 둘러싼 지식이 어떻게 만들어지고, 누가 이 과정에 영향을 미치는지 탐구하는 학문적 노력의 중요성을 배움. 보건학에서 데이터를 통해 인구 집단의 건강을 연구하는 사회역학 분야로 시야를 확장해 봄. 병원 진단이나 신약 개발 과정에서 남성의 몸을 기준으로 삼거나, 고소득 국가 중심의 약 개발처럼 특정 관점이나 이익이 지식 생산에 개입하는 문제들을 비판적으로 검토해 봄. 혈액형 성격론이 제국주의 시대의 인종주의적 편견에서 시작되었음을 확인하고, 일제강점기 조선인의 건강 통계가 보여주는 이면을 추가로 조사해 봄. 의학과 보건학이 몸과 질병에 대한 주제를 새로운 정보라는 관점에서 깊이 있게 다루지만 지식 자체에 대해 스스로 질문해야 한다는 교훈을 얻음.(960Byte, 띄어쓰기 포함 388자)

‘우리 몸이 세계라면(김승섭)’에서 우리 몸을 둘러싼 지식이 어떻게 만들어지고, 누가 이 과정에 영향을 미치는지 탐구하는 학문적 노력의 중요성을 배움. 데이터를 통해 인구 집단의 건강을 연구하는 사회역학 분야로 시야를 확장해 봄. 혈액형 성격론이 인종주의적 편견에서 시작되었음을 확인하고, 일제강점기 조선인의 건강 통계가 보여주는 이면을 추가로 조사해 봄. 의학과 보건학 지식 자체에 대해 스스로 질문해야 한다는 교훈을 얻음.(586Byte, 띄어쓰기 포함 238자)

의대입시독서는 달라야 합니다

《국가는 왜 실패하는가》
| 대런 애쓰모글루, 제임스 로빈슨

" **2024년 노벨경제학상** "

분량 ★★	내용 ★★★★	활용 ★★★★

〈2023학년도 서울대 수시 의과대학 면접 제시문 5〉

다음은 2020년 국가별 소득 수준에 따른 A 질환에 대한 통계 자료이다. 1만 명당 이 질환이 진단되는 환자 수는 어느 국가나 동일하다. 이 자료를 분석하여 1분간 설명할 수 있게 준비하세요.

	저소득 국가	중저소득 국가	중고소득 국가	고소득 국가
진단 시 평균 나이	31개월	24개월	21개월	14개월
진단 시 병의 중증도	초기 14%	초기 27%	초기 50%	초기 66%
	중기 43%	중기 54%	중기 45%	중기 34%
	말기 43%	말기 19%	말기 5%	말기 1%
3년 생존률	57%	80%	91%	99%

이 제시문에서 주어진 자료를 빠르게 이해하기 위해서는 최댓값과 최솟값의 차이를 파악해야 합니다. 저소득 국가와 고소득 국가의 차이를 숫자로 계산해서, 유의미하게 말로 설명할 수 있어야 합니다.

질문 1. 위 표를 보고 알 수 있는 정보를 1분 내로 말해 보세요.

답변 : 이 표는 2020년 국가별 소득 수준에 따른 A 질환 환자의 통계 자료입니다. 1만 명당 환자 수가 같은 상황에서, 소득 수준별로 진단 시 평균 나이, 병의 중증도, 3년 생존률을 비교합니다. 먼저, 평균 진단 나이는 소득이 낮을수록 더 높습니다. 저소득 국가에서는 평균 31개월에 진단되지만, 고소득 국가는 14개월로 2배 이상 빨리 발견됩니다. 즉, 고소득 국가일수록 조기 진단이 잘 이루어지고 있음을 보여줍니다. 병의 중증도를 보면, 저소득 국가에서는 진단 시 병이 중기나 말기인 경우가 많습니다. 중기 43%와 말기 43%일 정도로 심각한 상태에서 발견되는 반면, 고소득 국가는 초기 진단 비율이 66%로 높고, 말기 환자는 1%에 불과해 조기 발견과 치료가 잘되고 있음을 알 수 있습니다. 3년 생존률도 소득 수준에 따라 크게 차이가 납니다. 저소득 국가는 57%인 반면, 고소득 국가는 99%로 거의 대부분이 생존합니다. 조기 진단과 적절한 치료 접근성 차이가 생존률에 큰 영향을 미친다는 점을 시사합니다. 요약하자면, 소득 수준이 낮은 국가일수록 질병 진단이 늦고, 병이 더 심각한 상태에서 발견되며, 이에 따라 생존률도 낮아지는 불평등을 보여주는 자료입니다. 이런 차이는 의료 접근성, 진단 기술, 치료 환경의 차이에서 비롯된다고 볼 수 있습니다.

질문 2. 저소득 국가에서 A 질환의 발견이 늦고, A 질환이 장기간 진행되는 이유는 무엇이라고 생각하나요?

답변 : 저소득 국가에서 의료 접근성이나 조기 검진 체계가 부족해 질병을 일찍 발견하기 어렵기 때문입니다. 진단 시 병의 중증도를 보

면 병이 많이 진행된 상태에서야 발견되는 경우가 많습니다. 반면 고소득 국가는 초기 진단이 66%로 높고, 말기 환자는 1%에 불과합니다. 의료 인프라와 건강 교육, 조기 치료 시스템이 잘 갖추어져 있는지의 차이에 기인합니다. 3년 생존률을 보면 조기 발견과 적절한 치료가 생존율에 큰 영향을 미친다는 교훈을 얻을 수 있습니다.

정리하면, 저소득 국가에서 A 질환의 발견이 늦고 장기간 진행되는 이유는 의료 시설과 인력 부족으로 조기 진단이 어렵고, 건강 정보와 교육이 부족해 증상을 빨리 인지하지 못하며, 경제적 어려움으로 병원 방문이나 치료가 늦어지고, 적절한 치료제나 의료 서비스 접근성이 낮아 병이 악화되기 때문입니다. 다양한 구조적 문제들이 질병의 조기 발견과 치료를 방해해 중증도 증가와 낮은 생존률로 이어집니다. 결국, 소득 수준에 따른 의료 불평등이 질병 관리에 큰 영향을 미친다는 점을 보여줍니다.

질문 3. 고소득 국가에서 A 질환의 발견이 빠르고, 생존율이 높은 이유는 무엇이라고 생각하나요?

답변 : 조기 진단과 의료 접근성 덕분입니다. 고소득 국가는 의료 인프라가 잘 갖춰져 있고, 정기적인 건강검진과 조기 진단 시스템이 활성화되어 있어 질병을 빠르게 발견할 수 있습니다. 표에서 고소득 국가의 평균 진단 나이가 14개월로 가장 낮고, 초기 진단 비율도 66%로 가장 높다는 점이 이를 뒷받침합니다. 조기 발견은 치료 성공률을 높이고 병의 중증도가 낮을 때 개입할 수 있게 합니다. 치료 기술과 의료 자원의 풍부함도 추론 가능합니다. 고소득 국가는 최신 의료기술과 치

료법이 빠르게 도입되고, 전문 의료진과 병원이 충분히 확보되어 있어 환자가 적시에 효과적인 치료를 받을 수 있습니다. 이로 인해 3년 생존률이 99%로 매우 높게 나타납니다.

건강에 대한 인식과 교육이 잘 이루어져 있어 사람들이 증상을 조기에 인지하고, 적극적으로 의료 서비스를 이용하는 문화가 자리 잡혀 있다고도 볼 수 있습니다. 조기 진단과 치료로 이어져 생존율 향상에 기여합니다. 경제적 여유가 있어 의료비 부담이 적고, 건강보험과 같은 사회보장제도가 잘 갖추어져 있어 누구나 필요한 의료 서비스를 받을 수 있습니다. 이로 인해 치료 중단이나 지연이 적고 꾸준한 관리가 가능해 생존율이 높습니다. 요약해 보면, 고소득 국가에서 A 질환의 발견이 빠르고 생존율이 높은 이유는 조기 진단 시스템과 의료 인프라가 잘 갖춰져 있고, 최신 치료 기술과 건강 교육이 활성화되어 있기 때문입니다. 경제적 여유와 사회적 안전망 덕분에 환자들이 적시에 치료받고 꾸준히 관리받을 수 있어 생존율이 크게 높습니다.

 '국가는 왜 실패하는가(대런 애쓰모글루, 제임스 A. 로빈슨)' 의대입시에 활용하기

'국가는 왜 실패하는가(대런 애쓰모글루, 제임스 A. 로빈슨)'의 저자들은 2024년 노벨경제학상을 받았습니다. 이 책은 가난, 부정부패, 형편없는 교육으로 신음하고 있는 '실패한' 나라들을 논합니다. 이들이 실패한 이유는 무엇일까요? 같은 전철을 밟지 않으려면 우리는 어떻게 해야 할까요? MIT 경제학과 교수 대런 애쓰모글루와 하버드대학교 정

의대입시독서는 달라야 합니다

치학과 교수 제임스 A. 로빈슨은 '왜 그토록 여러 나라가 발전하지 못하는지', 더 나아가 오늘날 '번영과 빈곤, 세계 불평등의 기원은 어디에 있는지'에 대해 이야기합니다.

열대 지역이라는 위치와 경제적 성패 간에 분명한 상관관계가 없다는 것은 역사를 돌이켜보아 의심의 여지가 없다. 아프리카에서 열대성 질병이 고통을 야기하고 영아 사망률을 높이는 원인인 것은 분명한 사실이지만 그렇다고 아프리카가 가난한 이유는 아니다. 주로 빈곤과 질병을 박멸하는 데 필요한 공중 보건 정책을 취할 능력이나 의지가 없는 정부 때문에 질병이 창궐한다. 19세기 영국도 굉장히 건강에 해로운 곳이었다. 하지만 영국 정부는 차츰 깨끗한 물공급과 적절한 하수 및 오물 처리는 물론 더 나아가 효과적인 공중 보건 서비스를 위해 투자를 늘려나갔다. 공중 보건이 증진되고 기대 수명이 늘어나서 영국 경제가 성공한 것이 아니라, 반대로 정치·경제적 변화의 결실이었다는 것이다. 애리조나 주 노갈레스 역시 마찬가지다.
지리적 위치 가설의 나머지 부분은 열대 농업이 태생적으로 비생산적이기 때문에 가난을 면치 못한다는 것이다. (…) 물론 일리가 없지는 않지만, (…) 그보다는 토지 소유구조, 정부 및 제도 때문에 농부들이 인센티브를 기대하지 못하기 때문이라 할 수 있다.(88쪽)

저자들은 15년간의 연구를 바탕으로 로마제국, 마야 도시국가, 중세 베네치아, 구소련, 라틴아메리카, 잉글랜드, 유럽, 미국, 아프리카 등 전

세계 역사에서 발견한 주목할 만한 증거를 토대로 실패한 국가와 성공한 국가를 가르는 결정적 차이가 무엇인지 말합니다. 특히 주목할 만한 예는 바로 한국과 북한입니다. 저자들이 한국어판 서문에서도 밝히고 있듯이, "한반도에서 발생한 어마어마한 제도적 차이에 전 세계 모든 나라가 부국과 빈국으로 나뉜 이유를 설명할 수 있는 일반 이론의 모든 요소가 포함"되어 있기 때문입니다. 이들이 말하는 국가의 성패 결정 요인은 지리적, 역사적, 인종적 조건이 아니라 바로 '제도'입니다.

각 사회는 특유의 관습 등으로 인해 제도가 상이할 수밖에 없습니다. 이 책은 이런 제도적 차이들이 제도적 부동(浮動, institutional drift)을 만들어내고, 수 세기를 거치면서 중요한 차이로 이어지기도 하며, 이것이 결정적 분기점에 직면했을 때 정치·경제적인 상황에서 비롯되는 변화에 대응하는 방식에 영향을 준다고 강조합니다. 이를 테면 흑사병과 1600년 이후 세계무역 확대는 유럽 열강에 결정적인 분기점으로 작용했을 뿐 아니라 기존의 상이한 제도와 상호작용을 하면서 심각한 차이를 만들어내기 시작했습니다.

동서유럽은 이미 14세기부터 갈림길에 들어섰기 때문에 17세기, 18세기, 19세기에 걸친 새로운 경제적 기회는 유럽의 양대 지역에 근본적으로 다른 의미를 띠게 됩니다. 1600년 잉글랜드 왕실의 힘은 프랑스와 에스파냐에 비해 약했습니다. 잉글랜드는 대서양을 통한 무역으로 더 폭넓은 다원주의를 바탕으로 하는 새로운 제도를 만들 수 있었지만 프랑스와 에스파냐에서는 왕실의 힘만 강화되었습니다. 산업혁명이 유독 영국에서 싹이 터 가장 크게 발전할 수 있었던 것은 포용적인 경제제도 덕분입니다. 물론 이런 경제제도는 명예혁명이 가져다준

의대입시독서는 달라야 합니다

포용적 정치제도의 기반 위에 마련된 성과입니다. 명예혁명은 경제 발전에 유용한 개방적인 정치체제를 만들어주었습니다. 그 결과 오늘날과 같은 경제 성장을 이룰 수 있었다고 저자들은 주장합니다.

한편, 이 책은 "오늘날 북한의 생활수준은 사하라 이남 아프리카 나라와 비등하다. 남한 평균 생활수준의 10분의 1에 불과하다"고 말합니다. 남북한은 왜 이토록 다른 운명의 길을 걸었을까요? 그 해답 역시 제도에 있다고 말합니다. 한국은 포용적 경제제도를 펼쳤습니다. 다시 말해 사유재산이 보장되고, 법체제가 공평무사하게 시행되며, 누구나 교환 및 계약이 가능한 경쟁 환경을 보장하는 공공서비스가 제공됩니다. 이런 포용적인 경제제도가 도입되면 경제활동이 왕성해지고 생산성이 높아지며 경제적 번영을 이룰 수 있습니다.

반면 북한은 사정이 달랐습니다. 일부 개인과 집단이 착취적 제도를 통해 더 큰 이익을 챙겼습니다. 착취적 제도는 그 근본 논리만 보더라도 착취할 만한 부를 창출해야 하는데, 그 성격상 창조적 파괴를 이끌어내지 못하고 기술적 진보 역시 제한적인 수준에 그칩니다. 경제활동을 자극할 만한 인센티브(유인)를 만들어내지 못하기 때문입니다.

 **생기부 세특 예시**

저소득 국가에서 특정 질환의 발견이 늦고 장기간 진행되는 이유로 의료 접근성 부족, 건강 교육 미비, 경제적 빈곤, 의료 자원의 불균형, 사회적·정치적 요인들이 복합적으로 작용한 결과임을 분석하고 구조

적 문제들이 질병의 조기 발견과 치료를 어렵게 하여, 중증도 증가와 낮은 생존률로 이어지는 건강 불평등을 심화시키고 있다는 문제를 논리적으로 제기함. '국가는 왜 실패하는가(대런 애쓰모글루, 제임스 A. 로빈슨)'를 통해 지리적 위치, 인종, 역사적 조건보다 정치·경제 제도의 차이가 국가의 번영과 실패를 가르는 결정적 요인이라는 사례들을 추가함. 열대 지역의 가난이 단순히 기후나 질병 때문이 아니라, 공중보건 정책을 실행할 능력과 의지가 부족한 정부 때문이며 역사적 사례로 로마제국, 마야, 베네치아, 구소련, 라틴아메리카, 유럽, 미국, 아프리카 등 다양한 국가의 상황와 특히 남북한의 극명한 경제 격차를 설명하는 논리로 사유재산 보장, 법치주의, 공정한 경쟁 환경 등 포용적 제도의 중요성을 배움. 흑사병, 명예혁명, 국제무역 확대처럼 국가와 사회의 구조적 문제를 깊이 이해하고 세계적 수준의 불평등과 빈곤 문제를 제도적 관점에서 통찰함으로써 인류 사회의 건강한 삶에 대한 학문적 시야를 넓힘.(1,498Byte, 띄어쓰기 포함 616자)

저소득 국가에서 특정 질환의 발견이 늦고 장기간 진행되는 이유로 의료 접근성 부족, 건강 교육 미비, 경제적 빈곤, 의료 자원의 불균형, 사회적·정치적 요인들이 복합적으로 작용한 결과임을 분석하고 구조적 문제들이 질병의 조기 발견과 치료를 어렵게 하여, 중증도 증가와 낮은 생존률로 이어지는 건강 불평등을 심화시키고 있다는 문제를 논리적으로 제기함. '국가는 왜 실패하는가(대런 애쓰모글루, 제임스 A. 로빈슨)'를 통해 지리적 위치, 인종, 역사적 조건보다 정치·경제 제도의 차이가 국가의 번영과 실패를 가르는 결정적 요인이라는 사례들을 추가함. 남북한의 극명한 격차에서 사유재산 보장, 법치주의, 공정한 경쟁 환경 등 포용적 제도의 중요성을 배우고 세계적 수준의 불평등과 빈곤 문제를 통찰하며 학문적 시야를 넓힘.(977Byte, 띄어쓰기 포함 401자)

저소득 국가에서 특정 질환의 발견이 늦고 장기간 진행되는 이유로 의료 접근성 부족, 건강 교육 미비, 경제적 빈곤, 의료 자원의 불균형, 사회적·정치적 요인들이 복합적으로 작용한 결과임을 분석하고 조기 발견과 치료 등 건강 불평등 문제를 논리적으로 제기함. '국가는 왜 실패하는가(대런 애쓰모글루, 제임스 A. 로빈슨)'를 통해 지리적 위치, 인종, 역사적 조건보다 정치·경제 제도의 차이가 국가의 번영과 실패를 가르는 결정적 요인이라는 사례들을 추가하고 불평등과 빈곤 문제를 통찰함.(655Byte, 띄어쓰기 포함 271자)

《**이타적 인간의 출현**》 | 최정규

" 20가지 게임 이론 "

분량 ★★★	내용 ★★★	활용 ★★★★★

〈2023학년도 서울대 수시 의과대학 면접 제시문 6〉

선우는 이번 일요일에 봉사 활동을 할 곳을 알아보던 중에 며칠 전 폭우로 인해 침수된 집 정리를 돕는 봉사자를 구하는 공고를 확인했다. 봉사 활동은 아침 8시에 시작하여 4시간 동안 진행된다고 한다. 마침 선우는 다음 달에 있을 수학 경시대회 준비를 위해 친구 4명과 일요일 오후 1시에 첫 모임을 하기로 했는데, 다행히도 시간이 겹치지 않아 침수된 집 정리 봉사활동을 신청하였다.

이 제시문에서는 선우가 처한 상황을 딜레마 논증 형태로 분석해야 합니다.

1. 선우는 일요일 아침 8시부터 4시간 동안 침수된 집 정리 봉사활동을 하기로 했다.

2. 같은 날 오후 1시에 친구 4명과 수학 경시대회 준비 모임이 예정되어 있다.

3. 봉사활동과 모임 시간은 겹치지 않아 처음에는 문제가 없었다.

따라서 선우는 봉사활동과 학업 준비라는 두 가지 중요한 의무 사이에서 균형을 맞춰야 한다는 딜레마에 직면해 있습니다.

　선택 1은 '봉사활동에 전념한다'입니다. 봉사활동에 전념하면 사회적 책임을 다하고, 공동체에 기여하는 의미 있는 활동을 완수할 수 있습니다. 봉사활동을 통해 성취감과 긍정적 경험을 얻기도 합니다. 하지만 봉사활동이 예상보다 길어지거나 지연될 경우, 오후 모임에 늦거나 참석하지 못할 위험이 있습니다. 수학 경시대회 준비에 차질이 생겨 학업 성과에 영향을 줄 수도 있습니다.

　선택 2는 '수학 경시대회 준비를 우선한다'입니다. 수학 경시대회 준비를 우선하면 중요한 학업 목표에 집중해 좋은 성과를 낼 수 있습니다. 친구들과의 협력과 소통을 통해 학습 효과를 극대화할 수도 있습니다. 그러나 봉사활동 참여를 포기하거나 중도에 그만둘 수도 있게 되어 공동체 기여에 소홀해질 수 있습니다. 사회적 책임감과 도덕적 만족감을 놓칠 수도 있습니다.

　선택 3으로 '두 활동을 조율한다'도 가능합니다. 봉사활동에 최대한 참여하면서도 모임에 늦지 않도록 시간 관리를 시도할 수 있습니다. 양쪽 모두에서 균형을 맞추려는 노력으로 자기 관리 능력을 키울 수 있습니다. 하지만 어느 한쪽에도 완전히 집중하지 못해 효율이 떨어질 수 있습니다. 스트레스와 피로가 증가할 수도 있습니다.

　결론적으로 선우는 이 딜레마에서 자신의 가치관과 우선순위, 상황의 긴급성 등을 고려해 최선의 선택을 해야 합니다. 공동체와 사회적 책임을 중시한다면 봉사활동에 무게를 둘 수 있고, 학업과 미래 목표가 더 중요하다면 경시대회 준비에 집중할 수 있습니다. 또는 두 활동을 조율하며 균형을 찾는 방법도 가능합니다. 이 딜레마는 개인의 책임감과 자기관리, 사회적 역할 사이에서 흔히 겪는 갈등입니다. 어떤 선택을 하든 그 선택에 대한 자기 이해와 주변과의 소통이 중요합니다.

자, 그럼, 의대면접에서 어떤 질문들이 이어졌는지 알아볼까요?

질문 1. 봉사활동을 하는 도중에, 아직 수해 복구가 마무리되지 않아 제시간에 봉사를 마칠 수 없게 되었음을 알게 되었습니다. 봉사활동을 지속한다면 친구들과의 약속에 늦을 수밖에 없는 상황인데, 어떻게 할 것인가요?

답변 : 봉사활동 중에 수해 복구가 아직 끝나지 않아 봉사 시간을 제때 마치기 어려운 상황일 경우 우선 상황을 정확히 파악해야 합니다. 친구들과의 모임 약속도 소중하므로 먼저 봉사 현장 책임자나 담당자에게 상황을 설명하고 예상 소요 시간을 물어볼 것입니다. 얼마나 더 시간이 걸릴지, 혹은 중간에 교대가 가능한지 확인해서 대처할 수 있으면 그렇게 할 겁니다. 늦을 가능성이 있으니 친구들에게 미리 양해를 구하고, 모임 시작 시간을 조금 조정할 수 있는지 이야기해 볼 수도 있습니다. 봉사 활동을 중간에 마치고 가야 한다면, 봉사 현장에 미리 양해를 구하고 가능한 부분까지만 참여하겠습니다.

질문 2. 친구들과 합의하여 1시간 늦게 봉사활동을 마무리하고, 친구들과 수학 경시대회 준비를 하였습니다. 친구들과 모임이 마무리된 이후 봉사활동 주최 기관에서 연락이 와서 수해 복구 작업이 덜 되었으니 지금 조금 더 작업할 수 있냐고 묻습니다. 하지만 원래 중간고사

준비를 할 계획이었습니다. 지원자라면 어떻게 할까요?

답변 : 봉사 주최 기관에서 추가 작업 요청이 왔지만 원래는 중간고사 준비를 하려고 했던 시간이므로 상황과 우선순위를 따져 판단해야 합니다. 지금 봉사가 정말 긴급하고, 조금이라도 더 도울 수 있다면, 시간을 조금 더 내는 선택도 의미가 있습니다. 하지만 중간고사 준비는 수험생으로서 학업에 매우 중요한 일정이므로 무리해서 봉사를 계속한다면 큰 부담이 되기도 합니다. 따라서 주최 측에 상황을 솔직하게 알리겠습니다. 지금은 중간고사 준비가 급해서 더 이상 참여하기 어렵다고 말하겠습니다. 대신 앞으로 가능한 일정이나 다른 방식으로 도움을 줄 수 있는지 의논할 것입니다.

이 질문들에 이어서 추가 질문과 추가 제시문도 이어졌습니다.

추가 질문 1. (자원봉사를 더 하러 간다고 답할 경우) 그렇게 한다면 중간고사를 망칠 수도 있는데, 이에 대한 생각은 어떤가요?

답변 : 중간고사 준비를 포기하고 봉사활동을 더 하겠다고 결정한다면, 그만큼 학업에 부담이 커질 수밖에 없다는 점을 잘 알고 있습니다. 중간고사는 진로에 중요한 시험이므로 그 영향도 신중히 생각해야 합니다. 하지만 봉사활동은 의미 있고 가치 있는 경험입니다. 남은 시간동안 최대한 효율적으로 공부 계획을 세우고, 시험 준비에 집중할 수 있는 시간을 확보하겠습니다. 주변에 도움을 요청하거나, 공부 방법도 조정해 보겠습니다. 어떤 선택을 하든 그 결정에 책임감을 가지고 최선을 다하겠습니다. 봉사와 학업 사이에서 균형을 맞추기가 쉽지 않지

만, 상황을 잘 살피면서 현명하게 조절해 보겠습니다.

📑 〈추가 제시문〉

수해 지역 복구에 있어서 저지대 지역은 피해가 커 복구해야 할 정도가 큽니다. 고지대 지역은 피해가 있긴 하지만 저지대 지역만큼 크지 않습니다. 선우는 오전 중 자원봉사를 끝내려 했으나 저지대 주민들의 수해 복구가 절반도 채 되지 않은 상황입니다. 이틀 뒤 비 예보가 있어 오늘과 내일 내로 복구하지 않으면 해당 지역주민들은 큰 피해를 입게 됩니다.

추가 질문 2. 봉사활동 주최 측의 요청을 받아 예정보다 더 많은 봉사활동을 해야 하는데, 주최 측의 요청을 수락할 것인가요?

답변 : 이틀 뒤 비 예보까지 있다면 저지대 주민들에게는 정말 시간이 촉박한 상황입니다. 중간고사도 중요하지만, 당장 눈앞에 닥친 수해 주민들의 피해가 더 커질 수 있으므로 마음이 많이 무겁습니다. 주최 측의 요청을 최대한 수락하겠습니다. 대신 무작정 다하겠다고 하기보다는, "오늘 제가 가능한 시간까지는 최대한 돕겠습니다. 그리고 내일 추가 봉사자를 구할 때 제가 어떤 시간대에 다시 도울 수 있을지 알려드리겠습니다"라고 솔직하게 중간고사 준비 상황을 알리면서도, 절박한 상황임을 인지하고 적극적으로 돕겠다는 의지를 보이겠습니다. 지금은 당장 비가 오면 더 큰 피해가 생길 수 있으니까, 학업에 조금 부담이 가더라도 긴급한 상황에 최대한 힘을 보태겠습니다.

의대입시독서는 달라야 합니다

추가 질문 3. 지원자가 만약 이 봉사활동의 주최자라면 인력 분배를 어떻게 할 것인가요?

답변 : 이틀 뒤 비 예보가 있고 저지대 피해가 심각하다는 점을 최우선으로 고려해서 인력을 분배하겠습니다. 저지대 지역에 최우선적으로 대규모 인력을 집중 투입하겠습니다. 당장 복구가 시급하고 피해 규모가 큰 저지대 지역에 대부분의 봉사 인력을 투입하겠습니다. 시간과의 싸움이니 최대한 많은 손이 동시에 움직여 복구 속도를 높여야 합니다. 단순 투입만 아니라 팀을 나누어 효율적으로 작업을 진행하도록 하겠습니다. 1팀은 물건 빼기와 정리, 2팀은 흙과 잔해 제거, 3팀은 건조 및 소독 등으로 역할을 분담해서 효율을 높이겠습니다. 고지대 지역은 최소 인원 또는 상황에 따른 유동적 배치를 하겠습니다. 피해가 덜한 고지대 지역은 우선순위에서 조금 밀릴 수밖에 없으니 최소한의 인력만 배치하거나 저지대 복구가 어느 정도 진전된 후 인력을 보강하는 방식으로 유동적으로 분배하겠습니다. 고지대 주민들에게는 상황의 시급성을 설명하고 양해를 구하겠습니다. 전문 인력 및 자원 조달도 중요합니다. 자원봉사자 외에도 중장비나 전문 인력이 필요하므로 지자체나 유관 기관에 긴급 지원을 요청해서 복구 작업의 효율을 높이겠습니다. 봉사자의 컨디션과 지속적인 소통도 점검하겠습니다. 아무리 급해도 봉사자들의 건강과 안전이 최우선입니다. 식사 및 휴식 시간을 잘 지키고, 물과 간식 등 기본적인 지원을 아끼지 않겠습니다. 봉사자들에게 복구 진행 상황과 향후 계획, 어려움 등을 투명하게 공유해서 '우리의 목표'라는 인식을 갖게 해야 합니다. 동기부여가 되어야 힘든 상황에서도 함께 움직일 수 있습니다.

추가 질문 4. 고지대 지역의 주민이 지원자에게 와서 떼를 쓰며 자기 집을 먼저 복구해 달라고 합니다. 어떻게 할 것인가요?

답변 : 힘들고 절박한 마음에 그런 말씀을 하시는 거겠지만, 원칙은 흔들리지 않아야 합니다. 진심으로 공감하고 경청하겠습니다. 우선, 그 주민의 말을 중간에 자르지 않고 끝까지 듣겠습니다. "얼마나 힘드시면 그러시겠어요. 저도 정말 마음이 아픕니다"라고 진심으로 주민의 고통에 공감하는 모습을 보이겠습니다. 무시하거나 섣부른 판단으로 듣지 않고, 충분히 마음을 헤아려 드리려 노력하겠습니다. 그리고 현장의 상황과 원칙을 차분하게 설명하겠습니다. "(어르신 또는 주민분), 지금 저지대는 이틀 뒤 비 예보가 있어서 복구가 안 되면 훨씬 큰 피해를 입을 수 있는 상황입니다. 저희가 죄송하지만 가장 위험하고 피해가 큰 곳부터 순서대로 돕기로 했어요. 어르신 댁도 분명히 복구해 드릴 예정이니, 조금만 기다려 주시면 정말 감사하겠습니다"라고 차분하게 상황의 긴급성과 인력 운용의 원칙을 설명해 드리겠습니다.

아울러 억울함이나 서운함을 이해하고 있다는 메시지를 주면서, 단호하지만 따뜻하게 현장의 상황을 전달해 드리겠습니다. 그리고 작은 도움이라도 먼저 드릴 수 있는지 찾아보겠습니다. 혼자서라도 당장 할 수 있는 아주 간단한 조치가 있다면(예를 들어, 잠깐이라도 물 빠지는 길을 확보해 준다든지), "지금 제가 당장 해드릴 수 있는 작은 부분이라도 있는지 한번 살펴보겠습니다"라고 말씀드리고 주민의 마음을 조금이라도 풀어드리려고 노력하겠습니다. 고지대 복구 담당 팀이 있다면 "곧 고지대 팀이 배치될 예정이니, 제가 담당자에게 어르신 댁의 상황을 꼭 전달하겠습니다"라고 말씀드려서 안심시켜드리겠습니다.

'이타적 인간의 출현(최정규)' 의대입시에 활용하기

'이타적 인간의 출현(최정규)'은 2007년 10월 〈사이언스〉에 '자기집단 중심적 이타성과 전쟁의 공진화'라는 논문을 실어 학계와 언론계의 이목을 집중시켰던 세계적인 진화적 게임이론 연구자인 최정규 교수가 초판 출간 이후 4년 반 만에 '이타성의 진화'에 관한 최신의 연구 성과들을 녹여낸 개정증보판입니다.

저자는 '인간은 과연 이기적 존재인가, 이타적 존재인가'라는 해묵은 논쟁에서 벗어나 '어떻게 이타적 인간은 이기적 인간과의 경쟁에서 살아남을 수 있었는가'라는 질문을 제기합니다. 기존 학계에서 답으로 인정받아왔던 혈연선택 가설이나 반복–상호성 가설과 같은 기존의 가설과 이론들을 차례로 검토하고, 충분히 설명하지 못하는 부분을 보완하는 대안이론을 제시합니다.

이 책은 2부로 구성되어 있는데, 죄수의 딜레마 게임에서 최후통첩 게임까지 20개의 흥미진진한 게임을 소개하고 있습니다. 1부는 이타적 인간의 생존에 얽힌 수수께끼를 제기하고 그 해답을 찾아가는 과정을 탐구합니다. 2부는 이타적 인간이 우리 사회의 규범을 유지하는 데 어떠한 역할을 하고 있는지를 탐구합니다. 부록에 실린 '게임이론 입문'은 초보자를 위한 내용으로 고등학생들도 재미있게 읽을 수 있습니다.

동창회, 그것도 몇 년 만에 모이는 동창회가 있어서 모처럼 멋들어지게 꾸미고 약속장소인 모 레스토랑으로 향했다. 다들 바쁜 까닭에 못 나온 친구들도 있었지만, 그래도 레스토랑이 북적북적할 만큼 많은 친구들이 모였다. 서로의 안부를 묻는 동안 어느덧 식사를 주문할 때가 되었다. 차림표에는 간단히 먹을 수 있는 값싼 음식부터 정말 맛있어 보이는 비싼 요리까지 다양하게 적혀 있었다. 식대는 계산서에 나온 총액을 사람의 머릿수로 나눠 내기로 했다. 무엇을 시켜야 할까? 독자들도 이미 눈치챘겠지만, 여기에도 딜레마가 숨어 있다. 다른 친구들이 뭘 고르든 상관없이, 난 비싸고 맛있는 음식을 시킴으로써 내 비용을 다른 사람들이 부담하도록 할 수 있다. 다른 친구들이 비싼 걸 시킨다면, 내가 굳이 싼 음식을 시킴으로써 맛도 없는 음식을 먹고 남이 시킨 비싼 음식값의 일부까지 내가 부담할 이유가 없다. 상황을 극한으로 몰고 가보면, 거기 모인 모든 사람이 차림표에서 가장 비싼 걸 시키고 지갑을 탈탈 털어낸 후, 다시는 동창회에 안 나가겠다고 툴툴거리게 될지도 모른다.(49쪽)

진화적 게임이론이란 사회의 복잡한 현상들을 모형화하여 진화라는 패러다임 하에 게임으로 구성하고, 사람들의 다양한 상호작용의 결과가 어떻게 규범이나 관습이 되어 다시 사람들의 행동에 영향을 미치게 되는가를 탐구하는 것입니다. 경제학과 생물학의 만남으로 탄생한 진화적 게임이론은 이제 '합리적=이기적 개인'을 전제하는 기존의 경제학에 문제제기를 하며 정치학, 사회학, 인류학, 사회심리학 등 다양한 학문들을 연결해 학계에서 주목받고 있습니다.

이 책에 소개된 내용들은 여러 대학의 수시 논술과 구술면접고사 기

의대입시독서는 달라야 합니다

출문제로 출제되었습니다. '눈에는 눈' 전략, 방아쇠 전략, 파블로프 전략 등 여러 조건부 협조 전략들의 유효성과 진화가능성(9장), 무임승차 행위에 대한 보복의 동기(10장), 유유상종 현상과 소득재분배 제도가 어떤 방식으로 이타성과 함께 진화해 왔는지(15장), 자기집단중심적 이타성과 전쟁의 공진화(16장) 등이 출제되었습니다.

기존 경제학은 인간은 합리적인 존재이며, 이기적인 선택을 한다고 가정합니다. 따라서 인간의 '합리성'은 곧 '이기성'입니다. 게임이론에서는 기본적으로 경쟁주체인 인간의 이기성을 전제로 합니다. 그렇기 때문에 딜레마에 빠진 두 죄수는 함께 부인하는 것이 최선임에도 둘 모두가 순순히 자백을 하여 최악의 결과를 초래할 수밖에 없으며(죄수의 딜레마), 서로 절제함으로써 공유지를 푸르게 가꿀 수 있는데도 자신의 소에게 열심히 풀을 뜯김으로써 공유지를 황폐하게 만들어버리는 비극이 일어날 수밖에 없습니다(공유지의 비극). 하지만 현실은 다릅니다. 헌혈을 하고, 자원봉사를 하며, 내 집 앞만 아니라 골목길을 청소하는 이타적인 사람들이 있기 때문입니다.

'이타적 행위'는 남들에게는 혜택을 주지만(즉 사회적으로는 이익이 되지만) 정작 행위자 자신에게는 손해(희생)인 행위이기도 합니다. 기존의 경제학자들은 이 이타적 행위를 간과했는데, 그 수수께끼를 풀기 위해 여러 학문 분야에서 많은 시도들이 있었습니다. '이기적 유전자(리처드 도킨스)'나 '이타적 유전자(매트 리들리)'가 그 예에 해당하는 책들입니다. 전자는 인간의 이타성을 이기적 유전자의 작용으로 보았고, 후자는 반복-상호성 가설로 도덕적 가치의 진화를 설명했습니다.

그런데 이 두 책의 경우에도 한계가 있었는데, '이타적 인간의 출현'

은 그 한계를 해결했습니다. '이기적 유전자'에서 주장하는 혈연선택 가설의 경우, 혈연관계에 놓이지 않은 나와 전혀 무관한 사람들에게 베푸는 선행이나 친절에 대해서는 설명해 주지 못하는 결점이 있습니다. 반복-상호성 가설 또한 반복되지 않는 상황, 다시는 마주 칠 것 같지 않은 사람에게 보이는 호의에 대해서는 설명하지 못합니다. '이타적 인간의 출현'의 저자는 이 가설들과 함께, 이타적 인간은 이타적 인간과 만나고 이기적 인간은 이기적 인간과 만날 확률이 높다는 유유상종 가설과 토론과 대화가 인간의 이기적 본능을 억제하고 공동체의 협업을 가져오는 데 중요한 역할을 한다는 의사소통 가설, 자연선택에 있어서 개인선택보다 집단선택의 압력이 커질 때 이타적 인간이 살아남는 데 더 유리하다는 집단선택 가설, 인간이 만날 수 있는 사람의 범위가 임의적이지 않고 국지적인 것으로 보는 공간구조 효과를 대안이론으로 제시함으로써 기존의 이론이 풀지 못한 한계를 해결했습니다.

생기부 세특 예시

다양한 봉사 활동 과정에서 일회성 행위가 아닌 지속적인 공동체적 기여를 유도하기 위한 학술 이론적 토대를 찾아 '이타적 인간의 출현(최정규)'을 통해 사람이 과연 이기적인 존재인지, 이타적인 존재인지에 대한 질문을 성찰해 봄. 기존에 이타성을 설명해 왔던 혈연선택이나 반복-상호성 같은 가설들이 설명하지 못하는 부분들을 짚어내고 가족이 아닌 남에게 베푸는 선행이나 다시는 마주치지 않을 사람에게

의대입시독서는 달라야 합니다

도 호의를 베푸는 행동 같은 사례를 분석함. 진화적 게임이론이 경제학과 생물학이 만나 탄생한 분야라는 점에서 복잡한 사회 현상을 게임으로 모델링해 사람들의 상호작용이 어떻게 규범이나 관습으로 발전하고 다시 행동에 영향을 미치는지 보여주는 서사 구조에 큰 관심을 가짐. 기존 경제학의 합리적인 사람은 이기적이라는 전제와 달리, 이타적인 행동들이 어떻게 가능한지, 헌혈이나 자원봉사 같은 행동들을 논리적으로 설명해 봄. 죄수의 딜레마나 공유지의 비극처럼 이기적인 선택이 최악의 결과를 낳는 경우와 유유상종 가설, 집단선택 가설, 공간구조 효과 등 다양한 개념들을 현실에 적용해 분석해 봄. 기존 학문의 경계를 넘어 인간 행동의 본질과 사회적 상호작용을 깊이 이해할 수 있는 통찰의 계기가 됨.(1,499Byte, 띄어쓰기 포함 604자)

다양한 봉사 활동 과정에서 지속적인 공동체적 기여를 유도하기 위한 학술 이론적 토대를 찾아 '이타적 인간의 출현(최정규)'을 통해 사람이 과연 이기적인 존재인지, 이타적인 존재인지 성찰해 봄. 기존에 이타성을 설명해 왔던 혈연선택이나 반복-상호성 같은 가설들이 설명하지 못하는 부분들을 짚어내고 남에게 베푸는 선행이나 다시는 마주치지 않을 사람에게도 호의를 베푸는 행동 같은 사례를 분석함. 진화적 게임이론이 경제학과 생물학이 만나 탄생한 분야라는 점에서 복잡한 사회 현상을 게임으로 모델링해 사람들의 상호작용이 어떻게 규범이나 관습으로 발전하고 다시 행동에 영향을 미치는지 보여주는 서사 구조에 큰 관심을 가짐. 기존 학문의 경계를 넘어 인간 행동의 본질과 사회적 상호작용을 깊이 이해할 수 있는 통찰의 계기가 됨.(994Byte, 띄어

'이타적 인간의 출현(최정규)'을 통해 사람이 과연 이기적인 존재인지, 이타적인 존재인지 성찰해 봄. 기존에 이타성을 설명해 왔던 혈연선택이나 반복-상호성 같은 가설들이 설명하지 못하는 부분들을 짚어내고 남에게 베푸는 선행이나 다시는 마주치지 않을 사람에게도 호의를 베푸는 행동 같은 사례를 분석함. 복잡한 사회 현상을 게임으로 모델링해 기존 학문의 경계를 넘어 인간 행동의 본질과 사회적 상호작용을 깊이 이해할 수 있는 통찰의 계기가 됨.(604Byte, 띄어쓰기 포함 244자)

《90년생이 온다》 | 임홍택

" 간단함, 병맛, 솔직함으로 기업의 흥망성쇠를 좌우하는 "

분량 ★★★★	내용 ★★★★	활용 ★★★★

📑 〈2023학년도 서울대 수시 의과대학 면접 제시문 7〉

■ 다음은 학급 학생의 유형을 분류하기 위해 만든 기준이다.

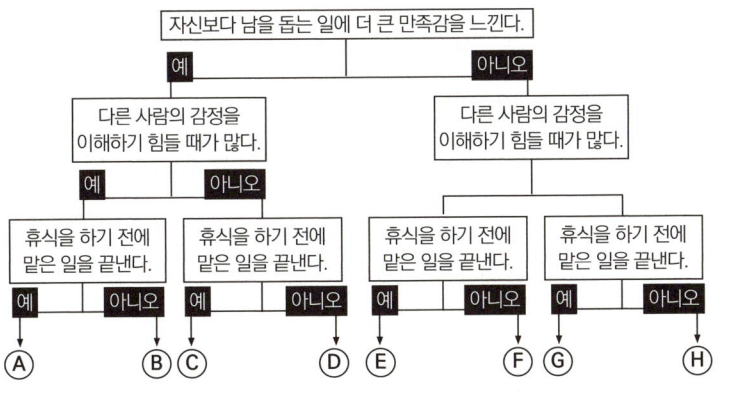

제시문의 그림에서 '자신보다 남을 돕는 일에 더 큰 만족감을 느낀다'부터 판단해 봅시다. '예'라면 왼쪽으로, '아니오'라면 오른쪽으로 내려가서 다음 질문을 따라가야 합니다. '다른 사람의 감정을 이해하기 힘들 때가 많다'에 따라 또 나눕니다. 마지막으로 '휴식을 하기 전

에 맡은 일을 끝낸다'에 따라 A부터 H까지 8가지 유형이 결정됩니다.

질문 1. 지원자는 어떤 유형에 속하는 사람인가요?

답변 : 저는 '자신보다 남을 돕는 일에 더 큰 만족감을 느끼고', '다른 사람의 감정을 이해하기 힘들 때가 많으며', '휴식을 하기 전에 맡은 일을 끝내는' A 유형에 속합니다.

질문 2. 지원자가 방금 선택한 유형과 다른 행동을 한 경험이 있는가요?

답변 : A 유형이므로 평소에는 맡은 일을 책임감 있게 완수하고 타인을 돕는 데서 보람을 느끼려고 노력합니다. 하지만 '다른 사람의 감정을 이해하기 힘들 때가 많다'는 특성 때문에, 의도치 않게 다른 사람을 배려하지 못하는 말이나 행동을 하여 상대방에게 오해를 주거나 상처를 준 경험이 있습니다. 예를 들어, 상대방이 힘들어할 때 문제 해결에 초점을 맞춰 감정적인 공감보다는 실용적인 조언을 먼저 하여 '감정적 지지가 부족하다'는 평가를 받거나, 남을 돕고자 하는 행동이 오히려 상대방의 자율성을 침해한다고 받아들여진 경험이 있습니다. 이는 제 의도와는 다르게 보일 수 있는 '다른 행동'이 될 수 있을 것입니다.

질문 3. 다른 친구와 2인 1조로 발표를 준비하려 합니다. 지원자와 반대되는 유형의 학생과 조를 맺을 수밖에 없게 되었습니다. 어떻게 할 것인가요?

답변 : A 유형(예-예-예)인 저와 반대되는 유형은 세 질문에 모두 '아

니오'라고 답하는 H 유형(남 돕는 만족감 적음-타인 감정 이해 잘함-일 끝나기 전 휴식)입니다. 이러한 H 유형의 친구와 조를 맺게 된다면 다음과 같이 대처할 것입니다.

저는 맡은 일을 기한 내에 완수하는 것을 중요하게 생각하므로, 친구와 협의하여 각자 맡을 부분을 최대한 구체적으로 나누고, 중간 점검 일정을 명확하게 정할 것입니다. 애매모호한 지시보다는 수치화되거나 행동 지침이 분명한 목표를 설정하여 오해가 없도록 노력할 것입니다.

친구가 '일 끝나기 전 휴식'을 선호하는 경향이 있을 수 있으므로, 제 성향대로 무조건적으로 '최고'를 지향하기보다는 함께 협력하여 '완성'에 도달하는 것에 목표를 둘 것입니다. 동시에 제가 맡은 부분은 제 기준에 맞춰 최선을 다할 것입니다.

친구가 '타인 감정 이해를 잘함'에도 불구하고 저의 '감정 이해 어려움' 특성으로 인해 오해가 발생할 수 있으니, 감정적인 접근보다는 발표의 목표와 효율성에 대한 논리적인 설명을 통해 협력을 유도할 것입니다.

저는 남을 돕는 것에 만족감을 느끼므로, 친구가 어려움을 겪거나 제가 보기에 일이 지연될 위험이 있다면, 제가 맡은 일을 빨리 끝내고 친구의 부족한 부분을 보충해 주거나 도와주는 방식으로 전체 발표의 완성도를 높이는 데 기여할 것입니다. 이는 곧 팀의 목표 달성을 돕는 것이므로 저에게도 만족감을 줄 것입니다.

질문 4. 같은 조 학생이 더 이상 발표 준비를 하고 싶지 않다고 선생

님께 말했습니다. 어떻게 할 것인가요?

답변 : A 유형의 특성을 가진 저는 이러한 상황에서 다음과 같이 대처할 것입니다. 먼저 감정적인 반응보다는 '왜' 친구가 준비를 중단하고 싶어 하는지 객관적인 이유를 파악하려 할 것입니다. "무슨 어려운 점이 있는지 구체적으로 이야기해 줄 수 있을까?"라고 질문하여 친구의 상황을 명확히 듣고, 발생한 문제에 대한 해결책을 함께 모색하려 할 것입니다. 예를 들어, 맡은 부분이 너무 어렵다면 제가 도와주거나 다른 부분으로 변경할 수 있는지 등을 논의할 것입니다.

개인적인 감정보다는 주어진 과업인 발표를 성공적으로 완료하는 것의 중요성을 친구에게 논리적으로 설명할 것입니다. 발표 미완수 시 그로 인해 발생할 수 있는 영향(예: 팀 점수, 평가)을 명확히 제시하여 친구가 다시 동참하도록 설득하려 할 것입니다. 만약 친구와의 직접적인 대화만으로 해결이 어렵다면, 선생님께 상황을 설명하고 중재를 요청할 것입니다. 이때도 친구를 비난하기보다는 발표 완수를 위한 효율적인 방법을 모색하기 위해 도움이 필요하다는 점을 강조할 것입니다. 궁극적으로 발표를 성공시키는 것이 최우선 목표이기 때문에, 문제를 해결하기 위한 모든 합리적인 방법을 찾아 나설 것입니다.

질문 5. 반장을 뽑으려 합니다. 위의 유형에서 반장에 가장 적합한 사람을 뽑을 수 있는가요?

답변 : A 유형은 '남을 돕는 데 만족을 느끼고', '책임감이 강해 맡은 일을 끝마치는' 특성이 강합니다. 이는 공동체를 위한 봉사 정신과 뛰어난 업무 수행 능력을 가지고 있음을 의미하며, 반장에게 필요한 중

요한 자질입니다. 그러나 A 유형은 '타인의 감정을 이해하기 힘들어하는' 경향이 있어, 학급 구성원들의 다양한 정서적 요구를 파악하고 공감하며 중재하는 데 어려움을 겪을 수 있습니다.

따라서 제시된 분류 기준만으로는 반장에 가장 적합한 사람을 완전히 판별하기는 어렵다고 생각합니다. A 유형은 책임감 있는 실행력 면에서 강점을 보이지만, 학급 내 갈등 조정이나 정서적 지원이 필요한 상황에서는 보완이 필요할 수 있기 때문입니다. 반장에게는 리더십, 소통 능력, 공감 능력 등 복합적인 자질이 요구되며, 이는 단순히 3가지 분류 기준만으로 판단하기에는 한계가 있습니다.

질문 6. 학생회장의 덕목으로 가장 중요한 기준은 무엇이라고 생각하나요?

답변 : 학생회장의 덕목으로 가장 중요한 기준은 '공동체 전체의 이익을 위한 강력한 추진력과 문제 해결 능력'이라고 생각합니다. 이 기준을 설명하는 이유는 다음과 같습니다. 학생회장은 단순히 아이디어를 내는 것을 넘어, 실제로 변화를 만들어내고 학생들의 목소리를 현실화하는 실행력이 중요합니다. 맡은 일을 끝까지 책임지고 추진하여 구체적인 성과를 내는 능력이 필요합니다. 학생회장은 학교생활에서 발생하는 다양한 문제와 갈등에 직면하게 됩니다. 이때 감정적인 대처보다는 문제의 본질을 파악하고, 논리적이고 실용적인 해결책을 제시하며, 이를 실제로 적용하여 긍정적인 변화를 이끌어낼 수 있는 능력이 필수적입니다.

이 모든 추진력과 문제 해결 능력은 개인의 영달이 아닌 학생회라는 공동체 전체의 발전과 학생들의 권익 향상을 목표로 해야 합니다. 때로는 어려운 결정이라도 공동체를 위해 필요한 것이라면 과감하게 실행할 수 있어야 합니다. 물론 소통 능력이나 공감 능력도 중요하지만, A 유형의 관점에서는 목표 지향적인 '추진력'과 '문제 해결'이 학생회장으로서 가장 큰 영향을 미칠 수 있는 덕목이라고 판단할 것입니다.

제시문에 나오는 학생의 유형별 장단점을 간단히 정리해 볼까요?

A 유형(남을 돕는 일에 만족, 감정 이해에 어려움 많음, 맡은 일을 끝냄)
장점: 책임감이 강하고 맡은 일을 끝까지 해내는 성실함이 있어. 남을 돕는 데서 만족감을 느껴 협력적일 수 있음.
단점: 다른 사람 감정을 이해하는 데 어려움이 있어 소통에서 갈등이 생길 수 있음.

B 유형(남을 돕는 일에 만족, 감정 이해에 어려움 많음, 맡은 일을 끝내지 않음)
장점: 남을 돕는 마음이 있고 융통성 있게 행동할 수 있음.
단점: 맡은 일을 끝까지 하지 않는 경향이 있어 신뢰를 얻기 어려울 수 있음.

C 유형(남을 돕는 일에 만족, 감정 이해 어려움 적음, 맡은 일을 끝냄)
장점: 감정 이해가 뛰어나고 책임감도 강해 협력과 소통에 능함.
단점: 완벽주의 성향이 있을 수 있어 스트레스를 받을 수 있음.

D 유형(남을 돕는 일에 만족, 감정 이해에 어려움 적음, 맡은 일을 끝내지 않음)

장점: 감정 이해가 뛰어나고 융통성도 있어 유연한 대인관계를 유지할 수 있음.

단점: 책임감 부족으로 보일 수 있고, 일 처리에 미흡할 수 있음.

E 유형(남을 돕는 일에 만족하지 않음, 감정 이해에 어려움 많음, 맡은 일을 끝냄)

장점: 맡은 일을 끝내는 실용적이고 독립적인 성향임.

단점: 남을 돕는 데서 만족을 못 느끼고, 감정 이해가 부족해 협력에 어려움이 있을 수 있음.

F 유형(남을 돕는 일에 만족하지 않음, 감정 이해에 어려움 많음, 맡은 일을 끝내지 않음)

장점: 자기중심적이지만 상황에 따라 융통성 있을 수 있음.

단점: 책임감 부족, 협력 의지 낮아 갈등 유발 가능성 높음.

G 유형(남을 돕는 일에 만족하지 않음, 감정 이해에 어려움 적음, 맡은 일을 끝냄)

장점: 감정 이해가 뛰어나고 맡은 일도 책임감 있게 처리함.

단점: 남을 돕는 데서 만족을 못 느껴 팀워크에서 소극적일 수 있음.

H 유형(남을 돕는 일에 만족하지 않음, 감정 이해에 어려움 적음, 맡은 일

을 끝내지 않음)

　　장점: 감정 이해는 뛰어나지만 자유롭고 독립적인 성향임.

　　단점: 책임감 부족, 협력 의지 낮아 조직 내 역할 수행에 어려움이
있을 수 있음.

　　각 유형마다 강점과 약점이 있으니, 상황과 역할에 맞게 서로 보완
하며 협력하도록 해야 바람직합니다. 각 유형의 성향을 잘 파악해서
장점은 살리고 단점은 극복하는 방향을 모색해야겠습니다.

'90년생이 온다(임홍택)' 의대입시에 활용하기

　　사람의 성향은 세대에 따라 다르기도 합니다. 우리 사회에는 서로
다른 세대들이 있는데, 세대 간의 성향이 다르다는 것을 포용하면 각
자의 장점은 살리고 단점은 극복하여 구성원들끼리 협력할 수 있습니
다. '90년생이 온다(임홍택)'는 간단함, 병맛, 솔직함으로 기업의 흥망
성쇠를 좌우하는 90년대생에 주목합니다. 90년대생은 조직에서는 신
입 사원인데, 시장에서는 트렌드를 이끄는 주요 소비자입니다. 90년대
생은 자신에게 꼰대질을 하는 기성세대나 자신을 호갱으로 대하는 기
업을 외면합니다. 조직의 구성원으로서든 소비자로서든 호구가 되기
를 거부하면서 회사와 제품에는 솔직함을 요구하고, 알아듣기 힘든 줄
임말을 남발하며, 어설프고 맥락도 없는 이야기에 열광합니다. 기성세
대들은 이러한 그들을 이해하기 어렵습니다. 이 책은 다양한 통계와

사례, 인터뷰 등을 통해 90년대생들의 성향을 밝혔습니다.

> 과거 70년대생과 그 이전 세대에게 충성심이라는 것은 단연 회사에 대한 것이었다. 하지만 90년대생에게 충성심은 단연 자기 자신과 본인의 미래에 대한 것이다. 충성의 대상이 다르고 그 의미도 다르니 갈등이 일어날 수밖에 없다. 때문에 90년대생들을 위한 조직 문화 개선 방안은 회사에 대한 충성심을 고취하는 것보다 자신들의 충성도에 회사가 어떻게 도움을 줄 수 있느냐에 방점이 찍혀야 한다.(156쪽)

90년대생은 어려서부터 이미 인터넷에 능숙하고, 20대부터 모바일 라이프를 즐겨온 '앱 네이티브'입니다. 모바일 환경이 익숙한 그들은 웹툰이나 온라인 게임, 인터넷 커뮤니티 등에서 생겨나는 신조어나 유머 소재들을 빠르게 확산시키고 있습니다. 이에 따라서 오프라인과 온라인의 경계도 허물어집니다. 이제 대학의 게시판은 물론이고 기업의 채용 공고나 제품, 서비스의 광고에도 새로운 세대의 유행어나 유머 소재들이 쓰입니다.

90년대생은 일과 삶의 균형을 중요하게 여기고, 일터에서도 즐거움을 잃지 않으려 하며, 참여를 통해 인정 욕구를 충족하려 합니다. 그들은 회사가 평생 고용을 보장하지 않는다는 현실을 잘 알고 있기에 헌신의 대상을 회사가 아니라 자기 자신과 자신의 미래로 삼습니다. 안정을 추구하는 공무원을 선호하는 한편 창업의 길을 꿈꾸기도 하며, 언제든 이직과 퇴사를 생각하기도 합니다. 어느 쪽이든 그들은 사회적·경제적 환경에 적응하며 생존을 위해 각자 최선의 선택을 하고 있습니다.

이제 90년대생뿐 아니라 2000년대 출생자들을 이해해야 하는 시대가 되었습니다. 90년대생 또한 빠르게 변하는 세상에서 곧 기성세대가 되기 때문입니다. 이 책은 같이 일하는 동료이자 앞으로 시장을 주도할 세대의 성향을 이해해야 한다고 말하고 있습니다.

 ## 생기부 세특 예시

'자신보다 남을 돕는 일에 더 큰 만족감을 느낀다, 다른 사람의 감정을 이해하기 힘들 때가 많다, 휴식을 하기 전에 맡은 일을 끝낸다'와 같은 질문에 따라 A부터 H까지 8가지 유형으로 나누어 각각의 장단점에 대해 분석해 봄. '90년생이 온다(임홍택)'를 통해 90년대생 세대가 조직과 시장에서 어떻게 새로운 변화를 이끌고 있는지 토의해 봄. 간단함과 솔직함, 때로는 병맛 같은 독특한 문화로 기성세대와는 다른 방식으로 일하고 소비하므로 조직에서는 신입사원으로, 시장에서는 주요 소비자로서 자신을 '호구'나 '호갱'으로 대하는 기성세대와 기업을 거부하며, 회사와 제품에 대해 솔직한 태도를 요구한다는 특성들을 정리함. 평생 고용이 보장되지 않는 시대에 모바일과 인터넷에 익숙한 '앱 네이티브' 세대로서 온라인과 오프라인의 경계가 허물어지고 신조어와 유머가 빠르게 확산되는 문화 현상과 연계해 봄. 기성세대가 새로운 세대의 창조적 가치를 포용하고 열린 자세로 소통할 때, 세대 간 갈등을 넘어 교류와 협력이 가능해진다는 메시지에 공감하며 세대의

의대입시독서는 달라야 합니다

특성과 가치관, 사회 변화에 대한 통찰의 중요성을 배움. 다양한 사회 조직과 공동체 구성 원리와 더불어 바람직한 리더십과 시민 의식에 대한 공감과 성찰의 계기가 됨.(1,499Byte, 띄어쓰기 포함 617자)

'자신보다 남을 돕는 일에 더 큰 만족감을 느낀다, 다른 사람의 감정을 이해하기 힘들 때가 많다, 휴식을 하기 전에 맡은 일을 끝낸다'와 같은 질문에 따라 A부터 H까지 8가지 유형으로 나누어 각각의 장단점에 대해 분석해 봄. '90년생이 온다(임홍택)'를 통해 90년대생 세대가 조직과 시장에서 어떻게 새로운 변화를 이끌고 있는지 토의해 봄. 기성세대가 새로운 세대의 창조적 가치를 포용하고 열린 자세로 소통할 때, 세대 간 갈등을 넘어 교류와 협력이 가능해진다는 메시지에 공감하며 세대의 특성과 가치관, 사회 변화에 대한 통찰의 중요성을 배움. 다양한 사회 조직과 공동체 구성 원리와 더불어 바람직한 리더십과 시민 의식에 대한 공감과 성찰의 계기가 됨.(875Byte, 띄어쓰기 포함 365자)

'90년생이 온다(임홍택)'를 통해 90년대생 세대가 조직과 시장에서 어떻게 새로운 변화를 이끌고 있는지 토의해 봄. 기성세대가 새로운 세대의 창조적 가치를 포용하고 열린 자세로 소통할 때 협력이 가능해진다는 메시지에 공감하며 세대의 특성과 가치관, 사회 변화에 대한 통찰의 중요성을 배움. 다양한 사회 조직과 공동체 구성 원리와 더불어 바람직한 리더십과 시민 의식에 대한 성찰의 계기가 됨.(531Byte, 띄어쓰기 포함 219자)

" 이어령 유고시집 "

| 분량 ★★★★★ | 내용 ★★★★★ | 활용 ★★★★ |

📑〈2023학년도 서울대 수시 의과대학 면접 제시문 8〉

내 살 내 뼈를 나눠준 몸이라 하지만

어떻게 하나, 허파에 물이 차 답답한데

한 호흡의 입김도 널 위해 나눠줄 수 없으니

네가 울 때 나는 웃고 있었나 보다.

아니지, 널 위해 함께 눈물 흘려도

저 유리창에 흐르는 빗방울과 무엇이 다르랴.

네가 금 간 천장을 보고 있을 때

나는 바깥세상 그 많은 색깔들을 보고 있구나.

금을 긋듯이 아쉬워가는 너의 얼굴

내려가는 체중계의 바늘을 보며

의대입시독서는 달라야 합니다

널 위해 한 봉지 약만도 못한 글을 쓴다.

힘줄이 없는 시

정맥만 보이는 시를

오늘도 쓴다.

차라리 언어가 너의 고통을 멈추는

수면제였으면 좋겠다.

질문 1. '네가 금이 간 천장을 보고 있을 때 나는 바깥세상 그 많은 색깔들을 보고 있구나'에서 화자가 느꼈을 감정에 대해 말해 보세요?

답변 : 이 부분에서 화자는 상대방이 겪는 고통과 절망, 즉 '금이 간 천장'을 바라보며 힘들어하는 모습을 보면서도 자신은 그 고통을 완전히 공유하지 못해서 안타까움과 무력감을 느낍니다. 상대가 처한 현실과 자신의 현실이 다르다는 거리감과 그로 인한 죄책감이나 미안함도 함께 담겨 있습니다. 상대의 아픔에 공감하지만, 그 고통을 온전히 나누지 못하는 슬픔과 안타까움이 느껴집니다.

질문 2. 지원자가 위 시에 나오는 사람들과 같은 병동을 쓰게 된다면, 그들을 위해 어떤 일을 할 수 있을까요?

답변 : 병동에서 함께 지내게 된다면, 우선 그들의 고통과 아픔을 진심으로 이해하고 공감하는 태도가 중요합니다. 말벗이 되어주거나, 작은 도움이라도 손길을 내밀어 도와주겠습니다. 병동 생활에 필요한 실질적인 도움, 예를 들어 식사나 이동, 환경 정리 등을 돕는 것도 큰 힘

이 되겠습니다. 무엇보다도 그들이 혼자가 아니라고 느낄 수 있도록 따뜻한 관심과 배려를 꾸준히 보여주겠습니다. 때로는 그들의 이야기를 들어주고, 힘들 때 함께 울어주거나 웃어주는 것도 큰 위안이 될 수 있습니다. 의료진과 협력해 필요한 지원을 요청하거나, 그들이 치료에 잘 적응할 수 있도록 돕는 역할도 할 수 있습니다. 환자의 시처럼 말로 다 표현하지 못하는 고통을 이해하려 노력하고, 작은 행동으로 그들의 삶에 긍정적인 영향을 주는 게 가장 큰 도움이 되리라 생각합니다.

이 의대면접에서는 다음과 같은 추가 질문이 이어졌습니다.

추가 질문 1. '손가락이 다 펴지면 특별히 뭐 할 게 있어요?'라는 질문을 들은 류머티스 관절염 환자는 어떤 생각이 들까요?

답변 : 환자의 고통과 어려움을 충분히 이해하지 못하고, 그 의미를 경시하는 듯한 인상을 받을 수 있습니다. 환자는 자신이 일상생활에서 겪는 불편함을 무시당하는 느낌을 받을 수 있고, 상처받거나 소외감을 느낄 가능성이 높습니다. 자신의 상태가 단순한 신체적 문제 이상임을 알리고 싶어 하는데, 그런 질문을 하면 자신의 마음을 제대로 헤아리지 못했다고 느껴서 답답하고 외로울 수도 있습니다.

추가 질문 2. 만약 의사가 위와 같은 질문을 했다면 환자는 어떻게 생각할까요? 그리고 의도는 다를 수 있지 않을까요?

답변 : 환자는 처음에 의사가 자신의 고통을 경시한다고 느낄 수 있지만, 의도는 다를 수 있습니다. 의사는 환자가 회복할 수 있는 긍정적

인 변화를 상기시키거나, 치료 목표를 명확히 하기 위해 그런 질문을 했을 가능성이 있기 때문입니다. 즉, 환자에게 희망을 주고 동기를 부여하려는 의도일 수 있지만, 표현 방식 때문에 환자에게는 무심하거나 무례하게 들릴 수 있습니다.

추가 질문 3. 지원자가 의사라면 위 질문을 긍정적인 의도가 드러나도록 어떻게 고칠 수 있을까요?

"손가락이 다 펴지면 일상생활에서 어떤 점이 가장 편해질 것 같나요? 혹은 하고 싶은 일이 있나요?"라고 질문하면 환자의 생각을 존중하면서 긍정적인 변화를 상상하게 도와줄 수 있습니다. 또는 "손가락이 펴지면 지금보다 훨씬 더 많은 활동을 할 수 있을 거예요. 어떤 일부터 다시 시작하고 싶으신가요?"라고 말해도 좋겠습니다. 환자의 감정을 배려하고, 치료 목표에 대한 동기부여도 자연스럽게 할 수 있는 소통 방식이 필요합니다.

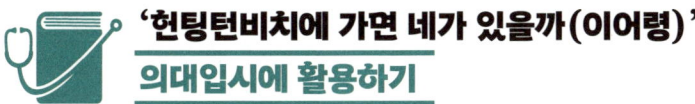

'헌팅턴비치에 가면 네가 있을까(이어령)' 의대입시에 활용하기

'헌팅턴비치에 가면 네가 있을까(이어령)'는 저자의 유고시집입니다. 2022년 2월 26일, 시대의 지성이자 큰 스승이었던 이어령 선생이 향년 89세를 일기로 별세했습니다. 저자는 날카롭고 단호한 시선으로 세계를 꿰뚫어보는 학자인 동시에, "사람의 마음을 믿"고 세상과 사람을 진정으로 사랑하는 시인이기도 했습니다. 저자는 자신의 생이 다할 무렵에 오래도록 써왔던 시들을 모아 정리했습니다. 그리고 먼 길을 떠나기 며칠 전, 어렴풋하지만 단단한 목소리로 서문을 구두로 남기며 이 시집을 완성했습니다.

네가 간 길을 지금 내가 간다.
그곳은 아마도 너도 나도 모르는 영혼의 길일 것이다.
-서문에서

이 시집은 '어느 무신론자의 기도' 이후 펴낸 두 번째 시집입니다. 1부 '까마귀의 노래'는 신에게 얻은 영적 깨달음과 참회를, 2부 '한 방울의 눈물에서 시작되는 생'은 모든 어머니에게 보내는 감사와 응원을, 3부 '푸른 아기집을 위해서'는 자라나는 아이들의 순수와 희망을, 4부 '헌팅턴비치에 가면 네가 있을까'는 딸을 잃고 난 후의 고통과 그리움의 시간을 담고 있습니다.

길을 가던 여인이 물어보았지요
얼마나 추우니
신문 배달을 하던 아이는 대답했어요
조금 전까지만 해도 추웠는데
'얼마나 추우니'라는 말을 듣는 순간
이제는 춥지 않아요
-말 한마디로

의대입시독서는 달라야 합니다

책의 제목이자 시의 제목이기도 한 작품 '헌팅턴비치에 가면 네가 있을까'는 딸을 잃은 후의 고통의 시간을 써 내려갑니다. 헌팅턴비치는 저자의 딸인 이민아 목사가 살아 있을 때 지냈던 미국 캘리포니아의 도시입니다. 일찍이 떠나버린 딸을 그리워하는 '아버지 이어령'의 마음은 정제된 시어를 통해 투명한 슬픔으로 빛납니다.

눈을 뜨면 그 많던 밤은 가고
부활의 아침이 온다
오직 하나의 아침을 위하여
떠오르는 태양을 보거라
너의 아침은 나의 아침
아침은 하나.

–하나의 아침을 위하여

'메멘토 모리(죽음을 기억하라)'는 저자의 좌우명과도 같았던 말입니다. 저자는 치열한 삶의 궤적을 지나오며 잠시도 죽음을 잊지 않았습니다. 죽음은 탄생의 그 자리로 돌아가는 것이지 영원히 닫혀버리는 결말 같은 것이 아니라고 생각했습니다. 저자는 "죽음이 허무요, 끝이 아니라는 것"을 딸 이민아 목사의 인생을 보고 배웠다고 말합니다. 이처럼 저자는 시적 대상을 이해하고 공감하려는 태도를 보이는데, 이 시집뿐만 아니라 좋은 시들을 자주 읽으며 공감하고 배려하는 마음을 키워 보기 바랍니다.

'헌팅턴비치에 가면 네가 있을까(이어령)'에서 날카로운 지성과 깊은 사랑을 동시에 지닌 작가가 삶과 죽음, 사랑과 공생, 인간의 선함과 미래에 대한 확신을 담아낸 시들을 친구들과 함께 감상해 봄. 특히 딸 이민아 목사를 먼저 떠나보낸 아버지로서의 깊은 슬픔과 그리움을 중심 주제로 삼고 있어 병실에서의 구체적 상황에 대한 여러 질문과 대답을 통해 공감대를 확장시킴. 헌팅턴비치는 작가의 딸이 생전에 지냈던 미국 캘리포니아 도시이고, 아버지의 깊은 슬픔과 사랑을 정제된 언어로 표현한다는 점에서 죽음이 끝이 아니라 새로운 시작이며, 삶과 죽음이 순환하는 영원한 생명의 가치가 담겨 있다는 의견을 나눔. '메멘토 모리(죽음을 기억하라)'를 좌우명으로 삼아 죽음을 삶의 일부로 받아들이며, 딸의 삶에서 배운 희망과 부활의 메시지를 오늘의 시점에서 재확인함. 평생 문학, 문화, 철학 등 다양한 분야에서 활발히 활동하며 한국 문화 발전에 크게 기여한 작가의 삶을 정리해 보며 개인적 슬픔을 넘어 인간 존재와 생명의 의미를 깊이 성찰하게 하는 문학의 의의를 배움. 인간의 선함과 사랑을 믿으며 자신이 받은 빛나는 선물을 세상에 돌려주고자 하는 마음을 통해 희망에 대해 다시 생각하게 하는 깊은 울림을 느낌.(1,499Byte, 띄어쓰기 포함 613자)

'헌팅턴비치에 가면 네가 있을까(이어령)'에서 날카로운 지성과 깊은 사랑을 동시에 지닌 작가가 삶과 죽음, 사랑과 공생, 인간의 선함과 미래에 대한 확신을 담아낸 시들을 친구들과 함께 감상해 봄. 특히 딸 이민아 목사를 먼저 떠나보낸 아버지로서의 깊은 슬픔과 그리움을 중심 주제로 삼고 있어 병실에서의 구체적 상황에 대한 여러 질문과 대답을 통해 공감대를 확장시킴. '메멘토 모리(죽음을 기억하라)'를 좌우명으로 삼아 죽음을 삶의 일부로 받아들이며, 딸의 삶에서 배운 희망과 부활의 메시지를 오늘의 시점에서 재확인함. 평생 문학, 문화, 철학 등 다양한 분야에서 활발히 활동하며 한국 문화 발전에 크게 기여한 작가의 삶을 정리해 보며 개인적 슬픔을 넘어 인간 존재와 생명의 의미를 깊이 성찰하게 하는 문학의 의의를 배움.(979Byte, 띄어쓰기 포함 403자)

'헌팅턴비치에 가면 네가 있을까(이어령)'에서 삶과 죽음, 사랑과 공생, 인간의 선함과 미래에 대한 확신을 담아낸 시들을 친구들과 함께 감상해 봄. 특히 딸 이민아 목사를 먼저 떠나보낸 아버지로서의 깊은 슬픔과 그리움을 중심 주제로 삼고 있어 병실에서의 구체적 상황에 대한 여러 질문과 대답을 통해 공감대를 확장시킴. 평생 문학, 문화, 철학 등 다양한 분야에서 활발히 활동하며 한국 문화 발전에 크게 기여한 작가의 삶을 정리해 보며 인간 존재와 생명의 의미를 깊이 성찰하게 하는 문학의 의의를 배움.(678Byte, 띄어쓰기 포함 280자)

《팩트풀니스》 | 한스 로슬링

" 우리가 세상을 오해하는 10가지 이유와
세상이 생각보다 괜찮은 이유 "

| 분량 ★★ | 내용 ★★★★★ | 활용 ★★★★★ |

📑 〈2022학년도 서울대 수시 의과대학 면접 제시문 1〉

다음은 아프리카에서 물을 공급하기 위해 고안된 도구들이다.

[사례 1] 플레이 펌프 (Play Pump)

특징	1. 물 펌프가 결합된 회전 놀이기구 2. 아이들이 플레이 펌프를 돌리면서 놀 때마다 지하수를 끌어올림 3. 물탱크에 광고를 유치하여 부가적인 수익을 기대함 4. 20리터의 물을 끌어올리는 데 3분 7초 소요(손 펌프는 28초 소요) 5. 가격은 대당 약 1,700만 원(손 펌프는 약 420만 원)
사진	

[사례 2] 큐 드럼 (Q Drum)

특징	1. 원통 가운데 난 구멍에 끈이 연결된 형태의 물통 2. 알파벳 큐(Q)와 모양이 비슷하여 이름 붙여짐 3. 한 번에 약 50리터의 물을 담을 수 있음 4. 물을 가득 채웠을 때 무게는 약 54.5kg이지만 이동 시 체감 무게는 약 4.5kg 5. 가격은 한 개당 6만 원
사진	

질문 1. 각각의 기술이 실행되었을 때 예상되는 결과에 대해 얘기해 보세요.

답변 : 사례 1의 플레이 펌프는 아이들이 놀이를 하며 펌프를 돌리면 지속적으로 우물에서 물을 퍼 올려 지역 주민들이 식수로 활용할 수 있습니다. 예상 결과는 어린이들의 놀이 활동과 물 공급이 융합되어 물 부족 문제를 개선하고, 아이들은 즐겁게 놀면서 동시에 지역 물 자원을 확보하게 됩니다. 사례 2의 큐 드럼은 원통형의 견고한 물통을 굴리면서 물을 쉽게 운반할 수 있습니다. 여성이나 아이들이 전통적으로 무거운 물통을 머리에 이고 먼 거리를 이동하던 어려움을 줄여, 더 많은 양의 물을 더 적은 부담으로 쉽게 운반할 수 있게 합니다.

질문 2. 실제 결과가 왜 그렇게 되었는지 추론해 보세요.

답변 : 사례 1의 플레이 펌프의 경우 실제로는 물 펌프 작동을 위해

아이들이 지속적으로 회전 놀이를 해야만 하는데, 아이들의 자발적 놀이보다 노동에 가까워 아이들이 힘들어하거나 놀이기구로서 흥미를 잃는 경우가 많습니다. 펌프 비용도 과다하고, 사용 시간에 비해 물 공급이 적습니다.

질문 3. 책에서 본 것이나 실제로 경험한 것 중에서 좋은 의도로 시행되었는데 안 좋은 결과가 나타난 사례가 있는지 설명하고 이와 같은 일이 발생하지 않기 위해서는 어떻게 해야 하는지 설명해 보세요.

답변 : 적정 기술은 현지인의 생활 조건과 필요를 고려해 개발되어야 하는데, 플레이 펌프 사례처럼 좋은 의도로 시행되었으나 현지 실상과 사용자의 요구를 충분히 반영하지 못해 실패하는 경우가 있습니다. 먼저 솔라 워터 퓨리파이어(Solar Water Purifier)는 태양열을 이용해 물을 살균하는 장치로, 설치 후 기대와 달리 현지 주민들이 장치를 제대로 사용할 수 없거나, 장치 유지 관리가 어려워 방치되는 경우가 많았습니다. 특히 장비의 복잡성이나 소모품 교체 문제, 현지 교육 부족 등이 원인입니다. 휴대용 태양광 충전기도 전기가 부족한 개발도상국을 위해 태양광 충전기를 배포했으나, 사용법과 충전기 내구성을 고려하지 않아 실제로 주민들이 제대로 활용하지 못하거나 제품이 조기에 고장 나는 경우가 있었습니다. 볼라볼라 자전거(Bollabolla Bicycle Pump)도 수동 펌프를 자전거 페달 형태로 바꾸어 물을 퍼 올리는 장치였으나, 페달을 밟아야 하는 동작이 힘들거나 불편해 정작 사용이 제한적이었습니다.

의대입시독서는 달라야 합니다

초등학교 6학년 사회 교과서의 내용을 기억하나요? 이 제시문은, 2015 개정교육과정과 2022 개정교육과정을 거치며 초중고 국어와 사회 교과서에 수록된 적정 기술 사례를 출제했습니다.

먼저 제시문에서 사례 1과 사례 2를 보여주었으니 두 사례를 비교해야 합니다. 사례 1의 플레이 펌프와 사례 2의 큐 드럼 모두 아프리카에서 물을 공급하기 위해 고안된 도구들이라는 공통점을 전제하고 특징과 사진 자료를 통해 차이점을 추론해야 합니다. 플레이 펌프는 물 펌프가 결합된 회전 놀이기구인데, 아이들이 플레이 펌프를 돌리면서 놀 때마다 지하수를 끌어올립니다. 물탱크에 광고를 유치하여 부가적인 수익을 기대할 수 있지만 20L의 물을 끌어올리는 데 3분 7초가 소요되므로 손 펌프로 물을 끌어올리는 28초보다 6배 이상 시간이 더 걸립니다. 가격이 한 대당 약 1,700만 원이므로 약 420만 원인 손 펌프보다 4배 이상 비싸기도 합니다.

큐 드럼은 원통 가운데로 난 구멍에 끈이 연결된 형태의 물통입니다. 알페벳 큐(Q)와 모양이 비슷하여 이름이 큐 드럼이랍니다. 한 번에 약 50L의 물을 담을 수 있고, 물을 가득 채웠을 때 무게는 54.5kg이지만 이동 시 체감 무게는 4.5kg에 불과합니다. 가격은 한 개당 6만 원이므로 절대적으로도 상대적으로도 저렴해 보입니다.

두 도구 모두 아프리카 지역의 물 부족 문제를 해결하기 위한 혁신적인 아이디어지만, 사례 1은 놀이와 물 공급을 결합한 고정형 펌프이고, 사례 2는 이동이 가능한 물통으로서 물 운반에 초점을 맞추고 있습니다. 각각의 방식이 지역 주민들의 생활에 맞게 설계된 점이 인상적입니다.

다만 사례 1의 플레이 펌프는 20L의 물을 끌어올리는 데 3분 7초가 소요되므로 손 펌프보다도 효율성이 낮습니다. 실제 현장에서는 유지 보수 문제와 아이들이 펌프를 지속적으로 돌려야 하는 부담이 발생합 니다. 사례 2의 큐 드럼은 한 번에 50L나 물을 담을 수 있고, 무게가 무 거워도 굴려서 이동하기 때문에 운반이 훨씬 수월합니다. 유지 보수 부담도 적고 사용이 간편합니다. 현지 적합성 측면에서도 차이가 큽니 다. 플레이 펌프의 경우 초기에는 큰 관심과 기부금 유치에 성공했으 나, 현지 문화와 생활방식에 맞지 않아 지속 가능성에 한계가 있습니 다. 아이들이 놀이를 멈추면 물 공급도 중단되는 구조적 문제와 더불 어 광고 유치와 부가적 수익도 아프리카 환경과 부합하지 않습니다. 큐 드럼은 현지 주민들이 직접 물을 운반하는 데 실질적인 도움을 주 며, 구조가 복잡하지 않아서 고장이나 관리 문제가 적습니다. 이동성 과 편리성에서 높은 평가를 받습니다.

'팩트풀니스(한스 로슬링)' 의대입시에 활용하기

'팩트풀니스(한스 로슬링)'는 우리가 세상을 오해하는 10가지 이유 와 세상이 생각보다 괜찮은 이유를 담은 책입니다. 전 세계적으로 확 증편향이 기승을 부리는 탈진실의 시대에, 막연한 두려움과 편견을 이 기는 팩트의 중요성을 일깨우는 세계적 역작이라고 빌 게이츠가 평가 하기도 했답니다. 책 앞부분에서 세계를 이해하기 위한 13가지 문제 를 소개했는데, 인간의 평균 정답률은 16%입니다. 침팬지는 33%나

됩니다. 왜 침팬지를 이기지 못할까요? 똑똑하고 현명한 사람일수록 세상의 참모습을 정확히 알지 못하기 때문입니다. '느낌'을 '사실'로 인식하는 인간의 비합리적 본능 10가지를 밝히고, 우리의 착각과 달리 세상이 나날이 진보하고 있음을 명확한 데이터와 통계로 증명했습니다. 세상을 바라보는 방식을 바꾸고 미래의 위기와 기회에 대처하기 위해 반드시 읽어야 할 필독서입니다.

이 책은 다양한 분야를 다루고 있는데 극빈층의 비율, 여성의 교육 기간, 기대 수명, 자연재해 사망자 수 등 최신 통계 데이터를 바탕으로 합니다. 언론 등에 휘둘리지 않고 정확한 정보를 얻는 능력이 얼마나 중요한지를 강조하면서 우리가 보편적으로 겪고 있는 부정적인 심리의 해결책도 제시합니다. 적정 기술이나 전지구적 불평등 같은 특정 사건이나 현상에 대해 확대해석하거나 관점을 왜곡하지 않는 법을 배우게 됩니다.

저자인 한스 로슬링(Hans Rosling)은 2015년 한국에 와서 '인구 변화로 본 한국의 현재와 미래'를 강의했는데, 동영상 강의로도 공개되어 큰 화제를 모으기도 했습니다. 통계학 분야의 세계적 석학이자 의사, 테드(TED) 최고의 스타강사로 2012년 〈타임〉 선정 세계에서 가장 영향력 있는 인물 100인, 2011년 〈패스트컴퍼니〉 선정 가장 창조적인 인물 100인, 2009년 〈포린폴리시〉 선정 세계 주요 사상가 100인에 선정되기도 했습니다. 오해와 편견을 넘어 사실을 토대로 한 세계관을 다룬 14번의 테드 강연은 조회수 3,500만을 돌파해 뜨거운 화제를 모았습니다. 경제발전, 농업, 가난, 건강 사이의 연관관계를 집중 연구하며 세계 보건에 관한 교재를 공동 집필하기도 했습니다. 국경없는의사회를 공동으로 설립하고 세계보건기구와 유니세프 등의 구호기구에서 활동해 의학도들의 롤모델이기도 합니다.

크기 본능의 두 가지 측면은 부정 본능과 더불어 세상의 발전을 체계적으로 과소평가하게 만든다. 세계 인구와 관련한 여러 비율 중에 기본 욕구를 충족하며 사는 사람의 비율을 물으면, 대부분 일관되게 약 20%라는 답을 내놓는다. 하지만 정답은 80%, 나아가 90%에 가깝다. 예방접종을 받는 아이의 비율은 88%, 전기를 공급받는 비율은 85%다. 초등학교를 나온 여자아이의 비율은 90%다. 그러나 자선단체와 언론이 자극적으로 보이는 숫자를 고통받는 개인의 모습과 함께 끊임없이 보여주다 보니 사람들은 왜곡된 시각으로 세계를 인식하고, 다른 모든 비율과 발전을 체계적으로 과소평가한다.(183쪽)

유퀴즈 방송 출연으로 다시 화제를 모은 빌 게이츠는 2010년부터 매년 대학생들이 읽으면 좋은 책을 추천해 왔습니다. 그는 이 책을 추천하는 것은 물론 미국의 모든 대학교와 대학원 졸업생들에게 직접 책을 구입해 선물했는데, "자신이 읽은 가장 중요한 책이며, 세계를 명확히 이해하기 위한 유용한 안내서"라고 이유를 밝혔습니다. '팩트풀니스'는 '사실충실성'이란 뜻으로 팩트(사실)에 근거해 세계를 바라보고 이해하는 태도와 관점을 의미합니다.

빌 게이츠가 사회로 진출하는 청춘에게 이 책을 선물한 이유는, '세상은 나아지고 있다'는 긍정의 시각을 심어주는 동시에 자기 신념이 사실과 부합하는지를 돌아보라고 충고하고자 했기 때문입니다. 우물

의대입시독서는 달라야 합니다

안에 계속 갇혀 살기보다 올바르게 사는 데 관심이 있다면, 세계관을 흔쾌히 바꿀 마음이 있다면, 본능적 반응 대신 비판적 사고를 할 준비가 되었다면, 수능(대학수학능력)을 갖추었다고도 볼 수 있습니다.

이 책을 통해 '느낌'을 '사실'로 인식하는 인간의 10가지 비합리적 본능(간극 본능, 부정 본능, 직선 본능, 공포 본능, 크기 본능, 일반화 본능, 운명 본능, 단일 관점 본능, 비난 본능, 다급함 본능)을 점검해 보기 바랍니다. 사람들은 세상에 대해 생각하고 추측하고 학습할 때 끊임없이 직관적으로 자신의 세계관을 참고하는데, 비합리적 본능으로 세계관에 오류가 발생하면 구조적으로 틀린 답을 할 수밖에 없기 때문입니다. 저자는 사실과 주장을 혼동함으로써 사회 갈등과 스트레스가 발생한다고 말합니다. 세상은 겉보기만큼 극적이지는 않습니다. '팩트풀니스'를 숙지하면 과도하게 극적인 세계관을 사실에 근거한 세계관으로 대체할 수 있습니다. 더 나은 결정을 내리고, 진짜 위험성과 여러 가능성을 예의 주시하되 엉터리 정보에 스트레스를 받지 않게 됩니다.

사람들은 비율을 왜곡해 실제보다 부풀리는 경향이 있다. 큰 수는 항상 커 보이고, 수치가 달랑 하나만 있으면 오판하기 쉽다. 이로 인해 우리는 세상의 발전을 체계적으로 과소평가하게 된다.

2016년 신생아는 1억 4,100만 명, 죽은 아이는 420만 명이다. 한 해에 420만 명의 아이가 죽다니 너무나도 비극적이다. 사망률은 3%로 100명 중 첫 번째 생일이 되기 전 죽는 아이는 3명이나 된다. 하지만 통계학적으로 조금 더 자세히 들여다보면 어떨까?

1950년의 신생아는 9,700만 명이고, 사망한 아이는 1,440만 명이다.

이때 아동 사망률은 15%. 신생아 100명 중 15명이 첫 번째 생일을 맞이하기 전에 죽었다는 뜻이다. 영아 사망률이 15%에서 3%로 줄 다니! 420만이라는 수치만 보면 엄청나게 커 보이지만 비율을 비교하자. 최근 수치가 갑자기 놀랍도록 낮아 보인다.(197쪽)

크든 작든 어떤 수치가 있을 때, 그 수가 인상적으로 보이지만 달랑 하나뿐이라는 걸 알아야 합니다. 그 수를 관련 있는 다른 수와 비교하거나 다른 수로 나누었을 때 정반대 인상을 받을 수 있다는 사실을 알아야 합니다. 크기 본능을 억제하려면 비율을 고려하라고 저자는 충고합니다.

저자는 30개 국가에 "세계가 점점 좋아진다고 생각하는가, 나빠진다고 생각하는가, 아니면 그대로라고 생각하는가?"라는 질문을 던졌는데 모든 국가가 '나빠지고 있다'고 대답했답니다. 특히 한국은 터키, 벨기에, 멕시코 다음으로 부정적 답변의 비율이 높았습니다. 우리나라 인구의 80% 이상이 전 세계의 미래를 비관적으로만 보고 있습니다.

유엔은 21세기 말이 되면 아메리카와 유럽 인구는 거의 변하지 않지만, 아프리카는 30억이 늘고 아시아는 10억이 늘 것으로 예상한다. 2100년이면 세계 인구의 80% 이상이 아프리카와 아시아에 살게 된다는 이야기다.

오늘날에는 북대서양 주변의 부유한 국가에 사는, 세계 인구의 11%에 해당하는 사람들이 4단계 소비자 시장의 60%를 차지한다. 그러나 지금처럼 전 세계에서 소득이 꾸준히 높아진다면 그 비율은

의대입시독서는 달라야 합니다

2027년 50%로 줄어들 것이다. 그리고 2040년에는 4단계 소비자의 60%가 서양 이외의 지역에 살 것이다. 그렇다. 서양의 세계경제 지배가 조만간 끝난다는 말이다.(195쪽)

세계 인구의 상당수가 아시아에 살고 있다는 사실을 인지해야 합니다. 경제적 영향력 면에서 서양인은 80%가 아니라 20%가 되어가고 있습니다. 세계시장의 무게중심이 대서양에서 인도양으로 옮겨가는 중입니다. 세상을 바라보는 방식을 바꾸고 미래의 위기와 기회에 대비하기 위해서는 자신의 지식과 시각이 아니라 명확한 팩트를 확인해야 합니다.

 ## 생기부 세특 예시

적정 기술 사례인 플레이 펌프와 큐 드럼을 비교해 아프리카 지역의 물 부족 문제 해결을 위해 고안된 도구로 공통점이 있지만, 설계와 사용 방식, 현지 적합성에서 보이는 차이점을 분석해 봄. 손 펌프보다 비효율적이고 가격도 비싸며 유지 보수에 어려움이 많은 구조적 한계와 저렴한 가격과 단순한 구조로 고장과 유지 보수 부담이 적으며 물 운반에 실질적인 도움을 주어 현지 적합성이 높고 사용이 편리하여 좋은 평가를 받는 차이가 발생하는 근원에 대해 성찰해 봄. 좋은 의도로 개발된 기술이라도 현지 생활환경, 문화적 특성, 유지 보수 가능성 등을 고려하지 않으면 실패할 수 있다는 교훈과 함께 지속 가능하고 효과적

인 해결책을 만들기 위한 추천 도서로 '팩트풀니스(한스 로슬링)'에서 우리가 세상을 오해하는 10가지 비합리적 본능과 객관적 사실과 통계에 기반해 세계가 점차 나아지고 있음을 확인함. 세계를 단순히 '선진국'과 '후진국'으로 나누는 '이분법적 사고'를 버리고, 중간 소득 국가를 포함하는 4단계 국가 분류를 통해 인류 대다수가 어느 수준에서 살아가고 있는지 명확히 보아야 한다는 점에서 시각과 통계 숫자의 '크기 본능'이나 '부정 본능'을 경계하며 비율과 전체 맥락을 함께 살피는 태도를 배움.(1,494Byte, 띄어쓰기 포함 616자)

적정 기술 사례인 플레이 펌프와 큐 드럼을 비교해 아프리카 지역의 물 부족 문제 해결을 위해 고안된 도구로 공통점이 있지만, 설계와 사용 방식, 현지 적합성에서 보이는 차이점을 분석해 봄. 좋은 의도로 개발된 기술이라도 현지 생활환경, 문화적 특성, 유지 보수 가능성 등을 고려하지 않으면 실패할 수 있다는 교훈과 함께 지속 가능하고 효과적인 해결책을 만들기 위한 추천 도서로 '팩트풀니스(한스 로슬링)'에서 우리가 세상을 오해하는 10가지 비합리적 본능과 객관적 사실과 통계에 기반해 세계가 점차 나아지고 있음을 확인함. 시각과 통계 숫자의 '크기 본능'이나 '부정 본능'을 경계하며 비율과 전체 맥락을 함께 살피는 태도를 배움.(853Byte, 띄어쓰기 포함 353자)

적정 기술 사례인 플레이 펌프와 큐 드럼을 비교해 좋은 의도로 개발된 기술이라도 현지 생활환경, 문화적 특성, 유지 보수 가능성 등을 고려하지 않으면 실패할 수 있다는 교훈과 함께 지속 가능하고 효과적

의대입시독서는 달라야 합니다

인 해결책을 만들기 위한 추천 도서로 '팩트풀니스(한스 로슬링)'에서 시각과 통계 숫자의 '크기 본능'이나 '부정 본능'을 경계하며 비율과 전체 맥락을 함께 살피는 태도를 배움.(509Byte, 띄어쓰기 포함 211자)

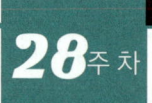

28주 차

《현재에서 바라본 10년 전, 황우석 사건》
| 대한민국의학한림원

" 연구윤리 준수의 필요성 "

분량 ★★★★★	내용 ★★★★	활용 ★★★★

📋 〈2022학년도 서울대 수시 의과대학 면접 제시문 2〉

고등학생 A는 같은 반 학생 3명과 조를 구성하여 과학실험을 수행해 왔고 반에서 최우수 평가를 받아 반의 대표로 교내 과학경진대회에 출전하게 되었다. A는 같은 조 학생 3명과 함께 교내 과학경진대회가 열리기 일주일 전부터 다시 동일한 실험을 총 다섯 차례 반복 실시하였다.

A는 교내 과학경진대회 당일 발표자 대기석에서 발표 자료를 보다가 마지막 다섯 번째에 실시한 실험 결과가, 비교적 일관된 결론을 도출해 낼 수 있었던 그 이전의 네 번의 실험 결과와는 상당히 다른 방향의 결론을 시사하는 결과임을 발견하였다. A는 이제 곧 연단을 올라가 발표해야 한다.

이번 과학실험 결과는 이미 학교의 여러 선생님으로부터 좋은 평가를 받아 왔고 교내 다른 학생들에게도 많이 알려진 상황이다. 담임 선생님과 같은 조원들은 교내 과학경진대회 대상 수상에 대해 큰 기대를 하고 있다. A는 같은 조 학생들과 이번 과학실험에서 구축한 성공적인 협력관계를 바탕으로 이후에도 후속 공동실험을 하기로 계획하고 있다.

304

질문 1. 학생은 제시된 상황에서 어떻게 하시겠습니까?

답변 : 마지막 실험 결과가 이전과 다르다는 점을 솔직하게 인정하고, 발표에서 이를 숨기지 않고 투명하게 설명하겠습니다. 실험 결과가 다르게 나온 이유를 분석하고, 그 차이가 무엇을 의미하는지 청중과 심사위원에게 명확히 전달하겠습니다. 과학은 항상 일정한 결과만 나오는 영역이 아닙니다. 변동이나 예외가 존재합니다. 이번 결과가 오히려 더 깊은 탐구의 계기가 될 수 있습니다. 조원들과 협력해 얻은 성과를 존중하지만 과학적 정직성이 우선입니다.

질문 2. 마지막 실험에서 일관적이지 않은 결과가 발생한 이유는 무엇이라고 생각하나요?

답변 : 실험 과정에서 통제되지 않은 변수나 환경 변화가 의심됩니다. 실험 기구의 미세한 차이나 측정 오차, 시료의 상태 변화 등도 원인이 될 수 있습니다. 혹은 실험 설계 자체에 한계가 있거나, 이전 결과가 우연히 일관된 결과일 가능성도 있습니다. 과학 탐구 과정에서는 다양한 변동성을 인정하고, 반복 실험과 추가 검증을 통해 진실을 탐구해야 합니다.

질문 3. 만약 발표를 하기 직전이 아니라 몇 시간 전이라면 어떻게 하셨을 것인가요? 1주일 전이라면?

답변 : 몇 시간 전이라면 발표 자료를 신속히 수정해 마지막 실험 결과를 포함시키고, 그 차이에 대한 해석과 함께 발표 준비를 다시 점검

할 수 있습니다. 시간이 제한적이니 핵심 메시지를 명확히 전달하는 데 집중해야 합니다. 1주일 전이라면 충분한 시간적 여유가 있으니, 조원들과 함께 추가 실험을 더 진행해 결과의 신뢰도를 높이고, 발표 자료도 체계적으로 보완할 수 있습니다. 오히려 더 깊이 있는 분석과 토론을 통해 발표 내용의 완성도를 높이겠습니다.

질문 4. 만약 조원들의 반대가 있다면 어떻게 하시겠습니까?

답변 : 조원들의 의견을 존중하며, 왜 솔직하게 발표하는 선택이 중요한지 차분히 설명하겠습니다. 과학적 정직성과 신뢰가 장기적으로 더 큰 가치를 가진다는 점을 함께 공유하며 설득하겠습니다. 의견 차이가 크다면, 조원들과 충분히 대화하고 중재안을 찾으면서도, 최종적으로는 진실을 밝히는 방향으로 결정을 내리는 선택이 맞다고 생각합니다. 협력 관계를 유지하되, 윤리적 책임을 우선하는 태도가 필요합니다.

'현재에서 바라본 10년 전, 황우석 사건(대한민국의학한림원)' 의대입시에 활용하기

제시문의 상황은 과학적 정직성과 협력 그리고 결과 해석의 중요성을 잘 보여줍니다. 발표자가 솔직하고 투명하게 결과를 공유하는 방식은 과학자로서의 신뢰를 쌓는 길입니다. 조원들과 협력을 계속 이어가면서 더 나은 연구를 할 수 있는 기반이 될 수 있습니다. '현재에서 바라본 10년 전, 황우석 사건(대한민국의학한림원)'은 바로 이와 관련된 연구 윤리 문제를 다루는 논문들을 담은 책입니다.

　대한민국의학한림원은 의학과 보건 관련 전문가들로 이루어진 단체로서 우리나라의 국민 보건 건강 증진과 후학들의 의학 및 보건학 연구와 발전을 위해 설립되었습니다. 매년 정기적으로 주요한 주제에 대하여 학술포럼을 개최하여 국민의 생명과 삶의 질을 해하는 질환과 환경 그리고 보건의료 시스템과 제도 등에 대한 최신 지견과 아울러 정책적인 해결 방안을 제시함으로써 여러 전문가들과 정책 결정자들에게 도움이 되고자 노력하고 있습니다.

　2016년 대한민국의학한림원은 당시 기준 10년 전 우리나라를 온통 혼돈의 도가니로 몰아넣었던 "황우석 사건"을 되돌아보면서 그동안 밝혀진 사실을 근거로 이 사건을 재조명하고 향후 이와 관련된 우리나라 생명과학 분야뿐 아니라 모든 연구 분야에서 생명윤리와 연구윤리 준수의 소임을 다하면서 우리 과학계와 사회가 발전할 수 있는 토대를 마련하고자 심포지엄을 개최했습니다.

　황우석은 임상 수의학자로 1990년대 초중반에 농림부 등의 지원을 받아 수정란 분할을 통한 동물복제 연구를 시작하였고, 이어 수정란 핵이식을 통한 동물복제 연구를 진행하였다. 1997년 2월에 영국 연구팀에 의한 복제 양 '돌리'의 탄생이 알려지면서 그는 체세포핵이식 복제 연구로 관심을 돌리게 되었고, 과학기술부의 지원을 받아 1998년부터 체세포핵이식을 통한 소 복제에 나서게 되었다. 그는 1999년 2월에 복제 소 '영롱이'를 만들어내 세계에서 5번째로 체세포동물복제에 성공하게 된 것을 언론을 통해 알렸다. 1999년 4월에 복제 한우 '진이'를 연이어 탄생시키면서 황우석은 당시 언론의 조명과 김대중 대통령의 신임을 받게 되면서 일약 '스타 과학자'의 반열에 오르게 되었다.

2001년 6월 8일 황우석은 임기 2년의 과학기술자문위원으로 위촉되었고, 문화관광부는 2001년 10월 황우석에게 세종문화상 대통령상을 주었다. 2002년에는 정보통신부의 연구비를 지원받아 3억 원 상당의 '광우병 내성 소 개발사업'을 진행하였고, 이종간 장기복제를 위한 면역거부반응이 제거된 무균 돼지 복제 연구도 시도하였고 점차 줄기세포 분야로 연구 영역을 넓혔다. 2003년 8월 노무현 정부는 황우석을 국가과학기술위원회 장관급 민간위원으로 임명하였고, 황우석이 관여하고 있는 '바이오신약·장기' 분야로 10대 차세대 성장동력산업의 하나로 선정하였다. 2003년 12월에 황우석이 세계 최초로 광우병 내성 복제 소와 무균 미니 돼지를 개발하였다는 발표가 있었고, 노무현 대통령도 직접 황우석 실험실을 방문하기도 하였다. 황우석 연구팀은 2004년 2월 12일 '사이언스'에 논문을 게재하였으며, 사이언스는 인터넷 속보를 통해 서울대 의대의 황우석 교수와 서울대 의대 문신용 교수팀이 세계 최초로 인간 난자를 이용해 체세포를 복제하고 이로부터 배아 줄기세포를 만드는 데 성공했다고 밝혔다. 2004년 6월 과학기술 최고훈장인 '창조장'을 수여받았으며, 2005년 2월 보건복지부는 황우석 특별우표를 발행하였다. 2005년 6월에는 '제1호 최고 과학자'로 선정되었다.

그러나 2005년 11월 21일 황우석 연구팀에 난자를 조달하는 역할을 담당했던 미즈메디 병원의 노성일 이사장이 20여 명의 난자 제공자

의대입시독서는 달라야 합니다

들에게 돈을 지급했다고 시인하고, 11월 22일 방송된 'PD수첩' 1탄 '황우석 신화의 난자 매매 의혹'에서 황우석 연구팀의 실험에 쓴 난자가 상당수가 매입되었으며 심지어 연구팀에 속한 여성 연구원도 난자를 제공하도록 강요받았다는 내용이 보도되었다. 보건복지부는 2005년 11월 23일 서울대 수의대 기관운영심의위원회의 조사보고서를 간추려 보도자료를 만들어 기자회견을 하였으나 결과는 아무런 문제가 없다는 것이었다. 하지만 정치권이나 일반 언론에 의해 MBC 측은 12월 7일 'PD수첩'의 폐지를 결정하였다.

그러나 2005년 12월 초부터 과학기술부가 지원하는 생물학정보센터(BRIC) 사이트의 취업게시판에 황우석의 2005년 '사이언스' 논문의 줄기세포 사진이 중복된 사실을 밝히는 글이 올라오고, 배아복제 줄기세포의 DNA자료 분석조작 의혹 가능성이 제기되었다. 2005년 12월 8일 서울대 소장 교수들은 진상조사를 촉구하였고, 서울대는 '황우석 교수 연구의혹 관련 조사위원회'를 구성하였다. 2005년 12월 15일 맞춤형 줄기세포가 없다는 노성일 이사장의 인터뷰가 방송되었고, 'PD수첩'은 "특검, PD수첩은 왜 재검증을 요구했느냐"라는 제목으로 황우석 논문 조작 의혹을 방송하였다. 2006년 1월 8일 서울대 조사위원회는 2005년 논문만이 아니라 2004년 논문도 조작되었으며, 맞춤형 줄기세포를 만들었다는 증거를 찾아볼 수 없다는 결과를 발표하였다.

끝으로 '사이언스'는 황우석 연구팀이 2004년 논문과 2005년 논문 모두 조작되었다고 판단하여 논문을 직권으로 철회하였고, 그 직후 정부는 황우석에게 수여했던 제1호 최고과학자 지위를 박탈하였다.

서울대는 황우석을 비롯한 관련자를 징계위원회에 회부하였다.

2006년 5월 서울중앙지검은 황우석을 불구속 기소하였고, 2009년 서울중앙지방법원 제1심은 황우석의 논문 조작·횡령 등의 혐의를 인정해 징역 2년 집행유예 3년을 선고하였다. 이어 2012년 서울고 등법원은 황우석의 항소 일부를 받아들여 징역 1년 6월, 집행유예 2 년을 선고하였고, 2014년 2월 대법원은 황우석에게 징역 1년 6월, 집행유예 2년을 선고한 원심을 확정하였다.(8쪽)

황우석 사건은 그야말로 충격 그 자체였습니다. 줄기세포 연구로써 모든 난치병을 치료하고 국가경제도 살리겠다는 서울대 현직 교수를 믿은 정부와 국민은 큰 충격을 받았습니다. 그를 응원했던 많은 국민 들은 논문 조작이라는 사실을 믿기 어려웠습니다. 일부 사실이 밝혀진 뒤에도 여전히 그를 두둔하기도 했습니다. 진상조사를 통해 드러난 황 우석 연구의 실상은 더 심각했습니다. 논문 조작뿐 아니라 불법적인 난자 획득과 사용 연구비 횡령과 편취, 기관생명윤리심의위원회(IRB) 의 졸속 운영 등의 문제도 있었습니다.

여러 학자들이 지적했듯이 이 문제는 한 사람의 사기와 일탈을 넘어 우리나라에서 정부의 과학 연구 지원 등에 반복되던 관행과 낡은 문 화가 빚은 어쩌면 예고된 결과라도 평가됩니다. 과학기술 연구가 논문 성과와 경제 성장을 가져올 수 있다면 작은 허물쯤은 묻어둘 수 있다 는 생각이 사회 각계에 만연한 가운데 필연적으로 일어날 수밖에 없었 던 사건이었기 때문입니다.

황우석 사건을 반성하면서 생명윤리와 연구윤리를 바로잡으려는 여

의대입시독서는 달라야 합니다

러 노력이 있었습니다. 한국의 생명윤리와 연구윤리의 역사는 황우석 사건 이전과 이후로 나뉜다고 말해도 과언이 아닙니다.

황우석 사건 이후로 생명윤리 및 안전에 관한 법률을 개정하고 생명윤리심의위원회와 연구윤리진실성위원회를 기관마다 설치하고 관리하게 되었습니다. 이제는 그 누구도 과학기술 연구에서 윤리는 거추장스러운 것이라고 말할 수 없게 되었습니다. 이 사건이 일어난 지 20년 가까이 지났지만 생명과학자들은 진정으로 황우석 사건을 반면교사로 삼아 과학이 건강하게 발전할 수 있도록 생명윤리를 중시하고 있는지, 과학이 윤리적 소임에 충실하면서 사회적 책임을 다하고 있다고 말할 수 있을지 자문해야 합니다. 더 이상 황우석 사건이 재발할 수 없는 연구환경 속에 있다고 자신할 수 있을지 스스로 답해야 합니다. 이제는 윤리적으로 각성된 연구자들이 과학 연구를 수행하고 있는지, 황우석 사건과 지난 경험은 연구자들에게 어떤 교훈을 주었고 또 어떤 과제를 안겨주고 있는지, 이런 물음에 성실하게 답해야 황우석 사건이 단지 부끄러운 과거가 아니라 오늘의 과학 연구를 사회적으로 더 책임 있는 연구가 되도록 할 수 있습니다.

 **생기부 세특 예시**

같은 실험을 반복했는데, 마지막 결과가 이전과 일관되지 않는 점을 발견한 경우 차이를 솔직히 인정하고 발표에서 투명하게 설명해야 한다는 논리를 점검함. 과학은 일정한 결과만이 아닌 변동성을 포함하기

에, 일관되지 않은 결과 역시 중요한 과학적 정보이므로 조원과 협력해 얻은 성과를 존중하되, 과학적 정직성을 우선시하는 태도가 필요하다고 주장함. 마지막 실험 결과가 다르게 나온 원인으로 실험 환경 변화, 측정 오차, 시료 상태 변화 등 통제되지 않은 변수나 설계 한계 등을 의심하며 '현재에서 본 10년 전, 황우석 사건(대한민국의학한림원)'을 통해 연구윤리 문제를 심화 탐구함. 1990년대 초중반 농림부 등의 지원으로 동물복제 연구를 시작해 1999년 세계 다섯 번째로 체세포 동물복제에 성공하며 스타 과학자로 떠오른 황우석 박사에 대해 2005년 난자 매매와 논문 데이터 조작 의혹이 제기되고, 여러 조사와 언론 보도로 연구윤리 위반 사실이 밝혀지며 '사이언스' 저널은 논문을 철회하고, 정부는 최고 과학자 지위를 박탈하며 관련자 징계가 이루어진 사례를 정리해 봄. 법원이 논문 조작과 횡령 혐의를 인정해 형사처벌을 선고한 사건을 통해 과학계뿐 아니라 사회 전반에서 연구윤리 준수가 필수임을 성찰해 봄.(1,499Byte, 띄어쓰기 포함 621자)

같은 실험을 반복했는데, 마지막 결과가 이전과 일관되지 않는 점을 발견한 경우 일관되지 않은 결과 역시 중요한 과학적 정보이므로 조원과 협력해 얻은 성과를 존중하되, 과학적 정직성을 우선시하는 태도가 필요하다고 주장함. 마지막 실험 결과가 다르게 나온 원인으로 실험 환경 변화, 측정 오차, 시료 상태 변화 등 통제되지 않은 변수나 설계 한계 등을 의심하며 '현재에서 본 10년 전, 황우석 사건(대한민국의학한림원)'을 통해 연구윤리 문제를 심화 탐구함. 2005년 난자 매매와 논문 데이터 조작 의혹이 제기되고, 여러 조사와 언론 보도로 연구윤리

의대입시독서는 달라야 합니다

위반 사실이 밝혀지며 법원이 논문 조작과 횡령 혐의를 인정해 형사처벌을 선고한 사건을 통해 과학계뿐 아니라 사회 전반에서 연구윤리 준수가 필수임을 성찰해 봄.(958Byte, 띄어쓰기 포함 398자)

일관되지 않은 결과 역시 중요한 과학적 정보이므로 조원과 협력해 얻은 성과를 존중하되, 과학적 정직성을 우선시하는 태도가 필요하다고 주장함. 결과가 다르게 나온 원인으로 실험 환경 변화, 측정 오차, 시료 상태 변화 등 통제되지 않은 변수나 설계 한계 등을 의심하며 '현재에서 본 10년 전, 황우석 사건(대한민국의학한림원)'을 통해 연구윤리 문제를 심화 탐구함. 논문 조작 사건을 통해 과학계뿐 아니라 사회 전반에서 연구윤리 준수가 필수임을 성찰해 봄.(616Byte, 띄어쓰기 포함 256자)

29주 차

《문학으로 다문화 사회 읽기》 | 김영순, 신동훈 외

"더 나은 방식으로 함께 살아가기"

분량 ★★★★★	내용 ★★★★	활용 ★★★★

📑 〈2022학년도 서울대 수시 의과대학 면접 제시문 3〉

[사례 1]

초등학교에 이제 막 입학한 A는 한국에서 태어나 한국에서 자란 다문화 가정의 어린이입니다. 일상생활에서는 큰 어려움 없이 한국어로 의사소통을 할 수 있습니다. 그렇지만 학교에서 수업을 듣거나 준비물에 대한 설명을 이해하고 집으로 적어오기에는 아직 어려움이 많은 상태입니다. A의 부모님은 아이가 학교생활에 적응하기 어려워한다고 걱정하면서 학교에 상담을 요청하였습니다.

[사례 2]

중학생인 B는 선천적인 질병으로 하반신 마비가 발생하여 실외 이동을 할 때에는 반드시 휠체어를 사용하여야 합니다. 평소에 역사 유적에 관심이 많은 B는 친구들과 같이 고궁을 방문하였습니다. 그렇지만 고궁 보행로는 박석(울퉁불퉁하고 납작한 화강암 판)이 깔려 있었습니다. 특히 아래 그림에서 보이는 고궁 건물 내부를 보기 위해서는 계단을 올라가야만 볼 수 있도록 되어 있었습니다.

질문 1. [사례1] 학교의 교장선생님이라면 어떻게 할 것인가요?

답변 : [사례1] 학교의 교장선생님이라면 학생이 학교생활에 잘 적응하고 잠재력을 최대한 발휘할 수 있도록 다양한 조치를 취하겠습니다. 먼저 초기 적응 지원을 강화하겠습니다. A학생의 한국어 이해도를 평가하여, 부족한 부분을 보완할 수 있는 개별 또는 소그룹 한국어 교육 프로그램을 제공하겠습니다. 필요하다면 그림이나 시각 자료를 활용한 교수법을 적극적으로 도입하고, 중요한 내용은 부모님께 가정통신문 대신 구두로 다시 설명드리도록 교직원을 독려하겠습니다. A학생과 또래의 모범적인 친구를 멘토-멘티로 연결하여 학교생활에 대한 궁금증을 해소하고 정서적으로 안정감을 느낄 수 있도록 돕겠습니다. 교사들을 대상으로 다문화 학생의 학습 특성과 정서적 어려움에 대한 이해 교육을 정기적으로 실시하여, 다문화 감수성을 높이고 효과적인 지도 방법을 습득하도록 지원하겠습니다. 담임교사와 한국어 담당 교사, 전문 상담 교사 간의 긴밀한 협력을 통해 A학생의 학습 진도와 학교 적응 상황을 지속적으로 모니터링하고 맞춤형 지원을 제공하겠습니다.

A학생의 부모님과 정기적인 상담 시간을 마련하여 학교생활에 대한 정보를 공유하고, 필요한 경우 통역 지원을 제공하여 원활한 의사소통을 돕겠습니다. 학교는 부모님의 교육 참여를 독려하고, 가정에서의 학습 지원 방안에 대해 함께 고민하겠습니다. 학교생활에 필요한 정보(준비물, 행사 등)를 한국어 외 다국어로 제공하거나, 부모님이 쉽게 이해할 수 있는 시각 자료로 제작하여 배포하겠습니다. 전교생을 대상으로 다양한 문화를 존중하고 이해하는 교육을 실시하여, A학생이 소외

감을 느끼지 않고 친구들과 어울릴 수 있는 포용적인 학교 분위기를 조성할 겁니다. 각국의 문화를 소개하고 체험할 수 있는 행사를 개최하여 학생들이 서로의 다름을 자연스럽게 받아들이고 공감 능력을 키울 수 있도록 장려하겠습니다.

질문 2. 그 학생에게만 추가적인 신경을 쓰도록 하는 것은 다른 학생에 대한 차별 아닌가요?

답변 : 특정 학생에게 추가적인 신경을 쓰는 것이 다른 학생에 대한 차별은 아닙니다. '형평성(Equity)'을 위한 노력이기 때문입니다. 모든 학생에게 동일한 출발선과 똑같은 자원을 제공하는 '균등(Equality)'도 중요하지만, 각 학생이 지닌 개별적인 상황과 필요를 고려하여 동등한 기회와 성과를 얻을 수 있도록 필요한 지원을 제공하는 것이 바람직합니다.

A학생의 경우, 언어 및 문화적 배경으로 인해 학습과 학교 적응에 어려움을 겪고 있습니다. 특수한 필요를 인지하고 그에 맞는 추가적인 지원을 제공하는 조치는 A학생이 다른 학생들과 동등하게 교육받을 권리를 누리고 학업에 참여할 수 있도록 돕는 정당한 배려입니다. 일방적인 특혜가 아니라, 부족한 부분을 채워 모두가 함께 성장할 수 있도록 돕는 포용적인 교육의 실현이기 때문입니다. 다른 학생들에게는 그들 각자의 필요에 맞는 지원이 주어져야 하듯이, A학생에게는 필요한 지원이 제공되는 방식이 바람직합니다.

질문 3. 고궁 관리자라면 두 번째 사례에 나와 있는 상황을 해결하

의대입시독서는 달라야 합니다

기 위해 어떤 조치를 취할 것인가요?

답변 : 고궁 관리자로서 B학생과 같은 상황을 해결하기 위해 문화유산의 보존과 더불어 모든 국민이 문화유산을 향유할 권리를 보장하기 위한 조치들을 취하겠습니다. 먼저 고궁 건물 내부로 진입하는 계단 입구에 이동식 또는 임시 경사로를 설치하여 휠체어 사용자도 진입할 수 있도록 하겠습니다. 휠체어 이용객을 위한 전담 안내 직원을 배치하여 보행로의 불편한 구간이나 계단 진입 시 도움을 제공하고, 안전한 이동을 지원하겠습니다.

고궁 건물의 내부를 직접 보지 못하더라도, 내부 모습을 담은 고화질 사진이나 영상 자료(VR/AR 체험 등)를 제공하는 안내 키오스크나 태블릿을 비치하여 간접적으로라도 관람 경험을 제공하겠습니다. 중장기적으로는 박석이 깔린 일부 구간에 휠체어 통행이 용이한 평탄한 길을 추가로 조성하거나, 미끄럼 방지 및 완충 기능을 갖춘 재료를 사용하여 보행로를 정비할 겁니다. 단, 문화재 원형 보존 원칙을 최대한 준수하겠습니다. 계단이 많은 주요 건물에 문화재 훼손을 최소화하는 방식으로 휠체어 리프트나 승강기 설치를 심층 검토하겠습니다. 고궁 전체의 휠체어 접근 가능 구간, 화장실, 휴게 공간 등의 정보를 담은 안내 지도를 제작하고, 모바일 앱을 통해 실시간으로 접근성 정보를 제공하겠습니다. 문화재청, 장애인 인권 단체, 건축 전문가 등과 협력하여 문화재 훼손을 최소화하면서 접근성을 높일 수 있는 최적의 방안을 모색하고, 기술 자문 및 연구를 의뢰할 겁니다.

질문 4. 거기에 들어가는 예산은 어떻게 할 것인가요?

답변 : 고궁의 접근성 개선에 필요한 예산 확보는 다각적인 노력을 통해 이루어져야 합니다. 문화재 보존 및 활용, 장애인 복지 증진을 위한 정부의 관련 예산(문화재청 예산, 국토교통부 예산 등)을 신청하고 확보하는 데 힘쓰겠습니다. 고궁과 같은 국가 중요 시설의 접근성 개선은 공공의 책임이기 때문입니다. 한국문화재재단, 장애인 편의시설 촉진 기금 등 관련 공공 기금이나 민간 재단의 지원 프로그램을 적극적으로 활용할 겁니다. 고궁의 가치와 접근성 개선의 중요성을 홍보하여 기업이나 개인의 후원 및 기부를 유치하는 방안을 모색하겠습니다. 특히 사회공헌 활동을 적극적으로 하는 기업들과 파트너십을 맺을 수도 있습니다. 모든 개선 작업을 한꺼번에 진행하기보다, 단기적으로 최소한의 불편을 해소할 수 있는 부분부터 시작하여 단계적으로 예산을 투입하고 장기적인 계획을 세워 지속적으로 추진하겠습니다. 예산 요청 시 접근성 개선으로 인한 사회적 파급효과(예: 관광객 증가, 장애인의 문화 향유권 증진 등)를 명확하게 제시하여 사업의 타당성을 높이고 예산 확보의 근거를 마련하겠습니다.

질문 5. 이와 비슷한 사례를 일상생활에서 본 적이 있나요?

답변 : 일상생활에서 사례들과 유사한 형태의 '불편함'이나 '접근성 부족' 사례들을 많이 볼 수 있습니다. 다문화 가정의 학생들이 부모님의 언어 장벽으로 인해 학교 정보를 충분히 이해하지 못해 중요한 준비물이나 학부모 참여 행사 등을 놓치는 경우를 보았습니다. 한국어 구사 능력은 원활해도, 교과 과정에서 사용되는 전문 용어나 비유적 표현을 이해하는 데 어려움을 겪어 학업 진도를 따라가지 못하는 경우

의대입시독서는 달라야 합니다

가 있습니다. 또래 집단과의 문화적 차이로 인해 친구 관계 형성에 어려움을 겪거나 따돌림을 당하는 사례도 보고됩니다.

휠체어 사용자가 대중교통 이용 시 승강기가 없거나 고장 나서 불편을 겪는 경우 또는 지하철 역사의 엘리베이터 동선이 비효율적이어서 먼 거리를 돌아가야 하는 상황을 본 적이 있습니다. 공공건물이나 상점에 경사로나 자동문이 없어 휠체어 사용자나 유모차 이용자가 진입하기 어려운 경우도 많습니다. 청각장애인을 위한 자막이나 수어 통역이 부족한 TV 프로그램, 행사 또는 키오스크 등의 정보 전달 환경도 유사한 사례라고 볼 수 있습니다.

이외에도 노인분들이나 임산부, 영유아를 동반한 보호자 등 다양한 사회적 약자들이 일상생활 속에서 겪는 크고 작은 불편함은 모두 특정 기준에 맞춰 설계된 사회 시스템이 다양한 필요를 충족시키지 못할 때 발생하는 유사한 사례들입니다.

질문 6. 이를 해결하기 위해 개인적인 차원에서 할 수 있는 노력은 무엇이 있을까요?

답변 : 위와 같은 문제들을 해결하기 위해 개인적인 차원에서도 할 수 있는 노력은 다양합니다. 먼저 다양한 배경을 가진 사람들의 어려움을 이해하고 공감하려는 노력을 해야 합니다. 미디어를 통해 접하거나 주변에서 만나는 이들의 상황에 귀를 기울이고, 필요한 정보를 찾아보며 올바른 인식을 갖추는 것이 중요합니다. 차별이나 불평등한 상황을 목격했을 때 무관심하게 지나치지 않고, 필요하다면 직접 나서거나 관련 기관에 알리는 용기를 가질 수 있습니다.

다문화 가정을 위한 교육 지원 정보나 장애인을 위한 편의시설 정보를 알게 되면 주변에 공유하여 필요한 사람이 도움을 받을 수 있도록 하겠습니다. 언어적 장벽을 가진 이웃에게는 간단한 번역 앱을 사용하거나 천천히 쉬운 한국어로 소통하려고 노력하는 작은 시도가 큰 도움이 될 수 있습니다. 경사로나 엘리베이터 등 장애인을 위한 편의시설을 먼저 사용하는 것을 자제하고 양보하는 습관을 들이겠습니다. 도움이 필요한 사람에게 먼저 손을 내밀고, 어떻게 도울 수 있는지 정중히 묻는 자세를 보이겠습니다. 유모차를 끌고 가는 사람을 위해 문을 잡아주거나, 계단에서 어려움을 겪는 사람에게 도움을 주는 등 작은 배려를 생활화하겠습니다. 다문화 가족 지원 센터나 장애인 복지관 등 관련 단체의 자원봉사 활동에 참여하여 직접적인 도움을 줄 수 있습니다. 다문화 교육 또는 장애인 접근성 개선을 위한 캠페인이나 청원 등에 동참하여 사회적 변화를 이끌어내는 데 기여하겠습니다.

질문 7. 두 사례에서 공통점과 차이점에 대하여 설명해 보세요.

답변 : 두 사례는 사회적 약자가 겪는 장벽을 보여주면서도 그 특성에 있어서는 차이점을 가집니다. 두 사례 모두 특정 개인이 사회의 기본적인 시스템(교육과 문화 향유)에 온전히 참여하는 데 물리적 또는 사회·문화적 장벽이 존재한다는 공통점을 가집니다. A학생은 언어·문화적 장벽으로 교육 기회에 대한 접근성이 낮고, B학생은 신체적 장벽으로 문화 시설에 대한 접근성이 낮습니다. 교육을 받을 권리와 자유롭게 이동할 권리라는 기본적인 인권이 제한될 가능성을 내포합니다. 두 사례 모두 특정 개인의 노력만으로는 해결하기 어려운 문제이며,

의대입시독서는 달라야 합니다

사회 전체의 관심과 제도적 개선 그리고 개별적인 맞춤형 배려가 필요하다는 점이 공통점입니다. 이러한 문제들을 해결하려는 노력은 결국 다양한 구성원들이 함께 살아가고 성장하는 포용적인 사회를 만들어 나가는 과정이라는 공통 목표를 가지고 있습니다.

한편, 장벽의 성격은 다릅니다. [사례 1]은 주로 언어 및 문화적 차이에서 비롯된 사회·문화적, 인지적 장벽입니다. 의사소통 방식, 학습 자료 이해, 학교 문화 적응 등이 해당됩니다. [사례 2]는 주로 신체적 이동의 어려움과 관련된 물리적, 건축적 장벽입니다. 계단, 울퉁불퉁한 보행로 등 공간적 제약이 주를 이룹니다. 그러므로 문제 해결의 주요 주체도 차이가 있습니다. [사례 1]의 경우 교육기관(학교와 교사), 부모 그리고 사회의 다문화 이해 증진 노력이 중요합니다. [사례 2]는 시설 관리 주체(고궁 관리청), 건축 및 도시 계획 전문가, 장애인 관련 기술 개발자 등의 역할이 중요합니다. 해결 방식은 [사례 1]의 경우 언어 교육, 상담, 멘토링, 맞춤형 학습 자료 제공 등 교육 및 심리적 지원이 중심이 됩니다. [사례 2]는 경사로 설치, 승강기 설치, 보행로 정비 등 물리적 시설 개선 및 대체 이동 수단 제공이 중심이 됩니다.

질문 8. 교육을 받을 권리와 자유롭게 이동할 권리 중 본인이 더 중요하다고 생각하는 것은 무엇인가요?

답변 : 교육을 받을 권리와 자유롭게 이동할 권리는 모두 인간다운 삶을 영위하는 데 필수적인 기본적인 인권입니다. 어느 한쪽이 다른 쪽보다 더 중요하다고 단정하기 어렵습니다. 두 권리는 서로 밀접하게 연관되어 있고, 한쪽이 보장되지 않으면 다른 쪽의 실현에도 영향을

미치게 됩니다.

교육을 받을 권리는 개인이 잠재력을 개발하고, 사회 구성원으로서 제 역할을 할 수 있도록, 삶의 기회를 넓히는 데 핵심적인 역할을 합니다. 지식과 기술을 습득하여 독립적인 생활을 가능하게 하고, 사회 참여를 통해 자아를 실현할 수 있도록 돕습니다.

자유롭게 이동할 권리는 개인이 사회생활을 하고, 교육을 받으며, 직업을 가지고, 문화를 향유하는 등 삶의 다양한 영역에 참여할 수 있는 물리적인 기반이 됩니다. 이동의 자유가 없다면, 교육기관에 가는 것 자체가 불가능해질 수도 있으며, 사회적 활동에서 배제되어 고립될 수 있습니다.

따라서 이 두 권리는 상호 보완적이며, 포괄적인 시각에서 두 권리 모두가 충분히 보장되고 존중받아야 한다고 생각합니다. 사회는 교육 환경에 대한 접근성을 높이는 동시에 물리적 환경에서 이동의 자유를 보장함으로써 모든 개인이 온전하게 자신의 권리를 누릴 수 있도록 노력해야 합니다.

'문학으로 다문화 사회 읽기(김영순, 신동흔 외)' 의대입시에 활용하기

'문학으로 다문화 사회 읽기(김영순, 신동흔 외)'는 다문화 인문학 총서 3권 중 하나로 다문화 사회에 문학이 어떻게 관여하는가에 대한 논의를 담은 책입니다. 시민 인문학 강좌에 초대된 강연자들이 고전 문학으로 다문화 사회를 다룬 강연과 현대 문학으로 다문화 사회를 다룬

의대입시독서는 달라야 합니다

강연을 엮은 결과물입니다.

한국 사회는 이제 이론의 여지가 없는 다문화 사회입니다. '우리'의 경계 안으로 들어온 타자와 타문화를 적절한 방식으로 인정하고 존중하는 것은 어느 사회에서나 그리 간단한 일이 아닙니다. 게다가 수많은 외세의 침략과 민족 정체성의 위기 속에서 단일 민족 국가를 자처해 온 한국 사회에서는 그 어려움이 배가될 수밖에 없습니다.

별을 애틋하게 사랑하듯 다른 사회에서 온 이주민들을 사랑할 방법은 무얼까? 이 책에서는 문학 텍스트를 그 가능성으로 감히 설정한다. 애기애타(愛己愛他), 즉 나를 사랑하듯 타인을 사랑하기 위해서 우리는 문학의 세계를 탐방해야 한다. 어두운 밤하늘에 펼쳐진 수많은 별을 헤아리듯 말이다.(12~13쪽)

우리는 어떻게 하면 더 나은 방식으로 함께 살아갈 수 있을까요? 이 책을 통해 다문화 사회를 인문학적으로 바라보고 탐구하며, 문학을 통해 다문화 사회를 이해할 수 있습니다. 다문화 사회에서 문학의 효용은 흔히 생각하듯 이주자에게 우리의 언어와 문화를 가르치는 데에만 있지 않습니다. 한국 사회에서 겪는 갈등과 고난을 그려내는 내용이 다문화 문학의 전부가 아닙니다. 문학을 통해 불편하게 여기기 쉬운 타문화의 기원을 이해하고 우리 문화와의 유사점과 차이점을 알아가는 과정에서 타자와 교감할 수 있습니다. 이 책이 주장하듯이 "문학 텍스트를 통해 인간은 자신을 세상으로, 세상을 자신의 심연으로 나아갈 수 있게" 하기 때문입니다.

무엇보다 민속학과 구비 문학 분야에서는 정체성 문제를 고려해야 한다. 특히 한국에 들어온 이민자들이 어떤 정체성을 형성하느냐 하는 문제에 관심을 기울여야 한다. 물론 그들이 가져온 문화를 존중하는 것도 좋지만 한국인의 입장에서 생각하는 '전통문화'를 그들에게 강요한다면 한국인으로서의 정체성 거부나 한국 사회에서의 소외 등 역효과를 낼 수도 있다.(132~133쪽)

다문화라는 용어의 의미를 원론적으로 생각해 보아도 다문화 동화란 문화 충돌과 문화 갈등을 겪는 이주민의 이야기가 아니라 다양한 국가에서 우리 사회로 이주한 사람들의 문화 가치관에 대한 소개와 이해입니다. 그런 의미에서 세계 전래 동화, 특히 아시아 전래 동화를 다문화 동화를 통해 다문화를 이해할 수 있습니다. 다문화 문학 교육을 통해 학습자들은 자신의 체험이나 정서를 활용하여 문학이라는 정서적 텍스트를 이해하고 감상할 수 있기 때문입니다. 이 과정에서 문학 학습자는 시의 화자가 되어 시의 세계에 감정을 이입하거나 소설의 주인공 혹은 등장인물의 이야기를 따라가며 작품을 읽음으로써 일차적으로는 작가의 감정이나 정서를 표현한 문학의 정서를 이해하고 공감하며, 이차적으로는 학습자 자신의 정서와 인성을 함양하는 교육적 효과도 얻습니다.

하지만 이러한 욕망은 완득이가 다문화 가정의 아이이기 때문에 나타나는 것만은 아니다. 그보다는 오히려 그의 계층적 속성과 더 긴밀하게 연관된 욕망이다. 이미 많은 아동·청소년 소설에서 하위 계

의대입시독서는 달라야 합니다

층의 아동이나 청소년을 주인공으로 삼을 때 열악한 환경에서도 건강하게 잘 크는 존재로 묘사해왔기 때문이다. 이 점에서 본다면 『완득이』가 다문화 가정 아동에 대한 한국 사회의 다문화 판타지를 새롭게 형성했다기보다는 하위 계층 아동에 대한 한국 사회의 판타지 속에 다문화 가정의 문제가 포섭된 것이라고 보는 편이 더 타당할 것이다.(277쪽)

타인과 공존하는 것은 힘든 일입니다. 가깝게는 가족에서 학교나 직장에 이르기까지 갈등 없는 공동체는 없다고 해도 과언이 아닙니다. 하물며 '사회'라는 거대하고 경계가 불분명한 공동체에서 나와 다른 문화적 배경을 가진 이들과 함께 살아가는 것이 오죽 힘들겠습니다. 그러나 좋든 싫든 다문화 사회는 이미 주어진 현실입니다. 2025년 2월 말 기준, 우리나라에는 260만 명에 가까운 외국인이 체류 중이기 때문입니다.

다문화 사회에서 일어나는 다양한 갈등을 해결하고 더 나은 방식으로 공존하기 위해서는 물론 법과 제도의 정비가 필요하지만 그것만으로는 부족합니다. 피부를 맞대며 살아가는 이 사회의 구성원 하나하나가 다문화 사회의 특성을 이해하고 타문화를 존중하는 태도를 갖추어야 할 것입니다.

이주민이 고향의 설화를 구술하는 이야기판을 마련해 생생한 문화적 교감을 경험할 수도 있고(1부 1장. 설화 구술을 통해 본 문화 주체로서의 이주민), 한국에 정착한 이들이 "한국 구비 문학의 소비자나 타국 구비 문학의 공급자 역할을 하는 데서 나아가 한국 구비 문학을 함께 만들어가는 미래"도 꿈꿀 수 있습니다(1부 2장. 다문화 사회에서의 정체성과 구비 문학).

한편 세계적으로 널리 공유되는 이야기 유형인 신데렐라 스토리를 분석하여 다문화적 가치와 가능성을 엿보거나(1부 3장. 신데렐라 스토리를 통한 다문화 교육), 몇몇 이야기가 답습되는 세계 전래 동화의 경향을 탈피해 각국의 다양한 구전 설화를 전래 동화로 출판함으로써 타문화에 대한 이해도를 높일 수도 있습니다(1부 4장. 다문화 동화로서의 아시아 전래 동화).

한국 다문화 문학의 현실 인식이 변화해 온 과정을 돌아보며 다수자를 상대로 한 다문화 교육에서 문학 작품이 어떤 역할을 할 수 있는지 살펴보거나(2부 1장. 다문화 문학과 문학 교육: 다수자를 대상으로 하는 다문화 교육), 일제 강점기의 정지용, 윤동주의 동시에 담긴 "어리고 약한 타자들을 향한 연민과 연대"의 살뜰한 정을 오늘날 한국 사회의 소수자들과 나눌 수도 있습니다(2부 2장. 타자들을 향한 연민과 연대의 시학: 정지용과 윤동주의 동시). "20세기에서 21세기로 전승된 이주(이산)의 흐름"을 문학적으로 형상화한 한국 소설들을 되짚으며 다문화 사회라는 명백한 현실 앞에서 한국 문학은 과연 무엇이고, 무엇이어야 하는가에 대해 새로운 질문을 던지는 것(2부 3장. '우리'의 확장, 한국 소설과 다문화적 풍경들)도 활용 가능성이 높습니다.

마을 단위로 이루어지던 타자와의 왕래는 교통과 통신 수단의 발달을 통해 국가 단위로, 또 전 지구적 범위로 확장되어왔습니다. 최근에는 인공지능의 상용화로 '인간 아닌 것'과의 소통도 중요해졌습니다. '나' 혹은 좁은 범위의 '나와 닮은 우리'만을 고려하며 살아가는 것은 이제 불가능에 가까운 일입니다. 우리가 문학을 읽는 것은 한 사람에게 주어지는 인생이 하나뿐이기 때문일지도 모릅니다. 나와 다른 저 사람을 이해하고 함께 살아가기 위해서는 수많은 이야기가 필요합니다. 가까이는 이미 현실로 다가온 다문화 사회에서, 멀게는 시시각각 변모하는 미래에 타자와 현명하게 공존하기 위해 꼭 필요한 책입니다.

생기부 세특 예시

다문화 가정 초등학생이 한국어 소통이 가능하지만 수업 이해 및 학교 적응에 어려움을 겪고, 휠체어 사용자 중학생이 고궁 방문 시 박석 보행로와 계단으로 인해 이동 및 관람에 제약받는 두 사례에서 사회적 약자의 교육 및 문화 향유 접근성 부족 문제를 분석해 봄. 다문화 학생의 원활한 학교 적응을 위해 개별 한국어 교육, 멘토링 프로그램, 교직원 다문화 이해 교육을 실시하고, 학부모와 소통(통역, 다국어 정보 제공)을 강화하여 포용적인 학교 문화를 조성해야 한다는 해법과 단기 임시 경사로 설치, 직원 안내, VR 등 간접 관람을 제공하고, 장기적으로는 문화재 원형을 보존하며 휠체어 통행이 쉬운 보행로 조성 및 승강기 설치를 검토하며 통합 접근성 안내 시스템 구축이라는 과제를 도출함. '문학으로 다문화 사회 읽기(김영순, 신동흔 외)'를 통해 다문화 신화와 소설 같은 문학 수업이 다양한 국가에서 우리 사회로 이주한 사람들의 문화 가치관에 대한 소개와 이해를 담아내므로 세계 전래 구전 문학, 특히 아시아 전래 동화에 새로운 접근이 가능하다는 사례로 확장해 봄. 타자와 현명하게 공존하기 위해 차이점을 대화를 통해 해결하는 태도와 구체적 교육 방법과 실천에 대해 추가 논의를 전개함.(1,498Byte, 띄어쓰기 포함 618자)

다문화 가정 초등학생과 휠체어 사용자 중학생의 사례에서 사회적 약자의 교육 및 문화 향유 접근성 부족 문제를 분석해 봄. 다문화 학생의 원활한 학교 적응을 위해 개별 한국어 교육, 멘토링 프로그램, 교직원 다문화 이해 교육을 실시하고, 학부모와 소통(통역, 다국어 정보 제공)을 강화하여 포용적인 학교 문화를 조성해야 한다는 해법과 단기 임시 경사로 설치, 직원 안내, VR 등 간접 관람을 제공하고, 장기적으로는 문화재 원형을 보존하며 휠체어 통행이 쉬운 보행로 조성 및 승강기 설치를 검토하며 통합 접근성 안내 시스템 구축이라는 과제를 도출함. '문학으로 다문화 사회 읽기(김영순, 신동흔 외)'를 통해 다문화 신화와 소설 같은 문학 수업 등 구체적 교육 방법과 실천에 대해 추가 논의를 전개함.(935Byte, 띄어쓰기 포함 389자)

다문화 가정 초등학생의 사례에서 개별 한국어 교육, 멘토링 프로그램, 교직원 다문화 이해 교육을 실시하고, 학부모와 소통(통역, 다국어 정보 제공)을 강화하여 포용적인 학교 문화를 조성해야 한다는 해법과 과제를 도출함. '문학으로 다문화 사회 읽기(김영순, 신동흔 외)'를 통해 다문화 신화와 소설 같은 문학 수업 등 구체적 교육 방법과 실천에 대해 추가 논의를 전개함.(493Byte, 띄어쓰기 포함 205자)

《헬렌 켈러, 나의 이야기》| 헬렌 켈러

" 인간의 경험과 성찰에 대한 깊은 통찰 "

분량 ★★★★★	내용 ★★★★★	활용 ★★★★★

📝 〈2022학년도 서울대 수시 의과대학 면접 제시문 4〉

A는 수상 구조를 할 수 있는 자격증을 취득하기 위해 준비하고 있다. 학원에 등록하여 전문 수영강습을 받았고, 어느 정도 실력을 갖추게 되었다. 자격증 취득에 앞서 학원에서 연계한 어린이 수영장에서 전문 구조요원 지도 하에 한 달 동안 실습을 하게 되었다. 아이들은 A를 새로 온 전문 구조요원으로 알고 있고, 반가워하며 물을 뿌리고 장난을 걸었다. 수영장은 수심이 얕아 실제 구조 활동을 할 만한 상황은 없을 것 같았다. 수영을 배우는 아이들 중에는 장애가 있는 아이가 있었다. A에게는 그 아이를 돌보는 역할도 주어져, 수영이 끝난 뒤에 씻겨주고 옷을 입혀주어야 했다. 첫날 실습을 마치고, A는 자신이 실습을 제대로 하고 있는 것인가에 대해 여러 가지 생각이 들었다. A와 같이 들어온 동료 실습생은 며칠 뒤 학원에 불만을 이야기하고 성인 수영장으로 재배치받았다.

질문 1. A가 이 상황에서 어떻게 대처하면 좋을까요?

답변 : A가 현재 혼란스러워하는 것은 매우 당연합니다. 현명하게

대처하기 위한 몇 가지 방법은 다음과 같습니다. 먼저 현 상황에 대한 명확한 진단이 우선입니다. 자신이 취득하려는 수상 구조 자격증의 요구 역량과 현재 실습에서 주어지는 역할(아이들을 돌보고 씻기는 일, 얕은 수심에서의 활동)을 비교해 봅니다. 이 실습이 자격증 취득에 필요한 실질적인 구조 기술이나 위기 대처 능력을 길러주는 데 얼마나 기여할 수 있을지 객관적으로 판단해야 합니다. 직접적인 구조 활동이 아니더라도, 어린이 수영장에서의 안전 관리, 아이들과의 소통, 비상 상황 대비 태세 관찰 등 간접적으로 배울 수 있는 점은 무엇인지도 찾아보아야 합니다. 하지만 주된 학습 목표가 될 수는 없습니다.

질문 2. 지원자가 A라면 어떻게 대처할 것인가요?

명확한 의사소통이 중요합니다. 가장 먼저 실습을 연계해 준 학원에 연락하여 현재 실습의 내용과 본래 협의된 실습 목표가 일치하는지 문의하고, 자격증 취득에 필요한 실질적인 경험을 얻을 수 있는지 확인해야 합니다. 동료 실습생이 재배치된 사례를 언급하며, 필요한 경우 실습 환경 변경을 정중히 요청할 수 있습니다. 현재 실습을 지도하는 수영장의 전문 구조요원에게도 본인의 역할에 대한 정확한 이해를 구하고, 구조 실습 기회나 관련 업무를 경험할 수 있는지 물어볼 필요가 있습니다. 실습 계약서나 학원과의 협의 내용을 다시 확인하여, 실습생으로서 부여받아야 할 교육 내용과 환경에 대한 약속이 있는지도 살펴보겠습니다. 학원 등록 및 실습 상황이 근로계약 등 상황을 개선하기 위한 중요한 법률적 근거가 될 수도 있습니다. 실습 환경이 개선되지 않고 자격증 취득에 필요한 경험을 얻기 어렵다고 판단된다면, 동료 실습생처럼 학원 측에 재배치를 요구하거나 다른 실습처를 알아보는 등 적극적으로 자신의 학습 기회를 보호하겠습니다. 소중한 시간과 노력이 헛되지 않도록 하는 선택이 중요합니다.

나아가 현재 실습 환경은 수상 구조 자격증 취득을 위한 적절한 실습 환경이라고 보기 어렵습니다. 수상 구조 자격증 실습의 주된 목적은 실제 수상 환경에서 사람을 구조하고 응급 상황에 대처하는 능력과 판단력 기르기입니다. 하지만 얕은 수심의 어린이 수영장에서는 실제 구조 활동을 할 만한 상황이 없고, 주된 업무가 아이들의 돌봄 및 케어에 집중되어 있다면 자격증 실습의 본질적인 목적과 거리가 멉니다.

아이들은 A를 '새로 온 전문 구조요원'으로 인식하고 있는데, 사실 본인은 정식 자격증을 취득하지 않은 실습생 신분입니다. 실제 구조 역량을 쌓기 어려운 환경에 처해 있습니다. 만약 만에 하나라도 위급 상황이 발생할 경우, 본인의 역할과 책임 그리고 아이들의 안전 확보 측면에서 문제가 발생할 소지도 큽니다. 동료 실습생의 사례에서 볼 수 있듯이, 현재 실습 환경은 실습생에게 필요한 경험과 교육 기회를 제공하기보다 사실상 수영장의 단순 인력으로 활용되고 있을 가능성이 높습니다. 법과 제도가 요구하는 실습의 본래 취지가 훼손된 것입니다. 이 실습이 본인의 최종 목표 달성에 실질적인 도움이 되는지 면밀히 검토하고, 학원 측과의 적극적인 소통을 통해 합리적인 해결책을 찾겠습니다.

'헬렌 켈러, 나의 이야기(헬렌 켈러)' 의대입시에 활용하기

'헬렌 켈러, 나의 이야기(헬렌 켈러)'는 AI가 풀어쓴 하버드 클래식 총서에 속한 도서입니다. AI를 활용하여 동서양의 고전을 쉽게 풀어쓴 도서입니다. 하버드 클래식은 하버드 총장이었던 찰스 엘리엇 박사가 엄선한 인문 고전 총서입니다.

이 책은 헬렌 켈러가 성장하며 경험한 다양한 사건들과 그 과정에서 얻은 깨달음을 담고 있습니다. 저자는 청각과 시각을 잃은 상태에서도 세상과 소통하는 법을 배웠습니다. 이 책을 통해 독자들에게 자신의 내면 세계를 공유합니다. 헬렌 켈러는 자신을 둘러싼 환경과 사람들과의 만남 속에서 지식과 이해를 쌓아갔으며, 그 과정에서 느낀 감정과 생각을 깊이 있게 탐구했습니다. 이 책은 단순한 삶의 기록을 넘어서, 인간의 경험과 성찰에 대한 깊은 통찰을 제시합니다. 헬렌 켈러는 자신의 이야기를 통해 독자들에게 삶의 의미를 다시 한 번 생각하게 합니다.

헬렌 켈러(Helen Keller, 1880~1968)는 미국의 교육자이자 작가, 사회 활동가이며 세계적으로 존경받는 인물입니다. 생후 19개월에 병으로 시각과 청각을 잃었지만, 놀라운 지적 능력과 강인한 의지로 학문을 탐구하고, 사회적으로 큰 영향을 미쳤습니다. 앤 설리번 선생님의 지도 아래 헬렌 켈러는 언어를 배우고, 라드클리프 대학을 졸업했습니다. 여러 권의 책을 집필하여 자신의 삶과 철학을 널리 알렸습니다. 헬렌 켈러는 교육, 평화, 인권을 위한 활동에 평생을 바쳤으며, 장애인 권리 증진을 위해 많은 기여를 했습니다. 그녀의 삶은 지식을 향한 끊임없는 열정과 인간애의 상징으로 기억됩니다.

서울대는 2010학년도 수시모집 특기자전형으로 180분간 2,500자 내외의 긴 글을 쓰는 논술을 실시했습니다. 비록 논제는 하나였지만 별도의 세부 조건을 제시했다는 점에 주목해서 수험생들은 하나의 완결된 글로 구성하기 위해 각별히 신경을 써야 했습니다. 제시문은 모두 문학 작품에서 선정됐기 때문에 비판적 사고력이나 분석적 사고력보다 글의 전체적인 특징을 깊이 있게 이해하고 감상하는 능력이 요구됩니다.

<논제>

인간이 의미 있게 살아가기 위해서는 정신적으로 성숙해져야 하며, 그 성숙의 정도와 단계는 개인마다 다르다. 다음 제시문들은 각 작품의 화자이자 주인공이 큰 세계를 경험하면서 성숙해가는 과정에서의 내면 풍경을 묘사하고 있다. 제시문에서 그들이 깨달은 것 혹은 아직 깨닫지 못하고 있는 것이 무엇인지 '성숙'이라는 관점에서 자신의 경험을 활용하여 논하시오.

'인간이 의미 있게 살아가기 위해서는 정신적으로 성숙해져야 하며, 그 성숙의 정도와 단계는 개인마다 다르다'라는 첫 문장은 실질적인 논제에 앞서 논의 방향을 한정해 주는 역할을 합니다. 다음 문장인 '다음 제시문들은 각 작품의 화자이자 주인공이 큰 세계를 경험하면서 성숙해 가는 과정에서의 내면 풍경을 묘사하고 있다'는 분석해야 할 제시문의 전체적인 내용을 제시합니다. 결국 각 작품의 주인공이 '깨달은 것 혹은 아직 깨닫지 못하고 있는 것'이 무엇인지를 '성숙'이라는 관점에서 '자신의 경험을 활용하여 논하라'고 요구합니다.

📑 제시문 (1)

나는 드디어 뭍에 올랐다!

할머니의 딸은 은주 고모와 나이가 엇비슷해 보였다. 점심이 나오자, 할머니는 자기 밥그릇에 있는 밥을 내 밥그릇에 덜어 주면서 걱정스레 말했다.

"많이 먹그라. 객지에 나오면 배곯는 설움이 제일 큰 것께."

나는 순간적으로 콧등이 시큰해서 아무 말도 하지 못했다. 그런데 밥을 다 먹고 나자, 할머니의 딸이 다짜고짜 나에게 호통치듯 말했다.

"너, 뭣 땜시 집 나왔어? 쓸데없는 생각 말고 다시 돌아가그라. 에미, 애비 속 좀…"

나는 뒤통수를 한 대 얻어맞은 기분이었다. 나는 얼굴이 빨개져서 뭐라고 말할 수가 없었다. 할머니의 딸은 나 같은 놈은 수도 없이 많이 봤다는 태도였다.

"너 몇 학년이냐? 아직 학교 댕길 나이로 보이는디, 학교나 졸업하고 집을 기어 나와도 나와라. 으이구, 이 녀석!"

제시문 (1)은 중학교 국어교과서에 실린 박상률의 '봄바람'입니다. 이 작품은 주인공이 뭍에 대한 막연한 동경을 가지고 가출해 3일 동안 겪는 다양한 에피소드를 엮었습니다. 이를 통해 세상에 눈을 뜨는 소년의 모습을 그린 성장소설입니다. 주인공은 섬을 생활 터전으로 살아온 인물로 목표를 가지고 육지로 떠나온 상황입니다. 할머니의 딸이

운영하는 식당에서 벌어지는 대화를 통해 주인공의 상황을 좀 더 구체적으로 추측할 수 있습니다.

📋 제시문 (2)

우리는 우물을 뒤덮은 인동덩굴 향기에 이끌려 오솔길을 따라 내려갔다. 누군가 물을 긷고 있었고 선생님은 물이 쏟아져 나오는 꼭지 아래에 내 손을 갖다 대셨다. 차가운 물줄기가 꼭지에 닿은 손으로 계속해서 쏟아져 흐르는 가운데 선생님은 다른 한 손에 처음에는 천천히, 다음에는 빠르게 'w-a-t-e-r'라고 쓰셨다. 나는 선생님의 손가락 움직임에 온 신경을 곤두세운 채 가만히 서 있었다. 갑자기 잊혀진 것, 그래서 가물가물 흐릿한 의식 저편으로부터 생각이 서서히 그 모습을 드러내며 돌아오는 전율을 느꼈다. 언어의 신비가 내 앞에서 베일을 벗는 순간이었다. 나는 그제야 지금 내 손 위로 세차게 쏟아지는 이 차가운 물줄기가 water라는 것의 정체임을 알았다. 살아 숨쉬는 낱말의 입맞춤을 받은 내 영혼은 긴 잠에서 깨어나 그것이 가져다준 빛과 희망과 기쁨을 맛보았을 뿐만 아니라, 드디어 자유를 얻은 것이다. 물론 아직도 많은 장애물이 남아 있었다. 그러나 그 모든 장애물은 시간이 흐르면서 사라질 것들이었다.

제시문 (2)는 '헬렌 켈러 자서전'에서 발췌한 내용입니다. 헬렌 켈러는 시각과 청각, 말하는 능력까지 모두 잃게 된 3중 장애인입니다. 그녀는 앤 설리번 선생님의 헌신적인 지도 덕분에 세상에 대해 눈을 뜨고 사회에 공헌하는 인물이 됩니다. 주인공 헬렌 켈러가 처한 상황과 설리번 선생님과 만나게 되는 이야기를 하는 것으로 시작되고, 깨우침

의 한계에 부딪히는 상황이 전개되며, 낮은 수준에 머물러 있던 인식과 사고가 좀 더 높은 단계로 도약하는 계기를 이야기했습니다.

📑 제시문 (3)

왓슨 아줌마에게

도망 노예 짐(Jim)은 파이크스빌에서 2마일 하류에 있는데, 펠프스 씨가 그를 붙잡아놓고 있습니다. 만약 아줌마가 현상금을 보내면 돌려보내 주겠지요. —헉 핀 (Huck Finn)

(중략) 그러나 웬일인지 짐에게 나쁜 감정을 품었던 때는 전혀 머리에 떠오르지 않고 그 반대의 장면만이 머리에 떠올랐습니다. (중략) 늘 나를 귀염둥이 도련님이라고 다정하게 부르며 귀여워해 주었고, 나를 위한 일이라면 무슨 일이건 기꺼이 해주었지요. 짐은 늘 나에게 얼마나 친절하게 대해 주었던지요. 맨 마지막으로 내가 뗏목에 천연두 환자가 타고 있다고 하여 짐을 구해 냈을 때, 짐이 아주 고마워하며 나더러 이 세상에서 가장 좋은 친구이자 하나밖에 없는 친구라고 했던 일이 머리에 떠올랐습니다. 바로 그때 우연히 주위를 둘러보다가 방금 써놓은 그 편지가 눈에 들어왔습니다. 아슬아슬한 순간이었습니다. 나는 편지를 움켜쥐었습니다. 몸이 부들부들 떨렸습니다. (중략) 그리고는 편지를 북북 찢어버렸습니다.

제시문 (3)은 마크 트웨인의 작품인 '허클베리 핀의 모험'에서 인용한 내용입니다. 허클베리 핀이 여행하는 동안 자신의 곁에서 도움을 준 도망 노예 짐을 고발할지 말지를 고민하는 상황을 통해 진실한 우

정에 눈뜨는 모습을 그리고 있습니다. 주인공은 도망 노예를 구하기 위해 현상금을 지불해서 풀려나게 하는 방식과 자신이 직접 구출해 내는 방식 중 어느 것을 선택할지 고민합니다. 결국 주인공은 후자의 방식을 선택합니다.

자, 그럼 논제가 요구하는 대로 '제시문에서 그들이 깨달은 것 혹은 아직 깨닫지 못하고 있는 것이 무엇인지 '성숙'이라는 관점에서 자신의 경험을 활용하여 논하기' 위해서는 어떻게 해야 할까요? 우선 주어진 제시문들에서 깨달은 것과 깨닫지 못한 것을 바탕으로 차별화되는 성숙의 정도와 단계를 파악한 후, 이와 관련해서 자신의 경험을 제시해야 합니다.

제시문 (1)의 주인공은 섬마을과는 전혀 다른 새로운 환경에 충분히 대비한 후 도전하는 것이 바람직하다는 사실을 깨닫지 못한 채 가출을 감행했습니다. 스스로 경험을 충분히 쌓았다고 자만하며 주변의 조언을 무시하는 정신적 미성숙을 지적할 수 있습니다. 이와 관련해 활용할 수 있는 경험으로는 새로운 환경을 통한 성숙의 계기가 되는 '유학'이 적당해 보입니다. 제시문 (2)의 주인공은 시각과 청각의 장애를 가졌음에도 불구하고 언어 습득의 단계를 밟아가면서 언어를 익히고, 이를 바탕으로 외부 세계를 이해하게 되면서 성숙하게 되었습니다. 이러한 주인공의 사례를 자신이 '외국어 공부'를 할 때 활용하면 좋겠다고 말하는 것이 바람직할 것입니다. 제시문 (3)의 주인공은 도망 노예인 짐을 구출하기 위해 규범적 측면에서 방법을 고려했지만 결국 윤리적 측면을 선택합니다. 이를 통해 인권적 가치를 따르는 삶이 바람직하다는 교훈을 깨달을 수 있습니다. 이와 관련한 경험으로는

'봉사 활동' 정도가 적절해 보입니다.

 ## 생기부 세특 예시

　수상 구조 자격증의 요구 역량과 현재 실습에서 주어지는 역할(아이들을 돌보고 씻기는 일, 얕은 수심에서의 활동)을 비교해 보는 사례를 통해 자격증 취득에 필요한 실질적인 구조 기술이나 위기 대처 능력을 길러주는 데 얼마나 기여할 수 있을지 객관적으로 판단해 보고 직접적인 구조 활동이 아니더라도 어린이 수영장에서의 안전 관리, 아이들과의 소통, 비상 상황 대비 태세 관찰 등 간접적으로 배울 수 있는 지점을 찾아봄. '헬렌 켈러, 나의 이야기(헬렌 켈러)'를 통해 시각과 청각을 잃은 역경 속에서도 세상과 소통하며 내면 세계를 탐구하고 깨달음을 얻는 과정을 담은 자서전 내용을 분석해 봄. 생후 19개월에 장애를 얻었지만, 앤 설리번 선생님의 지도로 언어를 배우고 라드클리프 대학을 졸업하는 등 학문적 성과를 이루었으며, 평생 교육과 인권 운동에 헌신한 저자의 생애를 통해 삶의 의미와 인간애의 중요성을 일깨우는 깊이 있는 성찰의 시간을 가짐. 특히, '성숙'을 주제로 주인공의 깨달음과 미성숙한 부분을 자신의 경험에 비추어 논하는 후속 활동을 통해 '물(water)'의 의미를 깨닫고 언어의 신비를 터득하며 외부 세계를 이해하는 과정에서 '인식적 성숙'을 이룬 측면에서 지적 세계의 확장을 확인함.(1,498Byte, 띄어쓰기 포함 622자)

‘헬렌 켈러, 나의 이야기(헬렌 켈러)’를 통해 시각과 청각을 잃은 역경 속에서도 세상과 소통하며 내면 세계를 탐구하고 깨달음을 얻는 과정을 담은 자서전 내용을 분석해 봄. 생후 19개월에 장애를 얻었지만, 앤 설리번 선생님의 지도로 언어를 배우고 라드클리프 대학을 졸업하는 등 학문적 성과를 이루었으며, 평생 교육과 인권 운동에 헌신한 저자의 생애를 통해 삶의 의미와 인간애의 중요성을 일깨우는 깊이 있는 성찰의 시간을 가짐. 특히, ‘성숙’을 주제로 제시문 속 주인공의 깨달음과 미성숙한 부분을 자신의 경험에 비추어 논하는 후속 활동을 통해 ‘물(water)’의 의미를 깨닫고 언어의 신비를 터득하며 외부 세계를 이해하는 과정에서 ‘인식적 성숙’을 이룬 측면에서 지적 세계의 확장을 확인함.(928Byte, 띄어쓰기 포함 388자)

  ‘헬렌 켈러, 나의 이야기(헬렌 켈러)’를 통해 시각과 청각을 잃은 역경 속에서도 세상과 소통하며 내면 세계를 탐구하고 깨달음을 얻는 과정을 담은 자서전 내용을 분석해 봄. 생후 19개월에 장애를 얻었지만, 앤 설리번 선생님의 지도로 언어를 배우고 라드클리프 대학을 졸업하는 등 학문적 성과를 이루었으며, 평생 교육과 인권 운동에 헌신한 저자의 생애를 통해 삶의 의미와 인간애의 중요성을 일깨우는 깊이 있는 성찰의 시간을 가짐.(579Byte, 띄어쓰기 포함 239자)

《우상의 눈물》 | 전상국

" 현실 사회의 권력 구조와 인간관계의 모순 "

| 분량 ★★★★★ | 내용 ★★★★ | 활용 ★★★★ |

📑 〈2021학년도 서울대 수시 의과대학 면접 제시문 1〉

학급 학생 15명(A~O)에게 친한 순서대로 5명 이내 친구를 적도록 한 후 이를 바탕으로 그린 그림이다. 선이 굵을수록 친한 사이를 의미한다.

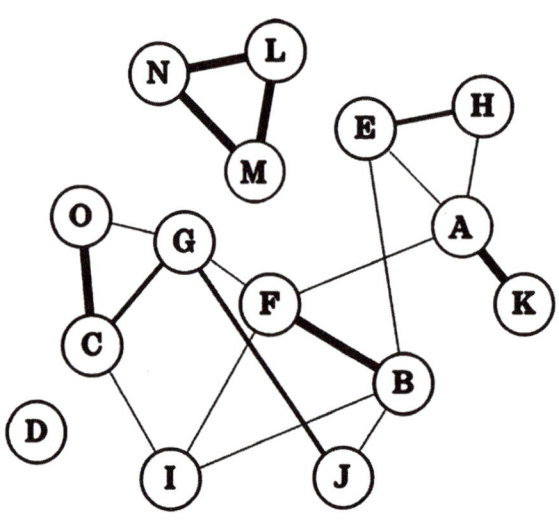

수험생들이 면접실에 들어가기 전에 2분 동안 이 제시문을 숙지할

시간이 주어졌습니다. 학급 학생 15명이 A부터 O까지 알파벳으로 표시되어 있고, 그들 사이에는 결합선이 그려져 있었습니다. 선이 굵을수록 친한 사이를 의미한다고 합니다.

질문 1. 관계도에 나타난 인간관계의 유형을 나눠보세요.

답변 : 관계도에 나타난 인간관계의 유형을 다음과 같이 나눌 수 있습니다. 친밀한 핵심 그룹은 선이 굵고 촘촘하게 연결된 구성원들로, 서로 매우 가까운 관계를 맺고 있습니다. 예를 들어, N, L, M이 강한 선으로 연결되어 있고 G, O, C, F, B 등도 중심적인 관계망을 형성합니다. 중간 정도 친밀 관계 그룹은 선이 가는 연결선으로 엮여 있으나, 핵심 그룹보다는 덜 긴밀한 관계를 가진 구성원들입니다. 예를 들면, A, E, H, K, J, I 등이 해당됩니다. 고립된 구성원은 다른 사람과 연결선이 없거나 매우 적어 사회적 관계망에서 떨어져 있는 구성원으로 D가 이에 해당합니다.

질문 2. 당신은 어떤 유형에 속하는 것 같나요?

답변 : 제가 이 관계도에 속한다면, 중간 정도 친밀한 관계 그룹에 해당하는 유형이라고 생각합니다. 즉, 몇몇 강하고 가까운 친구뿐 아니라 서로 아는 범위가 있지만 핵심 집단에 깊게 속해 있지는 않은 유형입니다.

질문 3. 학교에서 주최하는 가창대회에 나가야 하는 상황에서 지원자가 반장이거나 선생님이라면 노래 잘하는 5명만 뽑아서 가창대회에

참가하게 할지, 반 친구들 모두를 참가하게 할지 선택해 보세요.

답변 : 학교 가창대회 참가자를 선발하는 상황에서, 반장이거나 선생님이라면 저는 반 친구들 모두가 참가할 수 있도록 하는 방안을 선택하겠습니다. 이유는 다음과 같습니다. 먼저 가창대회는 학생들의 참여와 즐거움 그리고 소통의 기회이기 때문에 제한적으로 5명만 뽑으면 참여 기회가 제한적입니다. 다양한 친구들이 참여하면서 서로 응원하고 관계를 돈독히 할 수도 있습니다. 노래 실력이 다소 부족하더라도 노력과 참여를 통해 자신감과 도전 정신을 키울 수 있기 때문입니다.

질문 4. 지원자의 의견에 반대하는 반 구성원을 설득해 보세요.

답변 : 반대하는 친구들을 설득하는 방법은 다음과 같습니다.

"가창대회는 실력 경쟁뿐 아니라 우리 반 친구들이 함께 모여 즐겁게 협력하는 시간이기도 합니다. 모든 친구가 참여하면 서로 더 가까워지고, 응원하면서 반 분위기가 훨씬 좋아지리라 기대합니다."

"노래를 잘하는 친구만 뽑으면 기회를 얻지 못한 친구들이 아쉬워할 수 있고, 반 전체 분위기에 어색함이 생길 수도 있습니다. 모두가 함께 참여하면서 서로의 장점을 발견하고 격려하는 과정이 더 중요합니다."

"참여하는 경험 자체가 나중에 자신감과 새로운 도전을 하는 데 큰 도움이 됩니다. 이번 기회를 통해 우리 모두 함께 성장해 갑시다!"

앞서 소개한 제시문에 이어 다음과 같이 추가 상황이 주어지고 추가

의대입시독서는 달라야 합니다

질문이 이어졌습니다.

추가 상황

학급별 합창 대회에 참가하면, 3명 이내에 들 경우 트로피를 받을 수 있다.

아래는 학생별 가창 점수이다.

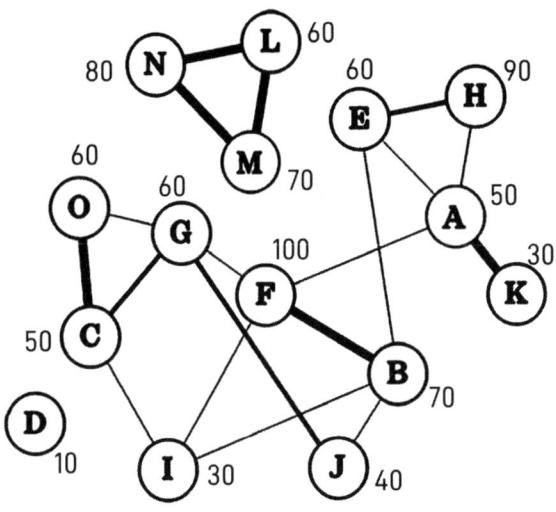

참가하는 방법에는 두 가지가 있다.
• 노래 잘하는 친구 5명을 선발하여 반으로 참가한다.
• 반 전체가 참가한다.

질문 1. 학급 회의 결과 지금 1번 안과 2번 안에 대한 표가 7-7로 동점입니다. 학생이라면 어떻게 할 건가요?(본인에게 결정권이 사실상 있는 상태입니다.)

답변 : 동점 상태에서 학생으로서 결정권이 있다면, 반 전체가 참가

하는 2번 안을 선택하는 편이 좋습니다. 왜냐하면, 성적이 높은 5명만 참가하는 1번 안은 소수에게만 기회가 주어져 참여의 폭이 제한적이고, 팀워크나 반 분위기 형성에 도움이 덜 될 수 있습니다. 반 전체가 참가하는 것은 모두가 함께 즐기고 참여할 수 있는 분위기를 조성하여 친구 간에 유대감을 강화하고 더 다양한 경험을 할 수 있게 합니다.

질문 2. 그러면 제(면접관)가 다른 안을 찬성하는 학생이라고 가정하고, 실제 친구에게 말하듯이 대화를 하여 저를 설득해 보십시오.

답변 : "친구야, 네가 1번 안을 지지하는 이유를 이해해. 노래를 잘하는 친구들만 참가하면 좋은 결과가 나올 수도 있겠지. 하지만 가창대회는 경쟁뿐만 아니라 서로를 응원하고 반 전체가 하나되는 기회라고 생각해. 모두가 함께 참여하면 친해지고 더 즐거운 시간을 보낼 수 있어. 혹시 너도 반 전체가 참가하는 2번 안을 한번 생각해 볼래?"

질문 3. 다음 질문입니다. 본인이 이 학급의 담임 선생님이라면, 1안과 2안 중 어떤 제안을 하시겠습니까?

답변 : 담임 선생님이라면, 학생들의 협동심과 참여를 중요하게 생각하여 2번 안 '반 전체가 참가하는 방식'을 제안할 것입니다. 성적 우수자 중심의 경쟁보다는 모두가 함께하는 즐거움과 포용성을 강조하며, 학생들의 자존감과 소속감을 높이는 데 긍정적 효과가 있을 것으로 기대하기 때문입니다.

의대입시독서는 달라야 합니다

'우상의 눈물(전상국)' 의대입시에 활용하기

'우상의 눈물(전상국)'에는 학교를 배경으로 한 열 편의 작품(「우상의 눈물」, 「돼지 새끼들의 울음」, 「껍데기 벗기」, 「바다 재우기」, 「왜」, 「술법의 손」, 「먹이그물」, 「소인의 나들이」, 「소설, 과외 지대」, 「음지의 눈」)이 실려 있습니다. 작가는 과거의 교육 현장에서 흔히 볼 수 있었던 훈육 권력의 횡포와 부조리, 출세 지향적인 처세술과 허위를 드러냅니다.

주인공 최기표는 학급 내 재수파의 중심 인물로 자존심이 강하고 반항적인 성격을 지니고 있습니다. 폭력으로 학생들을 장악하며, 가난한 집안의 효자이지만 내적으로는 무력감을 겪게 됩니다. 반장 임형우는 담임 선생님과 결탁하여 기표를 무력화하려는 인물입니다. 학급 질서를 유지하려고 노력하며, 기표와 재수파를 압박합니다. 담임 선생님은 학생을 통제하기 위해 반장 임형우와 함께 시험 부정행위 음모를 꾸밉니다. 화자인 '나'는 임시 반장을 맡게 되는데, 학급 내의 갈등을 발견하고 도덕적 판단을 하려는 인물입니다.

기표와 재수파는 반장 및 담임 선생님과 대립합니다. 기표는 폭력으로 학급 내 권력을 장악하지만, 반장 임형우와 담임 선생님은 이를 해체하기 위한 계획을 실행합니다. 형우는 기표를 돕는 척하지만 결국 기표의 심기를 거스르게 되고, 파벌 간 긴장과 갈등이 고조됩니다. 기표와 학급 구성원들의 관계도 역동적으로 변화합니다. 기표는 점차 고립되며 부끄럼을 타고 소극적으로 변하지만, 내면적으로는 무서움과 무기력함을 겪습니다. 임형우와 담임의 권력 대립 및 도덕성 문제도 따져 볼 문제입니다. 담임 선생님은 학생들을 통제하려는 의도가 강합니다. 시험 부정행위를 공모하는 등 도덕적으로도 문제되는 행동도 보입니다. 반장 역시 권력 유지를 위해 기표를 희생시키는 역할을 수행합니다.

화자의 내적 갈등도 주목해 볼 만합니다. '나'는 임시 반장의 역할을 맡게 되면서 상황에 대한 도덕적 딜레마를 경험합니다. 반장 임형우와 담임 선생님의 계획에 동조하지 않고 독자적으로 판단합니다. 결말에서 담임 선생님과 반장 임형우의 계획으로 기표가 고립되고 재수파가 무력화되며, 학급 내 질서가 겉으로 보이기에는 회복됩니다. 그러나 기표는 내적 고통과 두려움으로 인해 학교에서 사라지고, 상황의 진실과 비극성이 드러납니다.

무섭다. 무서워서 살 수가 없다.(「우상의 눈물」 끝 구절)

'우상의 눈물'은 학급 내에서 벌어지는 폭력과 권력 갈등을 통해, 교사와 학생, 권력자와 피권력자 간의 복잡한 심리와 도덕적 문제를 드러냅니다. 이 작품에 등장하는 인물들은 단순한 선악 구도로 판단할 수 없는데, 각자의 욕망과 고통, 역할 속에서 갈등합니다. 이는 현실 사회의 권력 구조와 인간관계의 모순을 반영합니다.

교육 현장을 다룬 소설이지만 실제 정치 권력의 알레고리(어떤 한 주제 A를 말하기 위하여 다른 주제 B를 사용하여 그 유사성을 적절히 암시하면서 주제를 나타내는 수사법)로 볼 수도 있습니다. 박정희 군사정권의 파시즘적 통치성을 상징한 것으로도 읽을 수 있기 때문입니다. 그런데

의대입시독서는 달라야 합니다

중요한 것은 이 소설에서 그려진 상황이 단지 당대에만 그치지 않는다는 것입니다. 이 책에 수록된 여러 작품들에는 교육 현장에서 벌어지는 사건과 인물들 그리고 그 속에서 만들어지고 작동하는 인간관계들 속에는 어느 하나로 축약하거나 환원할 수 없는 독자적인 개성과 풍부한 디테일이 살아 있기 때문입니다.

그때 세상이 그랬다. 특히 70년대 말, 아니 오늘도 세상은 여전히 그렇다. '우리'의 일사불란한 행진을 저해하는 '나'가 아무렇지 않게 잘려나가는, 획일화 그 동일시의 악랄한 힘에 대한 분노 혹은 그 반란. 갇혀 있던 울타리를 뛰쳐나온 '돼지 새끼들'의 울음도 '우상'이 흘리는 눈물도 그 길들임의 메커니즘에 대한 공포였다.

그리하여 어둠의 자식들, 그 열외 괴물들의 섬뜩한 액션, 선보다는 악, 풍요보다는 결핍, 가해보다는 피해에 대해, 성공보다는 실패 쪽에 패 놓기. 반듯함이나 정제된 아름다움보다 예측 불가능 상태의 진흙탕 텀벙거리기. 그 시절 작가로서의 상상 텃밭이 대체로 그랬다."('작가의 말'에서)

군사정권 하에서 교육 현장을 지배하는 온갖 부조리와 허위, 억압적인 감시와 통제의 그물망, 그 모든 모순들을 합리화하는 개발 체제의 훈육 이데올로기, 온갖 비리와 처세술이 난무하는 교육 현장 속에서 교사로서 갈등하는 소시민의 고뇌와 소심한 일탈 등이 자세히 담겨 있습니다. 특히 억압적인 감시와 통제를 바탕으로 횡행하는 훈육 권력이 잉태되는 곳에 대한 작가의 고민은 오늘날로 이어집니다.

학급 구성원 관계도에 나타난 인간관계 유형을 유형화하여 친밀한 핵심 그룹과 중간 정도 친밀 그룹, 고립된 구성원 각각의 특성을 분석해 봄. 가창대회 참가자 선발에서 노래 잘하는 5명만 뽑기보다 모든 반 친구들이 참여할 수 있도록 하는 방안을 선택하며 참여의 기회를 넓혀 많은 학생이 즐거운 경험을 하고, 서로 응원하며 유대감을 키울 수 있기 때문이라고 주장함. 서로 다른 선택의 근거를 논리적으로 제시하며 토론하는 과정에서 집단과 개인, 다수와 소수, 수월성과 형평성, 능력주의와 평등주의와 같은 다양한 쟁점들을 적용해 보며 반론을 경청하는 자세의 중요성과 더불어 역지사지의 태도를 실천함. '우상의 눈물(전상국)'에서 1970년대 고등학교를 배경으로 학생과 교사 간 훈육 권력과 부조리, 권력 갈등을 현실적으로 드러낸 단편 소설들을 분석해 봄. 학생 간 갈등만이 아니라 교사와 학생, 권력자와 피권력자 간의 복합적 심리와 도덕적 문제를 보여주며, 군사정권 시대 교육 현장의 부조리와 억압, 권력의 위선성을 상징적으로 드러낸다는 특성에 주목해 권력과 통제의 공포 및 위험성을 공유하고, 인간관계의 복잡한 양상과 억압적 제도와 개인의 자유의지 갈등을 깊이 있게 탐구한 추가 독서 활동을 구상해 봄.(1,498Byte, 띄어쓰기 포함 614자)

학급 구성원 관계도에 나타난 인간관계 유형을 유형화하여 친밀한 핵심 그룹과 중간 정도 친밀 그룹, 고립된 구성원 각각의 특성을 분석해 봄. 가창대회 참가자 선발에서 노래 잘하는 5명만 뽑기보다 모든 반 친구들이 참여할 수 있도록 하는 방안을 선택하며 참여의 기회를 넓혀 많은 학생이 즐거운 경험을 하고, 서로 응원하며 유대감을 키울 수 있기 때문이라고 주장함. '우상의 눈물(전상국)'에서 1970년대 고등학교를 배경으로 학생과 교사 간 훈육 권력과 부조리, 권력 갈등을 현실적으로 드러낸 단편 소설들을 분석해 봄. 학생 간 갈등만이 아니라 교사와 학생, 권력자와 피권력자 간의 복합적 심리와 도덕적 문제를 보여주며, 군사정권 시대 교육 현장의 부조리와 억압, 권력의 위선성을 상징적으로 드러낸다는 특성에 주목해 권력과 통제의 공포 및 위험성을 공유하고, 인간관계의 복잡한 양상과 억압적 제도와 개인의 자유의지 갈등을 깊이 있게 탐구한 추가 독서 활동을 구상해 봄.(1,176Byte, 띄어쓰기 포함 484자)

'우상의 눈물(전상국)'에서 1970년대 고등학교를 배경으로 학생과 교사 간 훈육 권력과 부조리, 권력 갈등을 현실적으로 드러낸 단편 소설들을 분석해 봄. 학생 간 갈등만이 아니라 교사와 학생, 권력자와 피권력자 간의 복합적 심리와 도덕적 문제를 보여주며, 군사정권 시대 교육 현장의 부조리와 억압, 권력의 위선성을 상징적으로 드러낸다는 특성에 주목해 권력과 통제의 공포 및 위험성을 공유하고, 인간관계의 복잡한 양상과 억압적 제도와 개인의 자유의지 갈등을 깊이 있게 탐구한 추가 독서 활동을 구상해 봄.(684Byte, 띄어쓰기 포함 282자)

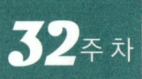

《생각하지 않는 사람들》 | 니콜라스 카

" 인터넷이 우리의 뇌 구조를 바꾸고 있다 "

분량 ★★★	내용 ★★★★	활용 ★★★★★

📝 〈2020학년도 서울대 수시 의과대학 면접 제시문 1〉

1990년대 후반 미국 교육부는 아이들의 학업성취도와 성별, 가족구성, 부모의

교육수준 및 사회경제적 지위 등 기본적인 정보를 수집했다.

한 연구자가 이런 데이터를 분석하여 '집에 책이 많은' 학생의 학업성적이 높은

경향이 있는 반면, '부모가 거의 매일 아이에게 책을 읽어주는' 집단에서 특별히

학업성적이 높지 않다고 발표하였다.

1990년대 후반 미국 교육부는 학업성취도와 성별, 가족 구성, 부모
의 교육 수준, 사회경제적 지위 등 다양한 기본 정보를 체계적으로 수
집하여 아동 학습 환경과 성취의 상관관계를 분석하였습니다. 이 과정
에서 한 연구자가 '집에 책이 많은' 학생들의 학업성적이 일반적으로
높다는 흥미로운 결과를 발표하였습니다. 이는 집에 책이 많은 환경이
아이들의 인지능력과 학업 능력 발전에 긍정적 영향을 미칠 수 있음을
시사합니다.

반면, '부모가 거의 매일 아이에게 책을 읽어주는' 집단에서는 특별히 학업성적이 높지 않았다는 점도 주목할 만합니다. 이는 단순한 읽어주기 행위가 반드시 학업성적을 직접적으로 높이지 않는다는 특성을 의미합니다. 이와 같은 차이는 가정 내에서 얼마나 풍부한 독서 자료 환경이 형성되어 있는지, 아이가 주체적으로 책과 접촉하고 읽는 경험을 얼마나 자주 그리고 지속적으로 할 수 있느냐에 따라 학업 성취에 미치는 영향이 달라질 수 있음을 보여줍니다.

즉, 부모가 읽어주는 횟수가 아니라 아이 주변에 다양한 서적들이 존재하여 아이가 스스로 책을 탐색하고 읽을 수 있는 환경이 조성되어야 학업성적을 높일 수 있다고 해석할 수 있습니다. 이러한 연구 결과는 가정과 교육 현장에서 아이들의 학습 환경을 조성할 때, 책의 양과 접근성 그리고 아이의 능동적 독서 활동을 중시해야 함을 시사합니다. 실제 면접 상황을 살펴보겠습니다.

질문 1. 지원자는 제시문의 실험결과에 대해 동의하나요?

답변 : 해당 연구 결과는 특정 조건에서 관찰된 상관관계를 보여줍니다. '집에 책이 많은 환경'과 '학업 성취도' 사이에 긍정적인 연관성이 있으며, '부모가 매일 아이에게 책을 읽어주는 것'만으로는 학업 성취도에 특별한 차이가 나타나지 않았다는 의미로 해석할 수 있습니다.

질문 2. 그렇다면 책을 직접 읽는 것과 학업성적이 오르는 것의 관계를 살피기 위해 어떤 추가적인 정보가 있어야 할까요?

답변 : 책을 직접 읽는 행위와 학업성적 사이의 관계를 더 명확히 파

악하기 위해서는 다음과 같은 추가적인 정보가 필요합니다. 먼저 독서 내용과 수준입니다. 어떤 종류의 책(교양서, 학업 관련 서적, 특정 분야 전문 서적 등)을 읽는지, 해당 책의 난이도나 내용이 학생의 연령 및 학업 수준에 적절한지에 대한 정보가 필요합니다. 독서의 질도 변수입니다. 단순히 책을 읽는 시간을 넘어, 내용을 얼마나 깊이 이해하고 분석하는지, 비판적으로 사고하는 능력을 기르고 있는지 등 독서의 '질'에 대한 평가가 중요합니다. 예를 들어, 읽은 내용에 대해 토론하거나 글쓰기로 정리하는 활동이 포함되는지 여부입니다. 독서 동기도 중요합니다. 학생이 자발적인 흥미로 책을 읽는지, 아니면 외부적 요인(숙제, 시험 준비 등)에 의해 강제로 읽는지에 대한 정보도 중요합니다. 자발적인 독서는 학습에 대한 긍정적인 태도를 형성하는 데 기여하기 때문입니다. 가정 내 독서 환경의 심층 분석도 필요합니다. 단순히 책의 보유량을 넘어, 책에 대한 접근성, 부모의 독서 모델링 여부, 가족 독서 시간 운영 등 가정 내 독서 활동에 대한 구체적인 정보가 필요합니다. 학생의 개인차도 고려해야 합니다. 학생 개개인의 인지 능력, 학습 습관, 선호하는 학습 방식 등도 학업성적에 영향을 미칠 수 있으므로, 다양한 주체적 변수들을 고려할 수 있는 데이터가 있어야 더욱 정확한 분석이 가능합니다.

질문 3. 책을 직접 읽는 것과 학업성적 간의 관계를 알아보기 위한 실험을 한다면 어떻게 할 수 있을까요?

답변 : 책을 직접 읽는 행위와 학업성적 간의 인과관계를 알아보기 위한 실험은 다음과 같이 설계해 볼 수 있습니다. 먼저 가설 설정입니

의대입시독서는 달라야 합니다

다. '학생의 자발적인 독서량과 독서의 질이 높아질수록 학업성적이 향상될 것이다'라고 가정합니다. 다음으로 참가자 선정입니다. 초등학생 또는 중학생을 대상으로 연구를 진행하며, 다양한 학년과 사회경제적 배경을 가진 학생들을 포함하여 표본의 대표성을 확보합니다. 초기 학업성적, 독서 수준, 가정 환경 등이 유사한 그룹으로 나누는 접근 방식이 중요합니다. 그리고 그룹을 분류합니다. 실험군(독서 증진 그룹) 학생들에게 스스로 책을 선택하고 독립적으로 독서하는 것을 적극적으로 장려하는 환경을 조성합니다. 예를 들어, 학교 도서관 이용 시간을 늘리거나, 다양한 장르의 신간 도서를 제공하고, 학생 주도 독서 클럽을 운영하는 등의 활동을 지원합니다. 특정 학업 관련 도서 목록을 제공하고, 독서 후 토론이나 글쓰기 활동을 독려하여 독서의 질을 높이는 방안도 포함될 수 있습니다. 통제군(일반 교육 그룹)은 일반적인 교육 환경을 유지하며, 별도의 독서 증진 프로그램을 적용하지 않습니다. 실험군의 변화가 독서 프로그램으로 인한 것임을 검증하기 위함입니다. 선택 사항으로 비교군(부모 읽어주기 그룹)의 경우 부모가 아이에게 정기적으로 책을 읽어주지만, 아이의 독립적 독서 활동에는 크게 개입하지 않는 그룹을 추가하여 초기 연구 결과와 비교 검증할 수 있습니다.

실험 진행은 다음과 같이 하겠습니다. 먼저 사전 측정으로 실험을 시작하기 전에, 모든 참가 학생들의 학업 성적(국어, 수학 등 주요 과목), 읽기 유창성 및 독해력 평가, 독서 흥미도 설문, 독립 독서량 조사(일주일 평균 독서 시간 등)를 실시하여 기준 데이터를 확보합니다. 실험군은 일정 기간(예: 6개월~1년) 동안 독서 증진 프로그램에 참여하도록 하겠습니다. 이 기간 동안 각 그룹의 독서량과 독서 관련 활동(예: 독서 노트 작성, 토론 참여 횟수)을 정기적으로 기록하고 모니터링하겠습니다. 프로그램 종료 후, 모든 학생들의 학업 성적, 읽기 유창성 및 독해력 평가를 다시 실시하여 변화를 측정할 겁니다. 사전-사후 측정 결과를 비교하고, 그룹 간의 학업 성적 변화를 통계적으로 분석하여 독립 독서 활동이 학업성적에 미치는 영향을 파악하겠습니다. 특히, 독서량, 독서 내용, 독서의 질적 측면이 학업성적에 어떤 영향을 미쳤는지 상세히 분석하겠습니다. 과학적 실험 설계를 통해 책을 직접 읽는 경험이 학업성적 향상에 기여하는 구체적인 메커니즘을 더 명확하게 이해하게 될 것입니다.

'생각하지 않는 사람들(니콜라스 카)' 의대입시에 활용하기

세계적인 경영컨설턴트이자 IT 미래학자가 쓴 '생각하지 않는 사람들(니콜라스 카)'은 인터넷이 인간의 뇌 구조를 바꾸고 있다고 주장합니다. 이러한 주장으로 전 세계의 주목을 받은 이 책은, 인류가 인터넷이 주는 풍요로움을 즐기는 동안 '생각하는 능력'을 잃어가고 있음을 시사합니다. 저자는 2008년 〈애틀랜틱(Atlantic)〉에 '구글이 우리를 바보로 만드는가'라는 글을 발표했는데, 이 글을 통해 '인터넷이 깊이를 잃어버린 지식을 양산한다'고 지적하며 디지털 시대에 경고의 메시지를 전했습니다. 오랫동안 기술 분야에서 전문가로 활동한 저자의 이와 같은 역설적 정의는 기술과 인간 사회에 관한 많은 논쟁을 불러일으켰

의대입시독서는 달라야 합니다

습니다. 인류가 정보를 다루는 도구의 변화에 따라 어떤 영향을 받았는지, 인터넷과 스마트 기기로 압축되는 오늘날의 기술 변화가 우리에게 어떤 영향을 미칠 것인지를 성찰하게 합니다.

나는 책이나 긴 기사에 쉽게 집중할 수 있는 사람이었다. 나의 사고력은 일부러 꼬아놓은 서사 구조나 논거의 변화 등을 쉽게 따라갈 수 있었고, 수 시간 동안 긴 산문 속을 헤매고 다닐 수도 있었다. 그러나 요즘 들어서는 그러기가 좀처럼 쉽지 않다. 한두 쪽만 읽어도 집중력이 흐트러지기 시작한다. 그러다 안절부절못하고 문맥을 놓쳐버리고 곧 다른 할 일을 찾아 나서기 시작한다. 나는 다루기 어려운 뇌를 잡아끌고 다시 글에 집중하려 애쓴다. 예전처럼 독서에 집중하는 행위는 어느새 투쟁이 되어버렸다.(25쪽)

니체가 타자기에 끼워진 종이 위에 단어를 칠 때 깨달은 것은 우리가 쓰고, 읽고, 정보를 조작하기 위해 사용하는 도구는 우리 사고가 그 기계에 영향을 주는 것처럼 우리 사고에도 모종의 작용을 한다는 사실이다. 이것은 지적·문화적 역사에 있어 핵심이 되는 주제였다.(85쪽)

현대인은 아침부터 저녁까지 손에서 스마트폰을 놓지 않습니다. 스마트폰과 인터넷이 없는 세상은 상상조차 할 수 없게 되었습니다. 심지어 오늘날 사람들은 필요한 정보나 지식을 도서관에서 찾지 않습니다. 인터넷만 있으면 언제 어디서든 몇 번의 검색으로 손쉽게 정보를 습득할 수 있게 되었고, 자연스레 지식의 깊이보다는 효율성과 속도를 더 중요하게 여기게 되었습니다. 사람들은 정보 기술이 발전한 만큼 자신이 더 똑똑해지고 있다고 생각합니다. 하지만 저자는 우리가 정말로 더 '스마트'해졌을까 질문합니다.

그 어느 때보다도 쉽고 빠른 검색을 가능케 한 링크 덕분에 인쇄 미디어에 비해 디지털 문서 사이를 건너뛰어 다니기가 더욱 간편해졌다. 문서에 대한 집중력은 더욱 약해지고 일시적인 것이 되었다. 검색 또한 온라인 저작물의 분절화를 초래했다. 검색엔진은 종종 우리가 그때그때 찾는 내용과 깊이 연관 있는 문서의 일부분이나 문장의 몇몇 단어를 보여주며 우리의 관심을 끌지만 이 저작물을 전체적으로 파악할 만한 근거는 거의 제공하지 않는다. 웹에서 검색할 때는 숲을 보지 못한다. 심지어 나무조차도 보지 못한다. 잔가지와 나뭇잎만 볼 뿐이다.(155쪽)

인터넷 시대가 시작된 이래로 점점 더 많은 사람이 집중력 저하와 건망증을 호소합니다. 이 책은 우리가 인터넷과 유튜브의 알고리즘을 떠도는 동안 깊이 사고하고, 분석하고, 통찰하는 능력이 점점 감소하고 있음을 뇌과학 이론을 통해 세밀하게 진단합니다. 디지털 기술이 발달할수록 우리는 인터넷을 통한 맥락 없는 정보만 추구하게 되었습니다. 이제 인터넷은 정보나 의사소통 자체를 단순화하고 분절하여 우리에게서 깊이 생각하는 방법을 빼앗고 있습니다.

나는 글을 읽기 시작하면서 이 책이 서술 방식이 매우 뛰어난 것은 물론 풍부한 정보를 담고 있음에도 불구하고 집중하기가 매우 어려움을 알아차렸다. 나는 앞뒤로 스크롤하며 키워드를 찾았고 평소보다 더 자주 커피를 가지러 들락거리고 이메일을 확인하고 뉴스를 확인하고 책상 서랍의 파일을 다시 정리하느라 독서를 제대로 할 수가 없었다. 결국 나는 책을 다 읽었고, 결국 해냈다는 데 기뻤다. 그러나 일주일 뒤 깨달은 것은 읽은 내용을 기억해내기가 쉽지 않았다는 것이다.(175쪽)

저자는 이 책을 통해 문명의 발달을 추적하며 인류의 사고 능력이 변화하는 과정을 상세히 설명했습니다. 설형문자, 상형문자, 그리스 알파벳에 이르는 문자의 발전이 우리의 읽기와 쓰기 방식에 미친 영향, 지도와 인쇄 매체의 발달이 추상적인 사고를 형성하는 과정, 시계의 발명이 개인주의 사상의 주된 동력이 된 역사를 한 권에 담았습니다. 이어서 오늘날 정보 기술이 가져온 놀라운 지적 변화를 진단하며 인터넷이 우리에게 선사한 놀라운 편의성은 물론 그 폐해까지도 적나라하게 밝혀냅니다. 이 책은 새로운 기술이 계속해서 생겨나는 오늘날, 우리에게 가장 중요한 통찰을 제시합니다.

100억 개 이상이 팔려나간 스마트폰의 확산과 그에 따른 소셜미디어의 성장은 우리 삶과 문화의 거의 모든 부분에 광범위하게 영향을 미쳤다. 스마트폰은 우리의 삶에 새로운 질감과 속도를 선사했다. 사회적 규범과 관계를 뒤집어놓았다. 공론장과 정치의 장 역시 재편

했다. 더불어 스마트폰의 확산은 몇몇 기업들이 우리가 보고, 행동하고, 의견을 표현하는 방식을 지배하도록 했다.(359쪽)

2020년 기준 한국의 스마트폰 보급률은 95%입니다. 스마트폰과 인터넷은 우리와 더욱 밀접한 존재가 되었습니다. 바로 지금도 거대 인터넷 기업들은 '기기에 머무는 시간을 최대화하도록' 우리를 프로그래밍하며 인간의 사고와 선택을 교묘하게 조종하고 있습니다. 인터넷이 우리 뇌의 구조를 바꾸고 깊이 사고하는 능력을 감소시킨다는 다양한 연구 결과와, 지금의 디지털 환경을 만드는 데 큰 역할을 한 스티브 잡스와 빌 게이츠가 자녀들의 스마트 기기 사용을 엄격하게 통제한다는 역설적인 사실은 많은 고민을 시사합니다. 인터넷이 인류에게 미치는 영향력은 앞으로도 점점 더 커질 것입니다. 디지털 문화가 무해하다고 생각한다면, 스마트 기기의 발전과 더불어 인간이 점점 더 똑똑해진다고 믿는다면, 끝없는 하이퍼링크와 알고리즘의 흐름에 정신을 맡기고 있는 자신을 발견했다면 반드시 독서다운 독서를 해야 합니다.

 **생기부 세특 예시**

집에 책이 많은 환경과 학업 성취도의 긍정적인 연관성과 달리 부모가 매일 아이에게 책읽어주기는 성적 향상과 직접적인 유의미한 연관성이 없다는 연구 결과를 통해 책의 물리적 양을 넘어, 독립적인 독서 기회와 자율적 학습 분위기 등 복합적인 영향을 해석해 봄. 책을 직접

읽는 행위와 학업성적 간의 상관관계를 명확히 파악하기 위해서는 독서의 질에 해당하는 내용 및 수준, 동기, 난이도와 학생의 연령 및 학업 수준과의 적절성 같은 개인차를 제시하며 가설 설정과 실험군, 통제군, 측정 및 분석 활동을 수행해 봄. 세계적인 경영컨설턴트이자 IT 미래학자가 쓴 '생각하지 않는 사람들(니콜라스 카)'을 통해 인터넷이 인간의 뇌 구조를 바꾸고 있다는 주장의 근거를 검토해 봄. 인류가 인터넷이 주는 풍요로움을 즐기는 동안 '생각하는 능력'을 잃어가고 있다는 비판에 대해 2008년 '구글이 우리를 바보로 만드는가'라는 글의 맥락을 현재적으로 평가해 인터넷이 깊이를 잃어버린 지식을 양산한다며 디지털 시대에 전하는 경고의 메시지를 공유해 봄. 인류가 정보를 다루는 도구 변화에 따라 어떤 영향을 받았는지, 인터넷과 스마트 기기로 압축되는 오늘날 미디어 콘텐츠와 기술 변화가 우리에게 어떤 영향을 미칠지 성찰함.(1,497Byte, 띄어쓰기 포함 615자)

집에 책이 많은 환경과 학업 성취도의 긍정적인 연관성과 달리 부모가 매일 아이에게 책읽어주기는 성적 향상과 직접적인 유의미한 연관성이 없다는 연구 결과를 통해 책의 물리적 양을 넘어, 독립적인 독서 기회와 자율적 학습 분위기 등 복합적인 영향을 해석해 봄. 책을 직접 읽는 행위와 학업성적 간의 상관관계를 명확히 파악하기 위해서는 독서의 질에 해당하는 내용 및 수준, 동기, 난이도와 학생의 연령 및 학업 수준과의 적절성 같은 개인차를 제시하며 가설 설정과 실험군, 통제군, 측정 및 분석 활동을 수행하고 세계적인 경영컨설턴트이자 IT 미래학자가 쓴 '생각하지 않는 사람들(니콜라스 카)'을 통해 인터넷이

인간의 뇌 구조를 바꾸고 있다는 주장의 근거를 검토해 봄.(903Byte, 띄어쓰기 포함 371자)

    집에 책이 많은 환경과 학업 성취도의 긍정적인 연관성과 달리 부모가 매일 아이에게 책읽어주기는 성적 향상과 직접적인 유의미한 연관성이 없다는 연구 결과를 통해 책의 물리적 양을 넘어, 독립적인 독서 기회와 자율적 학습 분위기 등 복합적인 영향을 해석해 봄. 책을 직접 읽는 행위와 학업성적 간의 상관관계를 명확히 파악하기 위해서는 독서의 질과 학생의 개인차를 제시하며 '생각하지 않는 사람들(니콜라스 카)'을 통해 인터넷이 인간의 뇌 구조를 바꾸고 있다는 주장의 근거를 검토해 봄.(662Byte, 띄어쓰기 포함 270자)

33주차

《과일로 읽는 세계사》 | 윤덕노

" 25가지 과일 속에 감춰진 비밀스런 역사 "

분량 ★★★★★	내용 ★★★★	활용 ★★★★

📋 **〈2020학년도 서울대 수시 의과대학 면접 제시문 2〉**

(가) 나는 복숭아와 살구를 즐기는데 그것들이 맨 처음 중국에서 한(漢) 왕조 초기에 재배되었다는 것, 카니스카 대왕에게 볼모로 잡혀온 중국인들이 그 과실들을 인도에 소개한 이후 페르시아로 퍼져 나갔으며 기원후 1세기에 로마제국에까지 당도했다는 것, 살구가 일찍 익는다고 해서 'apricot(살구)'란 말이 'precocious(발육이 빠른, 조숙한)'이란 말과 동일한 라틴어 어원에서 파생됐다는 것, 그런데 어원을 잘못 아는 바람에 실수로 a자가 맨 앞에 덧붙여졌다는 사실을 알고 나서는 더 맛있게 먹을 수 있게 되었다.

(나) 대학 발전을 위한 전략의 첫 번째는 수요자 중심의 실용전략이다. 19세기에 세계 최강국이던 영국이 20세기에 들어서면서 미국에 자리를 내준 것은 영국 대학에 문제가 있었다는 자성의 목소리가 영국 내에서 있었다. 미국은 20세기에 들어서면서 산업발전, 특히 서부개척과 더불어 철도, 건설, 환경, 농업, 축산 등 사회발전을 위한 현실 문제를 해결하기 위한 학문이 발전했는데, 영국에서는 당

시 여전히 교양 위주의 교육만을 강조하고 있었기 때문이다. 따라서 한국 대학의 지속적 발전에 있어서 사회발전과 변화에 맞는 수요자 중심의 실용적 학문의 개발이 중요하다.

질문 1. 제시문 (가)는 무엇에 관한 제시문인가요?

답변 : 제시문 (가)는 주로 복숭아와 살구의 역사와 어원에 대한 이야기를 담고 있습니다. 화자는 복숭아와 살구가 언제, 어디서 처음 재배되었고, 어떻게 전 세계로 퍼져나갔는지 그 기원과 전파 과정을 설명합니다. 특히, '살구(apricot)'라는 단어가 '일찍 익는(precocious)'을 의미하는 라틴어 어원에서 파생되었고, 그 과정에서 'a'라는 글자가 잘못 덧붙여졌다는 어원적 배경까지 언급합니다. 자신이 즐겨 먹는 과일인 복숭아와 살구에 대한 역사적, 문화적 그리고 언어학적 지식을 탐구하고, 이러한 지식이 음식을 더욱 맛있게 먹는 데 기여한다는 내용을 담고 있습니다.

질문 2. 제시문 (가)와 제시문 (나)를 과학과 연관시켜 어떻게 생각할 수 있을까요?

답변 : 제시문들은 직접적으로 과학을 다루는 내용은 아니지만, 각각의 측면에서 과학과 연결지어 생각해 볼 수 있습니다. 먼저 제시문 (가)는 복숭아와 살구의 기원과 전파 과정을 다루는데, 이는 식물학, 농업 과학, 역사, 지리학과 같은 과학 분야와 관련이 있습니다. 특정 식물이 언제, 어디서, 어떻게 재배되기 시작했으며, 어떤 경로를 통해 다른 지역으로 퍼져 나갔는지를 연구하는 시도는 과학적 탐구 과정입니

의대입시독서는 달라야 합니다

다. 고고학적 발굴, 유전자 분석 등을 통해 밝혀질 수 있는 분야이기도 합니다. 과일의 성숙 과정, 특정 단어의 어원 탐구는 생물학적 이해와 언어학적 분석이라는 지적 호기심의 발현으로 볼 수 있습니다. 이처럼 세상을 구성하는 다양한 현상에 대한 궁금증을 풀어나가는 것이 순수과학의 시작점과 맞닿아 있습니다.

제시문 (나)는 대학 발전 전략을 논하며, 영국과 미국의 사례를 통해 지식의 실용성을 강조합니다. 영국대학이 '교양 위주의 교육'을 강조했던 방향과 달리, 미국대학은 '산업 발전과 현실 문제 해결'을 위한 학문(철도, 건설, 환경, 농업 등)을 발전시켰다고 설명합니다. 여기서 말하는 현실 문제 해결을 위한 학문은 곧 응용과학(기술)과 밀접한 관련이 있습니다. 즉, 제시문 (나)는 순수 학문적 지식을 탐구하는 차원을 넘어, 과학적 지식을 실제 사회의 문제 해결과 산업 발전에 적용하는 '기술로서의 과학' 또는 '응용과학'의 중요성을 역설하고 있습니다. 한국 대학도 사회 변화에 발맞춘 실용적 학문 개발이 필요하다는 주장은 과학 지식의 사회적 적용이라는 측면을 강조합니다.

이처럼 제시문 (가)는 자연 현상과 그에 대한 인문학적이고도 과학적인 호기심의 발현이라는 순수과학의 단초를 보여준다면, 제시문 (나)는 과학적 지식이 현실 문제 해결과 사회 발전에 기여하는 응용과학의 역할과 중요성을 시사한다고 볼 수 있습니다.

질문 3. 지원자는 순수과학이 더 중요하다고 생각하나요, 아니면 기술로서의 과학이 더 중요하다고 생각하나요?

답변 : 순수과학(Pure Science)은 자연의 근본 원리와 현상 이해를

목표로 합니다. 새로운 지식을 탐구하고 발견하는데, 때로는 당장에는 실용적인 목적이 없어 보이는 요소들도 포함합니다. 하지만 근본적인 지식 탐구는 미래의 기술 발전의 씨앗이 됩니다. 예를 들어, 20세기 초반에 연구된 양자역학이나 상대성 이론 같은 순수과학 분야의 발견들은 오늘날의 레이저, GPS, 반도체 기술의 기반이 되었습니다. 순수과학을 토대로 현재의 첨단 기술이 가능해졌다고 평가할 수 있습니다. 순수과학은 인류의 지적 호기심을 충족시키고, 세상을 이해하는 깊이를 더해주며, 궁극적으로 인류의 사고력을 확장시키는 중요한 역할을 합니다.

기술로서의 과학(Applied Science/Technology), 즉 응용과학은 순수과학에서 얻은 지식을 바탕으로 현실의 문제를 해결하고 실질적인 이점 제공을 목표로 합니다. 질병 치료를 위한 신약 개발, 에너지 효율 향상 기술, 환경 오염 해결 방안, 더 나은 통신 시스템 구축 등 인류의 삶을 직접적으로 개선하고 편리하게 만드는 데 기여합니다. 경제 성장과 사회 발전을 견인하는 핵심 동력이며, 인류의 삶의 질을 향상시키는 데 직접적인 영향을 미칩니다. 제시문 (나)에서 언급된 미국 사례처럼, 당대 사회의 필요에 부응하는 실용적인 학문의 발전은 국가 경쟁력을 높이는 데 필수적입니다.

결론적으로, 순수과학과 기술로서의 과학 모두가 중요합니다. 순수과학 없이는 새로운 기술적 돌파구가 나올 수 없고, 기술로서의 과학이 없이는 순수과학의 발견이 구체적인 삶에 실질적인 혜택으로 이어지기 어렵습니다. 두 영역은 마치 뿌리와 열매처럼 긴밀하게 연결되어 있으며, 균형 잡힌 발전이 인류의 지속적인 진보를 위해 필수적입니다. 다만, 오늘날 한국 사회의 경우 순수과학에 대한 열정이 높지 않은 상황이므로 균형을 위한 선제적 투자가 필요한 시점이기도 합니다.

 '과일로 읽는 세계사(윤덕노)' 의대입시에 활용하기

'과일로 읽는 세계사(윤덕노)'는 25가지 과일 속에 감춰진 비밀스런 역사를 다룹니다. 흔히 역사라고 하면 거대하고 거창한 대상들을 떠올리기 쉽지만, 때로는 작고 사소한 요소들이 예상하지 못한 변화의 계기가 되기도 합니다. 의외성과 상징성을 지닌 대표적인 물품 중 하나가 과일입니다. 산지가 아니고 제철이 아니면 쉽게 구할 수 없다는 희소성과 흔치 않은 단맛이 지닌 마력 덕택에, 일종의 보물로 취급받았기 때문입니다. 그러다 보니 때로는 국가 기간산업으로 철저히 보호받기도 했고, 때로는 신화와 전설 속의 주인공으로 등장하기도 했으며, 때로는 권력자의 착취 대상이자 상인들의 중요 교역 품목이 되기도 했습니다. 이렇게 과일은 당대를 살아갔던 사람들의 희로애락과 가치관을 대변하면서 정치, 사회, 문화적으로 커다란 영향력을 행사해 왔고, 동서양 곳곳에서 다양한 화젯거리를 만들어냈습니다.

코코넛에는 어원만큼이나 깜짝 놀랄 만한 뜻밖의 사실이 있다. 옛날 우리 조상님들 또한 코코넛을 즐겼다는 것이다. 그것도 조선 시대, 더군다나 15세기 초 세종 시대에 코코넛을 먹었다. 어쩌면 그보다 앞선 고려 사람들도 코코넛을 낯설어하지 않았을 수 있다. 옛 문

헌에도 코코넛 관련 기록이 심심치 않게 보인다.(〈유령 이름이 과일 이름으로, 코코넛〉 중에서)

성군으로 이름난 세종대왕이지만, 유독 수박 도둑은 미워했다고 합니다. 궁궐 주방을 담당하는 내시가 수박 한 통을 훔치려다 들키자 곧장 100대를 때린 뒤 경상도로 유배를 보냈습니다. 수박이 뭐 그리 대단했기에 어질기로 소문난 세종대왕이 이토록 모질게 처벌했던 걸까요?

조선 초기에 우리나라에서 수박이 매우 귀한 과일이었다면, 서양에서는 파인애플이 많은 사랑을 받았답니다. 콜럼버스가 중남미에서 파인애플을 처음 가져와 유럽에 선보인 이후, 파인애플은 1개에 약 1,000만 원 정도에 거래되는 최고급 과일이었습니다. 그러다 보니 16세기 유럽의 귀족들은 파티를 할 때 시간당으로 파인애플을 렌트해 자랑한 다음, 파티가 끝나면 사용료와 함께 반납했다고 합니다. 아무리 맛있다고 해도 고작 과일일 뿐인데, 유럽의 귀족들은 왜 이렇게 파인애플에 열광했던 걸까요?

지금은 과일이 흔해서 그다지 특별할 게 없지만, 옛날에는 과일이 맛있는 과일 그 이상이었습니다. 산지와 제철이 아니면 구하기 힘들고 당시 귀했던 단맛을 지니고 있기에, 일종의 보물과 같은 대접을 받았기 때문입니다. 그 결과 과일은 다른 어떤 물건보다 압축적인 상징성을 지닐 수밖에 없었고, 다양한 화젯거리를 만들어냈습니다.

과일의 원산지를 따지며 시간을 거슬러 올라가면 대륙에서 대륙으로 흘러들어간 경우가 상당히 많습니다. 대륙을 넘어 전파된 과일들은 대부분 역사에 큰 영향을 끼쳤습니다. 오렌지와 레몬, 바나나 등이 대표적인데, 이들은 아시아가 원산지였다가 유럽으로 전해진 과일입니다. 피렌체의 군주였던 이탈리아 메디치 가문의 시조가 오렌지 무역으로 큰돈을 벌었으니, 따지고 보면 르네상스 시대가 시작된 배경 또한 오렌지와 무관하다고 할 수 없습니다. 레몬도 마찬가지입니다. 괴혈병을 막은 레몬 덕분에 먼 바다를 항해할 수 있게 되었으니, 이후 펼쳐진 유럽 열강의 식민지 정책과 연계됩니다. 동남아가 원산지였던 바나나는 아랍 상인과 15세기 포르투갈 무역상들에 의해 중미 카리브해까지 퍼지게 되었는데, 훗날 거대 자본에 의한 착취의 역사를 대변하며 '바나나 공화국'이란 암울한 역사를 만들기도 합니다. 이렇게 과일의 전파와 교류는 다양한 세상의 변화를 이끌어냈습니다.

소설 《삼국지》에서 유비, 관우, 장비는 도원, 즉 복숭아밭에서 의형제를 맺습니다. 이른바 '도원결의'인데, 왜 하필 사과밭도 아니고 포도밭도 아닌 복숭아밭이었을까요? 심지어 '무릉도원'이란 말도 있습니다. 고대 동양인들은 자신들이 꿈꾸는 유토피아를 무릉도원, 즉 무릉이라는 곳에 있는 복숭아밭이라고 불렀습니다. 왜 그들은 복숭아밭을 낙원이라고 생각했던 것일까요? 이 책은 그 이유에 대해 재미있게 설명합니다.

우는 아이에게 곶감을 주면 눈물을 뚝 그치는 이유, 의술이 높은 명의를 살구나무숲이라는 뜻의 '행림'이라고 부르게 된 까닭, 앵두 같은 입술이란 말의 유래, 페르세포네가 석류를 먹고 지하세계에 붙잡힌 사연 등을 재미있게 소개했습니다.

　복숭아의 기원과 전파 역사, 특히 '살구(apricot)' 단어의 어원을 탐구하며 과일에 얽힌 역사적, 언어학적 지식을 조사해 봄. 다양한 인문학적 배경 지식을 통해 음식을 더욱 깊이 즐길 수 있게 되었다는 주장에 대해 지적 탐구가 주는 즐거움의 맥락을 분석함. '과일로 읽는 세계사(윤덕노)'를 통해 과일 재배 및 전파 과정을 탐구하며 식물학과 역사 지리학 등 순수과학적 호기심의 발현이 자연 현상에 대한 근본적인 이해와 지식 탐구의 시작점과 맞닿아 있으며 영국과 미국의 대학 사례를 비교하며, 철도와 건설 등 실제 문제를 해결하는 기술로서의 과학의 중요성을 강조하는 이유를 도출함. 지식을 실제 사회 발전에 적용하는 실용적인 측면을 부각시킬 때 순수과학과 응용과학 모두 중요하다는 논리를 구성하며 순수과학은 자연의 근본 원리를 탐구하여 미래 기술 발전의 토대를 마련해 20세기 초 양자역학 같은 발견이 현재의 첨단 기술을 가능하게 했고 기술로서의 과학은 순수과학 지식을 활용해 신약 개발과 에너지 효율 향상 등 당면한 사회 문제를 해결하고 인류의 삶의 질을 직접적으로 향상시킨다는 점에서 현재 순수과학에 대한 열정과 투자가 상대적으로 부족할 수 있으므로 학문 분야의 균형 잡힌 발전을 강조함.(1,497Byte, 띄어쓰기 포함 619자)

　복숭아의 기원과 전파 역사, 특히 '살구(apricot)' 단어의 어원을 탐구하며 역사적, 언어학적 지식을 조사해 봄. 다양한 인문학적 배경 지식을 통해 음식을 더욱 깊이 즐길 수 있게 되었다는 주장에 대해 지적 탐구가 주는 즐거움의 맥락을 분석함. '과일로 읽는 세계사(윤덕노)'를 통해 과일 재배 및 전파 과정을 탐구하며 식물학과 역사 지리학 등 순수과학적 호기심의 발현이 자연 현상에 대한 근본적인 이해와 지식 탐구의 시작점과 맞닿아 있으며 영국과 미국의 대학 사례를 비교하며, 철도와 건설 등 실제 문제를 해결하는 기술로서의 과학의 중요성을 강조하는 이유를 도출함. 지식을 실제 사회 발전에 적용하는 실용적인 측면을 부각시킬 때 순수과학과 응용과학 모두 중요하다는 논리를 구성하며 현재 순수과학에 대한 열정과 투자가 상대적으로 부족할 수 있으므로 학문 분야의 균형 잡힌 발전을 강조함.(1,075Byte, 띄어쓰기 포함 447자)

복숭아의 기원과 전파 역사, 특히 '살구(apricot)' 단어의 어원을 탐구하며 역사적, 언어학적 지식을 조사해 봄. 다양한 인문학적 배경 지식을 통해 음식을 더욱 깊이 즐길 수 있게 되었다는 주장에 대해 지적 탐구가 주는 즐거움의 맥락을 분석함. '과일로 읽는 세계사(윤덕노)'를 통해 과일 재배 및 전파 과정을 탐구하며 식물학과 역사 지리학 등 순수과학적 호기심의 발현이 자연 현상에 대한 근본적인 이해와 맞닿아 있으며 철도와 건설 등 실제 문제를 해결하는 기술로서의 과학의 중요성을 강조하는 이유를 도출함.(684Byte, 띄어쓰기 포함 288자)

《인구는 내 미래를 어떻게 바꾸는가》 | 조영태

" 내가 디자인하는 삶과 세상 "

| 분량 ★★★★★ | 내용 ★★★★★ | 활용 ★★★★★ |

📑 〈2020학년도 서울대 수시 의과대학 면접 제시문 3〉

아래 그래프는 잉글랜드와 웨일즈 지역의 1851년~2031년 출생자 및 출생예정자의 생명표 분석 자료이다.

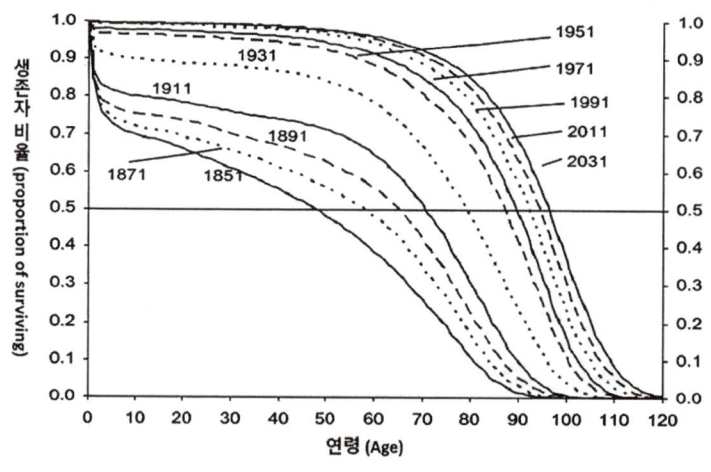

질문 1. 그래프를 보고 알아낸 점 3가지를 얘기해 주세요.

답변 : 잉글랜드와 웨일즈 지역에서 1851년부터 출생한 사람들의 생존자 비율이 점차 개선되어 왔음을 확인할 수 있습니다. 즉, 시간이 지날수록 더 오래 사는 사람이 많아진다는 것을 의미합니다. 1851년 생의 경우 10세가 되기 전에 30% 이상 죽습니다. 50세가 될 확률은 50%에 불과합니다. 80세 이상 생존자는 10%도 되지 않습니다. 그러나 1931년생의 경우 10세까지 90% 이상 생존합니다. 80% 이상은 50세 이상 삽니다. 절반 가까이 80세를 넘습니다. 1951년 이후 출생자부터는 80세 이상 생존 비율이 크게 증가하며, 100세 이상 생존하는 사람들도 점차 나타나는 추세입니다. 2031년 출생예정자의 경우 절반 정도는 100세 수명을 누리게 됩니다.

질문 2. 평균수명의 변화에 대해서는 어떻게 생각하시나요?

답변 : 과거보다 의료기술, 생활 환경, 영양 상태 등이 크게 향상되면서 평균수명이 꾸준히 연장된 상황으로 보입니다. 19세기 중반 출생자의 경우 영유아기부터 생존률이 낮았지만, 현대에 이르러서는 고령에서도 상당히 높은 생존률을 유지하는데, 이 차이를 통해 평균수명이 대폭 늘어났다는 점이 입증됩니다. 의학 기술 발전과 건강 관리 시스템의 성과라고 평가할 수 있습니다.

질문 3. 만약 인간의 최대수명이 계속 연장되면 어떤 영향이 있을까요?

답변 : 최대수명이 연장되면 고령화 사회가 심화됩니다. 경제, 복지, 노동시장 등 다양한 영역에서 새로운 도전이 불가피해집니다. 예를 들

어, 노인 인구 증가로 인한 의료·연금 부담이 커집니다. 정년 등 일하는 기간의 연장이 필요해질 수 있습니다. 세대 간 자원 분배, 개인의 삶의 질 유지, 정신적·신체적 건강 문제 등도 중요해질 수밖에 없습니다. 따라서 기대수명 연장과 함께 건강 수명의 향상, 사회적 제도 개선이 함께 이루어져야 합니다.

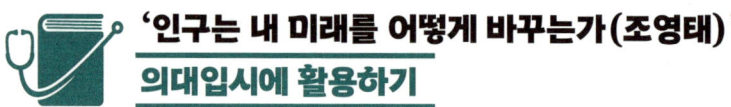

'인구는 내 미래를 어떻게 바꾸는가(조영태)' 의대입시에 활용하기

'인구는 내 미래를 어떻게 바꾸는가(조영태)'는 인구 감소가 정말 위기이기만 할지 질문하는 책입니다. 국내 최고 인구학자인 저자가 인구 감소 시대의 위기를 넘어 나와 내 가족에게 주어진 기회와 가능성이 무엇인지 알려줍니다. 저자는 오늘을 살고 내일을 꿈꾸는 개인들 모두 미래 진로 준비, 사업 계획, 자녀 교육 등에 인구학 자료를 유용하게 활용할 수 있다고 강조합니다. 인구학의 기본 개념부터 인구구조 변화, 글로벌 잘파 세대, 미래 시장 예측까지 지속 가능한 미래를 설계하기 위해 알아야 할 인구학의 핵심을 살펴볼 수 있는 기회를 제공합니다.

사람 수가 얼마나 되고, 앞으로 어떻게 바뀔지 예측해야 자원의 총량에 맞추어 볼 때 경쟁이 너무 과하거나 약하지 않아 사회질서가 오래 유지될지 알 수 있겠죠? 이것이 바로 인구학이 인구를 탐구하는 이유이며 기본 철학입니다. 한마디로 인구학은 인구와 자원의 균형을 연구하는 학문입니다.(108쪽)

의대입시독서는 달라야 합니다

서울대학교 보건대학원 교수인 저자는 사람들이 태어나고, 이동해 다니고, 사망하는 인구 현상을 통해 사회의 특성과 변화를 읽어내는 인구학자라고 스스로를 소개합니다. 고려대학교 사회학과를 졸업하고, 미국 텍사스대학교에서 사회학으로 석사를, 인구학으로 박사학위를 취득한 저자는 2004년부터 서울대학교 보건대학원에서 인구학을 공부하며 후학을 양성하고 있습니다. 2015년에는 베트남 정부의 인구 및 가족계획국에 인구정책 전문가로 파견되어 1년간 하노이에 거주하며 베트남의 인구정책 방향을 설정했고, 귀국 후에도 인구정책자문으로 활동을 지속하고 있습니다. 현재 우리나라는 물론 미국, 일본, 중국, 베트남 등 주요 국가들의 인구변동 특성을 통해 미래사회 및 시장변화를 예측하는 연구를 수행하는 중입니다. 2018년부터는 서울대학교 보건대학원 인구정책연구센터의 센터장으로서 기초 및 광역 지방정부가 인구현안을 극복하고 미래를 준비하는 데 필요한 정책을 만들고 있기도 합니다.

　2023년 기준 대한민국 합계 출산율은 0.72명입니다. 인구 5명 중 1명은 65세 이상입니다. 전체 국민의 절반이 넘는 50.8%가 수도권에 거주합니다. 언론과 미디어에서는 저출산, 고령화, 수도권 집중 등 인구 현상을 단순히 숫자를 제시해 설명하며, 인구수가 줄어들어 문제라는 메시지를 반복적으로 전합니다. 그러나 인구 감소라는 정해진 미래는 정말 위기이기만 할까요? 나와 내 가족의 미래를 준비하기 위해 무엇을 해야 할까요?

　저자는 태어나고 이동하며 사망하는 인구 변화에 따라 사회 변화의 큰 틀과 흐름, 규모, 방향 그리고 시점이 결정되기 때문에 사회의 미래에 대해 정확히 예측할 수 있고, 이를 바탕으로 자신의 미래를 기획할 수 있다고 강조합니다. 자신의 미래가 어떻게 펼쳐질지 상상하기 위해서는 전체 인구수가 감소한다는 양적 특성 외에 인구구조 등 질적 특성을 함께 살펴보아야 합니다. 인구수가 같더라도 전체 인구를 구성하는 인구구조가 다르다면 사회 현상, 시장 상황이 전혀 다르게 펼쳐지기 때문입니다.

예를 들어, 출생아 수가 줄어들면 미래의 영유아, 어린이 관련 시장도 하락세를 보일 거라고 생각하기 쉽습니다. 그러나 우리나라 출산·육아용품 시장은 계속 규모가 커지고 있습니다. 자녀가 있는 인구의 특성을 살펴보면 사회경제적 수준이 높아 소비력이 높고 자녀를 낳기 위해 많은 준비를 하며, 자녀에 대한 기대치가 높기 때문입니다. 자기 자녀에게 좋은 것을 주고 싶어 하는 심리 때문에 출산·육아용품 시장은 프리미엄화되었습니다.

인구수가 줄어도 AI가 노동력을 대체하니 생산에는 차질이 없다고 여기기도 합니다. 그러나 한 나라의 부를 만들어내는 메커니즘은 단순히 사람 수와 생산성의 관점에서만 바라보아서는 안 된다고 저자는 경고합니다. 글로벌 밸류 체인을 선도하려면 AI 같은 과학기술을 활용하는 단계를 넘어서서 만들어낼 수 있어야 하기 때문입니다. 결국 오늘날 R&D 분야를 선도하는 창의적인 청년 인재를 키워내는 일이 인구수의 증감보다 더 중요합니다. 나아가 시장 규모가 큰 글로벌 단위로 활동 무대를 넓혀야 합니다. 예를 들면, 글로벌 시장에서 바이오산업은 점점 더 규모가 커지고 있습니다. 법조인은 우리나라 바이오 기업이 진출할 수 있도록 법적 인프라를 구축하고 의료인은 의사 과학자로서 바이오산업의 기반을 창조하는 방식으로 융합하고 확장할 수 있다고 조언합니다.

보통 청년 세대를 밀레니얼 세대(1986~1996년 출생)와 Z세대(1997~2012년 출생)를 합친 MZ로 지칭합니다. 저자는 두 세대는 생애주기가 달라서 서로 전혀 다른 특성을 보이기 때문에 하나로 묶을 수 없다고 말합니다. 청년의 새로운 주축으로 Z세대와 알파 세대(2013년 이후 출생)를 합친 '잘파(Z-alpha)' 세대를 소개합니다. 국내 잘파 세대는 다른 세대에 비해 적지만 글로벌 사회에서 가장 인구수가 많은 세대가 잘파 세대입니다. 이 세대가 글로벌 경제의 중심에 서게 되리라 전망합니다.

잘파는 아기 때부터 스마트폰을 들고 자라난 첫 세대로 유튜브, SNS, OTT 플랫폼 등을 통해 문화를 동시에 공유하기 때문에 태생적으로 글로벌합니다. 저자가 말하는 글로벌이란 해외 거주가 아니라 활동 반경이 어느 한 지역으로 한정되어 있지 않고 다양한 나라에 퍼져 있는 것을 의미합니다. 기업이든 개인이든 글로벌 잘파에게 필요한 상품과 콘텐츠를 만든다면 성장하기 유리할 수밖에 없습니다.

글로벌 시장을 이해하려면 결국 한국의 잘파 세대를 잘 알아야 합니다. 앞으로 글로벌 시장에서는 미국 등 앞서가는 나라만이 문화를 주도하지 않으며, 문화가 하나로 통일되는 컨버전스(convergence) 현상이 더욱 두드러지게 됩니다. 한국의 잘파는 수는 적지만 K-콘텐츠의 위상으로 알 수 있듯, 글로벌 문화와 콘텐츠의 향방을 주도하고 있습니다. 한국의 잘파 세대가 좋아하면 글로벌 잘파 세대에게 쉽게 확장되고, 반대로 관심을 보이지 않으면 콘텐츠의 확장세는 미미하게 됩니다.

잉글랜드와 웨일즈 지역의 1851년부터 2031년까지 출생(예정)자 생존율 그래프를 통해 시간이 흐르면서 더 오래 사는 사람이 늘어난 변화를 수치적으로 분석해 봄. 19세기 중반 출생자는 10세 이전 사망률이 매우 높았고, 50세 이상 생존 확률도 낮았지만, 20세기 중반 이후 출생자들은 10세 생존률이 90% 이상으로 크게 개선되었고, 80세 이상 생존 비율도 크게 늘어났다는 측면에 주목함. 2031년 출생 예정자는 절반이 100세 이상 살 것으로 예측되므로 의료 기술과 생활 환경의 향상, 영양 상태 개선 등 과학적·의학적 발달이 수명을 꾸준히 연장시킨 결과라고 정리함. '인구는 내 미래를 어떻게 바꾸는가(조영태)'에서 과거보다 고령자의 생존률이 크게 올라 사회 전반의 노령 인구 비중이 증가한 특성을 연계해 봄. 고령화 사회가 심화되어 의료비와 연금 부담이 커지고, 노동 시장과 복지 제도에 새로운 과제들이 등장하므로 건강 수명 연장과 사회 제도 개선이 함께 이루어져야 하며, 정년 연장과 세대 간 분배 문제도 제기해 봄. 인구 변화는 단순히 국가 차원의 문제가 아니라 개인과 기업 모두에게 중요한 미래 설계 요소이므로 인구 구조와 질적 특성을 파악해 시장과 사회 변화를 예측하고 대응하기 위한 인구학적 이해의 중요성에 공감함.(1,499Byte, 띄어쓰기 포함 635자)

잉글랜드와 웨일즈 지역의 1851년부터 2031년까지 출생(예정)자

생존율 그래프를 통해 시간이 흐르면서 더 오래 사는 사람이 늘어난 변화를 수치적으로 분석해 봄. 19세기 중반 출생자는 10세 이전 사망률이 매우 높았고, 50세 이상 생존 확률도 낮았지만, 20세기 중반 이후 출생자들은 10세 생존률이 90% 이상으로 크게 개선되었고, 80세 이상 생존 비율도 크게 늘어났다는 측면에 주목함. 2031년 출생 예정자는 절반이 100세 이상 살 것으로 예측되므로 의료 기술과 생활 환경의 향상, 영양 상태 개선 등 과학적·의학적 발달이 수명을 꾸준히 연장시킨 결과라고 정리함. '인구는 내 미래를 어떻게 바꾸는가(조영태)'에서 과거보다 고령자의 생존률이 크게 올라 사회 전반의 노령 인구 비중이 증가한 특성을 연계해 봄.(928Byte, 띄어쓰기 포함 402자)

잉글랜드와 웨일즈 지역의 1851년부터 2031년까지 출생(예정)자 생존율 그래프를 통해 시간이 흐르면서 더 오래 사는 사람이 늘어난 변화를 수치적으로 분석해 봄. 의료 기술과 생활 환경의 향상, 영양 상태 개선 등 과학적·의학적 발달이 수명을 꾸준히 연장시킨 결과와 '인구는 내 미래를 어떻게 바꾸는가(조영태)'를 연계해 과거보다 고령자의 생존률이 크게 올라 사회 전반의 노령 인구 비중이 증가한 특성을 분석해 봄. 인구 구조와 질적 특성을 파악해 시장과 사회 변화를 예측하고 대응하기 위한 인구학적 이해의 중요성에 공감함.(700Byte, 띄어쓰기 포함 292자)

《위기 관리 커뮤니케이션》 | 최진봉

" 위기 관리를 위한 전략적 커뮤니케이션 기술 "

분량 ★★★★★	내용 ★★★	활용 ★★★★

📋 〈2020학년도 서울대 수시 의과대학 면접 제시문 4〉

당신은 피자 가게 사장입니다. 5명의 직원과 함께 피자를 만들어 팔고 있습니다. 직원은 피자를 만드는 사람 3명, 배달원 1명, 직원과 매장을 관리하는 팀장 1명입니다. 내일 어린이날이라 지역아동센터에 피자 20판을 만들어 봉사하러 가기로 했습니다. 그런데, 동시에 다음의 4가지 일이 발생하였습니다.

1) 오늘 매우 장사가 잘되어 봉사하러 갈 피자에 올릴 10판 분량의 치즈가 부족하다는 것을 알게 되었고, 거래하던 재료 공급 업체에는 남은 물량이 없다는 말을 들었습니다. 2) 오토바이로 배달하러 나간 직원이 접촉사고가 발생하여 가해 차량 운전자와 함께 경찰서에서 조사 중이라는 연락이 왔습니다. 3) 어제 피자를 배달받았던 손님이 피자를 먹고 한 차례 구토를 했는데, 재료가 상해서인 것 같으니 보상을 받아야겠다고 배달 앱의 리뷰 란에 공개적으로 글을 남긴 것을 발견했습니다. 4) 집에 있던 가족이 전화를 해서, 당신의 중학생 자녀가 오늘 학교에서 친구를 다치게 해서, 친구 부모님이 당신과 통화하기를 원한다고 합니다.

질문 1. 위 상황 중 무엇을 가장 중요하게 생각하고 가장 먼저 해결해야 하는지 말해 보세요.

답변 : 가장 먼저 해결해야 할 상황은 배달 직원이 접촉사고로 경찰서에서 조사 중인 2) 상황입니다. 이 상황은 직원의 안전과 법적 문제와 직결되어 있어 신속한 확인과 지원이 필요합니다. 직원의 안전과 사고 처리 상황을 파악하는 것이 우선되어야 추후 문제 확산을 방지할 수 있습니다.

질문 2. 그 다음으로 해결해야 할 사건과 왜 그런 순서로 해결하기로 생각하셨는지 말해 보세요.

답변 : 그 다음으로는 3) 피자를 먹고 구토한 고객의 문제를 해결해야 합니다. 고객 신뢰와 브랜드 이미지 관리에 중요한 사안이며, 적절한 보상과 신속한 대응이 필요합니다. 이후 4) 중학생 자녀의 학교 문제와 1) 치즈 부족 문제 순으로 대응하는 방식이 바람직합니다. 자녀 문제는 가족과의 대화를 통해 상황을 파악하고 조율해야 하며, 치즈 부족 문제는 다른 공급처에 문의하거나 메뉴 조정 등으로 비교적 빠르게 해결할 수 있는 사안입니다.

질문 3. 이 상황을 다른 사람에게 이양해야 한다면 누구에게 할 것인지 말해 보세요

답변 : 접촉사고와 고객 클레임에 대해선 신속히 직접 관여해야 하지만, 상황 파악과 초기 대응 이후에는 팀장에게 업무 일부를 이양할 수 있습니다. 자녀 관련 문제는 배우자나 가족이 담당하는 역할 분담

이 적절하며, 치즈 부족 문제는 매장 팀장 또는 재고 담당 직원에게 위임해 다른 공급처 탐색이나 대체 재료 계획을 맡기는 방식이 효율적입니다.

이렇게 상황별 긴급성과 영향 범위에 따라 우선순위를 두고 업무를 분배하는 것이 목표와 자원 활용에 효과적입니다. 이 과정에서 직원과 가족 모두의 안전과 신뢰를 지키는 동시에, 봉사 준비도 차질 없이 진행될 수 있도록 해야 하겠습니다.

이 질문들은 여러 위기가 동시에 닥칠 경우의 문제 해결 능력을 알아보기 위한 것입니다. 우선, 제시문의 상황을 생각해 볼까요? 내일 아동센터에 피자 20판을 만들어 봉사하러 가기로 했는데 10판 분량의 치즈가 없습니다. 일단 거래처 말고 다른 마트를 싹 다 뒤져봐야겠습니다. 팀장한테 부탁해서 동네 큰 마트나 아니면 주변 다른 피자 가게에 혹시 여유분이 있는지, 알아볼 수 있지 있을까요? 봉사활동은 약속한 것으므로 꼭 해야 한다고 생각할 수도 있습니다.

배달 직원 접촉사고가 중요합니다. 우리 직원이 괜찮은지가 우선입니다. 팀장한테 연락해서 혹시 우리 직원이 다친 곳은 없는지 먼저 확인하고, 경찰서에 연락해 어떤 상황인지 파악해 달라고 할 수 있습니다. 필요한 조치는 사장인 본인이 할 테니까, 너무 걱정하지 말고 자기 몸부터 챙기라고 말해 주어야 하겠습니다. 배달은 일단 나머지 직원들하고 팀장이랑 사장이 번갈아 가면서라도 직접 뛰어야겠습니다.

손님 구토 논란도 큰 문제입니다. 바로 배달 앱에 들어가서 고객님께 진심으로 사과 글을 남기고, 따로 연락해서 환불이나 보상을 해

의대입시독서는 달라야 합니다

드린다고 말씀드려야겠습니다. 혹시 남은 재료 중에 문제가 될 만한 게 있는지 당장 확인해 보고, 주방이랑 창고도 싹 다시 점검해야겠습니다.

가게도 이렇게 바쁜데 자녀 문제까지 터지다니, 하필 이럴 때 말입니다. 일단 자녀에게 당장 달려갈 수는 없지만, 자녀는 괜찮은지, 친구는 얼마나 다쳤는지 좀 더 자세히 물어보는 것이 좋겠습니다. 학교랑 친구 부모님께는 제가 오늘 밤 늦게라도 꼭 전화드릴 테니 잠시만 기다려달라고 말씀드려야겠습니다.

질문 2의 답변의 경우 우선순위를 2), 3), 4), 1)로 정했는데, 바람직한 답변입니다. 왜 그런지 생각해 봅시다. 2)의 경우 사람의 안전과 직접적으로 연결된 문제입니다. 다른 어떤 문제보다 직원의 건강과 안전이 최우선입니다. 게다가 사고는 법적인 문제로도 이어질 수 있어서, 신속한 상황 파악과 대응이 필요합니다. 직원이 많이 다쳤을 수도 있고, 정신적으로도 많이 힘들어질 수 있습니다. 사업주는 직원의 안전과 법적 문제에 대해 가장 먼저 책임을 져야 합니다. 봉사활동도 중요하지만 인명 사고는 매우 중요한 일입니다. 지금 당장 조치를 취하지 않으면 안 되는 긴급하고 최우선적인 상황입니다.

3) 손님의 피자 관련 구토 및 공개 리뷰는 고객의 건강과 사업의 신뢰도와 직결되는 문제입니다. 직원의 안전만큼은 아니지만, 고객이 음식 때문에 아픈 상황은 굉장히 심각한 문제이고, 더욱이 '공개적인 리뷰'는 당장 우리 가게의 평판에 치명적인 영향을 줄 수 있습니다. 방치하면 다른 고객들도 불안해하고, 매출에도 큰 타격을 주게 됩니다. 빠른 사과와 함께 상황 파악 그리고 문제 해결 의지를 보여야 합니다. 혹

시 식중독 같은 더 큰 문제로 번질 수도 있습니다.

4) 자녀의 학교 친구 부상은 가족 문제이자 사회적 책임이 따르는 일입니다. 부모로서 당연히 신경 써야 할 일이고, 아이의 행동에 대한 책임감도 느껴야 합니다. 하지만 사장인 본인이 지금 당장 가게를 비우고 갈 수 있는 상황은 아닙니다. 2)와 3)의 문제가 해결되지 않으면 가게 자체가 위험합니다. 일단 가족에게 상황을 설명하고, 최대한 빨리 연락드리겠다고 말씀드리거나 통화를 조금만 늦춰달라고 부탁한 후 가게의 급한 불을 끄고 난 다음 바로 처리해야 할 문제입니다. 가족과 관련된 일이니 마음이 아프지만, 위기 관리의 우선순위에서는 밀릴 수 있다고 봅니다.

1) 봉사활동 피자 재료(치즈) 부족은 재료 수급과 봉사 약속 이행에 대한 문제입니다. 물론 봉사는 중요한 약속이고 꼭 지켜야 합니다. 하지만 다른 세 가지 문제들은 '지금 당장' 해결하지 않으면 더 큰 인명피해나 사업 존립의 위기로 이어질 수 있는 상황들입니다. 치즈 부족은 지금 당장 급하긴 해도, 방법을 찾아보면 단기간에 해결할 수 있는 여지가 있습니다. 다른 거래처를 알아보거나, 주변 가게에 양해를 구하거나, 심지어 봉사하는 아동센터에 미리 양해를 구하고 메뉴를 조정할 수도 있기 때문입니다.

'위기관리 커뮤니케이션(최진봉)' 의대입시에 활용하기

'위기관리 커뮤니케이션(최진봉)'은 위기 관리 방법을 소개한 책입

의대입시독서는 달라야 합니다

니다. 이 책은 위기 상황 인식과 위기관리를 위한 단계, 위기관리 커뮤니케이션의 유형을 소개하고, 나아가 위기관리 커뮤니케이션의 실패와 성공 요인, 대응 전략과 실행 방안에 대해 설명합니다.

SNS의 발달로 정보가 빛의 속도로 퍼지게 되면서 기업의 이미지에 부정적 영향을 미치는 사건이 발생하면 수십 년간 쌓은 기업의 명성이 '한순간'에 날아갈 수 있게 되었습니다. 따라서 기업이나 조직은 사건이 발생하면 잘못이나 실수를 솔직하게 인정하고 피해자에게 사과하는 등 책임지는 모습을 보여야 합니다. 이를 위해 기업이나 조직은 위기관리를 위한 전략적 커뮤니케이션 기술을 적극적으로 활용해야 합니다.

이 책은 위기 상황에서의 커뮤니케이션은 신뢰 구축과 관계 관리의 중요한 요소라고 강조합니다. 위기 상황에서는 정보의 정확성과 신속성이 필수적이지만, 그보다 더 중요한 요소는 이해관계자와의 신뢰 유지입니다. 특히, 위기 발생 시 조직의 투명한 커뮤니케이션이 얼마나 중요한지 강조합니다. 위기 상황에서 잘못된 정보를 제공하거나 불투명한 대응은 오히려 상황을 악화시킬 수 있는데, 이를 많은 기업들뿐만 아니라 개인들조차 간과하고 있습니다.

이 책은 위기관리 커뮤니케이션의 다양한 유형과 그에 따른 대응 전략을 제시합니다. 이를 통해 독자는 각기 다른 위기 상황에 맞는 적절한 커뮤니케이션 전략을 수립할 수 있는 기초를 마련할 수 있습니다. 특히, 위기 발생 전, 중, 후의 단계별 대응 방안을 제시한 부분은 실질적으로 유용한 지침이 됩니다.

모든 기업이나 조직 또는 개인은 정도의 차이는 있지만 예기치 않은 시간에 원하지 않는 위기 상황을 만날 수 있다. 그런데 이러한 위기 상황에 대해 어떻게 대처하느냐는 그 기업이나 조직 또는 개인의 명성(reputation)과 이미지(image)에 엄청난 영향을 미치게 된다. 위기 상황을 잘 해결하게 되면 위기가 기업이나 조직 또는 개인의 명성과 이미지에 미치는 부정적인 영향을 최소화하면서 기존의 명성과 이미지를 회복하는 데 필요한 시간과 경제적 손실을 줄일 수 있다. 그러나 만약 위기 상황을 제대로 해결하지 못하면 해당 기업이나 조직 또는 개인은 명성과 이미지에 엄청난 피해를 입게 될 뿐만 아니라 기존의 이미지와 명성을 회복하기 위해 엄청난 시간과 경제적 손실을 부담해야 한다. 따라서 기업이나 조직 또는 개인은 예기치 않은 위기 상황이 발생했을 때 이를 해결하기 위한 방안들을 미리 숙지하고 전략적으로 대처해, 위기 상황이 기업이나 조직 또는 개인이 가지고 있는 명성과 이미지에 미치는 부정적인 영향을 최소화해야 할 것이다.

그런데 기업이나 조직 또는 개인이 예기치 않은 위기 상황에 빠졌을 때, 기업이나 조직 또는 개인의 명성과 이미지에 미칠 부정적인 영향을 최소화하고, 기존의 명성과 이미지를 빠른 시간 안에 회복하기 위해서는 무엇보다 위기관리를 위한 커뮤니케이션 전략의 수립과 운용이 절대적으로 필요하다. 이처럼 위기를 관리하기 위한 전략적인 커뮤니케이션 기술이 필요한 이유는 디지털 기반의 소셜 미디어 시대를 맞아 기업이나 조직 또는 개인의 명성과 이미지에 부정적인 영향을 미칠 수 있는 사건이 발생하면, 매스 미디어와 인터넷 그리

의대입시독서는 달라야 합니다

고 소셜네트워킹사이트 등 다양한 커뮤니케이션 플랫폼을 통해 해당 사건에 대한 소식이 삽시간에 전 세계로 퍼지게 되기 때문이다. 따라서 기업이나 조직 또는 개인의 이미지와 명성에 부정적인 영향을 미칠 수 있는 사건의 영향력을 최소화하고, 이러한 사건으로 실추된 기업이나 조직 또는 개인의 명성이나 이미지를 회복시키기 위해서는 위기 관리를 위한 전략적인 커뮤니케이션 기술을 적극적으로 그리고 전사적으로 활용할 필요가 있다. (5쪽)

다양한 문제 상황이 동시에 발생하는 상황이 종종 생깁니다. 위기 관리에 대한 새로운 시각이 필요한 시대입니다. 위기 상황은 언제든지 발생할 수 있으며, 그에 대한 준비와 대응이 조직의 생존과 직결된다는 점을 이해하고 커뮤니케이션 전략을 수립할 때, 다양한 원칙들을 적극적으로 활용해 보는 생활 태도가 필요합니다.

 **생기부 세특 예시**

동시에 여러 문제가 발생할 경우 대처 순위에 대한 논의에서 다양한 의견을 나누며 의사결정의 논리적 타당성에 대해 평가해 봄. 가장 먼저 해결해야 할 상황으로 배달 직원의 접촉사고는 사람의 안전 문제에 직결되는 사항이므로, 건강과 생명을 최우선으로 생각하는 책임감이 돋보임. 고객의 피자 섭취 후 구토 및 공개 리뷰 사건도 건강과 직결되는 문제이자 식품 위생 및 안전의 영역이며, 동시에 기업의 신뢰도와

평판에 큰 영향을 미친다고 분석함. '위기관리 커뮤니케이션(최진봉)'을 참고해 기업 위기관리 5계명에 명시된 신속한 초기 대응을 적용함. 특히 SNS 발달로 빠른 사과와 함께 문제 해결 의지를 보여 브랜드 이미지 방어 방향을 강조함. 자녀의 학교 친구 부상 문제는 부모로서 가장 마음 아프고 신경 써야 할 일이나 생명 안전 및 사업 존립과 직결되는 위기 상황보다는 우선순위가 뒤로 밀리므로 감정적 대응보다는 냉철한 상황 판단과 역할 분배가 필요하다는 교훈을 얻음. 봉사활동 피자 치즈 부족 문제는 재료 수급 및 봉사 약속 이행에 관한 운영상의 어려움으로 정의하고 인명 안전>기업 평판>가정 문제>공동체 약속이라는 순위를 적용해 배출가스 논란 같은 다양한 ESG 이슈에 대한 추가 탐구 과제를 설정해 봄.(1,499Byte, 띄어쓰기 포함 619자)

동시에 여러 문제가 발생할 경우 대처 순위에 대한 논의에서 다양한 의견을 나누며 의사결정의 논리적 타당성에 대해 평가해 봄. 가장 먼저 해결해야 할 상황으로 배달 직원의 접촉사고는 사람의 안전 문제에 직결되는 사항이므로, 건강과 생명을 최우선으로 생각하는 책임감이 돋보임. 고객의 피자 섭취 후 구토 및 공개 리뷰 사건도 건강과 직결되는 문제이자 식품 위생 및 안전의 영역이며, 동시에 기업의 신뢰도와 평판에 큰 영향을 미친다고 분석함. '위기관리 커뮤니케이션(최진봉)'을 참고해 기업 위기관리 5계명에 명시된 신속한 초기 대응을 적용함. 감정적 대응보다는 냉철한 상황 판단과 역할 분배가 필요하다는 교훈을 얻음. 인명 안전>기업 평판>가정 문제>공동체 약속이라는 순위를 적용해 배출가스 논란 같은 다양한 ESG 이슈에 대한 추가 탐구 과제

의대입시독서는 달라야 합니다

를 설정해 봄.(1,027Byte, 띄어쓰기 포함 423자)

　동시에 여러 문제가 발생할 경우 대처 순위에 대한 논의에서 다양한 의견을 나누며 의사결정의 논리적 타당성에 대해 평가해 봄. '위기관리 커뮤니케이션(최진봉)'을 참고해 기업 위기관리 5계명에 명시된 신속한 초기 대응을 적용함. 감정적 대응보다는 냉철한 상황 판단과 역할 분배가 필요하다는 교훈을 얻음. 인명 안전〉기업 평판〉가정 문제〉공동체 약속이라는 순위를 적용해 배출가스 논란 같은 다양한 ESG 이슈에 대한 추가 탐구 과제를 설정해 봄.(598Byte, 띄어쓰기 포함 248자)

《생명의료윤리》 | 구영모, 피터 싱어 외

" 생명의료윤리학의 논의와 윤리적 쟁점 "

분량 ★★★★	내용 ★★★★★	활용 ★★★★★

📋 〈2019학년도 서울대 수시 의과대학 면접 제시문 4〉

(가) 1937년 미국의 한 제약회사는 기존에 알약으로 판매되던 항생제를 유기용매에 녹이고 딸기향을 첨가하여 어린이가 먹기 쉽게 시럽으로 만들어 판매하였다. 그런데, 이 약을 복용한 353명 중 105명의 어린이가 사망하였다. 이 사건 후, 동물에 해당 시럽을 투여해 보니 다수의 실험동물이 죽었다.

(나) 1957년 독일의 한 제약회사는 수많은 동물실험에서 부작용이 거의 나타나지 않은 입덧 치료제를 개발해 판매하였다. 그러나 이 입덧 치료제를 복용한 산모에게서 팔과 다리가 극히 짧은 기형아들이 1만 명 이상 태어났다.

(다) 1960년대에는 개를 이용한 독성연구가 많았다. 이후에는 개보다는 쥐를 이용한 독성연구가 일반화되었다. 1980년대부터는 실험용 물고기를 이용한 독성연구도 도입되었다.

의대입시독서는 달라야 합니다

제시문들은 의약품의 안전성 확보와 독성 연구의 중요성을 잘 보여주고 있습니다. 먼저 (가)에서 1937년 미국의 한 제약회사는 기존 알약 형태의 항생제를 어린이가 복용하기 쉽도록 유기용매에 녹이고 딸기향을 첨가하여 어린이가 먹기 쉽게 시럽으로 만들어 판매했습니다. 하지만 이 시럽을 복용한 어린이 353명 중 105명이 사망하는 비극적인 사고가 발생했습니다. 사건 후 동물 실험에서도 유사한 독성이 확인되어, 신중하지 못한 제형 변경과 부형제 사용이 얼마나 치명적인 결과를 초래할 수 있는지를 보여준 사례입니다.

(나)에서 1957년 독일의 한 제약회사가 개발한 입덧 치료제는 수많은 동물 실험에서 부작용이 거의 나타나지 않았음에도 불구하고, 이 약을 복용한 산모들 사이에서 1만 명 이상의 팔과 다리가 극히 짧은 기형아가 태어나는 충격적인 결과를 낳았습니다. 이 사례는 동물 실험만으로 모든 인체 부작용, 특히 기형 유발 가능성을 예측하기 어렵다는 한계를 명확히 드러내며, 인간에게 특이하게 나타나는 약물 반응에 대한 깊은 이해와 더욱 엄격한 임상 시험의 필요성을 시사합니다.

(다)에서 독성 연구의 변화와 관련해 약물 안전성 평가 기술이 발전해 온 과정을 보여줍니다. 1960년대에는 주로 개를 이용한 독성 연구가 많았으나, 이후에는 보다 효율적이고 경제적인 쥐를 이용한 연구가 일반화되었습니다. 1980년대부터는 실험용 물고기까지 독성 연구에 활용되면서, 다양한 생체 모델을 통해 약물의 잠재적 유해성을 다각적으로 평가하려는 노력이 이어지고 있습니다. 이러한 역사적 사건들은 신약 개발 및 기존 약물의 제형 변경 시 철저한 안전성 평가의 중요성을 강조하며, 동물 실험의 한계를 인식하고 이를 보완하기 위한 연구

방법론의 지속적인 발전을 촉진하는 계기가 되었습니다.

결국, 이 제시문들은 제약회사가 안전성을 확보하고, 투명하게 정보를 공개하며, 인간의 생명과 복지를 최우선으로 여기는 윤리 경영을 해야 한다는 점을 강하게 시사합니다. 이익 때문에 윤리를 저버리는 순간, 돌이킬 수 없는 비극이 발생할 수 있다는 것을 경고합니다.

질문 1. 과거와 달리 왜 현재는 개 대신 쥐나 물고기 등 다른 동물을 이용하는지 이유를 말하시오.

답변 : 과거에는 개를 이용한 독성 연구가 많았지만, 현재는 쥐나 물고기 등 다른 동물을 더 많이 이용하는 데에는 여러 이유가 있습니다. 먼저 가장 큰 이유는 생쥐가 인간 유전자와 매우 높은 유사성을 가지기 때문입니다. 생쥐는 약 3만 개의 유전자를 가지고 있는데, 그중 약 80%가 인간의 유전자와 상동성을 보이며, 19%는 높은 유사성을 나타냅니다. 유사성이 없는 유전자는 1% 미만에 불과하여, 인간 질병의 모델이 되기에 적합합니다. 쥐와 같은 설치류는 번식 주기가 짧아 빠른 시간에 여러 세대에 거쳐 실험을 할 수 있고, 크기가 작아 사육 및 관리가 용이하며 저비용으로 효율적이라는 점에서 장점이 있습니다. 물고기 역시 크기가 작고 번식력이 뛰어나 대규모 실험에 적합합니다. 동물 보호 단체 등에서는 동물의 복지 차원에서 동물 실험을 줄여야 한다고 주장합니다. 이에 따라 살아 있는 동물 대신 동물 반응을 본뜬 인공지능 컴퓨터 모델링이나, 사람의 장기와 똑같은 기능을 하는 '오가노이드'와 같은 대체 실험법 연구가 활발히 진행되고 있습니다. 이러한 흐름 속에서 개의 경우 높은 지능과 감정 표현 능력 등으로 인해

윤리적 논란이 더 크게 제기될 수 있어, 대체 가능한 소형 동물이나 하등 동물을 선호하는 경향이 있습니다.

질문 2. 개가 아닌 다른 동물을 이용하는 동물 실험에 대해 찬성 혹은 반대 의견을 말하고, 그 이유를 말하시오.

답변 1 : 찬성합니다. 쥐나 물고기 같은 동물을 이용한 동물 실험은 의약품 및 화학 물질의 안전성을 확보하는 데 여전히 필수적인 과정으로 여겨집니다. 신약 개발 과정에서 사람에게 직접 약물을 투여하기 전에 동물 실험을 통해 독성 및 부작용을 예측함으로써 인간의 생명과 안전을 보호할 수 있습니다. 제시된 (가)와 (나)의 사례는 충분한 사전 검증 없이 사람에게 적용되었을 때 얼마나 치명적인 결과가 발생할 수 있는지를 보여줍니다. 세포 배양이나 컴퓨터 모델링으로는 아직 인체의 복잡한 상호작용과 장기별 반응을 완벽하게 재현하기 어렵습니다. 살아 있는 개체를 통해 약물의 흡수, 분포, 대사, 배설 과정 및 장기 손상 여부 등 전신적인 반응을 관찰하는 데 동물 실험은 필수적입니다. 특히 쥐는 인간과 유전적으로 매우 유사하여, 많은 질병 모델링에 효과적으로 사용될 수 있습니다. 또한, 개보다 사육이 쉽고 번식이 빨라 효율적인 연구가 가능하며, 필요한 경우 대규모 연구에 적합하다는 장점이 있습니다.

답변 2 : 반대합니다. 동물 복지와 윤리적 문제 그리고 동물 실험의 한계 때문에 쥐나 물고기라 할지라도 동물 실험을 최소화하거나 대체해야 한다는 의견이 많습니다. 모든 동물은 고통을 느끼는 존재이므로, 실험 목적으로 동물을 이용하고 희생시키는 것은 비윤리적입니다.

동물 복지 단체들은 실험 동물의 고통을 최소화하고, 가능한 한 동물 실험을 줄여야 한다고 주장합니다. 비록 쥐가 인간과 유전적 유사성이 높다고 하더라도, 동물과 인간은 생리학적, 해부학적으로 분명한 차이가 있습니다. (나)의 탈리도마이드 사건처럼 동물에게는 나타나지 않던 부작용이 사람에게 나타날 수 있어, 동물 실험 결과가 항상 인간에게 그대로 적용되지 않는 한계가 있습니다. 최근에는 동물 실험을 대체할 수 있는 기술들이 빠르게 발전하고 있습니다. 예를 들어, 인공 장기(오가노이드)를 이용한 실험, 세포 배양 기술, 컴퓨터 시뮬레이션, 유정란 활용 연구 등이 활발히 진행되고 있으며, 이러한 방법들이 동물 실험의 대안으로 활용될 수 있습니다. 전 세계적으로 동물 실험 윤리의 3R 원칙(Replacement: 대체, Reduction: 감소, Refinement: 개선)이 강조되고 있습니다. 가능한 한 동물 실험을 비동물 방법으로 대체하고, 사용 동물의 수를 줄이며, 동물이 겪는 고통을 최소화해야 한다는 원칙입니다. 결론적으로, 과학 연구에서 윤리적 인식이 높아지면서 동물 실험은 점차 대체 시험법을 통한 최소화와 사용 동물의 고통 경감이라는 방향으로 나아가고 있습니다.

'생명의료윤리(구영모, 피터 싱어 외)' 의대입시에 활용하기

'생명의료윤리(구영모, 피터 싱어 외)'는 생명의료윤리의 교과서와 같은 책입니다. 2023년 2월, 뇌사 여성을 대리모로 활용하자는 한 생명윤리학자의 논문으로 전 세계 여론이 들끓었습니다. 그 학자의 주장

의대입시독서는 달라야 합니다

처럼 우리는 이를 신장이나 각막과 다르지 않은 자궁 장기 기증의 일환으로 볼 수 있을까요? 아니면 조금씩 모습을 바꾸며 수년 간 존재해 온 대리모의 최첨단 형태로 보아야 할까요? 그것도 아니면 뇌사한 사람의 삶을 부자연스럽게 연명시키며 출생의 도구로 이용하는 생명 경시 풍조의 '끝판왕'으로 이해해야 할까요? 이에 관한 윤리적 판단을 내리기 위해서는 장기 기증과 대리 임신·출산, 뇌사자의 연명의료 결정과 생명에 관한 공리주의적 접근 등 이 문제에 얽힌 생명의료윤리학의 수많은 논의와 그 윤리적 쟁점들을 이해해야 합니다.

착상 전의 초기 배아가 개별적인 인간이냐 아니냐 하는 점에 관해서는 로마 가톨릭의 신학자들조차도 명확한 판단을 내리지 못했다. 호주의 멜버른가톨릭신학대학교 학장인 노먼 포드 신부는 수정 후 배아가 일란성 쌍둥이로 분할될 수 있다는 사실 때문에 곤란을 느꼈다. (…) 만약 우리가 배아를 잉태되는 순간부터 인간 개체로 본다면 – 예를 들어 그 배아를 마리온이라고 부르자 – 그 배아가 분할된 경우 마리온에게는 무슨 일이 일어난 것인가? 새롭게 만들어진 쌍둥이는 마리온과 루스인가? 아니면 전혀 다른 새 쌍둥이 루스와 에스더인가? 어떠한 대답을 하든 간에 역설이 된다.(70쪽)

우리 사회에서 점차 확산되고 있는 '조력 존엄사'나 호스피스에 관한 논의, 태아나 배아 수준에서의 유전자 검사 및 선별 문제 등을 이해할 때에도 마찬가지입니다. 오늘날 의료기술이 눈부시게 발달함에 따라 의학은 단순히 죽어가는 생명을 살리는 것을 넘어 인간의 생사에 적극적으로 개입하는, 즉 생명을 '조작'하고 '통제'하는 의료 실천으로 나아가고 있습니다. 이에 따라 생명을 다루는 일에 얽힌 새로운 윤리적 문제가 한국 사회 곳곳에 등장했습니다.

> 장기이식의 필요성은 사망에 이르는 과정 중 가장 이른 시점에 장기를 적출해야 한다는 압박으로 작용한다. 즉 기준에 따라서는 아직 사망 선언이 내려지지 않을 시점임에도 장기이식을 위해 사망 선언을 받는 경우가 있는 것이다. 이런 상황에서 일각에서는 사망한(또는 사망이 선언된) 기증자로부터만 장기를 기증받는 것(사망한 기증자 규칙)이 윤리적인 원칙으로 작동할 수 있는지 의문을 제기한다. 분명한 사망의 시점을 정하기 어려운데도 사망 선언 순간부터 기증자의 신체에 대한 권리가 탈각되는 점에 대한 비판이다.(131쪽)

이 책은 개정판이 출간되기도 했는데, 개정판에서는 연구자뿐만 아니라 의사, 수의사, 유전상담사, 변호사 등 각 분야 최고의 전문가인 저자들이 현장 사례와 경험을 토대로 생명의료윤리학의 광범위한 주제들을 다룹니다. 임신중절, 안락사, 장기이식, 동물실험 등 오래전부터 중요하게 논의되어온 주제들을 비롯해 유전상담, 건강정보 빅데이터 등의 최신 이슈와 그 윤리적 쟁점들을 소개하며 다가올 변화에 대한 윤리적 숙고를 가능하게 합니다. 다양한 의료 이슈의 윤리적 쟁점, 사회적 논의, 제도적 현황, 나아갈 방향 등을 파악할 수 있습니다. 생명공학과 의료기술이 발 빠르게 발전하는 시대에 생명의 가치와 의미를 다시 한 번 고민하고 정립하도록 해줍니다.

책의 1장 '생명의료윤리란 무엇인가'(구영모)는 구체적인 이슈들을 다루기에 앞서 생명의료윤리가 학문적 뿌리를 내리고 있는 윤리학에 관해 그리고 그 윤리학과의 관계 속에서 생명의료윤리가 무엇인지에 관해 이론적으로 개괄합니다.

2장 '인간의 생명은 언제 시작되는가'(피터 싱어)는 서구 사회 내 임신중절권의 역사와 그를 둘러싼 사회적 논의를 소개하며 임신중절 찬반 논쟁의 주요 프레임인 생명권·선택권 담론을 분석적으로 살핍니다. 특히 임신중절 논쟁의 주된 논점, 즉 '태아 생명의 시작점을 언제로 봐야 하는가'에 답하는 중세부터 현재까지의 다양한 논의를 소개하며 임신중절 논의를 실증적·철학적으로 탐구하는 집요한 지적 여정을 보여줍니다.

3장 '보조생식기술 시대의 임신중지 논쟁'(김선혜)은 보조생식기술의 발달로 인해 기존의 생명권·선택권 담론으로는 포괄할 수 없는 임신중지 사례들이 생겨나고 있음을 살펴봅니다. 체외수정에 따른 선택적 유산, 배아 선별과 착상 전 유전자 검사, 대리모를 통한 임신·출산 과정에서 나타나는 임신중지 문제를 다루며 이에 얽힌 윤리적 쟁점들을 소개함과 동시에 우리 사회에 생명권과 선택권을 넘어서는 새로운 재생산 윤리가 필요하다고 주장합니다.

4장 '보조생식기술을 통한 비혼모 출산이 드러내는 한국 사회의 쟁점들'(윤지영)은 근년에 한국 사회를 뜨겁게 달군 보조생식기술을 통한 비혼모 출산 이슈를 여성의 재생산 권리의 측면에서 다루며 이에 관한 국내외 법적·의료적 현실을 검토합니다. 국내의 사회적 논의와 더불어 우리 사회에서의 의의를 짚어주고 재생산권 보장을 위한 변화의 방향들을 제시합니다.

5장 '장기이식의 윤리적 쟁점 모아 보기'(최은경)는 장기이식에 관한 윤리적 쟁점들과 그 각각에 얽힌 개념, 역사, 논의들을 빠짐없이 설명합니다. 사망한 사람에게 장기를 기증받을 때 쟁점이 되는 사망 선고의 기준과 사망시점 결정, 장기 취득 동의의 유효성 문제, 살아 있는 사람에게 장기를 얻을 때 쟁점이 되는 동의의 이타성·자발성과 장기 매매 가능성의 문제 그리고 기증받은 장기를 공정하게 분배하는 방식의 문제를 구체적으로 다룹니다. 장기이식에 관한 국내외 법률을 검토하며 앞으로 풀어가야 할 윤리적 문제들을 제기합니다.

6장 '안락사를 어떻게 볼 것인가'(구영모)는 안락사의 개념과 국내외의 역사적 사례를 소개하고 장애 유아에 대한 비자발적 안락사, 미끄러운 경사길 논증 등 안락사에 관한 복잡한 찬반 논의를 상세히 설명합니다. 이에 더해 안락사와 '존엄사' 용어에 관한 논의와 안락사의 대안으로 여겨지는 호스피스의 역사와 개념에 관해서도 소개합니다.

7장 '〈연명의료결정법〉 자세히 보기'(김명희)는 국내에서는 호스피스로 많이 알려진 연명의료의 개념을 설명한 뒤 현재 시행 중인 〈연명의료결정법〉의 배경과 제정 과정, 법률의 주요 내용을 자세히 전합니다. 더불어 이 법의 문제점을 예리하게 짚어내며 나아가야 할 방향을 제시합니다.

8장 '임상시험의 윤리를 생각한다'(구영모)는 인간을 대상으로 하는 의학 연구의 분류와 그에 속하는 임상시험의 개념을 설명하고, 임상시험과 관련된 국제 사회의 주요 규범들을 검토하며 임상시험 관련 윤리의 구체적인 가치들을 살핍니다. 국내의 임상시험 관련 법률을 살펴보며 현재 한국에서 우리가 고려해야 할 연구 윤리는 무엇인지 안내합니다.

9장 '윤리적인 동물실험은 어떻게 가능한가'(이병한)는 동물 실험의 역사와 함께 다양한 분야에서의 실험 사례를 살피며 윤리적인 동물 실험의 필요성을 증명합니다. 뒤이어 이를 위해 연구자들이 지켜야 할 여러 원칙들을 소개하고, 관련 국내외 법률의 제정 과정과 내용 등을 설명하며, 동물 실험 윤리를 위한 사회적 노력을 촉구하기도 합니다.

10장 '유전상담이란 무엇인가'(최인희)는 아직 국내에 많이 알려지지 않은 유전상담이라는 분야를 소개합니다. 유전상담의 역사와 개념, 국내외의 제도를 살핀 후 다양한 의료 현장에서 활용되는 유전상담의 사례와 그에 따른 윤리적 고려 사항들을 개괄적으로 보여줍니다.

11장 '빅데이터 시대, 건강정보 관련 법제의 현재와 미래'(이서형)는 개인의 의료 기록 등을 포함하는 건강정보의 빅데이터 처리 관련 법제에 관해 다룹니다. 최근 개정된 〈개인정보 보호법〉 등 관련 규정들을 자세히 검토하여 문제점을 짚고, 건강정보를 바람직하게 처리하기 위한 방법들을 소개합니다.

이 책은 이처럼 다양한 논의들을 소개하고 있지만 생명을 둘러싼 윤리적 쟁점들에 간단명료한 답을 내리지는 않습니다. 하지만, 여러 논의들은 물론 그와 관련된 다양한 관점들을 소개하고 있으므로, 의대입시생이라면 진지하게 고민해야 할 논의들을 생각해 보게 합니다. 생기부 기재를 위해 이 책의 각 장에서 다루는 쟁점을 추가 조사하는 과정에서 학생들은 현대 사회에서 변화하고 있는 생명의 가치와 의미를 보다 적극적으로 고민하고 정립하게 됩니다.

동물 실험에서 과거에 개를 주로 사용했지만, 현재는 쥐나 물고기 활용이 늘어난 이유를 조사해 쥐는 인간과 유전자 유사성이 80% 이상으로 질병 모델에 적합하고, 번식 주기가 짧아 효율적이며 사육이 경제적이라는 특성을 정리함. 물고기 또한 소형, 빠른 번식력으로 대규모 연구에 유리하고, 개의 높은 지능으로 인한 윤리적 논란을 피하고, 윤리적 부담이 적은 소형 동물을 선호하는 경향을 파악함. 인공지능 모델링이나 오가노이드 등 대체 실험법 발전 관련 추가 탐구를 진행함. 의약품 및 화학 물질의 인체 안전성 확보에 여전히 필수적이라는 찬성 근거와 세포 배양이나 컴퓨터 모델링만으로 복잡한 인체 반응을 완벽히 재현하기 어렵다는 한계와 더불어 동물 복지와 윤리적 문제, 실험의 한계 같은 반대 근거도 점검하고 인공 장기, 세포 배양, 컴퓨터 시뮬레이션 등 대체 기술과 3R 원칙(대체, 감소, 개선)을 논의해 봄. '생명의료윤리(구영모, 피터 싱어 외)'와 연계해 생명의 시작점과 임신중절, 대리모 임신과 비혼모 출산 등 보조생식기술 시대의 새로운 사회적 쟁점들과 장기 이식, 안락사 및 연명의료, 정보 윤리와 빅데이터 문제까지 살피며 빠르게 발전하는 의생명공학과 기술 속에서 복잡한 윤리적 딜레마 사례를 성찰함.(1,499Byte, 띄어쓰기 포함 619자)

동물 실험에서 과거에 개를 주로 사용했지만, 현재는 쥐나 물고기 활용이 늘어난 이유를 조사해 쥐는 인간과 유전자 유사성이 80% 이상으로 질병 모델에 적합하고, 번식 주기가 짧아 효율적이며 사육이 경제적이라는 특성을 정리함. 물고기 또한 소형, 빠른 번식력으로 대규모 연구에 유리하고, 개의 높은 지능으로 인한 윤리적 논란을 피하고, 부담이 적은 소형 동물 선호 경향을 파악함. 인공지능 모델링이나 오가노이드 등 대체 실험법 발전 관련 추가 탐구를 진행하며 인공 장기, 세포 배양, 컴퓨터 시뮬레이션 등 대체 기술과 3R 원칙(대체, 감소, 개선)을 논의해 봄. '생명의료윤리(구영모, 피터 싱어 외)'와 연계해 장기 이식, 안락사 및 연명의료, 정보 윤리와 빅데이터 문제까지 살피며 빠르게 발전하는 의생명공학과 기술 속에서 복잡한 윤리적 딜레마 사례를 성찰함.(1,018Byte, 띄어쓰기 포함 426자)

동물 실험에서 과거에 개를 주로 사용했지만, 현재는 쥐나 물고기 활용이 늘어난 이유를 조사하고 인공지능 모델링이나 오가노이드 등 대체 실험법 발전 관련 추가 탐구를 진행하며 인공 장기, 세포 배양, 컴퓨터 시뮬레이션 등 대체 기술과 3R 원칙(대체, 감소, 개선)을 논의해 봄. '생명의료윤리(구영모, 피터 싱어 외)'와 연계해 장기 이식, 안락사 및 연명의료, 정보 윤리와 빅데이터 문제까지 살피며 빠르게 발전하는 의생명공학과 기술 속에서 복잡한 윤리적 딜레마 사례를 성찰함.(637Byte, 띄어쓰기 포함 269자)

《뱅크시, 월 앤 피스》 | 뱅크시
" 거리로 뛰쳐나간 예술가 "

분량 ★★★★★	내용 ★★★★	활용 ★★★

📑〈2019학년도 서울대 수시 의과대학 면접 제시문 2〉

사진 1

사진 2

사진3

반달리즘(vandalism)은 개인 또는 공공의 구조물이나 문화재를 고의적으로 훼손하는 행위를 말한다. 세계 여러 나라의 도시에는 건물 벽이나 지하철에 낙서 비슷한 그림이나 글씨가 몰래 남겨진 경우가 꽤 있는데, 이는 그래피티(graffiti)라 불리기도 한다. 이런 것들은 대개 불법이며, 그린 사람이 발견되는 경우 많은 벌금을 내야 한다.

영국 태생의 뱅크시(Banksy)는 그래피티를 하다 경찰에 쫓기면서 숨었던 쓰레기트럭의 차체에 인쇄된 스텐실(stencil) 그림을 보고서, 이것을 자신의 예술 기법으로 쓰게 되었다고 한다(예: 사진 3). 독특한 느낌과 함께, 때로는 정치사회적 메시지를 담은 그의 그래피티들은 점차 큰 인기와 함께 사회적 파장을 일으켰다. 처음에는 발견되면 지워졌지만, 이제는 그의 그래피티들을 둘러보는 것이 인기 관광코스가 되었다.

질문 1. 낙서를 넘어 불법이라 생각되는 그래피티가 예술로 평가되는 것, 나아가 사회 문제를 제기하는 메시지를 담는 참여적 성격을 띠면서 사람들의 호응을 얻고 관광자원이 되기까지 하는 것에 대해 어떻게 생각하나요?

답변 : 낙서로 시작된 그래피티가 예술로 인정받고, 사회적 메시지까지 담으며 관광 자원이 되는 현상은 매우 흥미롭고 복합적인 사회문화적 변화라고 생각합니다. 처음에는 단순한 공공 기물 훼손으로 여겨지던 행위가 특정 아티스트(뱅크시)의 독창성과 예술성 그리고 작품에 담긴 깊이 있는 사회 비판적 메시지와 결합하면서 대중의 인식을 바꾸게 되었습니다. 이는 예술이 미술관이라는 한정된 공간을 넘어 거리로 나와 대중과 직접 소통하며 그 경계가 확장될 수 있음을 보여줍니다. 그래피티가 단순히 개인의 표현을 넘어 사회적 문제를 제기하고, 불평등이나 부조리에 대한 메시지를 던지는 매개체가 되면서, 사람들의 공감과 호응을 얻고 있습니다. 이러한 참여적 성격은 예술이 단순히 심미적인 것을 넘어 사회적 담론을 형성하고 변화를 촉구하는 강력한 도구가 될 수 있음을 보여줍니다. 한때는 제거 대상이었던 그래피티가 이제는 도시의 정체성을 강화하고, 관광객을 유치하여 지역 경제에 기여하는 문화적, 경제적 가치를 창출한다는 점은 매우 주목할 만합니

다. 대중이 기존의 질서에 도전하는 새로운 형태의 표현 방식에 기꺼이 호응할 수 있음을 의미하기도 합니다. 물론 공공 기물 훼손이라는 불법 행위의 본질적인 문제는 여전히 남아 있지만, 이처럼 대중적 호응과 사회적 의미를 얻게 된 현상 자체는 예술과 사회의 상호작용에 대해 많은 것을 시사합니다.

질문 2. 공무원의 입장이라면 어떻게 대처할 것인가요?

답변 : 공무원의 입장일 경우, 이 복합적인 현상에 대해 신중하고 균형 잡힌 접근이 필요합니다.

첫째, 무분별한 공공 기물 훼손은 명백한 불법 행위이므로, 원칙적으로 단속하고 제재하는 의무가 중요합니다. 그래피티는 다른 사람의 재산권을 침해할 수 있으며, 도시 미관을 해칠 수 있다는 점에서 기본적인 규제는 유지되어야 합니다.

둘째, 무조건적인 제재보다는 예술적 표현의 욕구를 수용할 수 있는 창구를 마련하는 대안이 필요합니다. 특정 구역이나 벽면을 '공식 그래피티 존' 또는 '자유 표현 구역'으로 지정하여 예술가들이 합법적으로 자신의 작품을 선보일 수 있는 공간을 제공하는 방안을 고려할 수 있습니다. 이를 통해 불법 행위를 줄이면서도 도시의 문화적 활력을 더할 수 있습니다.

셋째, 뱅크시의 경우처럼 이미 사회적 합의나 문화적 가치를 얻은 그래피티에 대해서는 보존 및 활용 방안을 모색해야 합니다. 해당 작품의 역사적, 예술적, 사회적 가치를 평가하여, 필요한 경우 보존 조치를 취하고 관광 상품화하는 방안을 적극적으로 검토하여 도시의 매력적인 자산으로 활용할 수 있습니다.

넷째, 그래피티와 공공 예술에 대한 시민들의 인식을 높이기 위한 교육과 홍보를 진행해야 합니다. 합법적인 예술 활동과 불법적인 훼손 행위를 명확히 구분하고, 도시 공간의 가치를 함께 만들어가는 문화를 조성하는 것이 중요합니다. 균형 잡힌 접근을 통해 공공 질서를 유지하면서도 예술적 표현의 자유를 존중하고, 나아가 도시의 매력을 높이는 방향으로 나아가야 합니다.

이 질문들에 이어 추가 질문도 이어졌습니다.

추가 질문 : 그림 1, 2, 3을 각각 평가해 보세요.

답변 : 사진 1의 경우 낙서 형태로 다양한 텍스트와 그림이 벽과 문에 뒤섞여 있습니다. 전반적으로 무질서하고 혼란스러운 느낌을 주며, 질서 있는 예술이라기보다는 공공재 훼손에 가까운 느낌이 듭니다. 예술적 완성도보다는 즉흥적이고 충동적인 '낙서'에 가깝습니다. 전통적인 그래피티의 부정적인 모습이며, 도시 미관을 해치는 사례로 볼 수 있습니다. 예술적 의미나 메시지 전달이 명확하지 않아 사회적 공감대 형성은 어려울 것으로 보입니다.

사진 2의 경우 색감이 강렬하며 중심 인물과 배경 요소가 조화롭게 구성되어 있습니다. 예술적인 완성도가 높고, 캐릭터가 상징적인 메시지를 내포한 듯한 느낌이 있습니다. 시각적으로 강한 임팩트를 주어 보는 이의 관심을 끌고 있습니다. 단순 낙서를 넘어선 '예술'로서의 가치가 인정될 만한 작품입니다. 사회적 메시지 또는 문화적 상징을 담

아내며, 대중과 소통하는 참여적 성격도 기대됩니다. 도시 미관에도 긍정적인 영향을 주면서 문화 예술의 일부로 활용 가능성이 큽니다.

사진 3의 경우 유명 작가 뱅크시의 스텐실 기법으로 추정되는 작품입니다. 강력한 정치사회적 메시지를 담고 있으며, 간결하지만 메시지가 명확합니다. 흑백의 단순하지만 깊이 있는 표현과 구성으로 높은 예술성을 갖추고 있습니다. 그래피티를 통해 사회 비판적 메시지를 전달하는 대표적인 사례라 할 수 있습니다. 예술과 사회 참여의 결합체로서 높은 평가를 받을 수 있습니다. 보존 및 적극적 홍보를 통해 관광 자원화될 가치가 충분합니다.

세 작품을 통하여 그래피티가 단순히 낙서인지 예술인지, 또 사회적 메시지 전달 수단인지 그 스펙트럼이 다양하다는 것을 알 수 있습니다. 각 작품이 보여주는 예술성과 사회적 의미를 고려하여 합리적인 관리와 보존 정책이 필요합니다.

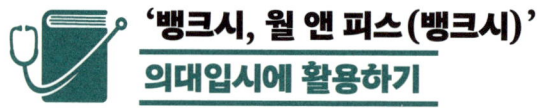

'뱅크시, 월 앤 피스(뱅크시)' 의대입시에 활용하기

'뱅크시, 월 앤 피스(뱅크시)'는 '거리로 뛰쳐나간 예술가, 벽을 통해 세상에 말을 건네다'라는 부제의 책입니다. 테러리스트 아티스트로 불리우는 뱅크시는 낙서화가(Graffiti Artist)입니다. 현재 세계에서 가장 영향력 있는 화가 중 한 사람입니다. 뱅크시라는 이름은 가명입니다. 아무도 그의 실제 이름을 모릅니다. 그러나 그의 익명성이 그 생명을 유지시키고 있습니다. 왜냐하면 낙서화는 범법행위이기 때문입니다.

의대입시독서는 달라야 합니다

이 책은 뱅크시의 작품을 살펴보는 책입니다. 뱅크시의 작품과 짧은 글이 담긴 사진집 형태의 작품집입니다. 대부분의 작품이 거리 벽에 그려진 탓에 언젠가는 사라질 수밖에 없기 때문에 더욱 색다르게 다가 오기도 합니다. 이미 유명인이 되어 버렸지만 처음에 가졌던 작품관을 고스란히 담고 있는 그의 작품을 만나볼 수 있습니다.

진정으로 우리의 이웃들의 외관을 더럽히고 손상시키는 사람들은, 자기들의 거대한 슬로건들을 버스와 건물들 사이에 되는대로 마구 휘갈겨 쓰고는 마치 우리가 자기 회사의 물건을 사지 않으면 뭔가 부족한 것처럼 생각하게 만드는 회사들이다. 그들은 우리의 얼굴에 대고 그들의 메시지를 소리쳐 대지만 결코 우리의 어떤 질문도 허용 하지 않는다. 그들이 이 싸움을 시작했고 그들에게 맞서기 위해 선 택한 나의 무기는 바로 '벽'이었다.(28쪽)

게릴라 아티스트 혹은 거리의 아트테러리스트 등으로 불리는 뱅크 시는, 영국의 대영박물관에 카트를 밀고 있는 인간을 돌에 유성펜으로 그린 작품을 8일 동안 도둑전시한 사건으로 유명해진 얼굴 없는 작가 이기도 합니다. 브래드 피트, 안젤리나 졸리, 크리스티나 아길레라 등 의 할리우드 유명 연예인들이 그의 작품을 구입했고, 런던에는 관광객 들을 위해 뱅크시의 그림이 그려진 거리를 상세히 알려주는 지도책이 잘 팔리고 있다고 합니다. 언젠가는 지워져 사라질 수밖에 없는 운명 인 그래피티를 통해 기성의 관습이나 권력화된 제도 그리고 예술계의 엄숙주의를 줄기차게 조롱하고 있으며, 그로 인하여 그려진 벽(불법임에도 불구하고)이 이제 지워야 할 대상에서 보존해야 할 대상으로 뒤바꾸는 흐름을 만들어 낸 장본인입니다.

작가는 런던 거리의 회색빛 콘크리트 벽을 캔버스 삼아 때로는 전복적이고 때로는 위트 넘치는 작품들을 남기고, 한편으로는 여러 권위 있는 미술관과 박물관에 자신의 작품들을 몰래몰래 가져다 놓았습니다. 하지만 말 그대로 '도둑전시'된 그의 작품들은 그토록 엄숙한 공간에서 그것도 이미 인정받은 최고의 예술품들과 섞인 채로 짧게는 몇 시간씩, 또 길게는 며칠씩 관람객은 물론 관계자들에게도 들키지 않은 채 전시되었습니다. 얼굴을 가린 채 길거리 그래피티 작업을 통해 기성의 관습이나 권력화된 제도 그리고 예술계의 엄숙주의를 줄기차게 조롱해 온 뱅크시가 벌인 이 상상력 넘치는 해프닝은 자신의 일관된 메시지를 전달하기 위한 더없이 창의적인 퍼포먼스였습니다.

2005년, 이스라엘은 팔레스타인의 자살테러로부터 자국민을 보호한다는 미명 아래 국제사회의 만류에도 불구하고 총길이가 700여 km에 달하고 높이가 5~8미터나 되는 장벽을 만들기로 하고 이를 강행 중이었습니다. 팔레스타인은 이를 두고 고립장벽, 분리장벽, 인종차별장벽이라 부르며 건설 중단을 요구했지만 결국 그 요구는 무시되었습니다. 뱅크시는 팔레스타인으로 여행을 떠났고 요르단강 서안 지역에 위치한 분리장벽에 자신의 작품을 남겼습니다. 단연 뱅크시다운 작품들입니다. 그중에서도 높은 회색빛 시멘트 장벽을 뻥 뚫어버린 눈부신 파란 하늘과 바다는 특히 인상적이라고 평가받았습니다. 왜냐하면 가로막힌 벽에 그가 그린 것은 누가 봐도 '희망'이었기 때문입니다.

그래피티를 그리는 행위를 일컬어 거리의 예술가들은 '버밍

의대입시독서는 달라야 합니다

(Bombing)'이라고 불렀습니다. 그들은 때로 허용되지 않은 벽, 혹은 모두의 시선을 공유하는 벽(그래피티 초창기에는 벽보다도 지하철(기차)이 주요 목표물이었음)에 자신의 화려한 족적(?)을 남기고 사라짐으로써 관심을 끌었습니다. 뱅크시 역시 이러한 버밍을 통해 세간의 주목을 받았습니다.

최근의 뱅크시는 차츰 거리를 벗어나 설치미술 등 다양한 영역에서 작품 활동의 폭을 넓히고 있습니다. 하지만 그가 유명세를 타게 된 건 역시 거리의 벽을 화폭삼아 그린 '그래피티'를 통해서입니다. 작품 속에 등장하는 런던의 경찰이나 근엄한 왕실 근위병은 몰래 노상 방뇨를 하거나 동성애를 나누고, 혹은 바람을 피우고 도망치다 창가에 매달리는 존재로 추락합니다. 단골로 등장하는 생쥐들은 그 와중에도 호시탐탐 국가전복(?)을 획책하고 있습니다. 뱅크시의 작품들은 대부분 이처럼 매우 유머러스하지만 그 웃음 저편에는 그저 편한 마음으로만 바라볼 수 없게 만드는 불편한 진실도 함께 도사립니다. 반전(反戰)을 테마로 한 뱅크시의 일련의 작품들은 매우 선동적이어서 쉽게 외면할 수 없습니다. 어쩌면 뱅크시에게 '예술' 혹은 '그래피티'는 자신의 메시지를 전달함과 동시에 자본주의 시대에 일침을 가하기 위한 수단일 수 있습니다.

 **생기부 세특 예시**

개인 또는 공공의 구조물과 문화재를 고의적으로 훼손하는 반달리

즘과 벽이나 지하철 등에 몰래 그려진 낙서 비슷한 그림이나 글씨인 그래피티를 비교 분석해 봄. 경찰을 피해 쓰레기트럭에 있던 스텐실 그림에서 영감을 받아 자신만의 독특한 기법을 개발했고, 정치·사회적 메시지를 담은 뱅크시의 작품들이 대중의 큰 호응을 얻으며 점차 예술로 인정받아 관광명소로 자리 잡은 사례를 통해 불법으로 여겨지던 그래피티가 예술과 사회 참여적 메시지를 담으며 대중의 공감과 관심, 나아가 관광 자원이 되는 현상은 흥미로운 사회문화적 변화임을 포착해 봄. '뱅크시, 월 앤 피스(뱅크시)'를 참고해 불법성 문제와 재산권 침해 등 근본적인 한계는 존재하지만, 대중적 호응과 사회적 의미를 모두 담아내는 새로운 예술 형식으로 볼 수 있다는 의견을 접하고 문화적·예술적 가치가 인정된 작품은 보존 및 활용하는 방향으로 정책을 조율할 필요성을 제기함. 문화파괴자(Vandals)라는 개념과 팔레스타인 반전 작품을 사례로 공공 질서를 지키면서도 표현의 자유와 도시 경쟁력을 함께 높이는 해법을 고민해 기존 권위와 제도에 도전하며 단순 낙서에서 예술과 사회 참여의 도구로 다양하게 확장되는 여러 문화의 혁신적 요소를 논의해 봄.(1,494Byte, 띄어쓰기 포함 620자)

반달리즘과 그래피티를 비교 분석해 정치·사회적 메시지를 담은 뱅크시의 작품들이 대중의 큰 호응을 얻으며 점차 예술로 인정받아 관광명소로 자리 잡은 사례를 통해 불법으로 여겨지던 그래피티가 예술과 사회 참여적 메시지를 담으며 대중의 공감과 관심, 나아가 관광 자원이 되는 현상은 흥미로운 사회문화적 변화임을 포착해 봄. '뱅크시, 월 앤 피스(뱅크시)'를 참고해 불법성 문제와 재산권 침해 등 근본적인 한

의대입시독서는 달라야 합니다

계는 존재하지만, 대중적 호응과 사회적 의미를 모두 담아내는 새로운 예술 형식으로 볼 수 있다는 의견을 접하고 문화적·예술적 가치가 인정된 작품은 보존 및 활용하는 방향으로 정책을 조율할 필요성을 제기함.(827Byte, 띄어쓰기 포함 347자)

반달리즘과 그래피티를 비교 분석해 정치·사회적 메시지를 담은 뱅크시의 작품들이 대중의 큰 호응을 얻으며 점차 예술로 인정받아 관광명소로 자리 잡은 사례를 통해 사회 참여적 메시지를 담으며 대중의 공감과 관심, 나아가 관광 자원이 되는 현상은 흥미로운 사회문화적 변화임을 포착해 봄. '뱅크시, 월 앤 피스(뱅크시)'를 참고해 새로운 예술 형식으로 볼 수 있다는 의견을 접하고 문화적·예술적 가치가 인정된 작품은 보존 및 활용하는 방향으로 정책을 조율할 필요성을 제기함.(634Byte, 띄어쓰기 포함 270자)

《철학카페에서 문학 읽기》| 김용규

" <파우스트>에서 <당신들의 천국>까지 "

분량 ★★★	내용 ★★★★★	활용 ★★★★★

📑 〈2019학년도 서울대 수시 의과대학 면접 제시문 3〉

(가) 1943년 생텍쥐페리(Saint-Exupéry, 1900~1944)는 그의 마지막 소설 『어린왕자』를 발표한다. 이 소설은 아래의 그림과 함께, "어른들은 모자라고 보았지만, 어린왕자에게 그것은 코끼리를 삼킨 보아뱀이었다"는 이야기로 시작한다.

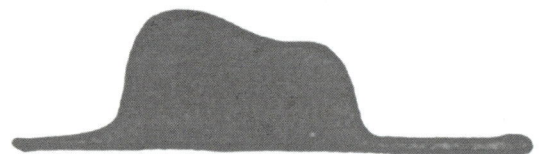

(나) 독일의 한 철학자는 "이 소설은 어린이를 위한 책이 아니라 모든 고독을 달래주고 이 세상의 불가사의를 이해할 수 있도록 이끄는 위대한 시인의 메시지이다"라고 했다.

(다) 생텍쥐페리는 다음과 같은 말을 했다. "만일 당신이 배를 만들고 싶다면, 사람들을 모아 목재를 가져오게 하고 일을 나누고 할 일을 지시하지 말고, 저 넓고

끝없는 바다에 대한 동경심을 키워주어라.”

질문 1. (가)의 보아뱀 그림을 보는 어른과 아이들의 인식 중 어느 것이 더 중요한지 그리고 그 이유는 무엇인지 말해 보시오.

답변 : (가)의 보아뱀 그림에 대해 어른들은 단순히 모자라고 보지만, 아이들은 코끼리를 삼킨 보아뱀으로 인식합니다. 어린이의 시각이 더 중요하다고 보는 이유는 소설 ‘어린왕자’가 전달하는 메시지 자체가 세상을 순수하고 본질적으로 바라보는 눈을 강조하기 때문입니다. 즉, 현실을 표면적으로 해석하는 어른의 시선이 아니라 상상력과 깊은 의미를 읽어내는 어린이의 시각이 더 가치 있습니다.

질문 2. (나)의 1943년의 시대적 상황을 고려했을 때 제시문에 대한 자신의 의견을 말해 보시오.

답변 : (나)의 1943년 시대적 상황은 제2차 세계대전 중으로 전쟁과 인간의 고독, 절망이 극심했던 시기입니다. 철학자가 “어린이를 위한 책이 아니라 모든 고독을 달래주고 불가사의를 이해하도록 이끈다”라고 평가한 이유는 당대를 살아가는 모든 이들의 지친 마음을 위로하고 삶의 의미를 다시 성찰하게 하는 깊은 울림을 지닌 메시지였기 때문입니다. 전쟁의 참화 속에서 무거운 현실을 겪은 사람들에게 이 책은 단순한 동화가 아니라 삶과 인간에 대한 철학적 성찰을 하게 하기 때문입니다.

질문 3. (다)에 대해서 어떻게 생각하는지 말하고, 제시문과 유사한

상황이나 경험이 있다면 말해 보시오.

답변 : (다)에서 생텍쥐페리의 비유는 일을 단순히 분담하고 지시하는 실체보다, 사람들에게 '넓고 끝없는 바다에 대한 동경심'을 키우는 지향이 더 중요하다는 것을 의미합니다. 비전과 열정을 불러일으키는 리더십의 본질을 강조한 말로, 구성원들의 내적 동기와 목표 의식을 중요시하는 현대의 조직문화와도 맞닿아 있습니다. 제 경험상, 어떤 조직이나 모임을 이끌 때 단순 역할 분담보다 모두가 함께 목표에 대한 열망과 의미를 공유할 때 더 큰 성과와 지속 가능한 협력이 이루어졌습니다.

 ## '철학카페에서 문학 읽기(김용규)' 의대입시에 활용하기

'철학카페에서 문학 읽기(김용규)'에는 '파우스트'에서 '당신들의 천국'까지 철학자의 눈으로 읽은 세기의 문학 작품들이 담겨 있습니다. 13편의 소설을 통해 주옥같은 철학적 담론을 발견하고, 고전을 읽는 새로운 시각과 폭넓은 삶의 이치를 제공합니다. 저자는 풍부한 인문학적 지식을 바탕으로 음악이나 미술 이야기, 때로는 커피숍 창가에서 바라보는 정경을 이야기하며 철학과 문학의 융합 사례를 소개합니다.

이 책은 문학 작품에서 철학자의 사유와 해석을 발견해냅니다. 만남, 사랑, 성장, 자기실현과 같은 개인의 물음에서 시작하여 유토피아, 인간공학, 사회공학 등 인류 사회가 고민해야 할 다양한 문제들까지 나아갑니다. 문학 특유의 풍부한 감수성과 현실에 대한 예리한 통찰력을 빌려, 실존 철학이나 낭만주의와 같은 철학사의 흐름, 종교적 구원이나 가정의 의미와 같은 인간 삶의 문제에 대해 깊이 있는 이해를 제공해 생기부를 작성하는 데 큰 도움을 줄 것입니다.

왜 이청준은 책 제목을 "우리들의 천국이 아니라 '당신들의 천국'이라고 했을까?"와 같은 질문도 가능하다. 이에 대한 답은 계몽주의 시대에 내놓은 유토피아 공학의 한계와 제3의 길 모색이라는 답을 들을 수 있다.(233쪽)

저자는 '파우스트(괴테)'를 소개하며 악마와의 싸움으로 자기 체념과 자기 실현을 이룬다고 이야기합니다. '데미안(헤르만 헤세)'을 통해 질풍노도 시기를 보낸 뒤의 성장을 이야기합니다. '어린 왕자(생텍쥐페리)'에서 만남의 의미를 발견합니다. '오셀로(셰익스피어)'에서는 사랑과 질투의 함수관계를 발견합니다. '변신(프란츠 카프카)'에서는 가족에 관한 냉혹한 진실, '구토(사르트르)'에서는 참을 수 없는 일상과의 결별을 이야기합니다.

'고도를 기다리며(사뮈엘 베케트)'를 통해 인간의 권태로움과 반항을 이야기하며, '페스트(알베르 카뮈)'는 코로나 펜데믹을 겪은 우리에게 더 큰 교훈을 줍니다. '광장(최인훈)'을 통해 유토피아를 생각하고, '당신들의 천국(이청준)'을 통해 디스토피아를 고민합니다. 나아가 '멋진 신세계(올더스 헉슬리)'와 '1984(조지 오웰)'를 통해 사회 문제를 고민하게 합니다. '잃어버린 시간을 찾아서(마르셀 프루스트)'를 소개하며 '나를 찾는 시간여행'을 하게 합니다.

세상을 이해하고 삶을 꾸려나가는 데에 철학만큼 좋은 안내자는 없습니다. 하지만 아무리 쉽게 풀어썼다 해도 우리 일상과 별 연관이 없어 보이는 철학 입문서들을 읽는 것은 그리 쉬운 일이 아닙니다. 이럴 때에 문학은 난해하게만 느껴지는 철학을 이해하도록 도와주는 소화제 같은 구실을 합니다. 이성적인 철학과 감성적인 문학의 만남, 생소하게 느껴질 수 있지만 우리는 알게 모르게 문학을 통해 철학을 배워왔습니다. 많은 이들이 청소년기에 '데미안'을 읽으며 삶의 방향을 고민하고, '구토'를 읽으며 삶의 무의미성과 아찔한 의식의 순간을 경험하면서 마음속에 '철학'이 자리 잡게 됩니다.

특히 '어린 왕자'에서 만남은 '길들이기'라는 말로 표현됩니다. 저자는 이를 통해 만남의 철학자 마르틴 부버의 '나-너 관계맺기'라는 개념을 자연스레 풀어냅니다.

 ## 생기부 세특 예시

'어린 왕자(생텍쥐페리)'를 통해 다양한 장면들을 재해석하며 문학적 의의를 확장시켜 분석함. 어른들과 아이들이 동일한 그림을 다르게 인식하는 상황에서 '코끼리를 삼킨 보아뱀'이라는 깊은 상상력이 현실의 단편적인 시선 너머에 있는 순수하고 본질적인 측면과 연결되고, 제2차 세계대전으로 인류가 큰 고통과 고독에 처한 시기에 전쟁과 절망 속에서 고독한 인간들의 마음을 위로하고 삶과 세상의 불가사의를 이해하도록 돕는 메시지로도 평가해 봄. "배를 만들고 싶다면 사람들을

단순히 일에만 집중시키지 말고, 저 넓고 끝없는 바다에 대한 동경심을 키워주어라"는 조언에 대해 구성원들의 내적 동기와 열정을 자극하는 리더십의 정수를 파악하고 개인과 사회에 주는 깊은 울림과 현재적 의미를 토의해 봄. '철학카페에서 문학 읽기(김용규)'와 연계해 13편의 소설 작품 속에서 주옥같은 철학적 담론을 꺼내 함께 소통하고, 고전을 읽는 새로운 시각과 폭넓은 삶의 이치를 이야기해 봄. 만남, 사랑, 성장, 자기실현과 같은 개인의 물음에서 시작하여 유토피아, 인간공학, 사회공학 등 오늘날 인류 사회가 고민해야 할 다양한 문제들까지 문학과 철학이 갖는 학문 영역의 특성과 교류 및 소통에 대한 추가 토의 과제를 정리해 봄.(1,498Byte, 띄어쓰기 포함 614자)

'어린 왕자(생텍쥐페리)'를 통해 다양한 장면들을 재해석하며 문학적 의의를 확장시켜 분석함. 상상력이 현실의 단편적인 시선 너머에 있는 순수하고 본질적인 측면과 연결되고, 전쟁과 절망 속에서 고독한 인간들의 마음을 위로하고 삶과 세상의 불가사의를 이해하도록 돕는 메시지로도 평가해 봄. '철학카페에서 문학 읽기(김용규)'와 연계해 13편의 소설 작품 속에서 주옥같은 철학적 담론을 꺼내 함께 소통하고, 고전을 읽는 새로운 시각과 폭넓은 삶의 이치를 이야기해 봄. 만남, 사랑, 성장, 자기실현과 같은 개인의 물음에서 시작하여 유토피아, 인간공학, 사회공학 등 오늘날 인류 사회가 고민해야 할 다양한 문제들까지 문학과 철학이 갖는 학문 영역의 특성과 교류 및 소통에 대한 추가 토의 과제를 정리해 봄.(949Byte, 띄어쓰기 포함 391자)

'어린 왕자(생텍쥐페리)'를 통해 다양한 장면들을 재해석하며 문학적 의의를 확장시켜 분석함. '철학카페에서 문학 읽기(김용규)'와 연계해 13편의 소설 작품 속에서 주옥같은 철학적 담론을 꺼내 함께 소통하고, 고전을 읽는 새로운 시각과 폭넓은 삶의 이치를 이야기하며 오늘날 인류 사회가 고민해야 할 다양한 문제들까지 문학과 철학이 갖는 학문 영역의 특성과 교류 및 소통에 대한 추가 토의 과제를 정리해 봄.(549Byte, 띄어쓰기 포함 227자)

《이상한 정상가족》 | 김희경

" 자율적 개인과 열린 공동체를 그리며 "

| 분량 ★★★★ | 내용 ★★★★ | 활용 ★★★★★ |

📑 〈2019학년도 서울대 수시 의과대학 면접 제시문 4〉

한파가 기승을 부리는 일요일 오전 11시입니다. 부부와 두 자녀는 특별한 약속

이 없어서 주말 내내 집에 있습니다. 아버지가 1시간 거리에 있는 ○○물고기 축

제에 가보자고 제안합니다.

아내는 추운 날씨에 나가는 것이 귀찮았지만, 그냥 찬성합니다.

큰아이는 낚시를 싫어하지만 유별나게 군다고 잔소리 들을까 봐 가겠다고 합

니다.

둘째 아이는 나머지 가족이 모두 가고 싶어 하는 것 같아서 함께 집을 나섭니다.

질문 1. 가족 구성원 각각이 생각하는 문제점과 해결방법을 말해 보

세요.

답변 : 아버지 본인은 축제에 가고 싶지 않지만 가족들을 위해 억지

로 제안했을 수 있습니다. 한파가 기능을 부리는 일요일입니다. 특별

한 약속이 없어 주말 내내 집에 있어도 좋은 날씨입니다. 자신의 진심

을 솔직히 표현하고, 가족과 함께 즐길 수 있는 다른 활동을 제안함으로써 모두가 만족할 수 있는 대안을 찾을 수 있습니다.

아내는 추운 날씨에 나가는 것이 귀찮았지만, 그냥 찬성합니다. 1시간 거리라고 하지만 주말과 한파로 인해 시간이 더 소요될 수 있다는 우려도 소통할 필요가 있습니다. 아이들의 나이에 따라 외출 준비를 도와주거나, 축제에서 따뜻하게 쉴 수 있는 장소를 미리 파악하는 등 불편함을 최소화할 수 있는 방법을 모색해도 좋겠습니다.

큰아이는 낚시를 싫어합니다. 유별나게 군다고 잔소리 들을까 걱정합니다. 아버지의 제안으로 인해 가족 분위기에 휩쓸려 억지로 가야 한다는 부담감이 클 수 있습니다. 가족에게 자신의 감정을 솔직히 말해야 합니다. 축제에서 낚시가 아닌 자신이 즐길 다른 활동을 찾거나 경우에 따라서는 집에 남겠다는 의견을 낼 수도 있습니다.

둘째 아이는 나머지 가족이 모두 가고 싶어 하는 것 같아서 함께 집을 나서는 상황입니다. 다른 구성원들이 가자고 하니 거절하기 어려울 수도 있습니다. 나이에 따라 다르겠지만, 둘째 아이의 자율성을 존중해야 합니다. 특히 부모들의 경우 아이들이 편하게 느낄 수 있게 배려하는 자세와 소통이 필요합니다.

질문 2. 사실 아빠는 산천호 축제에 가고 싶지 않았고 가족을 위해 가자고 한 것입니다. 돌아오는 길에 가족들 사이에서 다툼이 벌어졌습니다. 이때 본인이 첫째라면 어떻게 했을지 말해 보세요.

답변 : 첫째 입장에서 다툼 상황을 차분히 바라보고 가족 모두의 입장을 이해하려 노력하겠습니다. 아버지가 진짜 원하는 바를 듣고, 아

의대입시독서는 달라야 합니다

버지의 희생과 배려에 감사함을 표현하겠습니다. 자신의 감정이나 의견도 부드럽게 전달하여 갈등을 감정적으로 키우지 않도록 할 겁니다. 공동의 해결책을 모색하며 가족 간 소통을 촉진하고, 서로의 감정을 존중하는 대화를 유도하겠습니다. 예를 들어, 다음에는 모두가 솔직하게 원하는 계획을 이야기하여 같은 상황이 반복되지 않도록 함께 노력하자고 제안하겠습니다.

이 제시문은 의사소통 능력, 상대를 배려하고 공감하며 이해하는 태도와 관련됩니다. 가족 관계에서 나타나는 상황입니다만, 가정 생활뿐 아니라 학교와 사회(병원) 생활에서 나타나는 문제 상황을 제시하기도 합니다.

'이상한 정상가족(김희경)' 의대입시에 활용하기

'이상한 정상가족(김희경)'은 2017년 초판에서 아동인권 및 가족정책이라는 민감한 화두를 전면적으로 제시했습니다. 책 출간 이후 여성가족부 차관으로 전격 발탁된 저자는 책에서 주장했던 과제를 해결하는 일에 직접 참여했습니다. 5년 만에 펴내는 개정증보판에는 현장에서 직접 쌓은 경험과 치밀한 자료조사를 바탕으로, 아동인권 및 가족정책 관련 법과 제도가 어떻게 변화해 왔고, 또 어떤 한계가 여전히 남아 있는지를 소개했습니다.

한국은 자녀에 대한 부모의 친권이 지나치게 강한 나라다. 부모의 자녀에 대한 권리는 부모의 자유권이라기보다 자녀의 보호를 위해 부여되는 기본권으로 권리보다는 의무에 가깝다고 할 수 있다. 가족 내에서 부모의 양육방식은 치외법권적 '천륜'의 영역이 아니며 인권 보호를 위한 국가의 제재 대상이어야 한다. 비대한 국가를 선호해서가 아니다. 공공의 개입이 닫힌 방문 안에까지 이루어질 때에만 비로소 숨을 쉴 수 있고 자유로워지는 약자들이 가족 안에 있기 때문이다.(62~63쪽)

초판에서 저자는 '보편적 아동수당'이 필요하다고 이야기했는데, 2019년 1월 〈아동수당법〉이 개정됨에 따라 현실로 이루었습니다. 만 6세 미만 아동은 부모의 소득·재산과 관계없이 월 10만 원의 아동수당을 받게 되었고, 이후 지급 대상 나이는 점차 확대됩니다. 초판에서 강력하게 주장한 〈민법〉의 '징계권' 조항 폐지 역시 2021년 1월 국회의 문턱을 넘어 〈포용국가 아동정책〉에 포함된 지 2년 만에 최종 삭제되었습니다. 학대 예방과 아동보호를 위한 공공의 역할도 강화되었는데, 특히 2020년 10월 아동학대 대응체계가 전면 개편되며 초판에서 지적한 내용처럼 아동학대 신고 접수, 현장조사와 응급 보호는 지방자치단체의 전담공무원이 맡고, 아동보호 전문기관은 사례 관리 전담기관으로 전환되어 체계가 이원화되었습니다. 민간기관에서 담당해 왔던 입양절차의 시작도 2021년 6월부터 지방자치단체로 이관됐고, 비슷한 시기에 아동보호 예산은 일반회계로 전환되어 일원화되었습니다.

의대입시독서는 달라야 합니다

미혼모를 포함한 한부모 아동양육에 대한 지원 역시 대폭 강화되었습니다. 양육비는 월 12만 원에서 20만 원으로 확대되었고, 기초생활수급자의 중복급여 금지 규정도 폐지되어 생계급여와 아동양육비를 함께 받는 것이 가능해졌습니다. 양육비 지원 아동의 나이도 12세에서 18세 미만으로 확대되었습니다. 2017년 이후 단계적으로 폐지되어 온 부양의무제가 2021년 10월 전면 폐지되며 '복지의 가족 책임'을 가혹하게 강요해 온 제도적 관행이 60년 만에 사라졌습니다.

그러나 여전히 해결해야 할 과제가 남아 있습니다. 전국을 떠들썩하게 했던 '아동학대 사망사건'을 비롯한 끔찍한 사건들이 잇따랐고, 아동보호체계의 대응은 과거와 크게 다르지 않은 패턴을 반복하며 미숙한 모습을 보였기 때문입니다. 해외입양은 계속되고 있으며, '보편적 출생등록제'나 〈차별금지법〉도 현재까지 만들어지지 않았습니다.

2017년 교육부와 통계청이 발표한 2016년 사교육비는 1인당 월 25만 6,000원으로 역대 최고였다. 2020년에는 코로나19 영향으로 사교육비 지출은 주춤했지만, 가구별 소득 격차는 더욱 증가했다. 2020년 한국의 출생아 수는 역대 최저를 기록했다. 동시에 169명의 갓난아기가 버려졌고, 232명의 아이들은 해외로 입양 보내졌다. 아동학대로 숨진 아이들은 한 달 평균 3.6명이었다. 회사를 다니며 육아휴직을 쓰는 부모는 열 명 중 한 명도 채 되지 않으며, 남성의 육아휴직은 여성의 8분의 1에도 미치지 못했다. 2020년 육아로 인한 여성의 경력단절은 42.5%로 2015년(29.8%)보다 크게 늘었다. 2017년 통계청이 발표한 '한국인의 삶의 질 종합지수'에서 10년 전보다

후퇴한 유일한 항목은 '가족·공동체' 영역이었다.(180쪽)

저출산, 사교육 문제, 아동학대, 해외입양 등 통계 수치들은 저마다 각각의 원인을 품고 있는 문제처럼 보입니다. 그러나 저자는 이 모든 문제들을 연결하는 단어로 가족을 꼽습니다. 가족 안팎의 이러한 일들이 개별적 조각이 아니라 서로 연결되었을 때 드러나는 한국 사회의 맨얼굴을 밝혔습니다. 저자는 그 과정에서 가부장제를 근간으로 한 한국의 가족주의와 특정한 가족 형태만을 정상으로 여기는 '정상가족' 이데올로기를 비판합니다. 그동안 가족주의와 '정상가족' 이데올로기에 대한 비판은 여성주의적 입장에서 많이 제기되어왔습니다.

철학자 버트런드 러셀(Bertrand Russell)은 "학창 시절 회초리나 채찍으로 매를 맞았던 이들은 거의 한결같이 그 덕에 자신이 더 나은 사람이 되었다고 믿고 있다. 내가 볼 때는 이렇게 믿는 것 자체가 체벌이 끼치는 악영향 중 하나"라고 말했다. '사랑의 매'에 대한 신뢰는 어쩌면 러셀의 말처럼 체벌의 악영향인 것은 아닐까?(35쪽)

세이브더칠드런은 2001년, 아이들에게 체벌의 경험에 대해 질문합니다. 아이들은 "상처받음, 무서움, 속상함, 겁이 남, 외로움, 슬픔, 성남, 버려진 것 같음, 무시당함, 화남, 혐오스러움, 끔찍함, 창피함, 비참함, 충격받음" 등으로 답변했습니다. 아이들이 느꼈던 체벌의 경험은 과연 '사랑의 매'가 훈육으로서의 의미가 있는지를 되묻습니다.

한국은 전 세계에서 가장 많이 해외입양을 보낸 나라입니다. 2019

의대입시독서는 달라야 합니다

년 기준, 317명의 아이들이 하루가 멀다 하고 비행기를 타고 해외로 갔습니다. 저출산을 걱정하는 나라에서 하루에 한 명꼴로 갓난아기들이 버려집니다. 저자는 대체 왜 그토록 많은 아이들이 버려지는 것일까 질문합니다. 2011~2016년 경찰에 입건된 영아 유기 피의자의 79.3%는 여성이었습니다. 이들 대부분은 미혼모로 추정됩니다. '결혼=출산'의 등식이 지나치게 강한 탓에, 미혼모와 그 자녀들은 '비정상'으로 여겨지고 제도적·사회적 차별에 시달린다고 지적합니다. 한국여성정책연구원의 조사에서, 2018년 기준으로 미혼모 중 임신과 출산 때문에 경력단절을 겪은 사람의 비율은 94.4%였습니다. 결혼제도 내에서의 임신과 출산만 합법적이라고 인정하기 때문에 미혼모의 직접 양육은 고려조차 되지 못하고 있는 것이 현실입니다. 미혼모를 포함한 한부모 아동양육에 대한 지원은 많이 늘었지만, 여전히 미혼모가 직접 양육할 수 있도록 지원하는 것보다는 아동양육시설에 대한 정부의 지원이 필요합니다.

근대화 과정에서 약해지기 마련인 가족주의가 한국 사회에서는 특이하게도 강력해졌습니다. 국가가 사회 문제를 가족의 책임으로 떠넘겼기 때문입니다. "사람을 먹이고, 키우고, 보호하고, 가르치고 치료해 주고, 부축해 주는 그 모든 일들이 전부 가족 책임"입니다. 이 책은 가족주의가 제도로서 실제로 어떻게 작동하고 있는지를 여러 예시를 들어 소개했습니다. 가령, 기초생활수급제의 부양의무제는 극빈층이어도 허울뿐인 가족이 있는 사람은 지원 자격에서 박탈시킵니다. 2021년 10월 부양의무제가 전면 폐지되기는 했지만, 이렇듯 부작용이 많은 제도가 오래 유지됐던 이유는 "가족이 부양을 책임져야 한다는 강한 가족주의 전통"이 우리 사회에 여전히 존재하기 때문입니다.

 ## 생기부 세특 예시

  한파가 기승을 부리는 일요일, 특별한 약속이 없는 가족이 각자의 본심과 달리 무의미한 외출을 결정하게 되는 상황에 대해 토의하며 전형적인 가족 내 소통 부재 문제를 진단해 봄. 돌아오는 길에 벌어진 다툼 상황을 분석하며 모든 가족 구성원의 입장을 이해하기 위해 노력하는 과정에서 특히 아버지가 가족을 위해 희생했음을 이해하고 그 배려에 감사함을 표현하며, 동시에 자신의 감정이나 의견도 부드럽게 전달하여 갈등이 감정적으로 격화되는 상황을 막기 위한 구체적 실천을 통해 가정뿐만 아니라 학교, 직장, 병원 등 다양한 사회생활에서 마주할 수 있는 상황들에서 타인을 배려하고 공감하며, 갈등 상황에서 합리적으로 소통하고 문제를 해결하는 태도를 갖추기 위해 노력함. '이상한 정상가족(김희경)'의 2017년 초판과 5년 만에 펴내는 개정증보판의 내용 차이를 점검해 아동인권 및 가족정책 관련 법과 제도의 변화와 과제를 정리해 봄. 저출산, 사교육 문제, 아동학대, 해외입양 등 통계 수치들은 저마다 각각의 원인을 품고 있는 문제처럼 보이지만 가부장제를 근간으로 한 한국의 가족주의와 특정한 가족 형태만을 정상으로 여기는 '정상가족' 이데올로기의 문제점을 통해 구체적이며 즉각적인 대안들을 도출해 봄.(1,496Byte, 띄어쓰기 포함 611자)

한파가 기승을 부리는 일요일, 특별한 약속이 없는 가족이 각자의 본심과 달리 무의미한 외출을 결정하게 되는 상황에 대해 토의하며 전형적인 가족 내 소통 부재 문제를 진단해 봄. 돌아오는 길에 벌어진 다툼 상황을 분석하며 모든 가족 구성원의 입장을 이해하기 위해 노력하는 과정에서 가정뿐만 아니라 학교, 직장, 병원 등 다양한 사회생활에서 마주할 수 있는 상황들에서 타인을 배려하고 공감하며, 갈등 상황에서 합리적으로 소통하고 문제를 해결하는 태도를 갖추기 위해 노력함. '이상한 정상가족(김희경)'의 2017년 초판과 5년 만에 펴내는 개정증보판의 내용 차이를 점검해 아동인권 및 가족정책 관련 법과 제도의 변화와 과제를 정리해 봄.(860Byte, 띄어쓰기 포함 353자)

'이상한 정상가족(김희경)'의 2017년 초판과 5년 만에 펴내는 개정증보판의 내용 차이를 점검해 아동인권 및 가족정책 관련 법과 제도의 변화와 과제를 정리해 봄. 저출산, 사교육 문제, 아동학대, 해외입양 등 통계 수치들은 저마다 각각의 원인을 품고 있는 문제처럼 보이지만 가부장제를 근간으로 한 한국의 가족주의와 특정한 가족 형태만을 정상으로 여기는 '정상가족' 이데올로기의 문제점을 통해 구체적이며 즉각적인 대안들을 도출해 봄.(583Byte, 띄어쓰기 포함 231자)

《창백한 푸른 점》 | 칼 세이건

" 우주에서 바라본 점처럼 작은 지구 "

분량 ★★★	내용 ★★★★	활용 ★★★★

〈2018학년도 서울대 수시 의과대학 면접 제시문 1〉

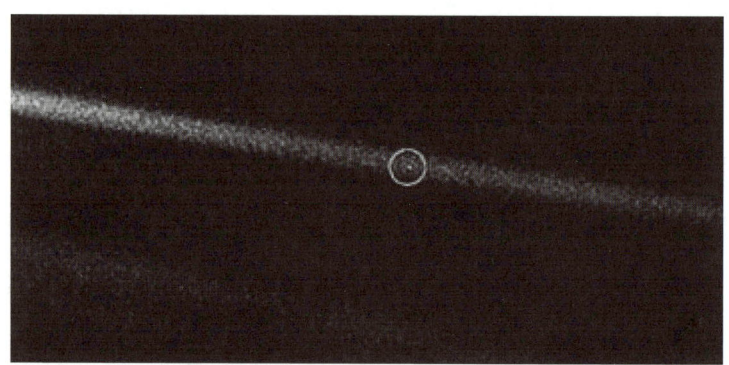

이 사진은 명왕성 부근을 지나고 있던 보이저 1호의 망원 카메라를 지구 쪽으로 돌려서, 우주에서 바라본 지구의 모습을 찍어보자는 '코스모스'의 저자 칼 세이건의 제안으로 1990년 2월 14일 촬영한 것이다.

이 제안에 대해 당시 반대 의견이 만만하지 않았다. 과학적인 관점에서 별로 의미가 없는 일이기 때문이었다. 게다가 망원경을 지구 쪽으로 돌린다면 자칫 태양빛이 망원경의 카메라 주경으로 바로 들어갈 위험이 있다. 이는 망원경으로 태

426 의대입시독서는 달라야 합니다

양을 바로 보면 실명될 수 있는 것과 다름없는 위험한 일이라고 미항공우주국 (NASA) 과학자들은 주장했다. 그러나 새로 부임한 우주비행사 출신 리처드 트룰리 신임 국장은 지구의 모습을 촬영하자는 제안을 긍정적으로 평가하여, 태양계 바깥으로 향하던 보이저 1호의 카메라를 돌려 지구의 모습을 촬영하기로 결단을 내렸다. 그리고 그날, 지구-태양 간 거리의 40배나 되는 약 60억km 떨어진 태양계 외곽에서 바라본 지구의 모습은 그야말로 '먼지 한 톨'이었다.

칼 세이건은 이 광경을 보고 "여기 있다! 여기가 우리의 고향이다"라고 말하였고, '창백한 푸른 점'(Pale Blue Dot)이라고 명명한 그의 소회는 전 세계적으로 큰 반향을 일으켰다.

질문 1. 사진이 철학적으로 의미가 있다고 생각하나요?

답변 : 네, 저는 철학적으로 깊은 의미가 있다고 생각합니다. 이 사진은 우주라는 거대한 공간에서 인간이 얼마나 미미한 존재인지를 명확히 보여줍니다. 지구가 '먼지 한 톨'처럼 보인다는 사실은 인간의 자만심을 일깨우고 존재의 겸손함을 성찰하게 합니다. 또한, 우리 모두가 공유하는 고향이자 유일한 보금자리임을 인식시켜 서로에 대한 존중과 지구 보존의 책임감을 환기합니다.

질문 2. 만약 지원자가 우주 비행사였다면 지구 사진을 찍을 것인가요?

답변 : 네, 촬영할 것입니다. 먼 우주에서 바라본 지구의 존재와 소중함을 직접 느낄 수 있는 기회는 매우 특별하며, 인류와 생명의 유일한 터전을 기록하는 행위는 큰 의미가 있다고 봅니다. 또한, 우주 비행사

로서 인류의 위상을 다시 생각하게 하고 지구를 보호해야 하는 사명감을 강화하는 데도 중요하다고 생각합니다.

질문 3. 지원자가 NASA 소속이고 우주 비행사들과 의견이 다를 때 어떻게 할 것인가요?

답변 : 저는 먼저 상대방의 의견과 우려를 경청하고 이해하려 노력하겠습니다. 이후 가능한 과학적 근거와 안전성을 바탕으로 합리적인 대안을 모색하거나, 설득하려고 최선을 다할 것입니다. 그러나 의견 차이가 극복되지 않는다면 상급자나 리더와 상의하여 조직의 목표와 안전을 최우선으로 두고 최종 결정을 따르겠습니다.

질문 4. 지원자가 NASA 리더이고 구성원과 의견이 다를 때 갈등을 어떻게 해결할 것인가요?

답변 : 구성원 간 의견 차이가 있을 때는 모두의 말을 공정하게 듣고, 각자의 우려와 입장을 명확히 파악하는 데 주력하겠습니다. 이후 해당 정보를 바탕으로 투명하고 객관적인 의사결정 과정을 거쳐 합의를 이끌어내려 노력할 것입니다. 또한, 갈등의 원인이 되는 문제를 해결하기 위한 팀워크 강화와 열린 소통 문화를 조성하여, 조직 내 신뢰와 협력을 도모하겠습니다. 필요한 경우 중재자 역할을 하며 균형 있는 결론을 이끌어내겠습니다.

1990년 밸런타인 축제일, 태양계를 벗어나기 직전 명왕성 궤도 근처를 날고 있던 보이저 1호는 카메라를 돌려 지구를 조준해 사진을 찍

의대입시독서는 달라야 합니다

었습니다. 신호 도달에 6시간이나 걸리는 명왕성 근처 우주 공간에서 계획에도 없었던 일이 벌어졌습니다. 여기에 유명한 이야기가 있습니다. 한 사람의 생각이 인류를 큰 감동으로 이끈 사례입니다. 보이저 프로젝트에 참여한 칼 세이건은 태양계를 벗어나기 직전 보이저 1호의 카메라 방향을 지구 쪽으로 돌려 사진을 찍자고 제안했습니다. 칼 세이건 자신도 그 머나먼 거리에서 지구를 찍는 것이 과학적 활동과 별 관련이 없다고 생각하긴 했으나 우주 속 인류의 위치를 바라볼 수 있는 좋은 기회가 되리라 판단해서 제안했다고 합니다.

해왕성을 지나 촬영 임무가 완료되면서 우주선의 에너지를 절약하기 위해 카메라를 끄라는 명령이 내려진 상태였고, 전문가들 역시 만에 하나 태양빛에 의해 카메라 렌즈가 손상되는 위험을 원하지 않았기 때문에 반대의 목소리도 많았습니다. 그러나 칼 세이건의 제안에 꽤나 호의적이었던 당시 NASA 국장이었던 전 우주 비행사 리처드 트룰리는 보이저 호의 카메라를 돌려 지구 쪽으로 사진을 찍으라고 지시했습니다.

이 역사적인 사진은 이렇게 탄생했습니다. 사진을 찍은 날짜는 1990년 2월 14일. 빛이 선으로 번진 사진에서 다른 행성의 모습은 희미하지만 쉽게 알아볼 수 있었지만 지구의 모습은 사라진 듯 보였습니다. 그러나 태양계의 아주 작은 입자도 알아볼 수 있도록 훈련된 눈을 가진 영상 과학자 캔디스 핸슨 커하체크는 사진을 관찰한 끝에 지구를 찾아냈습니다. 텅 빈 우주의 검은 어둠을 바탕으로 태양의 빛줄기 속에 떠 있는 희미한 점이었습니다. 이 기념비적인 사진은 칼 세이건이 인류에게 남긴 감동적인 글에서 지구를 표현한 '창백한 푸른 점(pale blue dot)'이라는 이름으로 알려지게 되었습니다.

'창백한 푸른 점(칼 세이건)' 의대입시에 활용하기

'창백한 푸른 점(칼 세이건)'에서 저자는 우주선 보이저 1호가 찍은 희미하고 작디작은 지구 사진을 보고 이렇게 썼습니다.

저 점을 다시 보세요. 저기가 바로 이곳입니다. 저것이 우리의 고향입니다. 저것이 우리입니다. 우리가 사랑하는 모든 이들, 우리가 알고 들어보았을 모든 사람들, 존재했던 모든 인류가 저곳에서 삶을 영위했습니다. 우리의 모든 즐거움과 고통이, 우리가 확신하는 모든 종교, 이념, 경제 체제가, 모든 사냥꾼과 약탈자가, 모든 영웅과 겁쟁이가, 모든 문명의 창시자와 파괴자가, 모든 왕과 농부가, 사랑에 빠진 모든 젊은 연인들이, 모든 어머니와 아버지가, 희망에 찬 모든 아이가, 모든 발명가와 탐험가가, 모든 도덕적 스승들이, 모든 부패한 정치가가, 모든 인기 연예인들이, 모든 위대한 지도자들이, 모든 성인과 죄인들이 저곳 – 태양빛 속에 부유하는 먼지의 티끌 위에서 살았던 것입니다.(26쪽)

저자는 "지구는 광활한 우주에 떠 있는 보잘것없는 존재에 불과함을 사람들에게 가르쳐 주고 싶었다"라고 밝혔습니다. 또한 "우주의 외딴 시골구석에서 원숭이의 사촌으로 태어난 인간에게 유일한 기회는

의대입시독서는 달라야 합니다

광활한 우주뿐이다"라는 말을 남겼습니다. 은하단, 은하, 항성, 행성 등으로 구성된 우주에서 태양계의 지구와 인간이 우주의 중심이 아닌 변방임을 알려줍니다. 우주를 알아가는 인간의 여행은 인류가, 지구가 그리고 태양이 코스모스의 중심이 아닌 변방임을 알아가는 과정이라고 강조했습니다.

이렇듯 우주에서 바라본 지구 사진은 인간이 이 우주에서 만물의 영장이라는 선언이 얼마나 헛된 것인지를 확연하게 보여줍니다. 지구는 무한해 보이는 우주에 있는 작은 먼지 같은 곳임에도 수많은 사람들이 이 작은 점의 일부를 차지하려고 피의 역사를 써왔습니다. 우리는 매일 해가 지면 달이 뜨는 것을 봅니다. 보름달, 초승달과 그믐달은 수많은 사람들을 감동시켰고 시와 문학이 되었습니다. 1968년 아폴로 8호가 달에서 찍은 '달'은 지구였습니다.

달에서 해가 지고 '지구'가 떠오르는 장면은 지구에서 달이 뜨는 모습과 너무나도 닮았습니다. 그것이 우주입니다. 우리가 사는 지구에서 조금만 벗어나도 우주는 우리가 생각하는 모습과 다릅니다. 이미 칼 세이건은 '코스모스'에서 인간이 우주에서는 먼지 같은 작은 존재임을 알려주었습니다. '우리 은하에 수천억 개의 별이 있고 그런 은하가 수천억 개…'라는 말을 들으면, 우주의 거대함과 이해하기 어려운 경이로움 앞에서 허무함을 느낄 수밖에 없습니다. 그래서 '코스모스'는 허무감에 대한 책이라고도 평가됩니다. 늦가을 들녘에서 부는 가벼운 바람에도 흔들리는 인간에게 코스모스는 카오스입니다. 허무감이 점철된 인간의 흔들리는 삶도 그렇습니다. 이미 인류는 자신이 우주의 중심이 아니라는 현실을 받아들였지만, 여전히 자신을 그리고 인간을 우주의 중심에 세운 채로 살아갑니다.

지구는 우주라는 거대한 극장의 아주 작은 무대입니다. 그 모든 장군과 황제들이 아주 잠시 동안 저 점의 일부분을 지배하려 한 탓에 흘렸던 수많은 피의 강들을 생각해 보십시오. 저 점의 한 영역의 주민들이 거의 분간할 수도 없는 다른 영역의 주민들에게 얼마나 많은 잔학 행위를 저지르는지를, 그들이 얼마나 자주 불화를 일으키고, 얼마나 간절히 서로를 죽이고 싶어 하며, 얼마나 열렬히 서로를 증오하는지를 생각해 보십시오.

아직까지 알려진 바로 지구는 생명을 품은 유일한 행성입니다. 적어도 가까운 미래에 우리 종이 이주할 수 있는 곳은 없습니다. 다른 세계를 방문할 순 있지만, 정착은 아직 불가능합니다. 좋든 싫든, 현재

로선 우리가 머물 곳은 지구뿐입니다. 천문학을 공부하면 겸손해지고 인격이 함양된다는 말이 있습니다. 멀리서 찍힌 이 이미지만큼 인간의 자만이 어리석다는 걸 잘 보여주는 건 없을 겁니다. 저 사진은 우리가 서로 친절하게 대하고, 우리가 아는 유일한 보금자리인 창백한 푸른 점을 소중히 보존하는 것이 우리의 의무임을 강조하고 있는 것입니다.(26쪽)

'코스모스'와 '창백한 푸른 점'의 저자 칼 세이건은 1934년 미국 뉴욕 브루클린에서 우크라이나 이민 노동자의 아들로 태어났습니다. 시카고대학교에서 인문학 학사, 물리학 석사, 천문학 및 천체 물리학 박사 학위를 받았습니다. 스탠퍼드대학교 의과대학에서 유전학 조교수, 하버드대학교 천문학 조교수를 지냈습니다. 그 후 코넬대학교의 행성 연구소 소장, 데이비드 던컨 천문학 및 우주과학 교수, 캘리포니아공과대학의 특별 초빙 연구원, 세계 최대 우주 동호 단체인 행성협회의 공동 설립자 겸 회장 등을 역임했습니다.

특히 미국 항공 우주국(NASA)의 자문 위원으로 매리너, 보이저, 바이킹, 갈릴레오 호 등의 무인 우주 탐사 계획에 참여했습니다. 과학의 대중화에도 많은 노력을 기울여 저술과 방송을 통해 세계적인 지성으로 주목받았습니다. 행성 탐사의 난제들을 해결한 공로와 핵전쟁의 영향에 대한 연구와 핵무기 감축에 기여한 공로를 인정받아 NASA 공공 복지 훈장, NASA 아폴로 공로상, 미국 우주항공협회의 존 에프 케네디 우주 항공상, 탐험가협회 75주년 기념상, 소련 우주항공연맹의 콘스탄틴 치올콥스키 훈장, 미국 천문학회의 마수르스키상 그리고 1994

년에는 미국 국립 과학원의 최고상인 공공복지 훈장 등을 받았습니다. 과학, 문학, 교육, 환경 보호에 대한 공로로 미국 각지의 대학으로부터 명예 학위를 22개나 받았습니다.

저서 『코스모스(Cosmos)』(1980년)는 전 세계 출판계에서 최고의 베스트셀러로 평가받았고, 『에덴의 용(The Dragons of Eden)』(1978년)은 퓰리처상을 수상했습니다. 외계 생물과의 교신을 다룬 소설 『콘택트(Contact)』(1985년)는 1997년에 영화로 상영되어 전 세계에 감동을 선사했습니다. 이 외에도 30여 권의 책을 출간했습니다. 평생 우주에 대한 꿈과 희망을 일구었으며, 1996년 12월 20일 사망했습니다.

 **생기부 세특 예시**

1990년 2월 14일 태양계 외곽 약 60억 킬로미터 떨어진 곳에서 보이저 1호가 촬영한 사진이 칼 세이건 박사의 제안으로 탄생한 일화를 접하고 당시 미항공우주국(NASA) 내부에서는 과학적 가치가 부족하고 카메라 손상 위험이 크다는 이유로 반대 의견이 많았으나, 리처드 트룰리 신임 국장의 용기 있는 결단으로 역사적인 촬영이 이루어진 상황에 대해 토론해 봄. 사진 속 지구는 말 그대로 '먼지 한 톨'처럼 희미하고 작은 점에 불과했지만 자서전 '창백한 푸른 점(칼 세이건)'에서 "여기가 우리의 고향이다"라고 말하며 인류의 자만심을 깨고 우주 속 인간의 존재가 얼마나 미미한지를 깨닫게 하는 겸허한 시각을 제공한다고 강조한 부분에 큰 감명을 받음. 광활한 우주에서 지구는 생명을

의대입시독서는 달라야 합니다

품은 유일한 행성으로, 인류가 서로를 배려하고 유일한 보금자리인 지구를 소중히 보존해야 할 책임감과 연대감을 일깨우는 강력한 철학적 메시지를 담고 있다고 주장하며 인류의 존재론적 위상과 도덕적 의무에 대해 성찰해 봄. 저술과 방송을 통해 과학 대중화에 크게 기여한 저자의 삶에 대해 추가 조사를 통해 행성 탐사의 난제 해결과 핵전쟁 위험에 대한 경고, 핵무기 감축 노력 등과 같은 과학자의 사회적 책임과 실천에 대해 논의를 확장함.(1,499Byte, 띄어쓰기 포함 623자)

'창백한 푸른 점(칼 세이건)'에서 "여기가 우리의 고향이다"라고 말하며 인류의 자만심을 깨고 우주 속 인간의 존재가 얼마나 미미한지를 깨닫게 하는 겸허한 시각을 제공한다고 강조한 부분에 큰 감명을 받음. 광활한 우주에서 지구는 생명을 품은 유일한 행성으로, 인류가 서로를 배려하고 유일한 보금자리인 지구를 소중히 보존해야 할 책임감과 연대감을 일깨우는 강력한 철학적 메시지를 담고 있다고 주장하며 인류의 존재론적 위상과 도덕적 의무에 대해 성찰해 봄. 저술과 방송을 통해 과학 대중화에 크게 기여한 저자의 삶에 대해 추가 조사를 통해 행성 탐사의 난제 해결과 핵전쟁 위험에 대한 경고, 핵무기 감축 노력 등과 같은 과학자의 사회적 책임과 실천에 대해 논의를 확장함.(913Byte, 띄어쓰기 포함 373자)

'창백한 푸른 점(칼 세이건)'에서 인류의 자만심을 깨고 우주 속 인간의 존재가 얼마나 미미한지를 깨닫게 하는 겸허한 시각을 제공한다고 강조한 부분에 큰 감명을 받음. 인류가 서로를 배려하고 유일한 보금

자리인 지구를 소중히 보존해야 할 책임감과 연대감을 일깨우는 강력한 철학적 메시지를 담고 있다고 주장하며 인류의 존재론적 위상과 도덕적 의무에 대해 성찰해 봄. 저술과 방송을 통해 과학 대중화에 크게 기여한 저자의 삶에 대해 추가 조사를 통해 과학자의 사회적 책임과 실천에 대해 논의를 확장함.(681Byte, 띄어쓰기 포함 277자)

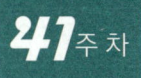
《아홉 켤레의 구두로 남은 사내》| 윤흥길

"과거가 아니라 오늘날에도 벌어지는 사회적 갈등"

분량 ★★★★★	내용 ★★★	활용 ★★★

〈2018학년도 서울대 수시 의과대학 면접 제시문 2〉

아래 표는 2014년 소득 하위 20% 가구(저소득층)와 소득 상위 20% 가구(고소득층)의 연간 평균 소득과 가계가 직접 지출하는 의료비 현황이다.

항목	소득 하위 20% 가구 (저소득층)	소득 상위 20% 가구 (고소득층)
연간 소득(A)	880만 원	8,480만 원
연간 의료비(B)	150만 원	220만 원
소득 대비 의료비 비율(B/A×100)	17%	3%

질문 1. 표를 보면서 어떤 생각이 들었나요?

답변 : 소득 하위 20% 가구(저소득층)와 소득 상위 20% 가구(고소득층)의 연간 소득은 880만 원과 8,480만 원이므로 10배 가까이 차이납니다. 하지만 연간 의료비는 150만 원과 220만 원이니 1.5배 정도밖

에 차이 나지 않습니다. 결국 소득 대비 의료비의 비율이 저소득층은 17%이지만 고소득층은 3%로 1/5 수준입니다. 따라서 저소득층의 의료비 부담이 상대적으로 매우 큽니다. 고소득층은 소득이 높지만 의료비 부담 비율은 낮습니다. 의료비 지출의 소득 계층별 상대적 부담이 크게 차이 나는 것을 확인할 수 있습니다.

질문 2. 두 계층 간에 의료비 차이가 왜 발생할까요?

답변 : 두 계층 간 의료비 차이 원인은 우선 소득 수준 차이로 인한 의료 접근성 및 치료 수준의 차이 가능성을 고려해 볼 수 있습니다. 고소득층은 더 많은 의료서비스를 받지만 다양한 보험 등으로 보장받는 반면, 저소득층은 제한적인 상황입니다. 특히 만성질환 유무나 의료 이용 빈도 차이도 영향을 줄 수 있습니다.

질문 3. 만성질환 관련 의료비 통계의 경우, 왜 차이가 발생할까요?

답변 : 만성질환은 꾸준한 진료와 약물 치료가 필요해 의료비 지출이 지속적으로 발생합니다. 저소득층은 비용 부담으로 인해 적절한 치료를 받기 어려워 증상이 악화될 수도 있습니다. 고소득층은 예방, 관리, 치료에 적극적으로 참여 가능해 의료비 지출이 많지만 건강 관리에 유리합니다.

실제 면접에서는 새로운 표를 하나 더 제시하고 추가 질문이 이어졌습니다. 이 표를 통해 고소득층과 저소득층의 전체 의료비 차이와 필수 의료비 차이를 비교하게 했습니다. 도표 문제의 경우 기본적인 수

의대입시독서는 달라야 합니다

치의 의미를 파악하고 답변해야 합니다.

소득 하위 20% 가구(저소득층)는 연간 소득이 880만 원, 의료비 지출 150만 원, 의료비 비율 17%

소득 상위 20% 가구(고소득층)는 연간 소득이 8,480만 원, 의료비 지출 220만 원, 의료비 비율 3%

절대 의료비 지출은 고소득층이 10배 가까이 많으나, 상대적 부담은 저소득층이 5배 이상 큽니다. 저소득층은 절대 소득이 적어 의료비가 생활비에서 차지하는 비중이 크므로 체감 부담이 큽니다. 의료 접근성 문제와 만성질환 등으로 인해 장기적 치료가 누적되어 의료비가 높아질 수도 있습니다. 경제 여건이 낮으면 질 낮은 의료 서비스를 이용하고 관리 소홀로 인해 더 큰 문제로 이어질 가능성도 높습니다.

반면 고소득층은 건강보험뿐만 아니라 사보험 혜택을 받고, 더 나은 의료 서비스를 이용해 비용 부담을 분산시킵니다. 생활 습관과 건강 인식 차이에서 오는 질병 관리 및 예방 차이도 의료비 격차의 요인입니다. 결국 저소득층은 상대적으로 의료비에 대한 부담이 커서 건강 불평등 심화와 사회적 비용 증가로 이어집니다. 이를 해소하려면 의료 접근성 향상, 경제적 지원, 예방 중심 보건 정책이 필요합니다.

'아홉 켤레의 구두로 남은 사내(윤흥길)''
의대입시에 활용하기

  단편 소설 '아홉 켤레의 구두로 남은 사내(윤흥길)'의 배경은 1970년대 성남의 달동네입니다. 학교 교사 오 선생네 집 문간방에 전세를 살러 왔는데, 애당초 이사하기로 한 날보다 나흘이나 앞서 무작정 식솔을 거느리고 온 것입니다. 아내와 딸 하나, 아들 하나. 이불보따리와 밥이나 끓여 먹을 그릇 보따리에, 아이들 손에 들린 작은 짐이 전부입니다. 무심코 대문을 열어준 집주인 오 선생 내외는 막무가내로 밀고 들어오는 세입자 가족들 앞에서 할 말을 잃습니다. 입주 날짜를 지키지 않은 것은 그렇다 치고 '아이는 둘만'인 가족을 세입자 조건에 넣었건만 한눈에 봐도 그 집 아내는 셋째 아이를 임신한 몸입니다.

  집주인 내외는 이 막무가내에 할 말을 잃습니다. 입을 쫙 벌린 채 그들 일가를 위아래로 훑어볼 뿐입니다. 그런데 허름한 식구와 세간 전부를 '검색당한' 권기용은 자존심이 뚝뚝 떨어질 판입니다. 저나 나나 똑같이 처자식을 거느린 가장이거늘, 주인과 세입자라는 관계 하나 때문에 주눅 드는 자신이 무척 싫었을 테지요. 그래서 권기용도 집주인 오 선생을 훑습니다. 그리고 결정적인 것 하나를 찾아냅니다. 집주인 남자가 양말도 신지 않고 맨발에 슬리퍼를 꿰고 나온 것입니다. 도대체 양반답지 못한 이 차림새는 뭐란 말입니까. 이것 하나만 봐도 집주인이 자신보다 더 나을 것 없는 존재임이 분명합니다. 그런데 집주인이 이렇게 묻는 것입니다.

  "이삿짐은 차로 옵니까?"

"아닙니다. 이게 전부 답니다."

이렇게 대답하면서 세입자 권기용은 자신의 한쪽 발을 다른 쪽 바짓 가랑이에 문질러댑니다. 그러자 유난히 반짝거리는 그의 구두가 더욱 빛을 냅니다. 이런 동작에 집주인의 시선이 무심코 권 씨의 구두로 가서 머물고, 마침내 권기용은 가장끼리의 기 싸움에서 자신의 한판승을 확신합니다. 그런데 권 씨는 구두나 광낼 줄 알았지 가장으로서는 젬병인 게 틀림없습니다. 문간방 살림이 조금도 펴지는 것 같지 않기 때문입니다. 아이들은 늘 궁색하고 하루가 다르게 배가 부풀어 오르는 그의 아내는 산부인과에 정기적으로 다니지도 못합니다. 게다가 오 선생이 근무하는 학교로 순경 한 사람이 찾아와 문간방 세입자 오 씨의 행동거지를 꼬치꼬치 캐묻기까지 합니다.

이런저런 정황들이 영 께름칙했지만 신경 쓰지 않고 살던 중에 어느 날 오 선생은 우연히 공사장에서 벽돌을 나르는 권 씨를 발견하게 됩니다. 모른 척 지나쳐도 좋으련만 오 선생은 굳이 이렇게 아는 척을 합니다.

"권 선생, 거기 있는 게 권 선생 아니우?"

순간, 먼지를 뒤집어쓰고 일하던 권 씨의 얼굴이 일그러지고 맙니다. 그리고 그날 밤, 소주병 하나를 들고서 권 씨는 집주인 오 선생에게 찾아갑니다. 진작 거나하게 취한 그는 내리꽂듯이 소주병을 내려놓고서 또렷한 목소리로 이렇게 선언합니다.

"이래 봬도 나 안동 권씨요!"

게다가 한술 더 뜹니다.

"물론 잘 아시리라 믿지만 안동 권씨 허면 어딜 가도 그렇게 괄신 안

받지요. 오 선생은 본(本)이 해주던가요?"

애써 반짝거리는 구두를 과시하던 권 씨는 이번에는 가문의 권세로 집주인과 대거리를 합니다. 하지만 한밤중에 소주병을 들고 찾아와 성씨의 고향을 묻는, 참으로 못난 이 남자에게 오 선생은 애써 사람 좋아 보이는 웃음을 웃어 보입니다. 그런 집주인의 표정은 아랑곳하지 않고 권 씨는 구겨져버린 자신의 삶을 들려줍니다.

재개발 동네에서 어찌어찌 철거민 입주 권리를 손에 넣지만, 전매 입주자는 분양 전 토지 불하를 받기 위해 거금을 일시불로 납부하라는 통지서를 받았고, 엎친 데 덮친 격으로 토지취득세부과통지서까지 날아오게 되었다는 것입니다. 그러지 않아도 집을 짓느라 사방에 변통을 해서 잔뜩 빚을 진 판국입니다. 먹고 죽을 돈도 없는 권 씨 가족에게 이건 날벼락이었습니다. 결국 그는 입주민 권리를 위해 투쟁위원회에 들어가게 되었고 폭력사태의 주범으로 몰려 교도소까지 가게 된 것입니다. 그러다 박봉의 출판사 일자리에서도 쫓겨나 오늘날 공사판을 전전하게 되었다는 사연입니다.

그럭저럭 날들은 흘러가고 어느새 권 씨 아내의 해산일이 다가왔습니다. 그런데 반짝이는 구두를 자랑하는 안동 권씨 권기용은 아무 대책이 없습니다. 외려 걱정을 해주는 집주인에게 태연스레 이렇게 말합니다. "둘째 때도 마누라 혼자서 거뜬히 해치웠거든요."

하지만 이번에는 사정이 달랐습니다. 진통이 시작되었지만 태아는 나올 생각을 하지 않았고, 탯줄이 목에 감긴 태아와 산모를 살리려면 제왕절개를 해야만 했습니다. 병원에서는 수술비를 가져와야 수술에 들어간다고 하니, 다급해진 권 씨는 오 선생이 근무하는 학교로 달려가 어렵게 말을 꺼냅니다.

하지만 집장만을 하려고 빚을 잔뜩 진 처지인 오 선생도 사정이 딱하기는 매일반입니다. 그는 대책 없이 무능한 가장의 부탁을 거절하면서 점잖게 조언까지 해줍니다.

"병원 원장한테 바로 전화 걸어서 내가 보증을 서마고 약속할 테니까 권 선생도 다시 한 번 매달려보세요. 의사도 사람인데 설마 사람을 생으로 죽게야 하겠습니까. 달리 변통할 구멍이 없으시다면 그렇게 해보세요."

자존심을 구기며 애원했다가 충고까지 듣게 된 권 씨는 돌아서다가 다시 몸을 돌려 이렇게 말합니다.

"오 선생, 이래 봬도 나 대학 나온 사람이오."

그것뿐이었다. 내 호주머니에 촌지를 밀어 넣던 어느 학부형같이 그는 수줍게 그 말만 건네고는 언덕을 내려갔다. 별로 휘청거릴 것도 없는 작달막한 체구를 연방 휘청거리면서 내딛는 한 걸음 한 걸음마다 땅을 저주하고 하늘을 저주하는 동작으로 내 눈에 그는 비쳤다. 산 고팽이를 돌아 그의 모습이 벌거벗은 황토의 언덕 저쪽으로 사라지는 찰나, 나는 뛰어가서 그를 부르고 싶은 충동을 느꼈다. 돌팔매질을 하다 말고 뒤집어진 삼륜차로 달려들어 아귀아귀 참외를 깨물어 먹는 군중을 목격했을 당시의 권 씨처럼, 이건 완전히 나체화구나 하는 느낌이 팍 들었다.(165쪽)

이 작품의 백미는 뭐니 뭐니 해도 그날 밤 오 선생이 당한 한밤중 강도사건입니다. 신발을 벗고 얌전하게 양말차림으로 들어온 강도. 느닷 없이 식칼의 촉감을 목에 느끼게 된 오 선생보다 더 덜덜 떠는 강도. 발을 밟혀 칭얼대는 집주인의 어린 아들을 토닥거리느라 식칼을 이불 위에 내려놓고도 그런 줄 모르는 강도. 그리고 훔칠 게 별로 없다며 성질을 낸 뒤 현관에 벗어놓은 반짝거리는 구두를 다시 신고 나서는 강도. 자연스레 문간방 쪽으로 걸어가다 "대문은 저쪽"이라는 집주인의 충고에 아차 하는 심정으로 퇴장하는 강도.

그 강도가 누구일지는 뻔합니다. 강도의 아내는 집주인 오 선생이 돌려준 전세융자금으로 무사히 수술을 마치고 건강한 사내아이를 낳지만, 아이 아버지는 그날로 집을 떠나 돌아오지 않습니다. 다만 주인을 잃어버린 구두 아홉 켤레만이 허망하게 입을 벌리며 먼지를 한 켜씩 쓸 뿐입니다.

사실 세입자의 융자금으로 어렵사리 내 집 한 칸 마련한 오 선생이나, 무책임이 상책인 세입자 권 씨나, 두 사람은 도긴개긴입니다. 누가 누구보다 더 나을 것도 없건만 "비에 젖은 사람들이 똑같이 비에 젖은 사람들을 상대로 싸우는"(181쪽) 현실에서 애써 나는 너보다 더 낫다는 걸 확인하고, 적어도 너 같지는 않다는 증거를 찾아내며 하루를 살아갈 힘을 얻는 보통 사람들일 뿐입니다.

문학평론가 손정수는 이 소설을 "분단과 산업화로 인해 발생한 한국 사회의 문제를 포착하여 그것을 극복할 수 있는 방향을 미학적으로 제시했다는 평가"를 내리면서 "동시대의 과제에 대한 소설적 대응으로서의 의미"는 시대의 변화에 따라 "이제 역사화되었다고 할 수 있"다면서, "그럼에도 그의 소설은 여러 측면에서 새로운 해석을 낳으며

의대입시독서는 달라야 합니다

여전히 문제성을 생산하고 있"다고 했습니다. 이 책에 수록된 아홉 편의 중단편은 과거가 아니라 오늘날에도 벌어지는 사회 문제를 다루고 있습니다.

생기부 세특 예시

저소득층과 고소득층의 의료비 현황을 분석해 소득 하위 20% 가구는 연간 소득이 880만 원이고 의료비는 150만 원으로, 의료비가 소득의 17%를 차지해 부담이 매우 큰 반면 상위 20% 가구는 연간 소득 8,480만 원에 의료비 220만 원, 의료비 비율은 3%로 상대적으로 부담이 적다는 의료 불평등 현상을 논의해 봄. 의료비 부담이 5배 이상 큰 차이가 발생하는 이유로 소득 수준에 따른 의료 접근성과 치료 수준 차이를 지적하며 고소득층은 다양한 보험 혜택과 충분한 경제력을 바탕으로 더 많은 의료 서비스를 이용하지만, 저소득층은 비용 부담과 제한적 접근성으로 인해 적절한 치료를 받는 데 어려움을 겪는 현실을 파악해 봄. 특히 만성질환의 경우 꾸준한 치료와 관리가 필요한데 저소득층은 치료를 미루거나 포기해 증상이 악화될 가능성이 큰 반면 고소득층은 예방과 치료에 적극적으로 참여하여 의료비가 높더라도 건강 관리에 유리한 상황이 저소득층의 상대적 의료비 부담 증가와 함께 건강 불평등과 사회적 비용의 문제로 이어지므로, 의료 접근성 개선, 경제적 지원 확대, 예방 중심 보건 정책 수립 등이 필요하다고 주장함. '아홉 켤레의 구두로 남은 사내(윤흥길)'의 1970년대 상황과 연계해

갈등의 사회 구조적 원인을 탐색해 봄.(1,498Byte, 띄어쓰기 포함 632자)

    저소득층과 고소득층의 의료비 현황을 분석해 소득 하위 20% 가구는 연간 소득이 880만 원이고 의료비는 150만 원으로, 의료비가 소득의 17%를 차지해 부담이 매우 큰 반면 상위 20% 가구는 연간 소득 8,480만 원에 의료비 220만 원, 의료비 비율은 3%로 상대적으로 부담이 적다는 의료 불평등 현상을 논의해 봄. 특히 만성질환의 경우 꾸준한 치료와 관리가 필요한데 저소득층은 치료를 미루거나 포기해 증상이 악화될 가능성이 큰 반면 고소득층은 예방과 치료에 적극적으로 참여하여 의료비가 높더라도 건강 관리에 유리한 상황이 건강 불평등과 사회적 비용의 문제로 이어지므로, 의료 접근성 개선, 경제적 지원 확대, 예방 중심 보건 정책 수립 등이 필요하다고 주장함. '아홉 켤레의 구두로 남은 사내(윤흥길)'의 1970년대 상황과 연계해 갈등의 사회 구조적 원인을 탐색해 봄.(1,019Byte, 띄어쓰기 포함 437자)

    저소득층과 고소득층의 의료비 현황을 분석해 불평등 현상을 논의해 봄. 특히 만성질환의 경우 꾸준한 치료와 관리가 필요한데 저소득층은 치료를 미루거나 포기해 증상이 악화될 가능성이 건강 불평등과 사회적 비용의 문제로 이어지므로, 의료 접근성 개선, 경제적 지원 확대, 예방 중심 보건 정책 수립 등이 필요하다고 주장함. '아홉 켤레의 구두로 남은 사내(윤흥길)'의 1970년대 상황과 연계해 갈등의 사회 구조적 원인을 탐색해 봄.(577Byte, 띄어쓰기 포함 229자)

        의대입시독서는 달라야 합니다

《랩 걸》 | 호프 자런

" 고난을 헤치고 성장한 과학자 이야기 "

| 분량 ★★★ | 내용 ★★★★ | 활용 ★★★★ |

📑 〈2018학년도 서울대 수시 의과대학 면접 제시문 3〉

동백은 한 송이의 개별자로서 제각기 피어나고, 제각기 떨어진다. 동백은 떨어져 죽을 때 주접스런 꼴을 보이지 않는다. 절정에 도달한 그 꽃은, 마치 백제가 무너지듯이, 절정에서 문득 추락해버린다. '눈물처럼 후드득' 떨어져 버린다.

매화는 피어서 군집을 이룬다. 꽃 핀 매화숲은 구름처럼 보인다. 매화는 질 때, 꽃송이가 떨어지지 않고 꽃잎 한 개 한 개가 낱낱이 바람에 날려 산화한다. 매화는 바람에 불려가서 소멸하는 시간의 모습으로 꽃보라가 되어 사라진다.

목련은 등불을 켜듯이 피어난다. 꽃잎을 아직 오므리고 있을 때가 목련의 절정이다. 목련은 자의식에 가득 차 있다. 그 꽃은 존재의 중량감을 과시하면서 한사코 하늘을 향해 봉우리를 치켜올린다. 목련꽃의 죽음은 느리고도 무겁다. 누렇게 말라비틀어진 꽃잎은 누더기가 되어 나뭇가지에서 너덜거리다가 바람에 날려 땅바닥에 떨어진다.

의대면접에서 뜬금없이 꽃 이야기를 꺼내니, '이게 의학이랑 무슨

상관이지?' 싶기도 합니다. 서울대 의대에서 동백, 매화, 목련에 대해 출제한 이유를 먼저 생각해 봅시다. 의사는 인간의 생명을 다루는 직업입니다. 제시문들은 꽃의 '피어남'과 '시들어감', '죽음'을 정말 섬세하게 묘사하고 있습니다. 동백처럼 절정에서 갑자기 스러지기도 하고, 매화처럼 꽃잎 하나하나 흩날리며 사라지기도 하고, 목련처럼 느리고 무겁게 시들기도 합니다. 이건 마치 환자 한 분 한 분이 겪는 삶의 과정과 질병 그리고 죽음에 대한 다양한 방식을 은유적으로 보여주는 비유 같기도 합니다. 의사에게는 환자가 살아가는 방식뿐만 아니라, 아픔을 겪고 생을 마감하는 순간까지도 존중하고 이해하는 태도가 필요합니다. 단순히 병을 고치는 기술을 넘어서, 학생들이 생명과 죽음이라는 큰 주제에 대해 얼마나 깊이 고민해 보았는지를 평가하기 위해 이 제시문이 등장한 것입니다.

의사에게는 매우 세밀한 관찰력이 필요합니다. 환자의 미세한 표정 변화, 작은 증상 하나도 놓치지 않는 예리함이 중요합니다. 제시문은 꽃 하나하나의 특징을 매우 섬세하게 묘사하고 있습니다. 면접관들은 지원자가 이런 문학적이고 미학적인 묘사에서 얼마나 예리하게 특징을 파악하고, 그 이면의 의미까지 읽어낼 수 있는지를 보려고 한 것입니다. 단순히 지식을 외우는 수준을 넘어 의사로서 필요한 관찰력과 통찰력을 평가하려 한 것입니다.

의학은 결국 '사람'을 위한 학문이고, 의사는 '환자'라는 한 사람을 대하는 직업입니다. 각기 다른 방식으로 피고 지는 꽃들처럼, 환자들 역시 각자 다른 삶을 살아왔고, 다른 방식으로 병을 겪고, 다른 방식으로 감정을 표현합니다. 면접관들은 지원자가 이런 다양한 존재 방식에 대해 얼마나 열린 마음으로 이해하고 공감할 수 있는지를 보려고 한 것입니다. AI와 같은 기계적인 치료보다는, 환자 한 명 한 명의 개별성을 존중하고 그들의 삶의 방식을 이해하려는 인간적인 태도가 중요한 시대이기 때문입니다.

마지막으로, 이런 종류의 제시문은 정답이 딱 떨어지지 않습니다. 지원자가 정해진 답을 말하는지보다, 주어진 추상적인 정보를 어떻게 해석하고, 논리적으로 자신만의 관점을 제시하며, 이를 의학이라는 분야와 연결 지어 생각할 수 있는지를 평가합니다. 결국 복잡하고 불확실한 의료 현장에서 유연하게 사고하고 판단하는 능력을 평가하기 위해 이런 제시문을 제시한 것입니다.

실제 면접에서 이루어진 질문과 답변을 살펴보겠습니다.

질문 1. 주어진 세 꽃을 인생에 비유해 보세요.

답변 : 세 꽃을 인생에 비유하자면, 동백은 각자가 독립적으로 자신의 삶을 살다가 절정에서 갑작스럽고 품위 있게 마무리하는 인생을 상징합니다. 매화는 관계와 공동체 속에서 화려하게 피어나지만, 결국은 바람에 흩날리는 꽃잎처럼 시간에 따라 소멸하며 변화하는 삶을 의미합니다. 목련은 자신의 존재감을 강하게 드러내면서도 느리고 무거운 죽음을 맞이하는, 자기 확신과 깊은 인상을 남기는 삶을 의미합니다.

질문 2. 역사적인 인물을 골라 비유해 보세요.

답변 : 역사적인 인물 중 동백에 비유할 만한 인물로는 조선의 충신 이순신 장군을 들 수 있습니다. 그는 자신의 역할과 임무를 다하다가

명예롭게 생을 마감한 점에서 동백의 갑작스럽고 품격 있는 추락과 닮았습니다. 매화에 비유할 수 있는 인물로는 유교적 이상을 실천하며 집단 내에서 조화를 중시한 율곡 이이가 어울리고, 목련과 비슷한 인물은 자기 존재를 강하게 드러내며 역사적 영향력을 남긴 세종대왕이 적합할 듯합니다.

질문 3. 지원자는 어떤 꽃과 비슷하다고 생각하나요?

답변 : 저와 비슷하다고 생각하는 꽃은 매화입니다. 개인의 독립성과 공동체 속 관계를 중시하며, 때로는 변화무쌍한 환경 속에서도 소명과 역할을 다하려 노력하기 때문입니다. 또한 시간의 흐름 속에서 겸손하고 자연스럽게 변화하고자 하는 마음도 매화와 연관 깊다고 느낍니다.

'랩 걸(호프 자런)'
의대입시에 활용하기

'랩 걸(호프 자런)'은 씨앗이 자라 나무가 되듯이 삶에 대한 열정을 잃지 않고 고난을 헤치고 큰 나무 같은 어엿한 과학자가 된 저자의 인생 이야기입니다. 과학자를 꿈꾸던 소녀가 여러 번의 시행착오와 여성이라는 이유만으로 사회의 높은 벽에 부딪치면서도 자연과 과학을 향한 사랑과 동료에 대한 믿음으로 연구자의 길을 걸어 한 명의 과학자가 되기까지의 과정을 담았습니다.

인간의 왕조가 흥망성쇠를 거듭하는 동안 이 작은 씨앗은 미래에 대한 희망을 버리지 않고 고집스럽게 버틴 것이다. 그러다가 어느 날 그 작은 식물의 열망이 어느 실험실 안에서 활짝 피었다. 그 연꽃은 지금 어디 있을까. 모든 시작은 기다림의 끝이다. 우리는 모두 단 한 번의 기회를 만난다. 우리는 모두 한 사람 한 사람 불가능하면서도 필연적인 존재들이다. 모든 우거진 나무의 시작은 기다림을 포기하지 않은 씨앗이었다.(52쪽)

저자는 이 책에서 자신의 이야기와 자신이 아는 이야기를 전하는 데 집중합니다. 떡갈나무에게는 떡갈나무의 방법이 있고, 칡과 쇠뜨기에게 그들만의 삶이 있다고 다정다감하게 전합니다. 또 자신의 아픔마저 솔직히 털어놓습니다. 조울증과 출산으로 인해 실험실에서 쫓겨났을 때의 절망, 그럼에도 다시 실험실로 향한 것은 자신이 꼭 필요한 일을 하고 있다는 믿음과 동료와의 신뢰, 아이와의 교감 때문입니다. 이 책에 담긴 그녀의 진솔한 자기 성찰과 따스한 시선을 통해 삶과 과학 그리고 식물에 대한 무한한 사랑을 느낄 수 있습니다.

이 가루가 오팔로 만들어졌다는 사실을 아는 것은 무한대로 확장되고 있는 이 우주에 단 한 사람, 나뿐이었다. 상상할 수도 없이 많은 사람들이 사는 이 넓고 넓은 세상에서 나, 작고 부족한 내가 특별한 존재가 된 것이다. 나는 나만의 독특하고 별난 유전자들이 모여서 생긴 존재일 뿐 아니라 창조에 관해 내가 알게 된 그 작은 진실 덕분에, 그리고 내가 보고 이해한 그 진실 덕분에 실존적으로 독특한 존재가 되었다. 모든 팽나무의 씨를 강화하는 광물질이 바로 오팔이라는 확실한 지식은, 누군가에게 전화하기 전까지는 나만 알고 있는 진실이었다. 그것이 알 가치가 있는 지식인지 아닌지는 오늘 생각할 문제가 아니라 느꼈다. 인생의 한 페이지가 넘어가는 그 순간 나는 서서 그 사실을 온몸으로 흡수했다. 싸구려 장난감이라도 새것일 때는 빛나 보이듯, 내 첫 과학적 발견도 그렇게 반짝였다.(105~106쪽)

저자는 1969년 미네소타 오스틴에서 과학 교수였던 아버지의 딸로 태어났습니다. 캘리포니아 버클리대학교에서 박사 학위를 받고 조지아 공과대학과 존스홉킨스대학교에서 부교수로 재직했습니다. 풀프라이트상을 세 번 수상한 유일한 여성 과학자로, 2005년에는 젊고 뛰어난 지구물리학자에게 수여하는 제임스 매클웨인 메달을 받았습니다. 2008년부터 2016년까지 하와이대학교에서 교수로 재직하며 동위원소 분석을 통한 화석삼림 연구를 왕성하게 수행했습니다. 식물에 비추어 세상을 바라보는 통찰력이 돋보이는 이 책을 통해 작가로서의 재능 또한 인정받았습니다. 2016년 《타임》이 선정한 영향력 있는 인물 100인에 이름을 올리기도 했고, 현재 오슬로대학교에서 연구를 이어가고 있습니다.

모두의 얼굴에는 이제 내게 익숙한 표정이 떠올라 있었다. "저 여자가? 그럴 리가. 뭔가 실수가 있었겠지." 전 세계 공공기관 및 사립 기구들에서는 과학계 내 성차별의 역학에 대해 연구하고 그것이 복잡하고 다양한 요소로 이루어져 있다고 결론지었다. 내 제한된 경험에

　　　　　　　　　　　의대입시독서는 달라야 합니다

따르면 성차별은 굉장히 단순하다. 지금 네가 절대 진짜 너일 리가 없다는 말을 끊임없이 듣고, 그 경험이 축적되어 나를 짓누르는 무거운 짐이 되는 것이 바로 성차별이다.(262쪽)

저자는 전문 분야에서 여성이 경력을 이어갈 때 필연적으로 마주하게 되는 '유리천장'에 대해서 이야기합니다. 그러나 결코 과장하지 않은 목소리로 자신이 겪은 일과 여성 과학자로서 견뎌야 하는 시선에 대해 담담하게 말할 뿐입니다. 그녀는 여러 칼럼과 인터뷰를 통해 여성이 겪어야 하는 편견과 차별의 벽을 허무는 것에 대해 목소리를 높여왔으며, 누군가의 징검다리가 되는 것, 다른 나무를 돕는 든든한 큰 나무가 되기를 기꺼이 자처하고 있습니다.

그런데 저자는 자신의 실험실을 이렇게 묘사합니다. "내 실험실은 내가 하지 않은 일에 대한 죄책감이 내가 해내고 있는 일들로 대체되는 곳이다. 부모님께 전화하지 않은 것, 아직 납부하지 못한 신용카드 고지서, 씻지 않고 쌓아둔 접시들, 면도하지 않은 다리 같은 것들은 숭고한 발견을 위해 실험실에서 하는 작업들과 비교하면 사소하기 그지없는 일이 된다." 저자에게 실험실은 단순한 연구 장소가 아니라 자신의 이름을 담은 '집'이자 '교회', '글을 쓰는 곳'으로서 소중한 보금자리입니다.

저자가 이토록 실험실에서 열을 올리는 데에는 또 다른 이유가 있습니다. 바로 식물을 향한 무한한 사랑입니다. 처음부터 식물 연구를 하고 싶었지만, 식물 분야야말로 사람들이 가장 관심을 두지 않는 분야이기도 합니다. 필요한 연구기금을 마련하기 위해 그녀는 실험실에서 전쟁 같은 하루를 살아가면서 식물을 돌봅니다.

> "두 시간 작업하면 될 것이라고 예측했던 실험을 완수하는 데 4일이
> 걸렸고, 완벽하게 완수하는 데는 8일이 걸렸다. 게다가 이 모든 실험
> 실 작업을 날마다 수백 개의 식물에 물과 비료를 주고, 변화를 기록
> 하는 일을 하는 중간중간에 해내야 했다."(41쪽)

저자는 자신의 몸을 해칠 정도로 무섭게 연구에 몰두합니다. 이 책
은 그런 그녀의 열정을 엿볼 수 있는 책입니다.

'일단 싹을 틔운 식물은 헤매지 않는다'. 싹을 틔우기까지가 식물이
선택할 수 있는 마지막 방황이라고 합니다. 그다음부터는 시들어 꺾이
는 순간까지 꾸준히 나아가기 때문입니다. 물줄기를 향해 적극적으로
뿌리를 뻗고, 태양을 향해 이파리를 흔들며, 몸을 단단히 해 외부의 위
험으로부터 자신을 지킵니다. 때로는 병충해를 앓고 거센 바람에 몸이
다치면서도 상처를 고스란히 나이테에 간직한 채 식물은 성장을 거듭
합니다. 숲의 특성상 힘세고 높이 자란 나무가 혜택을 받겠지만, 때로
는 호되게 병충해를 앓은 나무가 다른 나무에게 병을 이겨낼 수 있는
방법을 전하기도 하고, 근처의 어린 나무들이 잘 자랄 수 있도록 물을
모아주기도 합니다.

의대입시독서는 달라야 합니다

생기부 세특 예시

동백은 각자가 독립적으로 피어나 절정에 이르면 갑작스럽고 품위 있게 떨어지는 모습을 보이며 인생에서 각 개인이 자신의 시기를 완벽하게 살다가 마무리하는 모습을, 매화는 군집을 이루어 화려하게 피어나지만 지는 과정에서는 꽃잎 하나하나가 바람에 흩날려 소멸하는 모습으로 공동체 속에서 변화와 덧없음을 경험하는 삶을, 목련은 봉우리를 높이 치켜올리며 존재감을 강하게 드러내며 느리고 무겁게 죽음을 맞이하므로 자신만의 확고한 정체성과 깊은 여운을 남기는 삶의 태도를 상징한다고 분석해 봄. 인생과 죽음, 개인의 다양성을 이해하고 존중하는 자세를 묻는 깊이 있는 질문을 통해 고유한 삶을 섬세하게 공감하는 능력을 키우기 위해 노력함. 시간과 나무, 과학에 대한 깊은 성찰과 삶의 이야기를 담은 '랩 걸(호프 자런)'과의 연계 독서를 통해 어린 시절부터 과학에 대한 열망을 키워온 저자가 여성 과학자로서 겪는 사회적 편견과 '유리천장'에 맞서며 식물이 겪는 고난과 좌절, 상호 도움의 과정에서 인생의 의미와 희망을 찾아가는 모습을 접함. 싹을 틔운 식물은 헤매지 않는다는 말처럼 한 생명체가 세상의 도전에 맞서 끈질기게 성장하는 모습을 통해 과학과 삶, 고난과 성장, 따뜻한 연대의식에 공감함.(1,496Byte, 띄어쓰기 포함 608자)

동백과 매화, 목련에 대한 문학적 표현에 대해 다양한 비유와 상징을 분석해 발표함. 인생과 죽음, 개인의 다양성을 이해하고 존중하는 자세를 묻는 깊이 있는 질문을 통해 고유한 삶을 섬세하게 공감하는 능력을 키우기 위해 노력함. 시간과 나무, 과학에 대한 깊은 성찰과 삶의 이야기를 담은 '랩 걸(호프 자런)'과의 연계 독서를 통해 어린 시절부터 과학에 대한 열망을 키워온 저자가 여성 과학자로서 겪는 사회적 편견과 '유리천장'에 맞서며 식물이 겪는 고난과 좌절, 상호 도움의 과정에서 인생의 의미와 희망을 찾아가는 모습을 접함. 싹을 틔운 식물은 헤매지 않는다는 말처럼 한 생명체가 세상의 도전에 맞서 끈질기게 성장하는 모습을 통해 과학과 삶, 고난과 성장, 따뜻한 연대 의식에 공감함.(929Byte, 띄어쓰기 포함 385자)

시간과 나무, 과학에 대한 깊은 성찰과 삶의 이야기를 담은 '랩 걸(호프 자런)'과의 연계 독서를 통해 어린 시절부터 과학에 대한 열망을 키워온 저자가 여성 과학자로서 겪는 사회적 편견과 '유리천장'에 맞서며 식물이 겪는 고난과 좌절, 상호 도움의 과정에서 인생의 의미와 희망을 찾아가는 모습을 접함. 싹을 틔운 식물은 헤매지 않는다는 말처럼 한 생명체가 세상의 도전에 맞서 끈질기게 성장하는 모습을 통해 과학과 삶, 고난과 성장, 따뜻한 연대 의식에 공감함.(620Byte, 띄어쓰기 포함 258자)

| 윤석민, 홍종윤 외

" 가짜뉴스 문제에 대한 분석과 대처 방안 "

분량 ★★★	내용 ★★★★	활용 ★★★★

〈2018학년도 서울대 수시 의과대학 면접 제시문 4〉

페이스북을 하다 보면 문득 뭔가 잘못 돌아가고 있는 게 아닌지 의심스러운 때가 있다. 세상이 너무 좋아 보이는 때다. 어쩌면 이렇게 내 생각과 같은 사람들이 많은지. 그들은 내가 좋아라 할 만한 말만 하고, 내가 미워하는 것을 함께 미워한다. 그들과 함께 '좋아요'를 주고받다가 깨닫게 된다. 세상이 정말 페이스북과 같다면 이렇게 엉망진창일 리가 없지 않은가.

페이스북은 '내게만' 좋은 세상을 보여주지 않는다. 신기하게도 모두에게 각자 좋은 세상을 보여준다. 알고리듬(algorithm)을 사용하기 때문이다. 이 알고리듬은 우리가 각자 맺은 친구관계, 거절한 친구 요청, '좋아요' 한 것과 '화나요' 한 것, 그리고 우리가 올린 모든 사진과 글을 분석해서 각자에게 좋은 세상을 뉴스라며 보여준다. 이렇게 유능한 페이스북 알고리듬이 사고를 쳤다. 아니, 수많은 문제들 가운데 하나가 또 드러났다고 해야겠다.

페이스북은 알고리듬을 이용해서 이용자에게 각자 좋은 뉴스를 제공하면서, 동시에 광고주에게 이용자 정보를 팔아 돈을 벌어왔다. 탐사보도 전문언론인 프로퍼

블리카가 지난 14일 폭로한 바에 따르면, 페이스북은 인터넷 광고 판매에서 '세상을 망친 유대인의 역사'나 '유대인을 불태우는 방법'과 같은 범주가 이용되는 것을 용인했다고 한다. 인종, 종교, 성별에 대한 증오 범죄를 묘사하는 내용을 용인하기도 했다.

미국 언론의 탐사보도가 계속되자 페이스북은 즉각 해명하고 사과에 나섰다. 의도적으로 그랬던 것은 아니지만, 그런 일이 발생했던 것은 사실이고 또한 페이스북이 인식하지 못했기에 잘못이라 인정했다. 물론 페이스북은 이 모든 일을 미리 의도하지 않았을 것이다. 그러나 그들은 이 사태를 초래한 알고리듬의 설계자요, 관리자다. 그들은 효율적이고 효과적인 알고리듬이 얼마든지 편향적이거나 불공정할 수 있다는 사실을 알고 있었다.

알고리듬은 중립적이지 않다. 예컨대, 구글 검색결과가 그렇다. 같은 시간 같은 장소에서 같은 단어를 검색창에 넣은 두 사람은 완전히 다른 결과를 얻게 된다. 포털 뉴스도 마찬가지다. 포털 뉴스가 편향적이라고 비판하는 자는 애초에 그 자신이 포털에서 주로 어떤 뉴스를 봤는지 먼저 반성해야 한다.

인터넷 활동가 일라이 파리서는 이런 현상을 '여과기 거품(filter bubble 필터 버블)'이라 불렀다. 우리가 인터넷 플랫폼을 이용하는 사이에 플랫폼에 고유한 알고리듬이 여과기처럼 작동하고 있는데, 우리는 여과기를 통해 밖에서 거품 안으로 들어오지 못하는 정보가 무엇인지 알 수 없다는 뜻이다.

여과기 거품은 일단 인지적 편향을 낳는다. 인터넷에서 진보적인 친구를 구하고 개혁적 주장을 펼치는 자는 실은 보수주의자의 염려를 접하지 못하는 것은 물론, 중도파의 유보적 견해나 독립파의 변심을 알아채지 못할 가능성이 높다.

보기 싫은 사람을 피하고, 듣고 싶지 않은 발언을 거르겠다는 게 왜 문제인가? 이는 실로 인식의 문제를 넘어선다. 여과기 거품 속에서 개인은 거품이 없었으면 하

의대입시독서는 달라야 합니다

지 않았을 행동을 할 수 있다. 그리고 그런 행동은 거품을 넘어서 여론을 형성하기도 한다. 타인의 행동에 영향을 미칠 수도 있다.

미국은 지금 페이스북이 2016년 미국 대통령 선거에 미친 영향을 놓고 조사가 한창이다. 조사 중에 밝혀진 새로운 사실이 있다. 2015년 여름부터 러시아의 한 광고회사가 페이스북에 10만 달러 상당의 광고를 집행했는데, 그 내용 중에 인종갈등과 성소수자 사안과 같은 미국 유권자를 이념적으로 분열하기 위한 내용이 있었다고 한다.

페이스북의 문제점을 다룬 제시문입니다. "페이스북을 하다 보면 문득 뭔가 잘못 돌아가고 있는 게 아닌지 의심스러운 때가 있다. 세상이 너무 좋아 보이는 때다." 이 문장부터 '우리가 너무나 당연하게 사용하는 페이스북 같은 SNS의 이면에 이렇게 심각한 문제들이 숨어 있었다니' 하고 생각하게 됩니다.

지금은 교과서에도 실린 표현이지만 당시 '필터 버블(filter bubble)' 현상은 무서운 개념으로 제기되었습니다. 내 생각과 같은 사람들만 만나고, 듣고 싶은 이야기만 듣다 보니 세상이 진짜로 그런 줄 착각하게 되는 상황이기 때문입니다. 내가 좋아하는 정보만 보여주는 알고리즘이 결국 나를 '인지적 편향'에 가두고 있다는 사실을 인지하기 어렵다는 점이 가장 큰 문제입니다. 보수적인 사람은 보수적인 친구들만, 진보적인 사람은 진보적인 친구들만 보게 되는 악순환이 이어지기 때문입니다.

페이스북이 광고주에게 '세상을 망친 유대인의 역사' 같은 끔찍한 범주의 광고를 허용한 것은 정말 심각한 문제입니다. 아무리 의도하지 않았다고 해도, 알고리즘의 설계자이자 관리자로서 책임을 피할 수 없는 부분입니다. 이런 알고리즘이 결국 2016년(뿐만 아니라 이후) 미국 대선처럼 사회적 갈등을 증폭시키고 여론을 왜곡하는 데 악용될 수도 있습니다.

"알고리듬은 중립적이지 않다." 이 한 문장은 정말 많은 생각을 하게 합니다. 우리가 인터넷을 통해 정보를 얻을 때, 내가 뭘 보고 있는지, 어떤 정보에 노출되고 있는지를 비판적으로 생각하는 태도가 정말 중요한 시대입니다. 단순히 편리함 뒤에 숨겨진 위험성을 간과하지 않아야겠습니다. 실제 면접에서는 어떤 질문과 답변이 진행되었을까요?

질문 1. 10분 동안 200자로 요약해서 써 보세요.

답변 : 페이스북 같은 플랫폼 알고리듬은 사용자 선호 정보만을 제공하여 '필터 버블' 현상을 만듭니다. 인지적 편향을 심화시키고 의견 불균형을 초래합니다. 2016년 미국 대선처럼 정치적 선동에 악용되어 여론 형성 및 민주주의에 부정적 영향을 미칩니다. 알고리듬이 중립적이지 않으므로 플랫폼은 사회적 책임감을 인식하고 사용자는 비판적 정보 수용 자세를 가져야 합니다. (199자)

질문 2. 왜 이런 문제가 발생하는지 이야기해 보세요.

답변 : 주로 알고리듬이 사용자 참여와 광고 수익 극대화를 목표로 설계되기 때문에 발생합니다. 알고리듬은 사용자의 과거 행동 데이터를 기반으로 가장 선호할 만한 콘텐츠를 보여줌으로써, 사용자가 이미 가지고 있는 생각이나 신념을 강화하는 정보만을 반복적으로 제공하

게 됩니다. 이 과정에서 다양한 관점이나 반대 의견은 배제되어 '필터 버블'에 갇히게 되고, 결과적으로 정보 편향과 확증 편향이 심화됩니다. 플랫폼의 사회적 책임 인식이 부족한 점과 알고리즘의 투명성 부족 또한 문제 발생의 주요 원인입니다.

질문 3. 제시문에서 가장 중요하다고 생각되는 단어 3개를 뽑아 보세요.

답변 : 제가 중요하다고 생각하는 단어 3개는 알고리즘, 필터 버블, 편향입니다.

질문 4. 3개의 단어를 모두 사용하여 한 문장으로 요약해 보세요.

답변 : 소셜 미디어의 '알고리즘'은 사용자를 '필터 버블' 속에 가두어 정보의 '편향'을 심화시키고 사회적 문제를 야기합니다.

질문 5. 이와 비슷한 현상을 이야기해 보세요.

답변 : '확증 편향'은 사람들이 자신의 믿음이나 가설을 확인시켜 주는 정보에만 주의를 기울이고, 반대되는 정보는 무시하거나 왜곡하는 경향을 말합니다. 예를 들어, 특정 정치 성향을 가진 사람이 그 성향과 일치하는 언론 매체나 방송 프로그램만을 선택적으로 소비하고, 반대되는 의견은 아예 접하지 않으려는 경우가 있습니다. 과거에는 지리적 제약이나 특정 신문 구독, TV 채널 시청 등을 통해 이런 현상이 발생했지만, 디지털 시대에는 온라인 커뮤니티나 맞춤형 뉴스 피드를 통해 더욱 심화될 수 있습니다.

질문 6. 지원자가 제시한 현상과 제시문의 차이점은 무엇인가요?

답변 : '확증 편향'은 인간의 보편적인 인지 심리 특성에 뿌리를 둔 현상이라는 점에서 제시문의 내용과 차이가 있습니다. 제시문은 디지털 플랫폼의 '알고리듬'이라는 기술적 요인이 이러한 인지적 편향을 인공적으로 더욱 강화하고 대규모화한다는 점에 초점을 맞춥니다. 즉, 확증 편향은 인간 본성인데, 알고리듬은 그 본성을 증폭시키고 구조화하는 메커니즘을 제공한다는 점에서 차이가 있습니다.

질문 7. 지원자가 제시한 현상을 해결할 수 있는 방법은 무엇인가요?

답변 : 확증 편향을 해결하기 위해서는 다음과 같은 방법들을 고려할 수 있습니다. 먼저 어떤 정보든 맹목적으로 수용하기보다는, 정보의 출처, 내용의 객관성, 다양한 관점 등을 비판적으로 검토하는 훈련이 필요합니다. 의도적으로 자신과 다른 의견이나 관점을 제시하는 미디어, 서적, 사람들과의 대화를 통해 정보의 지평을 넓히려는 노력이 중요합니다. 자신의 믿음이 틀릴 수도 있음을 인정하고, 새로운 정보를 바탕으로 자신의 생각을 기꺼이 수정할 준비가 된 개방적인 태도를 갖추는 것이 중요합니다. 학교 교육 및 평생 교육을 통해 정보 과잉 시대에 필요한 미디어 정보 판별 능력을 함양시키는 것이 필수적입니다.

질문 8. 제시문의 끝부분을 다시 읽고, 그 뒤에 이어질 내용이 무엇인지 추론해 보세요.

답변 : 제시문은 2016년 미국 대선에서 러시아 광고회사가 페이스북을 통해 유권자를 분열시키려는 광고를 집행했다는 사실로 끝이 납

니다. 이 뒤에 이어질 내용은 다음과 같이 추론해 볼 수 있습니다. 이러한 정보 조작 시도가 실제로 2016년 미국 대선 결과에 어떤 영향을 미쳤는지에 대한 구체적인 분석이나 논쟁이 이어질 것입니다. 페이스북과 같은 소셜 미디어 플랫폼이 이러한 문제에 대해 어떤 윤리적, 사회적 책임을 져야 하는지에 대한 논의가 심화될 것입니다. 정부나 국제 사회가 소셜 미디어 플랫폼의 알고리듬 투명성 확보, 허위 정보 및 증오 콘텐츠 확산 방지 등을 위한 새로운 규제나 정책을 어떻게 마련해야 할지에 대한 제안이나 토론이 이어질 수 있습니다. 이러한 정보 조작에 대응하기 위해 일반 사용자들이 더욱 비판적인 정보 수용 태도를 가져야 한다는 점, 그리고 미디어 리터러시 교육의 중요성에 대한 내용이 언급될 수 있습니다.

 '허위정보와 팩트체크 저널리즘(윤석민, 홍종윤 외)' 의대입시에 활용하기

'허위정보와 팩트체크 저널리즘(윤석민, 홍종윤 외)'은 서울대학교출판문화원에서 2024년 5월에 출간한 대학 교양 수업 교재입니다. '가짜뉴스'로 통칭되는 허위정보는 나날이 발전하는 AI 기술과 결합해 다양한 차원의 문제를 일으키면서 새로운 정치적·사회적 쟁점으로 떠오르고 있습니다. 이 책은 이렇듯 범람하는 허위정보에 대한 대처 방안으로 등장한 팩트체크 저널리즘의 기원과 역사, 운영 실태 및 향후 전망을 종합적으로 소개합니다. 또한 서울대 SNU팩트체크센터의 운영 경험 및 관련 연구의 분석을 바탕으로 팩트체크 저널리즘의 가능성과 한계, 새로운 발전 방향을 모색함으로써 '진실한 소통의 위기'라는 시대사적 난제를 극복할 돌파구를 모색합니다.

이 책의 1부는 저널리즘 사실성을 다룹니다. 1장에서는 저널리즘 사실성 규범의 정립과 실천에 대해 사실과 사실성, 언론의 사실성 구성 방식, 팩트체크 저널리즘이 구현하는 사실성을 정의합니다. 또한 사실성 규범을 어떻게 지킬 것인가라는 큰 질문을 제기합니다. 2장에서는 뉴스 사실성 요구의 윤리적 함의를 밝힙니다. 사실 추구라는 언론의 역설 상황에서 팩트의 화용론과 사실확인에 대한 의심, 언론의 객관성과 언론의 역설, 언론의 사실확인 역량 및 사실확인의 실천을 강조합니다.

2024년 5월 6일 월요일 오후, 제108회 퓰리처상 수상자가 발표됐습니다. 이번 퓰리처상은 신문(8개)보다 온라인 기반 매체(12개)에 더 많이 주어졌습니다. 이 수상자 목록은 미국의 저널리즘에서 진행 중인 세 가지 주요 변화를 보여줍니다. 최고의 저널리즘 작품이 소수의 기관 및 매체에서 점점 더 많이 생산되고 있으며, 지역 신문의 쇠퇴로 인해 온라인 기반 매체가 부상했고, 과거 신문이 수행했던 작업은 점점 더 다른 형태의 미디어에 의해 수행되고 있다는 것입니다. 신문의 경우 21명의 퓰리처 최종 후보 중 14명이 The New York Times(8명)와 The Washington Post(6명)에서 나왔고, 7명만이 다른 신문에서 나왔습니다. 뉴스 관측자들은 지역 언론의 신문 이후 단계가 어떤 모습일지에 대해 10년 넘게 토론해오고 있습니다.(21쪽)

2부에서는 팩트체크 저널리즘의 이론과 실제를 소개했습니다. 먼저

의대입시독서는 달라야 합니다

3장에서는 팩트체크 저널리즘이란 무엇인가 정의합니다. 팩트체크의 기원과 전개에서 세계적 확산과 비판, 규범과 효과 및 진화하는 팩트체크 저널리즘의 흐름을 정리합니다. 4장에서는 서울대 SNU팩트체크 운영을 통해 본 한국의 팩트체크 저널리즘을 소개했습니다. SNU팩트체크 출범과 전개, 의미와 성과, 한국 저널리즘에 제기한 문제의식과 변화 양상, 문제점과 한계 그리고 과제를 제시합니다. 5장에서는 자동화된 팩트체크 기술 유형과 가능성을 다룹니다. 자동화된 팩트체크의 등장과 기술 유형, 사실 여부 판별 과정에 사용되는 알고리즘 유형, 딥러닝을 이용한 최근 연구 동향 및 한계와 가능성까지 살펴볼 수 있습니다.

3부에서는 허위정보와 팩트체크 뉴스의 수용을 소개했습니다. 6장에서는 허위정보와 소통의 진실성 위기를 제기합니다. '누가, 언제, 왜 허위정보를 믿는가?'라는 질문과 더불어 소통의 진실성 위기와 커뮤니케이션학의 과제를 정리합니다. 7장에서는 팩트체크 뉴스의 오정보 판별 효과를 수용 과정 관점의 접근을 소개합니다. 팩트체크 메시지의 수용 과정에 영향을 미치는 요인, 효과 실증 연구 사례와 팩트체크 메시지의 수용 과정 연구 제언까지 소개했습니다. 부록으로는 팩트체크 뉴스 수용 과정에 대한 실증연구 사례를 담았습니다. 8장에서는 팩트체크 뉴스의 수용 과정 및 효과를 메시지 효과 관점에서 접근합니다. 팩트체크 뉴스의 메시지 특성과 수용자에게 미치는 영향을 분석합니다. 9장에서는 허위정보 시대의 필수적 미디어 리터러시, 팩트체크 능력과 교육 방안을 강조합니다. 미디어 리터러시 개념의 진화와 팩트체크 능력의 효과, 팩트체크 교육 방법론과 교육의 내용 및 재설계 방안까지 안내합니다.

베를린에 본사를 둔 비영리 단체인 *Democracy Reporting International*은 *Google*의 *Gemini, OpenAI*의 *ChatGPT 3.5* 및 *4.0, Microsoft*의 *Copilot*을 통해 유럽 선거에 관한 다양한 질문을 입력하여 어떤 답변을 얻을 수 있는지 확인했습니다.

챗봇은 당파적 대응을 피하기 위해 조정되었음에도 불구하고 일반적인 선거 관련 질문에 신뢰할 수 있는 답변을 제공하지 않았습니다. 자료가 많지 않고 인터넷에서 많은 정보를 찾을 수 없는 경우, AI 챗봇에게 물어보면 그들은 단지 무언가를 만들어내는 '환각 (hallucination)' 현상을 보였습니다. 터키어 등 일부 유럽 언어의 경우, 선거 관련 정보를 혼동하는 경향이 더 심하게 나타났습니다.

특히 *Google*의 *Gemini* 챗봇의 경우, 답변에 있어 오해의 소지가 크고, 잘못된 정보를 제공하며, 질문에 대한 답변 거부 횟수가 가장 많은 것으로 밝혀짐에 따라, *Google*은 대규모 언어 모델(LLM)에 추가 제한을 적용하기로 했습니다.(316쪽)

4부에서는 허위정보와 팩트체크 저널리즘에 대한 연구 현황과 과제를 소개했습니다. 10장에서는 허위조작정보와 팩트체크 저널리즘 관련 국내 연구 동향을 소개했습니다. 허위조작정보와 팩트체크 저널리즘 관련 국내 학술 연구 동향과 특성을 허위조작정보 연구 동향 분석 대상 논문과 팩트체크 저널리즘 연구 동향 분석 대상 논문 현황 자료에서 도출해 냅니다. 11장에서는 팩트체크 저널리즘 해외 연구 동향을 다루는데, 연구 동향 분석 방법을 전제하고 연구주제와 연구방법, 이론, 실천, 주체 및 효과와 수용, 유통까지 평가합니다.

의대입시독서는 달라야 합니다

5부에서는 팩트체크 저널리즘에 대한 비판적 성찰을 담았습니다. 12장에서는 팩트체크 뉴스 낯설게 보기를 통해 저널리즘은 사회적 대화라며 팩트체크 저널리즘 부상의 배경과 팩트체크 뉴스의 효과는 과연 어디까지인가, 팩트체크 뉴스의 한계를 언급합니다. 아울러 더 나은 팩트체크 뉴스를 향한 과제를 설정합니다.

생기부 세특 예시

페이스북과 같은 소셜 미디어의 알고리듬이 개인에게 '필터 버블'을 형성하여 정보 편향을 심화시키는 문제를 토론하며 알고리듬은 사용자가 선호하는 정보만을 제공하여 자신과 같은 생각만 접하게 함으로써 인지적 편향을 강화하고, 심지어 증오 조장 콘텐츠나 정치적 선동(예: 2016년 미국 대선 개입)에 악용될 수 있음을 지적함. 알고리듬이 사용자 참여와 광고 수익 극대화를 목표로 설계되며 인간의 '확증 편향'은 알고리듬에 의해 더욱 증폭되기 때문에 문제 해결을 위해 비판적 사고, 다양한 정보원 탐색, 개방적 태도, 미디어 리터러시 교육 강화가 중요하며, 플랫폼의 투명성과 책임 있는 정책 마련을 제시함. '허위정보와 팩트체크 저널리즘(윤석민, 홍종윤 외)'을 통해 AI 기술 발전과 함께 확산되는 '가짜뉴스' 문제에 대한 심층적인 분석과 대처 방안으로 '팩트체크 저널리즘'을 추가 탐구함. 개인 맞춤형 추천 알고리듬이 '토픽 필터 버블'이나 '알고리듬 리디렉션'을 통해 정보 편향과 노출 불평등을 악화시키는 경우를 점검하고 허위정보에 대한 수용자 인식과 오

정보 판별 효과를 검증해 봄. 특히 AI 챗봇이 선거 관련 정보를 혼동하거나 '환각(hallucination)' 현상을 보이는 사례를 통해 AI 시대 정보 검증 중요성을 강조함.(1,497Byte, 띄어쓰기 포함 633자)

페이스북과 같은 소셜 미디어의 알고리듬이 개인에게 '필터 버블'을 형성하여 정보 편향을 심화시키는 문제를 토론하며 알고리듬은 사용자가 선호하는 정보만을 제공하여 자신과 같은 생각만 접하게 함으로써 인지적 편향을 강화하고, 심지어 증오 조장 콘텐츠나 정치적 선동(예: 2016년 미국 대선 개입)에 악용될 수 있음을 지적함. 알고리듬이 사용자 참여와 광고 수익 극대화를 목표로 설계되며 인간의 '확증 편향'은 알고리듬에 의해 더욱 증폭되기 때문에 문제 해결을 위해 비판적 사고, 다양한 정보원 탐색, 개방적 태도, 미디어 리터러시 교육 강화가 중요하며, 플랫폼의 투명성과 책임 있는 정책 마련을 제시함.(817Byte, 띄어쓰기 포함 337자)

페이스북과 같은 소셜 미디어의 알고리듬이 개인에게 '필터 버블'을 형성하여 정보 편향을 심화시키는 문제를 토론하며 알고리듬은 사용자가 선호하는 정보만을 제공하여 자신과 같은 생각만 접하게 함으로써 인지적 편향을 강화하고, 심지어 증오 조장 콘텐츠나 정치적 선동(예: 2016년 미국 대선 개입)에 악용될 수 있음을 지적함. '허위정보와 팩트체크 저널리즘(윤석민, 홍종윤 외)'을 통해 AI 기술 발전과 함께 확산되는 '가짜뉴스' 문제에 대한 심층적인 분석과 대처 방안으로 '팩트체크 저널리즘'을 추가 탐구함.(682Byte, 띄어쓰기 포함 284자)

의대입시독서는 달라야 합니다

《스틱!》| 칩 히스, 댄 히스

" 1초 만에 착 달라붙는 메시지, 6가지 법칙 "

| 분량 ★★ | 내용 ★★★★★ | 활용 ★★★★★ |

〈2017학년도 서울대 수시 의과대학 면접 제시문 1〉

스탠퍼드 대학의 대학원생이었던 엘리자베스 뉴턴은 실험에 참가한 사람들을 두 무리로 나눈 후 각각 '두드리는 사람'과 '듣는 사람'의 역할을 주었다. '두드리는 사람'의 역할은 대부분의 일반인들이 알고 있는 노래가 적힌 목록을 받고 그 목록 에서 하나를 골라 노래의 리듬에 맞춰 손으로 테이블을 두드리는 것이었다. '듣는 사람'은 노래 제목은 모른 채 그 소리만 듣고 노래의 제목을 맞추게 하였다.

'두드리는 사람'의 역할을 한 사람들에게 상대방이 정답을 맞힐 확률을 짐작해 보라고 했을 때, 대답은 50%였다. 그러나 실제로 듣는 사람들이 정답을 맞힌 경 우는 2.5%였다.

질문 1. 왜 50%와 2.5%라는 큰 차이가 발생했다고 생각하나요?

답변 : 50%와 2.5%라는 큰 차이가 발생한 것은 바로 '지식의 저주 (Curse of Knowledge)' 때문이라고 생각합니다. '두드리는 사람'은 이 미 머릿속으로 노래의 멜로디와 박자를 완벽하게 인지한 상태에서 리

듬을 두드렸기 때문에, 그들 스스로는 두드리는 소리만으로도 충분히 노래를 유추할 수 있을 것이라고 과대평가했습니다. 그러나 '듣는 사람'은 멜로디라는 중요한 정보 없이 오직 단편적인 박자 정보만으로 노래를 유추해야 했으므로, 이는 매우 어려운 과제였습니다. 즉, 아는 사람은 자신이 가진 지식으로 인해 모르는 사람의 관점에서 상황을 이해하기 어렵다는 인지적 편향이 실제 결과의 큰 차이를 만들어냈습니다.

질문 2. 과학에서 실험을 하기 위해 필요한 단계는 무엇인가요?

답변 : 과학에서 실험을 하기 위해서는 일반적으로 다음과 같은 단계들이 필요합니다. 먼저 문제 인식 및 질문 설정 단계입니다. 주변 현상을 관찰하고 궁금증을 바탕으로 해결하고자 하는 과학적 문제를 명확하게 정의하고 질문을 설정합니다.

다음은 가설을 설정합니다. 문제에 대한 잠정적인 답이나 예측을 세우고, 이를 실험을 통해 검증할 수 있는 형태로 구체적인 가설을 설정합니다.(예: "만약 A를 한다면 B라는 결과가 나타날 것이다.")

그리고 실험을 설계합니다. 가설을 검증하기 위한 구체적인 실험 방법을 계획합니다. 이때 실험 대상, 통제 변인, 조작 변인, 측정 변인 등을 설정하고, 실험 조건과 절차를 상세히 설계합니다.

다음은 실험 수행 및 자료 수집 단계입니다. 설계된 절차에 따라 실험을 진행하고, 객관적이고 정확한 자료(데이터)를 측정하고 기록합니다.

그리고 자료 분석 및 해석 단계로 이어집니다. 수집된 자료를 통계

의대입시독서는 달라야 합니다

적, 논리적으로 분석하여 의미 있는 경향성이나 관계를 찾아내고, 이를 해석합니다.

그 다음으로 결론을 도출합니다. 분석 결과를 바탕으로 설정했던 가설이 지지되는지, 혹은 기각되는지 판단하고, 새로운 지식을 얻었는지 결론을 도출합니다. 만약 가설이 지지되지 않는다면 새로운 가설을 세우고 다시 실험을 계획할 수 있습니다.

최종적으로 결과 공유 및 일반화 단계입니다. 연구 결과를 논문 발표 등을 통해 과학 공동체와 공유하고, 다른 연구자들이 이를 검증하거나 확장할 수 있도록 합니다.

스탠퍼드대학의 엘리자베스 뉴턴은 실험 참가자들을 '두드리는 사람'과 '듣는 사람'으로 나누어 실험했습니다. '두드리는 사람'은 노래 리듬을 손으로 두드리고, '듣는 사람'은 그 소리만 듣고 노래 제목을 맞히는 방식이었습니다. '두드리는 사람'들은 상대방이 정답을 맞힐 확률을 50%로 예상했으나, 실제 정답률은 2.5%에 불과했습니다. 이는 아는 사람은 모르는 사람의 입장을 헤아리기 어렵다는 '지식의 저주' 현상을 단적으로 보여줍니다.

'지식의 저주'는 말 그대로 내가 어떤 지식을 알고 있으면, 그 지식을 모르는 사람의 입장을 이해하거나 헤아리기가 극도로 어려워지는 현상을 뜻합니다. '두드리는 사람'의 입장에서 생각해 봅시다. 이 사람들은 머릿속에서 선택한 노래의 멜로디를 계속 흥얼거리고 있겠습니다. '학교종이 땡땡땡'을 두드린다면, 본인 귀에는 그 멜로디가 분명하게 들리면서 손으로 '따따따따 따따따 따따따따따따' 하고 리듬을 두드립니다. 그러니 자기 생각에는 '이렇게 명확하게 두드렸는데 설마 모를 리가? 이 리듬만으로도 노래가 머릿속에 울릴 텐데!'라고 착각하게 됩니다. 본인에게는 너무나 명확한 멜로디가 배경 지식으로 깔려 있기 때문입니다.

그런데 '듣는 사람'은 그 노래 멜로디에 대한 정보가 전혀 없습니다. 그저 의미 없는 '탁탁탁' 하는 소리만을 듣게 됩니다. 멜로디가 없으니 그저 단절된 박자에 불과합니다. 그래서 '두드리는 사람'이 아무리 멜로디에 맞춰 두드려도, '듣는 사람'에게는 의미 없는 소음으로 들릴 수밖에 없습니다. 결국 '두드리는 사람'은 자기가 가진 '노래의 멜로디'라는 지식이 상대방에게도 똑같이 전달되거나, 상대방도 그것을 인지하고 있을 거라고 과신했기 때문에 실제 정답률과 큰 차이를 보입니다. 내가 아는 건 상대방도 알 거라고, 내 입장에서 세상을 바라본 탓입니다.

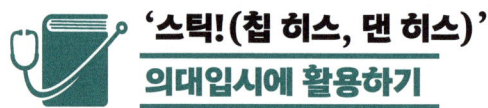

'스틱!(칩 히스, 댄 히스)' 의대입시에 활용하기

'스틱!(칩 히스, 댄 히스)'은 1초 만에 착 달라붙는 메시지, 그 안에 숨은 6가지 법칙을 알려주는 책입니다. 기업의 운명을 바꾼 전설의 카피, 도시 괴담과 속담, 대중의 마음을 훔친 정치 구호까지, 수 세기 동안 살아남은 메시지에서 추출해낸 초강력 메시지 제조법이기도 합니다. 오늘날에는 각종 기업 광고와 브랜드는 물론 유튜브, 인스타그램, TV 등을 통해 메시지가 흘러넘치고 있습니다. 이들 중 어떤 것은 허무

의대입시독서는 달라야 합니다

하게 사라지고 어떤 것은 살아남아 사람들의 마음속에 깊이 각인됩니다. 칩 히스 스탠퍼드대학교 조직행동론 교수와 댄 히스 경영 컨설턴트는 시대를 관통하는 이야기, 평생 기억에 남는 루머, 사지 않고는 못 견디는 광고 카피, 대중의 행동을 바꾼 선거 캐치프레이즈에 이르기까지, 수 세기 동안 살아남은 메시지에 관한 방대한 연구와 치밀한 분석 끝에 스티커 메시지 창조의 6원칙(SUCCESs)을 추출해냈습니다. 뇌리에 한 번 달라붙으면 절대 떨어지지 않는 불멸의 메시지 창조 기법을 담은 이 책은 인간 심리에 대한 탁월한 통찰을 바탕으로 성공적인 스토리텔링의 마스터키를 제시하는 역작입니다.

탁월하게 단순한 메시지는 간결하고 유용하여 많은 부분 속담처럼 작용한다. 속담에 대한 세르반테스의 정의는 우리의 단순함에 대한 정의와 일치한다. '긴 경험(핵심)에서 우러나온 짧은 문장(간결함).' 내용을 압축한 요약문은 회의를 불러일으킬 수 있다. 수많은 요약문이 공허하거나 잘못된 방향을 바라보고 있기 때문이다. 그것들은 그저 간결하기만 할 뿐 핵심이 결여되어 있다. 그러나 우리가 추구하는 단순함은 그런 요약문이 아니다. 우리가 원하는 것은 속담이다. 간결함과 핵심이 결합된 메시지이다.(「원칙 1 단순성」 중에서)

1962년 존 F. 케네디 대통령은 "앞으로 10년 안에 인간을 달에 착륙시키고 무사히 지구로 귀환시킨다"고 선언했습니다. 이 선언은 소련을 제치고 미국이 세계의 패권을 쥐게 된 기폭제가 되었습니다. 수십 년 동안 수백만 명의 행동에 지대한 영향을 미친 이 메시지에는 다음의 6가지 원형이 모두 녹아 있습니다. 단순성(Simple), 의외성(Unexpectedness), 구체성(Concreteness), 신뢰성(Credibility), 감성(Emotion), 스토리(Story), 'SUCCESs'라 불리는 여섯 가지 특성은 인간의 뇌리에 착 달라붙는 메시지를 만들기 위한 핵심 도구입니다.

전쟁터에 나가는 수백만 병사를 각기 다른 상황에서 움직이게 하기 위해서는 승리를 향한 가장 단순한 메시지가 필요합니다(단순성). 노드스트롬 백화점은 다른 백화점에서 사온 물건도 포장해 준다는 뜻밖의 메시지로 백화점업계의 고객서비스 강자로 떠오를 수 있었습니다(의외성). 그리스 시대의 《이솝 우화》는 인간 본연의 보편적 특성을 사례를 통해 구체적으로 풀어나감으로써 2500년이 지난 지금까지 살아남았습니다(구체성). 당신이 노벨상 수상자가 아니더라도, 오프라 윈프리의 열렬한 추천을 받지 않더라도 당신의 의견에 높은 신뢰성을 부여할 수 있는 기술이 있습니다(신뢰성). 감성에 적절히 호소하는 방법이 그 어떤 통계수치보다 더 쉽게 사람의 마음을 사로잡을 수 있습니다(감성). 서브웨이샌드위치는 스토리를 담은 광고로 신제품 판매고를 높일 수 있었습니다(스토리).

맥도날드는 10여 년 동안 햄버거 고기에 지렁이를 사용한다는 루머로 몸살을 앓고 있었습니다. "우리는 햄버거 패티에 지렁이 고기를 쓸 재정적 능력이 없습니다"라는 획기적인 메시지로 맥도날드는 10여 년 동안 지긋지긋하게 따라붙던 '지렁이 버거' 꼬리표를 대중들에게서 떼어낼 수 있었습니다. 많은 기업들이 악소문과 루머에 시달리는 지금, 이 책은 더 강력한 메시지로 싸우는 법과 사례를 제시하고 있습니다. 악성 이메일 루머, 자동차가 처음 출시되었을 때 사람들의 노골적인

의대입시독서는 달라야 합니다

반발을 이겨낼 수 있었던 비결 들을 소개했습니다.

이 책의 저자들은 교사에게는 특히나 스티커 아이디어가 필요하다고 이야기합니다. 이 책에는 절대 달라붙지 않을 어려운 학습주제를 아이들의 머릿속에 '스틱!'되게 만드는 기술이 담겨 있습니다. 맨 처음 수업의 핵심을 찾은 후, 학생들이 이미 알고 있는 지식을 묶어 연관 지어 수업할 것을 강조합니다. 귀뚜라미로 함수를 가르치는 법, 크리스마스트리로 회계원리를 가르치는 법 등 실제로 미국 교사들이 6가지 원칙을 통해 성공적으로 수업을 하고 있는 사례를 소개하고 아이들의 뇌리에 생생하게 남을 교수법을 소개했습니다.

 ## 생기부 세특 예시

스탠퍼드대학 엘리자베스 뉴턴의 '두드리는 사람'은 노래 리듬을 두드리고, '듣는 사람'은 그 소리만 듣고 노래 제목을 맞히는 실험에서 '두드리는 사람'이 예상한 정답률은 50%였으나, 실제 정답률은 2.5%에 불과한 사례에 대해 토론하며 '지식의 저주(Curse of Knowledge)' 개념을 분석해 봄. '두드리는 사람'은 머릿속에 노래 멜로디를 완벽히 인지한 상태에서 리듬을 두드렸기에 상대방도 충분히 유추하리라 과대평가하지만 '듣는 사람'은 멜로디 없이 오직 단편적인 박자 정보만으로 노래를 유추해야 했기에 매우 어렵다는 특성을 감안해 아는 사람은 자신이 가진 지식 때문에 모르는 사람의 관점에서 상황을 이해하기 어려운 인지적 편향을 도출해 봄. '스틱!(칩 히스, 댄 히스)'을 통해 사람

들의 뇌리에 깊이 각인되는 '스티커 메시지'를 만드는 6가지 핵심 원칙, 즉 SUCCESs(단순성, 의외성, 구체성, 신뢰성, 감성, 스토리)와 연계해 기업 광고, 도시 괴담, 정치 구호 등 시대를 초월해 살아남은 구체적 메시지들을 분석하여 공통된 비결을 확인해 봄. 메시지가 효과적으로 전달되려면 '지식의 공백'을 활용해 청중이 이미 아는 내용을 먼저 제시한 뒤 모르는 새로운 사실을 보여줌으로써 호기심을 자극하는 커뮤니케이션의 중요성을 파악함.(1,498Byte, 띄어쓰기 포함 642자)

스탠퍼드대학 엘리자베스 뉴턴의 '두드리는 사람'은 노래 리듬을 두드리고, '듣는 사람'은 그 소리만 듣고 노래 제목을 맞히는 실험에서 '두드리는 사람'이 예상한 정답률은 50%였으나, 실제 정답률은 2.5%에 불과한 사례에 대해 토론하며 '지식의 저주(Curse of Knowledge)' 개념을 분석해 봄. '두드리는 사람'은 머릿속에 노래 멜로디를 완벽히 인지한 상태에서 리듬을 두드렸기에 상대방도 충분히 유추하리라 과대평가하지만 '듣는 사람'은 멜로디 없이 오직 단편적인 박자 정보만으로 노래를 유추해야 했기에 매우 어렵다는 특성을 감안해 아는 사람은 자신이 가진 지식 때문에 모르는 사람의 관점에서 상황을 이해하기 어려운 인지적 편향을 도출해 봄.(858Byte, 띄어쓰기 포함 368자)

두드리는 사람이 예상한 정답률은 50%였으나, 실제 정답률은 2.5%에 불과한 실험에 대해 토론하며 '지식의 저주(Curse of Knowledge)' 개념을 분석해 봄. 자신이 가진 지식 때문에 모르는 사람의 관점에서 상황을 이해하기 어려운 인지적 편향을 도출해 봄. '스틱!(칩 히스, 댄 히스)'을 통해 사람들의 뇌리에 깊이 각인되는 '스티커 메시지'를 만드는 6가지 핵심 원칙, 즉 SUCCESs(단순성, 의외성, 구체성, 신뢰성, 감성, 스토리)와 연계해 호기심을 자극하는 커뮤니케이션의 중요성을 파악함.(632Byte, 띄어쓰기 포함 288자)

《칼의 노래》 | 김훈

" 위기에서 빛나는 리더십 "

분량 ★★★	내용 ★★★★	활용 ★★★★

📋 〈2017학년도 서울대 수시 의과대학 면접 제시문 2〉

동수는 고등학교 3학년이고, 전교회장을 맡고 있다. 같은 학교의 다른 2, 3학년 학생 11명과 더불어 6월에 열리는 로봇 경진 대회에 출전하기로 하여, 1월에 동아리를 결성하였고, 동아리 회장도 맡게 되었다.

효율적인 개발을 위해 A, B, C조 각 4명씩 짝을 이루어 진행하고 있다. 각 그룹별 진행 사항을 2주에 한 번씩 모여서 논의하고, 남은 2개월 뒤 로봇 경진대회에 출전하려고 한다. 한 달 전부터 C조가 맡은 음성 인식 부분이 지연되어 전체 프로젝트의 진행이 어려워지고 있다.

질문 : 동수의 입장에서 C조의 음성 인식 지연 문제를 해결하기 위한 효과적인 소통 방법은 무엇일까요?

답변 : 원인 파악 및 경청이 먼저입니다. C조와 개별적으로 만나거나, 소그룹으로 만나 음성 인식 부분이 지연되는 구체적인 원인(기술적 어려움, 시간 부족, 동기 저하 등)을 비난하지 않고 진심으로 경청해야

합니다. "어떤 점이 가장 어렵고, 우리가 어떻게 도와줄 수 있을까?"와 같은 질문으로 솔직한 대화를 유도해야 합니다.

공감대 형성 및 심리적 지원이 중요합니다. 문제를 지적하기보다는 "음성 인식 부분이 정말 어려운 작업이라는 것을 알고 있다"며 공감하고, 그들의 노력과 어려움을 인정해 주는 것이 중요합니다. 심리적인 부담감을 덜어주고, 혼자가 아님을 느끼게 해주어야 합니다.

협력적 문제 해결 제안이 필요합니다. C조의 어려움을 전체 동아리 회의에서 공유하되, 비난하기 위해서가 아니라 함께 해결할 문제임을 강조해야 합니다. 다른 A, B조원들에게 C조를 도울 수 있는 방안(정보 공유, 기술 지원, 업무 분담 등)을 논의하게 하고, 필요하다면 외부 전문가나 선생님에게 자문을 구하는 방안도 고려해 봅니다.

구체적인 실행 계획 및 소통이 지속되어야 합니다. 해결 방안이 나오면 현실적인 목표와 함께 구체적인 실행 계획을 세우고, 역할을 명확히 합니다. 이후에는 비정기적으로 C조와 소통하며 진행 상황을 확인하고, 지속적으로 격려와 피드백을 제공하여 목표 달성을 돕는 후속 작업이 중요합니다.

전교회장을 맡고 있는 고등학교 3학년 동수의 고민을 소개한 제시문입니다. 같은 학교의 다른 2, 3학년 학생 11명과 더불어 6월에 열리는 로봇 경진 대회에 출전하기로 한 상황입니다. 1월에 동아리를 결성했습니다. 동아리 회장도 맡았습니다. 효율적인 개발을 위해 각 4명씩 A, B, C 세 조로 그룹을 나누어 2주마다 한 번씩 모여서 논의해 왔습니다. 남은 시간은 2개월 뒤라고 했으므로 지금은 4월이겠습니다. 한

달 전부터이니 3월부터 C조가 맡은 음성 인식 부분이 지연되어 전체 프로젝트의 진행이 어려워지고 있습니다.

면접 질문은 '동수의 입장에서 C조의 음성 인식 지연 문제를 해결하기 위한 효과적인 소통 방법을 제시해 보라고 요구하고' 있습니다. 이런 상황에서는 문제의 본질을 정확히 파악하고 팀원들과 소통해서 해결해야 합니다. 의대면접 문제임을 감안하면 기술적인 해결책만 내세우기보다는 '사람'과의 소통과 관계를 통한 리더십을 보여주어야 하겠습니다.

먼저, 비난 없는 '개인 면담' 또는 '소규모 대화'를 시도해야 합니다. C조 팀원들을 따로 만나보아야 합니다. "야, 너희 때문에 다 망했잖아!" 이런 비난 조의 말은 절대 금물입니다. 오히려 "요즘 많이 힘들지?", "혹시 내가 도와줄 일이 있을까?" 같은 걱정하는 마음을 먼저 전달해야 합니다. 경청과 공감의 자세가 중요합니다. 무엇 때문에 지연되고 있는지를 충분히 경청해야 합니다. 기술적인 어려움인지, 아니면 팀원 간의 불화 같은 다른 문제가 있는지, 외부적인 요인이 있는지 등을 솔직하게 이야기할 수 있는 분위기를 만들어야 합니다. 또 진심으로 공감하며 들어야 합니다. "음성 인식은 워낙 까다로운 부분인데 정말 수고가 많아", "혼자 끙끙 앓지 말고 얘기해 줘서 고마워"와 같은 대화가 필요합니다.

C조의 상황을 이해했더라도, 전체 프로젝트가 2개월 남았다는 시간적 제약과 이로 인한 다른 조의 어려움을 부드럽지만 단호하게 알려야 합니다. "C조의 어려움은 충분히 이해해. 그런데 지금 C조 문제가 전체 프로젝트를 늦추고 있어서 다른 조 친구들도 힘들어하고 있어. 우

의대입시독서는 달라야 합니다

리가 2개월 뒤 경진대회에 출전해야 하니까 이대로는 안 될 것 같아"라고 말하는 것이 좋겠습니다. 다만, "너희가 잘못해서 그래!"가 아니라, "우리가 대회에 나가려면 지금 이 문제를 함께 해결해야 해. 회장으로서 어떻게든 도울 테니 힘내서 이겨내자"처럼 '함께'라는 연대 의식을 강조해야 합니다.

해결책을 모색하기 위한 적극적인 지원 및 협력 제안이 필요합니다. C조에게 필요한 기술적 자원이 있는지, 예를 들어 다른 조에 전문가가 있다면 지원받을 수 있는지, 외부 도움을 요청할 수 있는지 등을 함께 알아보면 좋겠습니다. "혹시 A조나 B조에서 도움을 줄 수 있는 친구가 있을까?", "내가 대회 준비팀에 혹시 자문을 구할 데가 있는지 알아봐 줄까?"와 같이 구체적인 도움을 제안하는 방식이 바람직합니다.

동기 부여 및 책임 분담도 필수입니다. 만약 특정 팀원의 부담이 크다면, 역할을 재조정하거나 동수 자신이 직접 팔을 걷어붙이고 함께 공부해서 돕는 모습을 보여주는 행동도 큰 동기 부여가 될 수 있습니다. "만약 힘들면, 내가 주말에 같이 붙어서 자료를 찾아본다든지 할 수 있는 일이 있을까?"라고 묻는 식입니다. "이번 주까지는 이 부분만 집중해서 해결해 보는 건 어때? 내가 매일 확인하고 필요한 건 바로바로 지원해 줄게"와 같이 단기적인 목표를 함께 설정하고 진행 상황을 주기적으로 확인하는 방식도 필요합니다.

C조와 소통 후 어느 정도 상황이 파악되고 나면, 전체 동아리 모임에서 C조의 어려움을 공유해야 합니다. 단, C조를 공개적으로 비난하는 식이 아니라, "C조에서 이런저런 어려움이 있는데, 전체 프로젝트를 위해 우리가 함께 머리를 맞대고 해결책을 찾아야 한다"고 이야기

하는 것이 좋겠습니다. 또 '집단 지성'을 활용해 봅니다. 전체 팀원들에게 C조의 어려움에 대해 함께 아이디어를 모으고, 기술적 도움을 줄 수 있는 사람이 있다면 적극적으로 나서달라고 요청해 봅니다. "우리 동아리 목표 달성을 위해 C조를 포함한 우리 모두가 한마음이 돼야 해. 혹시 좋은 아이디어나 도와줄 수 있는 부분이 있다면 망설이지 말고 이야기해 줘."

결론적으로, 동수는 C조의 감정을 존중하며 공감하는 자세를 바탕으로, 문제의 원인을 파악하고 적극적인 지원과 협력을 제안하며, 최종적으로는 팀 전체의 역량을 모아 해결해 나가야 합니다. '잔소리'가 아니라 '함께 가는 리더십'을 보여주면 좋겠습니다. 갈등과 위험 상황을 해결하기 위한 소통 방식은 비단 동아리뿐 아니라, 의료 현장에서 동료들과 협력하고 환자와 가족을 대하는 데 있어서도 굉장히 중요한 덕목이자 자질입니다.

여러분에게 좀 더 도움을 주기 위해 서울대 의대 MMI 면접을 실제로 경험한 선배들의 사례를 소개하겠습니다. 7개의 방을 70분 동안 돌면서 진행된 다중미니면접의 경험담입니다. 미리 다양한 기출문제를 준비한 한 학생은 다중미니면접 방식에 크게 당황하지는 않았다고 합니다. 충분히 예상했고 예상을 크게 벗어나지 않았기 때문입니다. 상황면접과 연극면접도 어느 정도 예상했답니다. 다만 두 개의 방으로 분리된 채 지문 내용을 요약해 OHP필름에 작성한 뒤 면접관 앞에서 화면을 띄우고 발표를 하는 형식은 전혀 예상하지 못한 형식이었습니다. 첫 번째 방으로 어디가 걸리느냐도 중요했습니다. 이 학생이 속한 조는 첫 번째 방으로 자기소개서 면접방이 걸렸는데, 심리적 안정에 도움이 됐다고 합니다.

가장 큰 위기는 3번 방에서 맞았답니다. 소극적인 여자아이가 친구들에게 마음의 상처를 입고 전전긍긍하는 상황이 제시되었습니다. 교수님 한 분이 "비슷한 상황을 경험해 본 적이 있었느냐?"고 질문해서 "그렇다"고 답했답니다. 교수님은 끝까지 그 경험에 대해 물고 늘어졌습니다.

"학교적응에 힘들었던 일을 집요하게 캐물으셨다. 문제에 대한 답변은 하나도 못 하고 10분 동안 나에 관한 얘기만 하다가 나왔다. 매우 낮은 점수를 받지 않았을까 염려되어 다음 면접방에서도 계속 신경이 쓰였다. 하지만 지금 와서 생각해 보면 교수님의 질문 의도는 학교 생활에 잘 적응할 수 있을 것인지를 알아보기 위한 것이었다. (나에 관한 많은 얘기를 나눈 점에서) 오히려 높은 점수를 받지 않았나 싶다."

많은 합격생들이 "다양한 활동에서 얻은 경험이 의대 MMI에 도움이 됐다"고 전합니다. 특히 리더십에 관한 질문을 받았을 때 더욱 그랬답니다.

"지식은 얕지만 적극적인 A와 해당 프로젝트에 대한 지식이 풍부하나 소극적인 B 중 어떤 이를 리더로 뽑을 것인가에 대한 질문이 나왔다. 비교과 활동에서 실제로 겪었던 일과 비슷한 상황이었다. 경험을 토대로 답변하니 추가 질문에도 대답하는 데 어려움이 없었다.

다른 면접에서도 경험을 토대로 대답할 수 있었던 경우가 많았다."

그런데 당혹스러운 질문도 받았습니다.

"이런저런 이유로 우울해하는 친구를 어떻게 도와줄 것인가를 물은 질문이 있었다. 친구를 직접 대하며 위로해 줄 것이라는 취지의 답변을 했다. 다른 측면에서는 방법이 없느냐는 추가 질문이 계속해서 들어왔다. 면접관님들 반응이 '네가 핀트를 놓치고 있으니 다른 측면을 말해 보라'고 하는 것 같았다. 그때는 대답하지 못했지만 지금 생각해 보면 의학적인 측면에서 생각해 보라고 하는 듯하다. 우울증은 치료 가능한 질병이니 외부의 도움을 적극적으로 받도록 도움을 준다는 답변을 추가적으로 했으면 더 좋았을 것 같다. 같은 이유에서 평소 의학적인 이슈에 관심을 많이 가지고 있다면 면접에 잘 활용할 수 있을 것이다."

선배들은 이 면접을 경험하고 느낀 바가 크다고 전합니다.

"의사는 지식만 많다고 되는 것은 아니라고 생각하게 되었다. 환자를 생각하는 마음, 말 그대로 인성이라는 측면이 필요하고 의사소통 능력이 필요하다. 의대생들이 국가고시에서 필기시험을 아무리 잘 봐도 환자를 대면하는 면접에서 떨어지는 경우가 종종 있다고 들었다. 면접에서도 이 부분을 많이 보려고 한 것 같다."

의대입시독서는 달라야 합니다

많은 전문가들은 의대를 지망하는 학생들에게 "우선 의사라는 직업이 무엇인가에 대한 폭넓은 이해를 해야 한다"고 강조합니다. 관련 책이나 영화, 동아리 활동 등을 통해 '막연한 의대 지망생' 수준에서 벗어나야 한다고 조언합니다.

"의사라는 직업을 깊이 이해하고 어떤 의사가 되어야겠다는 가치관을 분명하게 설정해야 '압박'이 강한 면접에서 흔들림 없이 대답할 수 있기 때문입니다. 분명한 가치관이 없는 상태에서 '정답일 것 같아서' 자신의 가치관과 다른 대답을 했다가는 수차례 이어지는 추가 질문에서 우왕좌왕하기 쉽습니다. 이랬다가 저랬다가 하는 지원자는 좋은 평가를 받기 어렵습니다."

면접을 앞두고 미리 주어지는 2분의 시간 동안 질문의 요지를 분명히 파악하기 위해서는 독해력과 논리력을 갖추어야 합니다. 선배들의 충고들을 소개합니다.

"의대 지망생이라고 수학, 과학 문제집만 풀어서는 안 되고 인문사회 도서도 틈틈이 읽어 사고력을 확장하기 위해 노력할 필요가 있다."
"깊이 있는 사고를 위해선 다독보다는 정독이 중요하다."
"서울대 권장도서 100권을 한 번씩 읽기보다 한 권을 100번 읽는 게 낫다."

'칼의 노래(김훈)'
의대입시에 활용하기

'칼의 노래(김훈)'는 조선의 명장 이순신이 일인칭 서술자로 등장해 죽기를 각오하고 전장으로 나아간 자신의 이야기를 들려주는 형식으로 구성되었습니다. 임금의 명을 거부했다는 죄로 옥고를 치르다가 풀려나 삼도수군통제사를 맡게 된 정유년부터 노량해전에서 적탄을 맞아 전사한 이듬해 11월까지의 사건들을 이야기합니다. 저자 특유의 남성적 문체로 이순신의 고독하고 불안한 내면을 예리하게 그려낸 이 작품은 프랑스 갈리마르 출판사에서 20세기 이후 가장 뛰어난 문학작품만을 선정해 출판하는 '전세계 문학총서'로 번역 소개되기도 했습니다. '남한산성', '흑산', '하얼빈' 등 역사적 순간들을 살아갔던 개인의 내면에 초점을 둔 저자의 주요 작품들은 '비역사성을 품은 역사소설'이라 회자되며, 새로운 형태의 역사소설이 가능함을 평단과 독자들에 알렸습니다.

저자는 전쟁터에서 명예롭게 죽고자 하는 무인 이순신이 정작 전쟁 외의 상황 때문에 겪었을 인간적인 고뇌를 사실적으로 그렸습니다. 선조의 실정에 의한 불안, 강대국인 명의 비위를 맞추며 나라를 지켜내야 하는 약소국의 한 사람의 가장으로서 가족을 구하지 못한 슬픔 등을 전쟁의 경과보다 더욱 세세하게 소개합니다. 수많은 영화와 드라마, 책과 교과서에서 이순신을 그려낼 때 빠지지 않았던 진부한 전쟁 서사를 버리고, 한계 상황에서 무너지려는 자신을 끝없이 일으켜 세워야만 했던 한 인간의 고독하고 불안한 내면을 그려냈습니다.

의대입시독서는 달라야 합니다

『칼의 노래』는 이전에는 보기 힘들었던 전혀 새로운 시각으로 한반도의 역사 전체 혹은 호모사피엔스의 역사 전체를 재구성하고 재배열한다. 그리고 그를 통해 우리가 아주 오래전부터 생명체로서의 개별적인 몸짓과 목소리 그리고 언어 등을 원초적으로 억압당하고 장치들의 지배를 일방적으로 받는 순종하는 신체들로 살아왔다는 점을 밀도 있게 보여준다. 바로 이 지점이 21세기를 자신의 세기로 만든, 그리고 한국문학 전체가 긴장을 늦추지 않고 바라보았던 김훈 소설의 출발점이다._류보선(문학평론가, 군산대 국문과 교수)

 ## 생기부 세특 예시

로봇 경진대회를 준비하지만 C조의 음성 인식 지연으로 전체 프로젝트가 난항인 상황에서 효과적인 소통 방법을 논의해 봄. 먼저, 원인 파악과 경청이 중요하므로 C조와 개별적으로 만나 비난 없이 지연되는 구체적인 원인(기술적 어려움, 심리적 요인 등)을 분석하고, 전체 동아리 회의에서 공유하되, 공개적인 비난이 아닌 '함께' 해결해야 할 문제임을 강조하며 A, B조원들에게 기술 지원이나 업무 분담 등 '집단 지성'을 활용하며, 구체적인 실행 계획 수립 및 지속적인 소통을 통해 동기를 부여하고 격려와 피드백을 제공하여 목표 달성을 돕는 함께 가는 리더십과 갈등 해결을 위한 소통 능력을 보임. '칼의 노래(김훈)'에서 이순신 장군이 1인칭 시점으로 직접 이야기하며 극한의 상황 속에

서 보여준 고독하고 강인한 리더십을 심도 있게 탐구해 봄. 임금의 불신, 강대국의 압박, 가족을 지키지 못한 한 개인의 슬픔 등 전쟁 이외의 복합적인 고뇌 속에서도 무너지지 않고 결연히 전장을 지휘하는 주인공의 내면 심리를 분석하고 불확실한 미래와 예상치 못한 위기 앞에서 오직 자신의 통찰력과 강인한 의지로 길을 찾아나서는 용기와 책임감, 자기 성찰의 리더십 모델을 통해 리더의 심리적 깊이와 인문학적 통찰의 중요성을 배움.(1,499Byte, 띄어쓰기 포함 619자)

로봇 경진대회를 준비하지만 C조의 음성 인식 지연으로 전체 프로젝트가 난항인 상황에서 효과적인 소통 방법을 논의해 봄. 먼저, 원인 파악과 경청이 중요하므로 C조와 개별적으로 만나 비난 없이 지연되는 구체적인 원인(기술적 어려움, 심리적 요인 등)을 분석하고, 전체 동아리 회의에서 공유하되, 공개적인 비난이 아닌 '함께' 해결해야 할 문제임을 강조하며 A, B조원들에게 기술 지원이나 업무 분담 등 '집단 지성'을 활용하며, 구체적인 실행 계획 수립 및 지속적인 소통을 통해 동기를 부여하고 격려와 피드백을 제공하여 목표 달성을 돕는 함께 가는 리더십과 갈등 해결을 위한 소통 능력을 보임.(798Byte, 띄어쓰기 포함 332자)

'칼의 노래(김훈)'에서 이순신 장군이 1인칭 시점으로 직접 이야기하며 극한의 상황 속에서 보여준 고독하고 강인한 리더십을 심도 있게 탐구해 봄. 임금의 불신, 강대국의 압박, 가족을 지키지 못한 한 개인의 슬픔 등 전쟁 이외의 복합적인 고뇌 속에서도 무너지지 않고 결연히

의대입시독서는 달라야 합니다

전장을 지휘하는 주인공의 내면 심리를 분석하고 불확실한 미래와 예상치 못한 위기 앞에서 오직 자신의 통찰력과 강인한 의지로 길을 찾아나서는 용기와 책임감, 자기 성찰의 리더십 모델을 통해 리더의 심리적 깊이와 인문학적 통찰의 중요성을 배움.(700Byte, 띄어쓰기 포함 286자)

《근대 의료의 풍경》 | 황상익

" 한국 근현대 의료의 태동과 전개, 도전과 발전 "

분량 ★	내용 ★★★★★	활용 ★★★★★

〈2017학년도 서울대 수시 의과대학 면접 제시문 3〉

사례 1〉

1910년 대한제국이 일제에 의해 강제 병합되어 주권을 빼앗기면서 대한의원 부속의학교도 조선총독부의원 부속의학강습소로 격하(格下)되었다. 같은 해 조선총독부의원 초대원장을 지낸 후지다 츠쿠야키는 학생들이 원래 쓰고 있던 각모(角帽: 테두리가 각진 모자)를 환모(丸帽: 테두리가 둥근 모자)로 바꾸도록 지시하였다. 당시 일본에서 대학생을 포함한 고등교육 과정의 학생들은 각모를 쓰고 있었다. 이 조치에 대해 조선인 학생들은 격렬하게 반발하였다.

사례 2〉

캘리는 뇌성마비라는 병으로 사지를 자연스럽게 움직일 수 없어 휠체어를 이용하는 소녀지만 한 고등학교의 미식축구 치어리더이다. 관중들과 선수들은 캘리의 응원을 보면서 즐거워했고, 캘리의 아름다운 미소가 정말로 사랑스럽다고 말했다. 그러나 시즌이 끝나자 캘리는 응원단에서 제외되었다. 학교 측이 제시한 이유는 '캘리가 다칠 수 있어서'였다. 한편 일부 치어리더와 학부모는 캘리를 응원단에서 내보내도록 요청하였다고 한다.

질문 1. 사례 1과 사례 2의 공통점은 무엇인가요?

답변 1. 제시문은 사회적 억압과 소수자 배제 상황을 다루는 두 가지 사례를 제시합니다. 사례 1은 1910년 일제 강점기에 대한의원 부속의학교 학생들이 조선총독부의 강압적인 모자 교체(각모→환모) 지시에 격렬하게 반발했던 사건입니다. 주권 상실과 민족 정체성 훼손 시도에 대한 저항을 상징합니다.

사례 2는 뇌성마비로 휠체어를 사용하는 치어리더 캘리가 관중의 지지에도 불구하고, 학교 측의 '안전' 명목과 일부 치어리더 및 학부모의 요청으로 응원단에서 제외된 상황입니다. 이 사례는 장애인 등 사회적 소수자에 대한 차별과 배제의 문제를 명확히 보여줍니다.

두 사례의 첫 번째 공통점은 권위적 주류 집단에 의한 부당한 배제 및 억압 상황입니다. 두 사례 모두 지배적인 권력(일제 총독부, 학교 측 및 일부 학부모)이 특정 집단이나 개인(조선인 학생, 캘리)에게 자신들의 의지를 강요하고, 이들을 정당한 이유 없이 배제하거나 억압했습니다.

나아가 본질적 정체성 및 자주성을 훼손하려 하고 있습니다. 사례 1의 모자 교체는 조선인의 민족적 정체성과 주권을 말살하려는 시도이며, 사례 2에서 캘리를 제외한 것은 장애를 가졌음에도 역량을 발휘하던 개인의 정체성과 활동할 자유를 침해합니다. 둘 다 대상의 본질적인 부분에 대한 훼손을 시도합니다.

특히 명분 뒤에 숨겨진 차별 및 불합리가 드러납니다. 사례 1에서 복장 지시는 식민지배의 상징이며, 사례 2에서 '안전'이라는 명분 뒤에는 소수자에 대한 편견이나 차별이 숨어 있을 가능성이 높습니다. 겉으로 내세우는 이유가 본질적인 목적이 아니라는 공통점이 있습니다. 결국, 두 사례는 힘의 불균형 속에서 소수자나 약자가 부당하게 배제되고, 그들의 정체성과 권리가 훼손되는 상황을 보여주고 있습니다.

질문 2. 각각의 상황에서 본인이라면 어떻게 할 것인가요?

답변 : 사례 1 상황에서 저는 먼저 각모가 단순히 모자가 아닌, 대한제국의 주권과 학생들의 자주성을 상징하는 중요한 표식이라고 생각합니다. 일본의 환모 강요는 단순한 복장 규제가 아닌, 우리 민족의 정체성을 말살하고 식민지배를 정당화하려는 시도이기 때문입니다. 이에 저는 개인적인 반발을 넘어, 뜻을 같이하는 동료 학생들과 연대하여 조직적인 저항을 모색하겠습니다. 교육기관으로서의 대한의원 부속의학교의 자존심과 조선인의 독립 정신을 지키기 위해서입니다. 구체적으로는 강압적인 지시에 대한 불복종 운동을 전개하고, 비폭력 시위나 성명서 발표 등을 통해 부당함을 널리 알리며 민족의 자존심을 지키기 위해 노력하겠습니다. 공동체의 단결된 힘으로 불의에 맞서는 저항이 중요하다고 생각합니다.

사례 2 상황에서 저는 먼저 학교 측에 저를 응원단에서 제외한 구체적인 이유와 판단 기준에 대해 정중히 설명을 요청하겠습니다. '다칠 수 있어서'라는 막연한 이유가 아닌, 어떤 상황에서, 어떤 위험이 발생할 수 있는지 그리고 다른 비장애인 학생들에게는 적용되지 않는 기준이 저에게만 적용되는 것인지를 명확히 묻겠습니다. 또한, 제가 치어리더 활동을 통해 팀과 관중들에게 어떤 긍정적인 영향을 주었는지에 대한 저의 생각과 경험을 전달하겠습니다. 만약 안전 문제가 실질적인 우려사항이라면, 저의 안전을 확보하면서도 제가 계속 활동할 수 있는 대안적인 방법이나 장치를 학교 측과 함께 논의하고 싶다고 제안하겠습니다. 휠체어를 사용하는 저만의 응원 방식을 개발하거나, 안전하게 활동할 수 있는 공간 및 동작을 함께 모색하는 등 적극적인 해결 의지를 보이겠습니다. 저의 응원을 지지해 준 관중들과 선수들의 반응을 근거로 제시하며, 저의 활동이 단지 저 개인의 만족을 넘어 팀의 사기 진작과 학교의 다양성을 존중하는 데 기여했음을 강조하겠습니다. 필요하다면 부모님 그리고 저를 지지하는 친구들이나 지역사회 단체의 도움을 받아 학교와 대화하고, 저의 정당한 권리를 주장하겠습니다. 궁극적으로 저는 이 경험을 통해 저와 같은 장애를 가진 학생들이 사회 활동에서 불합리하게 배제되지 않고, 모두가 동등하게 참여할 수 있는 환경을 만드는 데 작은 목소리라도 보탤 수 있다면 의미가 있다고 생각합니다.

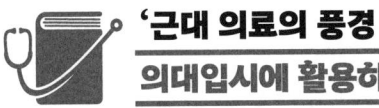

'근대 의료의 풍경 (황상익)' 의대입시에 활용하기

'근대 의료의 풍경(황상익)'은 888페이지 분량인데, 인터넷 신문《프레시안》에 2010년 3월 1일부터 12월 23일까지 그리고 2011년 5월 2일부터 6월 20일까지 주 2회, 총 101회에 걸쳐 연재했던 글을 정리한 책입니다. 철저한 사료 비판과 충실한 근거를 바탕으로 1876년 개항

즈음부터 1910년의 경술국치 무렵까지 우리나라 보건의료 환경의 변화를 다루고 있습니다. 한국 근현대 의학, 의술뿐만 아니라 이와 연관된 다양한 분야의 자료들과 1,000여 장에 가까운 사진을 통해 우리 의료계를 되짚어 보게 도와줍니다.

이 책은 한국 근현대 의료의 태동과 전개, 도전과 발전의 흔적을 고스란히 보여줍니다. 전체 4부로 구성했는데, 제1부에서는 개국과 보건의료 환경의 변화에 대해, 제2부에서는 최초의 근대식 국립병원인 제중원을 둘러싼 역사에 대해 정리합니다. 제3부에서는 자주적 의료 근대화를 향한 발걸음을 살펴봅니다. 마지막으로 제4부에서는 식민지 의료 기관이었던 대한의원과 제국의 의사들을 다룹니다.

저자는 서울대학교 의대를 졸업하고 동 대학원에서 의학박사 학위를 받았습니다. 의학과 의술의 발전 과정, 질병의 변천과 그에 대한 대응, 북한의 보건의료, 환자-의사 관계, 문명 간의 교섭이 주된 관심분야입니다. 대한의사학회(大韓醫史學會), 한국과학사학회, 한국생명윤리학회 회장과 제1대 전국교수노동조합 위원장을 지냈고, 지금은 국제고려학회 부회장 겸 서울지회 회장을 맡고 있으며 현재 서울대학교 의과대학 인문의학교실 교수입니다.

이 책에는 한국 근현대 의료의 태동과 전개, 도전과 발전의 흔적이 고스란히 담겨 있습니다. 서양 의학을 중심으로 정립된 근대의 보편의학은 19세기 말 여러 경로를 통해 조선에 들어왔습니다. 조선 지식인들은 서양의 과학기술을 수록한 책자 또는 외국인 의사를 통해, 또는 정부가 파견한 시찰단을 통해 근대의학에 대한 구체적 정보를 입수했습니다.

두창 치료를 위해 굿을 벌이던 민간 처방과 ≪동의보감≫으로 대변되는 전통의학은 서양 근대의학의 도입으로 서서히 변화를 겪습니다. 의학은 서양 근대과학의 중심에 있었기 때문에 정부는 개화기에 근대 서양의학을 습득하는 데 주력했습니다. 정부의 근대의학 도입 시도는 광혜원 설립으로 일차 결실을 맺습니다. 갑신정변의 주모자로 처형당한 홍영식의 저택이 우리나라 최초의 서양식 병원 건물로 내정되었습니다. 광혜원은 1885년 4월 10일 개원했습니다. 고종은 4월 12일 광혜원이란 공식 명칭을 하사했습니다. '널리 은혜를 베푸는 집'이란 뜻입니다. 광혜원의 개원은 한국 근대사의 중요한 사건입니다. 또한 의학사, 교회사, 근대 교육사에서도 대단히 중요한 역사적 의의를 지닌 사건입니다. '광혜원'이라는 이름은 4월 12일부터 26일까지 2주 동안 사용되었고, 광혜원은 제중원으로 이름이 바뀌었습니다. 저자는 그간 아무런 이유 없이 광혜원에서 제중원으로 바뀌었다고 알려진 사실에 대해서 각종 사료를 들어 그 내력을 파헤칩니다.

광혜원이 제중원으로 개칭된 날짜는 4월 26일(음력 3월 12일)로 이 점에 대해서는 이견이 거의 없다. ≪고종실록≫ 4월 26일자에 "통리교섭통상사무아문에서, 광혜원을 제중원으로 개칭했습니다라고 아뢰었다"라는 기록이 이를 뒷받침한다. 국왕의 재가라기보다 외아문의 보고로 제중원이라는 새 병원 명칭이 확정되었다.
제중원으로 이름을 고친 것은 단순한 개칭이 아니라 소급 개칭한 것이며, '개부표改付標'가 그것을 보여준다. 다시 말해 4월 14일 국왕의 재가를 얻어 광혜원이라는 명칭을 쓰게 되었지만, 같은 날짜로 소급해 제중원이라고 고쳐 부르게 한 것이다. 따라서 광혜원이라는 명칭은 4월 26일까지 쓰였지만, 형식상(법률상)으로는 존재한 적이 없는 것이다. (《제2부 최초의 근대식 국립병원 제중원》에서)

제중원을 찾는 환자들도 많았고 고종의 신임도 두터웠습니다. 하지만 일반 시민 모두가 우호적이었던 것은 아닙니다. 반감의 대표적인 예로 '영아소동'이 흔히 거론됩니다. 영아소동은 1888년 6월 10일 서울에서 시작되어 지방으로 확산되었답니다. 외국인 선교사들이 어린아이들을 납치해 삶아 먹고 눈은 빼내 약이나 사진 자료로 사용한다는 소문이 퍼진 것입니다. 심지어는 어린아이들을 외국으로 보내 노예로 팔고 있다는 얘기도 떠돌았습니다. 소문은 민중을 분노시키기에 충분했고 일부 과격한 대중들의 폭력사태로 이어졌고, 조선 정부와 외국 공관들이 적극 나서 조속한 해결을 위해 노력했습니다. 곧 영아소동은 끝났습니다. 제중원은 개원 후 1년 동안 발진티푸스를 포함한 전염성 질병에 걸린 외래 환자 19명을 치료했고, 4일간 열에 시달리는 713명을 포함해 말라리아 환자 1,061명을 치료했습니다.

저자는 세브란스 병원의 제중원의 계승 문제에 대해서도 철저한 사료를 바탕으로 반론을 제기합니다. 그리고 저자는 20년 동안 조선(한국) 최초의 근대식 국립병원으로 존립하면서 근대 서양 의학이 이 땅에 도입되고 발전하는 데 적지 않은 역할을 했으며, 제중원은 역사 속으로 물러난 뒤에도 크게 두 가지 경로를 통해 우리나라의 의학 발전에 기여했다고 말합니다.

의대입시독서는 달라야 합니다

제중원은 역사 속으로 물러난 뒤에도 크게 두 가지 경로를 통해 우리나라의 의학 발전에 기여했다. 그 가운데 한 가지는 세브란스 병원을 통한 것이었다. 제중원에서 일했던 여러 선교의사들의 경험은 선교부가 설립한 세브란스 병원의 발전뿐만 아니라 의사 양성 등을 통해 한국 의학을 발전시키는 데에 중요한 밑거름이 되었다.

다른 하나는 대한제국 정부의 의학교와 광제원을 통한 것이다. 제중원을 설립하고 운영하면서 얻은 정부의 경험은 의학교와 광제원 등 국립 의료기관의 건립과 운영, 나아가 의사 양성 등을 통해 한국 의학 발전에 직간접적으로 커다란 영향을 미쳤다.(《제2부 최초의 근대식 국립 병원 제중원》에서)

한국사는 한국인들만의 배타적, 폐쇄적 역사가 아닙니다. 한국이라는 지리적, 역사적, 문화적 공간에서 한국인들뿐 아니라(물론 한국인들 자체도 복잡다단한 이해관계로 얽혀 있습니다) 여러 민족과 인종이 어울려서 삶의 다채로운 모습들을 연출해 온 것이 바로 한국사이고, 19세기 후반의 문호개방 이래 그러한 점은 점점 더 뚜렷해졌습니다. 또한 무대가 되는 공간도 한반도를 넘어 전 세계로 확장되었고 그에 따라 세계사 속의 한국사로 변모, 발전하고 있습니다.

한국인이 한국사의 주역이라는 점 또한 엄연한 사실이다. 한국인들은 외부세계와 끊임없이 교류하고 소통하면서, 새로운 문물과 제도들을 받아들여 점차 자기 것으로 소화하고 기존의 전통적 요소들도 시대에 맞게 변화시켜 왔다. 의료 분야도 마찬가지다.(《제3부 자주적 의료

1870년대부터 근대 서양 의술을 접해 온 조선 사회는 초기의 피동적 체험에서부터 점차 능동적인 선택과 수용의 단계로 나아가기 시작했습니다. 제중원뿐만 아니라 일본인 병원과 선교병원 등이 중요한 역할을 했습니다. 환자를 진료하는 데에 의사의 국적과 피부색이 문제가 되지는 않습니다. 하지만 국가의 보건의료정책을 집행하는 데에서는 자국인 의사의 존재는 필수적이라고 할 수 있습니다. 외국인 의사들이 아무리 헌신적이라 하더라도 그들의 목표가 조선 정부의 그것과 일치할 수는 없기 때문이라고 저자는 말합니다.

조선 정부는 1880년대부터 의료인을 양성하기 위한 노력을 기울였습니다. 그리하여 국가사업으로 의사를 배출하는 데 어느 정도 성과를 거두었습니다. 한편 제중원 학당에서의 의학 교육은 의사 양성이라는 목표를 달성하지는 못했습니다. 이후 지석영의 건의로 1899년 의학교가 설립됩니다. 의학교는 1902년, 3년간의 근대식 의학 교육을 받고 법령으로 의사로서 자격을 인정받는 우리나라 최초의 근대식 의사 19명을 배출한 점에서도 의학사와 한국 근대사에 뚜렷한 족적을 남겼습니다. 그에 못지않게 중요한 점은 의학교가 민중의 참여와 우리 정부와 선각자들의 주도로 설립, 운영되었다는 사실입니다.

이윽고 한국인 의사들이 등장하기 시작합니다. 김익남, 김교준, 유병필 등 비롯한 수많은 의학 선각자들이 의학 연구, 의료인 양성, 환자 진료 등 각 분야에 걸쳐 이루어낸 성과는 눈부십니다. 이 책은 잘 알려지지 않은 의학교 출신 의사들의 행적을 자료가 허하는 범위에서 소개합니다. 우리의 자주적 의료사의 한 단면을 찾아 보여줍니다.

그동안 통사적으로 한국 근현대 의료 문화사를 기술한 책은 있었지만, 너무 학문적으로 치우친 나머지 일반인들이 흥미롭게 읽을 수는 없었습니다. 그런가 하면 사료적 근거와 해석은 무시한 채 독자의 흥미를 끌기 위해 독자들에게 잘못된 역사상을 심어준 책들이 더러 존재합니다. 이 책은 독자들(특히 예비 의학도들)에게 정확한 자료와 사료를 보여주면서도 사회적, 생활사적인 측면을 아우르는 의료 문화 전반을 쉽고 명쾌한 글로 소개했습니다.

 **생기부 세특 예시**

일제 강점기 대한의원 부속의학교 학생들이 총독부의 강압적인 모자 교체(각모→환모) 지시에 격렬히 반발했던 사례에서 주권 상실과 민족 정체성 훼손 시도에 대한 저항이라는 측면에서 논의해 봄. 학생의 입장에서 각모가 단순한 모자가 아닌 대한제국의 주권과 학생들의 자주성을 나타내는 중요한 표식이므로 단순한 복장 규제가 아닌 우리 민족의 정체성을 말살하고 식민지배를 정당화하려는 시도로 이해함. '근대 의료의 풍경(황상익)'을 통해 1876년 개항부터 1910년 경술국치까지, 격변하는 한국 보건의료 환경의 변화를 1,000여 장에 달하는 사진 자료를 통해 생생하게 접하며 한국 근현대 의학, 의술, 의학교육, 의료행정, 의문화사, 의생활사를 아우르는 근대 의료사를 조망해 봄. 최초의 근대식 국립병원 제중원과 자주적 의료 근대화 노력, 식민지

의료 기관까지 심층적으로 분석해 서양 근대의학은 19세기 말 다양한 경로로 조선에 유입되었으며 정부는 초기부터 의학 습득에 주력해 제중원과 세브란스 병원이 당대 전염병 환자 치료와 의학 발전에 크게 기여했다는 점을 평가하고, 1899년 설립된 의학교가 1902년 우리나라 최초의 근대식 의사 19명을 배출하며 자주적 의료 근대화의 중요한 발자취를 남겼다는 기록을 공유함.(1,497Byte, 띄어쓰기 포함 621자)

일제 강점기 대한의원 부속의학교 학생들이 총독부의 강압적인 모자 교체(각모→환모) 지시에 격렬히 반발했던 사례에서 주권 상실과 민족 정체성 훼손 시도에 대한 저항이라는 측면에서 논의해 봄. 학생의 입장에서 각모가 단순한 모자가 아닌 대한제국의 주권과 학생들의 자주성을 나타내는 중요한 표식이므로 단순한 복장 규제가 아닌 우리 민족의 정체성을 말살하고 식민지배를 정당화하려는 시도로 이해함. '근대 의료의 풍경(황상익)'을 통해 1876년 개항부터 1910년 경술국치까지, 격변하는 한국 보건의료 환경의 변화를 1,000여 장에 달하는 사진 자료를 통해 생생하게 접하며 한국 근현대 의학, 의술, 의학교육, 의료행정, 의문화사, 의생활사를 아우르는 근대 의료사를 조망해 봄.(907Byte, 띄어쓰기 포함 377자)

일제 강점기 대한의원 부속의학교 학생들이 총독부의 강압적인 모자 교체(각모→환모) 지시에 격렬히 반발했던 사례에서 주권 상실과 민족 정체성 훼손 시도에 대한 저항이라는 측면에서 논의해 봄. 학생의 입장에서 각모가 단순한 모자가 아닌 대한제국의 주권과 학생들의 자주성을 나타내는 중요한 표식이므로 단순한 복장 규제가 아닌 우리 민족의 정체성을 말살하고 식민지배를 정당화하려는 시도로 이해함.(546Byte, 띄어쓰기 포함 218자)

《바리데기》 | 황석영
"21세기 국제사회의 절망과 폭력 분석"

| 분량 ★★★★ | 내용 ★★★★ | 활용 ★★★★ |

〈2017학년도 서울대 수시 의과대학 면접 제시문 4〉

콩쥐는 14세 된 여자아이다. 10세 때 어머니가 돌아가시고, 이후에 그녀는 아버지와 둘이 살았다. 작년에 아버지는 고등학교 2학년이 된 딸을 키우고 있던 여성과 재혼을 하게 되었고, 네 사람은 가족이 되어 같이 살게 되었다. 네 식구는 겉으로 별문제가 없어 보였으나, 서로 대화가 별로 없었다.

콩쥐 아버지는 최근에 다리를 다쳐 깁스(석고붕대)를 하고 지내는 중이었는데, 새엄마가 자신의 고향에 일이 있어 사흘간 집을 비우게 되었다. 새엄마는 콩쥐에게 "언니는 공부하느라 바쁘니, 사흘간 아버지 저녁식사를 좀 챙겨 드려라"라고 했다.

(1) 콩쥐는 _____ 마음이 들어서, 바로 대답하지 않고 새엄마를 쳐다보았다.

(2) 새엄마는 콩쥐에게 _____ 기분이 들어서, "배달을 시켜 먹어도 좋으니 부담스러워하지는 마라"라고 말했다.

(3) 아버지는 이 광경을 바라보며 _____ 기분이 들었다.

질문 1. (1), (2), (3) 각각의 밑줄을 채워 보세요.

답변 : (1) 콩쥐는 억울한(또는 부담스러운/서운한) 마음이 들어서, 바로 대답하지 않고 새엄마를 쳐다보았다. 왜냐하면 콩쥐는 어린 나이에 어머니를 여의고, 새 가정을 꾸린 지 얼마 되지 않은 상황에서, 다친 아버지의 식사를 돌봐야 하는 부담감을 느꼈을 수 있기 때문입니다. 특히 이복 언니는 공부를 핑계로 이 역할을 면제받으니 차별처럼 느껴져 더욱 억울하거나 서운한 감정을 가지게 됩니다.

(2) 새엄마는 콩쥐에게 미안한(또는 짐작 가는/조심스러운) 기분이 들어서, "배달을 시켜 먹어도 좋으니 부담스러워하지는 마라"라고 말했다. 왜냐하면 새엄마는 콩쥐의 망설이는 태도에서 콩쥐가 느꼈을 감정(부담, 서운함 등)을 어느 정도 짐작했을 수 있습니다. 자신의 요청이 콩쥐에게 부담이 될 수 있음을 인지하고, 그 마음을 덜어주고자 미안함이나 조심스러운 마음으로 추가적인 설명을 했을 가능성이 큽니다.

(3) 아버지는 이 광경을 바라보며 미안하고 무력한(또는 안타까운) 기분이 들었다. 왜냐하면 아버지는 다친 다리로 인해 깁스를 하고 지내느라 거동이 불편하여 직접 상황에 개입하거나 역할을 할 수 없는 무력감을 느끼게 됩니다. 자신의 딸과 새 아내 사이에서 벌어지는 미묘한 대화에 대해 미안함과 안타까움을 동시에 느꼈을 수도 있습니다.

질문 2. 콩쥐, 새엄마, 아버지는 이 상황을 각각 어떻게 생각할지 말해 보세요.

답변 : 각 인물의 입장에서 상황을 생각해 보겠습니다. 먼저 콩쥐는 새엄마와 이복 언니의 등장 이후 자신의 위치가 변화했다고 느꼈을 수 있습니다. 특히 어머니가 계셨을 때는 없었을 책임감과 부담감을 느낄 수 있습니다. 새엄마가 "언니는 공부하느라 바쁘니"라고 언급하며 이복 언니를 제외한 상황에 대해, 자신은 단순히 집안일을 도와야 하는 존재로 여겨지는 듯한 서운함이나 차별 및 불평등을 느꼈을 가능성이 큽니다. 어머니가 돌아가시고 아버지가 재혼하면서 겪는 혼란스러운 감정 속에, 새로운 가족 내에서 자신의 역할과 존재 가치에 대해 다시 생각하게 되는 계기가 될 수도 있습니다.

새엄마는 남편이 다친 상황에서 자신이 집을 비워야 하는 것에 대해 남편과 가족에 대한 책임감을 느꼈을 수 있습니다. 자신의 친딸에게 부담을 주고 싶지 않거나, 콩쥐를 새 가족의 일원으로서 생각해 책임감을 부여하고 싶었을 수 있습니다. 하지만 콩쥐의 망설임을 보며 자신이 무리한 부탁을 했거나 콩쥐가 서운해한다는 것을 눈치챘을 가능성이 있습니다. "배달을 시켜 먹어도 좋으니 부담스러워하지는 마라"는 말에서, 그녀가 콩쥐에게 마냥 가혹하게 대하려는 것은 아니며, 콩쥐와의 관계를 어느 정도 개선하고 싶어 하거나, 혹은 상황을 유연하게 대처하려는 의지도 엿볼 수 있습니다.

아버지는 자신의 부상으로 인해 가족에게 짐이 되었다는 무력감과 자책감을 느낀 듯합니다. 새 아내와 자신의 딸 콩쥐 사이의 대화를 보며 가족 간의 서먹함이나 소통 부족을 인지했을 가능성이 있습니다. 두 사람 사이의 미묘한 긴장을 보며 이를 해소해 주지 못하는 것에 대한 미안함과 답답함을 느꼈을 수 있습니다. 가장으로서 가족 내 갈등

의대입시독서는 달라야 합니다

을 해결해야 한다는 책임감과 동시에, 다친 몸 때문에 그럴 수 없다는 무력감 사이에서 복잡한 감정을 느꼈을 것입니다.

이 제시문에는 단순히 인물의 감정을 파악하는 수준을 넘어, 새로운 가족 구성원들이 서로에게 가지는 기대, 관계 그리고 그 안에서 발생할 수 있는 미묘한 감정선과 책임감을 이해하는 능력을 평가하려는 의도가 담겨 있습니다.

'바리데기(황석영)' 의대입시에 활용하기

'바리데기(황석영)'는 중국대륙과 대양을 건너 런던에 정착한 탈북소녀 '바리'의 여정을 그린 소설입니다. 작가는 소설 속에 '바리데기' 신화를 차용해 환상과 현실을 넘나들며 21세기 현실을 박진감 있게 녹여냈으며, 주인공의 여정을 통해 한반도와 전 세계에 닥쳐 있는 절망과 폭력, 전쟁과 테러의 모습을 담았습니다.

우리 바리가 용쿠나! 가엾은 걸 알문 대답을 알게 된다니까니.
할머니는 다시 손을 내저었고 구름 같은 것이 하얗게 정자 주위를 덮는다.
넌 이제 장승이와 인연을 맺는구나. 앞으루 그 사람하구 살멘 생명수를 찾아내야 하지비.
할마니, 다른 고장 사람들두 나처럼 저희 조상 혼들이 있나?(204쪽)

북한 청진에서 지방 관료의 일곱 딸 중 막내로 태어난 주인공은 아들을 간절히 원했던 부모에 의해 숲속에 버려집니다. 그런 그녀를 풍산개 '흰둥이'가 다시 데려다놓고, 버린 아이라고 하여 '바리'라는 이름을 얻게 된 주인공은 심하게 앓고 난 뒤부터 영혼, 귀신, 짐승, 벙어리 등과도 소통하는 능력을 지니게 됩니다.

희망을 버리면 살아 있어도 죽은 거나 다름없지. 네가 바라는 생명수가 어떤 것인지 모르겠다만, 사람은 스스로를 구원하기 위해서도 남을 위해 눈물을 흘려야 한다. 어떤 지독한 일을 겪을지라도 타인과 세상에 대한 희망을 버려서는 안 된다.(286쪽)

시간이 흘러 소련이 무너지고 김일성 주석이 사망하면서 북한의 정치경제는 급속히 나빠지고 홍수로 죽는 이들이 늘어납니다. 중국과 무역업을 하던 외삼촌은 결손이 나자 몰래 탈북해 남한으로 들어갔다는 소문이 들립니다. 외삼촌 때문에 아버지는 모진 고초를 당하고, 어머니와 언니들도 다른 지역으로 강제 이주되면서 식구들은 뿔뿔이 흩어지게 됩니다.

우리 모두가 철없는 것들이다.
그리고 할아버지는 잠깐 고개 숙여 기도하고 나서 덧붙였다.
지금 벌어지고 있는 전쟁은 힘센 자의 교만과 힘없는 자의 절망이 이루어낸 지옥이다. 우리가 약하고 가진 것도 없지만 저들을 도와줄 수 있다는 믿음을 가져야 한다. 세상은 좀 더 나아질 거다.(290쪽)

의대입시독서는 달라야 합니다

전통 설화에서 '바리데기'는 오귀대왕의 일곱째 공주로 태어나 버려집니다. 하지만, 부모가 병이 들자 나머지 딸들은 약을 구해 오기를 거절하고 바리데기만 저세상으로 가서 온갖 고생 끝에 서천의 영약(생명수)을 구해 죽은 부모를 살립니다. 이후, 바리데기는 사자를 저승으로 인도하는 오구신으로서 무당의 원형으로 받들어지기도 합니다.

이 소설은 전쟁과 국경, 인종과 종교, 이승과 저승, 문화와 이데올로기를 넘어 신자유주의 체제의 그늘을 해부하는 동시에, 분열되고 상처받은 인간과 영혼들을 용서하고 구원하는 대서사를 펼쳐 보입니다. 한겨레신문에 연재된 내용을 한 권의 책으로 모아 엮어 속도감 있는 문장과 감동적인 내용이 돋보이는 작품이기도 합니다.

저자는 1943년 만주 장춘에서 태어나 동국대 철학과를 졸업했습니다. 고교 재학 중 1962년에 소설 『입석부근』으로 신인문학상을 수상했습니다. 이후 한일회담반대시위에 참여했다가 경찰서 유치장에 갇히게 되고 그곳에서 만난 일용직 노동자를 따라 전국의 공사판을 떠돕니다. 공사판과 오징어잡이배, 빵공장 등에서 일하며 떠돌다가 승려가 되기 위해 행자생활을 하기도 했습니다.

해병대에 입대해 베트남전에 참전하여 이때의 체험을 담은 단편소설 '탑'이 조선일보 신춘문예에 당선되면서 다시 문학으로 돌아옵니다. 이후 '객지', '한씨연대기', '삼포 가는 길' 등을 차례로 발표하면서 한국 리얼리즘 문학의 새로운 지평을 열었습니다. 특히 1974년부터 1984년까지 한국일보에 연재한 '장길산'은 지금까지도 한국 민중의 정신사를 탁월한 역사적 상상력으로 풀어낸 대작으로 평가받습니다. 1989년 방북 후 독일 미국 등지에서 체류했으며 1993년 귀국하여 방북사건으로 5년여를 복역하고 1998년 석방되었습니다.

'무기의 그늘'로 만해문학상을, '오래된 정원'으로 단재상과 이산문학상을, '손님'으로 대산문학상을 수상했습니다. 노벨문학상 후보로도 자주 거론된 소설가입니다.

 **생기부 세특 예시**

재혼 가정의 14세 콩쥐가 아버지가 다친 상황에서 새엄마로부터 식사 돌봄을 부탁받는 상황에서 '억울함과 서운함'을 느끼고, 새엄마는 콩쥐의 반응에 '미안함과 조심스러움'을, 아버지는 다친 몸으로 인한 '무력함과 안타까움'을 느끼는 상황을 토의해 보며 가족 내 위치 변화와 차별과 책임감, 관계 개선 의지, 자책감과 해결할 수 없는 무력감에 대해 가족 역학 이해, 복잡한 감정선 파악, 상황 분석 능력을 향상시킴. '바리데기(황석영)'를 통해 북한에서 버려지고 영혼과 소통하는 능력을 지닌 소녀 '바리'의 탈북 여정을 살피며 전통 설화 속 '바리데기' 공주처럼 가족을 위해 고난을 감내하는 주인공의 삶을 통해 21세기 국제사회의 절망과 폭력, 전쟁의 현실을 분석해 봄. 주인공이 겪는 개인적인 비극을 넘어, 소련 붕괴와 김일성 사망 이후의 북한 상황과 전 지구적 갈등을 아우르는 과정에서 희망을 버리지 말고 타인을 위해 눈물 흘려야 한다는 메시지를 접하며 인간 존재와 세상의 구원을 위한 서사의 특징을 정리함. 전쟁과 국경, 이승과 저승을 넘나드는 환상과 현실이 교차하는 내용 속에서 다양한 역사적 콘텐츠의 문학적 재구성 과정

의대입시독서는 달라야 합니다

에서 나타나는 변형과 국가 차원을 넘어서는 전 지구적 문제에 대한 공감대를 확장시킴.(1,499Byte, 띄어쓰기 포함 619자)

'바리데기(황석영)'를 통해 북한에서 버려지고 영혼과 소통하는 능력을 지닌 소녀 '바리'의 탈북 여정을 살피며 전통 설화 속 '바리데기' 공주처럼 가족을 위해 고난을 감내하는 주인공의 삶을 통해 21세기 국제사회의 절망과 폭력, 전쟁의 현실을 분석해 봄. 주인공이 겪는 개인적인 비극을 넘어, 소련 붕괴와 김일성 사망 이후의 북한 상황과 전 지구적 갈등을 아우르는 과정에서 희망을 버리지 말고 타인을 위해 눈물 흘려야 한다는 메시지를 접하며 인간 존재와 세상의 구원을 위한 서사의 특징을 정리함. 전쟁과 국경, 이승과 저승을 넘나드는 환상과 현실이 교차하는 내용 속에서 다양한 역사적 콘텐츠의 문학적 재구성 과정에서 나타나는 변형과 국가 차원을 넘어서는 전 지구적 문제에 대한 공감대를 확장시킴.(946Byte, 띄어쓰기 포함 388자)

재혼 가정의 14세 콩쥐가 아버지가 다친 상황에서 새엄마로부터 식사 돌봄을 부탁받는 상황에서 '억울함과 서운함'을 느끼고, 새엄마는 콩쥐의 반응에 '미안함과 조심스러움'을, 아버지는 다친 몸으로 인한 '무력함과 안타까움'을 느끼는 상황을 토의해 보며 가족 내 위치 변화와 차별과 책임감, 관계 개선 의지, 자책감과 해결할 수 없는 무력감에 대해 가족 역학 이해, 복잡한 감정선 파악, 상황 분석 능력을 향상시킴.(552Byte, 띄어쓰기 포함 230자)

《로봇 시대, 인간의 일》 | 구본권

" 인공지능 시대 안내서 "

분량 ★★★	내용 ★★★★★	활용 ★★★★★

〈2016학년도 서울대 수시 의과대학 면접 제시문 1〉

산업혁명(Industrial Revolution) 이후 엄청난 속도로 발전한 기술(技術, technology)은 우리 삶의 형태와 방식을 상당히 바꾸어 놓았고, 기술 사회(技術 社會, technological society)는 풍요로운 미래를 보장할 수 있다고 생각하게 되었다. 하지만 낙관적인 기대와 함께 우려의 목소리도 커지기 시작했다. 인도의 사상적, 정치적 지도자인 간디(Mohandas Karamchand Gandhi, 1869~1948)는 영국이 이식한 대량생산 기술(mass production technology)들이 인도의 빈곤을 해결하는 것이 아니라, 대량생산 기술의 특혜를 받는 사람들과 그렇지 못한 사람들로 나누면서 빈곤을 더욱 고착화(固着化)한다고 비판했다. 또한 하이데거(Martin Heidegger, 1889~1976) 등의 철학자들은 인간 자신이 거대한 기술 시스템의 한 부분으로써 어떤 역할을 하느냐에 따라 인간 존재의 의미를 부여받게 되었다고 비판했다. 특히 최근 급성장한 로봇(robot), 스마트폰(smart phone), 인공지능(artificial intelligence, AI), 사물인터넷(internet of things, IoT) 등의 기술들은 우리 삶의 거의 모든 부분에 침투하여 강력한 영향력을 발휘하게 되었고, 이로 인해 노동과 생산 그리고 인간의 관계에 대한 기본 개념이 바뀌면서 인간소외(人間疎外)의 위기감(危機感)을 느끼기 시작했다.

질문 1. 기술이 제공하는 편리함으로 인해 유용하다는 의견과 인간소외의 문제가 심각하다는 의견 중 어느 쪽 의견에 더 동의하나요?

답변 : 기술이 제공하는 편리함과 유용성은 현대 사회에서 부정할 수 없는 사실이지만, 제시문에서 언급된 인간소외의 문제가 더욱 심각하게 고려되어야 할 부분이라고 생각합니다. 간디의 비판처럼 기술이 오히려 빈부 격차를 심화시키고, 하이데거의 주장처럼 인간이 거대한 기술 시스템의 일부로 전락하며 존재 의미가 축소될 수 있기 때문입니다. 특히 최근 인공지능이나 사물인터넷과 같은 기술들이 삶의 모든 영역에 침투하면서 노동과 인간관계의 기본 개념까지 변화시키고 있다는 점은 단순한 편리함을 넘어선 근본적인 사회적, 존재론적 위기감을 시사합니다. 따라서 기술의 혜택을 누리면서도 인간 본연의 가치와 관계가 훼손되지 않도록 경계하고 대책을 마련하는 태도가 중요합니다.

질문 2. 인간소외에 대한 우려는 너무 과장된 우려라고 생각하지 않니요?

답변 : 인간소외에 대한 걱정은 결코 과장된 우려가 아니라고 생각합니다. 제시문에 따르면 이미 간디는 대량생산 기술이 오히려 빈곤을 고착화시킨다고 비판했고, 하이데거와 같은 철학자들은 기술 시스템 속에서 인간 존재의 의미가 규정되는 현상을 우려했습니다. 특히

로봇, 인공지능, 사물인터넷 등 최신 기술들은 우리 삶의 거의 모든 영역에 강력하게 영향을 미치며 노동과 생산 그리고 인간의 관계에 대한 기본 개념을 바꾸고 있습니다. 단순한 기술적 편리함의 문제가 아니라, 인간의 역할과 존엄성, 사회적 연결성이라는 근원적인 가치에 대한 심각한 변화를 가져올 수 있기에, 현실적인 위기로 받아들여야 한다고 생각합니다.

질문 3. 인간소외의 해결 방안은 무엇인가요?

답변 : 인간소외의 해결 방안은 기술 발전의 속도를 조절하거나 기술을 거부하는 방식이 아닙니다. 기술의 방향성을 인간 중심으로 설정하고 사회적 제도를 보완하는 데 있다고 생각합니다. 먼저 인문학적 통찰을 강화해야 합니다. 기술 개발 단계에서부터 인간의 가치와 사회적 영향에 대한 인문학적 성찰을 병행하여, 기술이 인간을 도구화하지 않도록 윤리적 기준을 마련해야 합니다. 사회 안전망 강화 및 교육 혁신이 필요합니다. 기술 발전으로 인한 일자리 감소에 대비하여 기본소득 제도 도입이나 새로운 직업 교육 기회 확대 등 유연한 사회 안전망을 구축하고, 평생 학습 시스템을 통해 인간이 기술 변화에 적응하고 주체적으로 역량을 키울 수 있도록 지원해야 합니다. 인간 중심의 관계도 재정립되어야 합니다. 비대면 기술의 발달 속에서도 직접적인 인간 교류와 공동체 활동을 장려하고, 사회적 관계의 중요성을 인식하며 정서적 지지 기반을 강화하는 노력이 필요합니다.

질문 4. 의료기술의 발달로 기계에게 의사가 밀려나는 일이 발생할

수 있을까요?

답변 : 의료기술, 특히 인공지능과 로봇 기술의 발달로 기계가 의사의 일부 역할을 대체하는 상황은 충분히 발생할 수 있으며, 이미 그러한 경향이 나타나고 있습니다. 인공지능은 진단 보조, 영상 판독, 약물 추천 등 데이터 기반의 효율적인 의사결정 분야에서 의사보다 빠르고 정확한 결과를 도출할 수 있습니다. 로봇은 정밀한 수술이나 원격 진료 등 물리적인 제한을 극복하는 데 기여할 수 있습니다. 그러나 의사라는 직업 자체가 기계에게 완전히 밀려나리라고는 생각하지 않습니다. 의사에게는 단순한 데이터 처리나 기술적 능력을 넘어, 환자와의 공감, 복잡한 인문학적·사회적 상황을 고려한 의사결정, 예측 불가능한 변수에 대한 대처 그리고 인간적인 위로와 소통 능력이 필수적이기 때문입니다. 이러한 영역은 기계가 온전히 대체하기 어렵습니다.

질문 5. 기계에게 밀려나는 일이 발생한다면 의사로서 어떤 느낌이 들 것이라 생각하나요?

답변 : 의료 분야에서 기계에게 일부 역할이 밀려나는 상황이 발생한다면, 처음에는 변화에 대한 불안감이나 기존 역할에 대한 상실감이 들 수도 있을 것 같습니다. 하지만 곧이어 이러한 변화를 새로운 기회로 인식하고, 의사의 역할에 대해 깊이 고민해 보겠습니다. 오히려 의사라는 직업의 본질에 대해 다시 한 번 생각해 보는 계기가 됩니다. 기계가 할 수 없는 '인간 의사'만이 제공할 수 있는 가치, 즉 환자와의 정서적 교감, 복합적인 상황에 대한 윤리적 판단, 그리고 질병뿐 아니라 환자의 삶 전반을 이해하고 치유하는 전인적인 접근에 더욱 집중해야

합니다. 의료 인공지능과 로봇을 도구로 활용하면서도, 의사로서 인간적인 따뜻함과 지혜를 발휘하여 환자들에게 최상의 돌봄을 제공하기 위해 노력해야 합니다.

> *최고의 시절이었고, 또 최악의 시절이었다. 지혜의 시기였고, 또한 어리석음의 시기였다. (…) 희망의 봄이었고, 또한 절망의 겨울이기도 했다. 우리는 모든 것을 가지고 있었지만, 또한 아무것도 갖고 있지 않았다. 우리 모두는 천국을 향해 가고 있었지만, 또한 그 반대쪽으로 가고 있기도 했다.*(찰스 디킨스, 《두 도시 이야기》)

찰스 디킨스의 묘사는 마치 오늘날 우리 시대를 그려낸 듯 보입니다. 스마트폰, 소셜미디어, 클라우드 서비스, 빅데이터, 사물인터넷 등 디지털 기술과 기기들이 우리가 미처 따라가지 못할 속도로 쏟아지고 있기 때문입니다. 스티브 잡스는 한 시대를 상징하는 인물이 되었고, 우리의 세계는 직사각형의 작은 액정 안에 모두 들어 있게 되었습니다. 이 기술과 기기를 말 그대로 스마트하게 이용해 일의 능률을 높이고 새로운 기회를 잡고 삶의 질을 한 단계 도약시킨 이들도 있겠지만, 스마트폰 증후군이나 카페인 우울증(카카오스토리, 페이스북, 인스타그램 같은 SNS를 통해 상대적 박탈감을 느끼는 증상)처럼 우리에게 주어진 새 도구에 이리저리 휘둘리면서 어려움을 겪는 이들이 적지 않습니다.

'로봇 시대, 인간의 일(구본권)' 의대입시에 활용하기

'로봇 시대, 인간의 일(구본권)'은 인공지능 시대를 살아가는 우리를 위한 안내서입니다. 로봇혁명이 재편할 직업의 미래, 대학의 몰락과 새로운 지식의 구조, 감정인식 로봇과의 교감이 바꿔놓을 인간관계 등을 우리가 로봇과 인공지능의 시대에 마주하게 될 상황을 10개의 질문으로 다룹니다.

1. 무인자동차의 등장, 사람이 운전하는 차가 더 위험하다?
2. 자동 번역 시대, 외국어를 배울 필요가 있을까?
3. 지식이 공유되는 사회, 대학에 가지 않아도 될까?
4. 제2의 기계 시대, 내 직업은 10년 뒤에도 살아남을 수 있을까?
5. 노동은 로봇이, 우리에겐 저녁 있는 삶이 열릴까?
6. 감정을 지닌 휴머노이드, 로봇과의 연애 시대가 온다?
7. 인공지능의 특이점, 로봇은 과연 인간을 위협하게 될까?
8. 생각하는 기계에 대해 인간이 경쟁력을 갖추려면?
9. 망각 없는 세상, 우리가 기억해야 할 것은 무엇인가?
10. 우리가 로봇의 언어를 배워야 하는가?

로봇 시대에 우리가 직면해야 할 문제들에 대해 누구도 모범답안을 알려줄 수 없는 현실입니다. 사실상 답이 없는 복잡한 딜레마이기도 합니다. 우리 시대의 디지털 인문학자로 자처하는 저자는 서울대 철학과를 졸업하고, 한양대학교에서 언론학 박사 학위를 받았으며 신문방송학과 겸임교수를 지냈습니다. 1990년부터 〈한겨레〉에서 기자로 일하고 있으며, 현재 사람과디지털연구소 소장을 맡고 있습니다. 디지털 기술의 빛과 그늘을 함께 보도해 온 IT 전문 저널리스트로, 국내에 '잊혀질 권리'에 관한 논의를 처음 제기하며 관련 서적을 번역하고 논문을 발표해 왔습니다.

자율주행 상황의 딜레마는 우리의 삶이 알고리즘의 세계로 변환되고 있음을 알려준다. 사람의 판단과 행동이 언제나 합리적이지도 않고 최선의 결과를 만들지도 못 하지만 그에 대한 책임은 우연과 무작위, 그리고 무지의 장막으로 보호되어왔다. '실수'라는 것은 사람에게 허용된 자유의 영역이기도 했다. 하지만 우리가 로봇과 인공지능에 의존하고 위임한다는 것은 이러한 우연과 무작위의 세계를 벗어난다는 의미다.(1장)

기술과 사람이 건강한 관계를 구축할 방도를 궁리하며 글 쓰고 강의한다는 저자는 아날로그 세대가 디지털 사회로 이주하면서 생기는 문제들에 주목해 《당신을 공유하시겠습니까?》(2014)에서 스마트폰과 소셜미디어를 제대로 이해하고 활용할 지침을 제시했습니다. 네이버캐스트에서 '디지털 리터러시'로 연재되며 많은 관심을 모은 바 있습니다. 《로봇 시대, 인간의 일》을 통해 우리 사회가 스마트 시대에서 인공지능 로봇 시대로 진입했음을 알립니다. 인류 역사상 가장 근본적인 변화를 목전에 둔 지금, 우리가 반드시 알아야 할 것은 무엇일까요?

의대입시독서는 달라야 합니다

10가지 질문들은 인류에게 미래를 전망할 새로운 생각의 지도를 펼쳐 보입니다. 변화의 위협을 기회로 만들 실질적 조언과 통찰은 우리에게 인공지능 로봇 시대를 살아갈 지표가 되어줄 수 있습니다.

인간의 약점은 인간을 인간답게 하는, 기계와 구별되는 최후의 요소 다. 기계는 설계하는 대로 작동하고 우리는 사람의 결점과 단점을 벗어나기 위한 의도로 기계를 설계한다. 부정확한 인식과 판단, 감 정에 의한 변덕스럽고 비합리적인 행동, 망각과 고통 같은 사람의 속성을 기계에 부여하지 않는다. 하지만 거기에 로봇 시대 우리가 가야 할 사람의 길이 있다.(10장)

 **생기부 세특 예시**

기술은 편리함을 가져왔지만, 간디와 하이데거의 지적처럼 빈곤 고 착화 및 인간소외와 같은 심각한 우려를 낳고 있으며 특히 인공지능, 로봇 등 최신 기술이 삶의 전반에 침투해 노동과 인간관계의 기본 개 념을 변화시키는 인간소외에 대해 토의해 봄. 기술의 인간 중심 방향 설정, 윤리적 기준 마련, 사회 안전망 강화 및 교육 혁신, 인간 중심의 관계 재정립과 같은 다양한 대응 방안을 논의하는 과정에서 의료기술 발달로 기계(AI, 로봇)가 진단 보조, 수술 등 일부 의사 역할을 대체할 수 있지만, 환자와의 공감, 복합적 판단, 인간적인 소통 등 의사의 본 질적인 역할은 대체하기 어려우며, 기계에게 일부 역할이 밀려나는 상

황이 발생하더라도 인간 의사만이 줄 수 있는 가치(환자와의 깊은 관계, 전인적 치유)에 집중하며 기술을 효과적인 도구로 활용해야 한다고 주장함. '로봇 시대, 인간의 일(구본권)'에서 직업의 미래와 대학의 역할, 감정인식 로봇과의 관계 등 10가지 핵심 질문에 답하며 복잡한 딜레마에 정답이 없음을 인정하면서도, 인간의 부정확함, 감정, 망각 등 소위 약점으로 불리는 특성들이 역설적으로 기계와 차별화되며 인간을 인간답게 하는 최후의 요소라는 통찰력과 디지털 인문학을 통한 융합 창의력을 함양함.(1,498Byte, 띄어쓰기 포함 620자)

기술은 편리함을 가져왔지만, 간디와 하이데거의 지적처럼 빈곤 고착화 및 인간소외와 같은 심각한 우려를 낳고 있으며 특히 인공지능, 로봇 등 최신 기술이 삶의 전반에 침투해 노동과 인간관계의 기본 개념을 변화시키는 인간소외에 대해 토의해 봄. 기술의 인간 중심 방향 설정, 윤리적 기준 마련, 사회 안전망 강화 및 교육 혁신, 인간 중심의 관계 재정립과 같은 다양한 대응 방안을 논의하는 과정에서 의료기술 발달로 기계(AI, 로봇)가 진단 보조, 수술 등 일부 의사 역할을 대체할 수 있지만, 환자와의 공감, 복합적 판단, 인간적인 소통 등 의사의 본질적인 역할은 대체하기 어려우며, 기계에게 일부 역할이 밀려나는 상황이 발생하더라도 인간 의사만이 줄 수 있는 가치(환자와의 깊은 관계, 전인적 치유)에 집중하며 기술을 효과적인 도구로 활용해야 한다고 주장함.(1,022Byte, 띄어쓰기 포함 424자)

'로봇 시대, 인간의 일(구본권)'에서 직업의 미래와 대학의 역할, 감정인식 로봇과의 관계 등 10가지 핵심 질문에 답하며 복잡한 딜레마에 정답이 없음을 인정하면서도, 인간의 부정확함, 감정, 망각 등 소위 약점으로 불리는 특성들이 역설적으로 기계와 차별화되며 인간을 인간답게 하는 최후의 요소라는 통찰력과 디지털 인문학을 통한 융합 창의력을 함양함.(475Byte, 띄어쓰기 포함 195자)

《새빨간 거짓말, 통계》 | 대럴 허프
" 통계로 사기치는 방법 "

| 분량 ★★★★★ | 내용 ★★★★ | 활용 ★★★★★ |

📋 〈2016학년도 서울대 수시 의과대학 면접 제시문 2〉

성주와 주현이는 담임선생님께서 주관(主管)하시는 학급모임에 몇 명의 다른 학생들과 함께 참여(參與)하고 있습니다.

매주 금요일 오전 7시 30분에 모여서 정해진 주제(主題, topic)에 대하여 한 명이 발표(發表)한 후 함께 토론(討論, discussion)하는 형식입니다. 아침 이른 시각이고 한 달에 한 번 꼴로 주제 발표 준비도 해야 해서 다소 부담(負擔)이 되기는 하지만, 다양한 분야(分野)를 공부하는 재미와 보람이 있어서 지난 학기부터 자발적(自發的)으로 참여하고 있습니다.

그런데, 지난주까지 총 20회의 모임 중에서 성주와 주현이 둘 다 5회 지각(遲刻)을 하였습니다. 다른 학생들은 지각을 하지 않았습니다.

질문 1. 성주와 주현이가 지각한 이유는 무엇인가요?

답변 : 제시된 정보만으로 지각의 구체적인 이유를 알 수는 없습니다. 제시문은 "아침 이른 시각이고 한 달에 한 번 꼴로 주제 발표 준비

도 해야 해서 다소 부담이 되기는 하지만"이라고 언급하며 모임의 물리적, 심리적 부담을 시사하고 있지만, 이것이 직접적인 지각의 원인이라고 단정할 수는 없습니다. 단순히 잠에서 깨기 힘들었거나, 교통 상황, 개인적인 사정 등 다양한 이유가 있을 수 있기 때문입니다.

질문 2. 다음 발표일에 성주가 지각할 확률은 얼마인가요?

답변 : 주어진 정보(총 20회의 모임 중 5회 지각)만을 바탕으로 확률을 계산한다면, 다음 발표일에 지각할 확률은 다음과 같습니다. 25%입니다. 하지만 지각한 날이 각각 다른 패턴과 양상을 보일 경우 다른 확률이 도출됩니다.

질문 3. 다음 발표일에 주현이가 지각할 확률은 얼마인가요?

답변 : 성주와 동일하게 주어진 정보를 바탕으로 계산한다면, 주현이가 다음 발표일에 지각할 확률 또한 25%입니다. 하지만 지각한 날이 각각 다른 패턴과 양상을 보일 경우 다른 확률이 도출됩니다.

질문 4. 성주와 주현이가 지각할 확률을 구하기 위해 추가로 필요한 자료는 무엇인가요?

답변 : 앞에서 구한 확률은 과거의 빈도를 단순 계산한 결과입니다. 더 정확하고 현실적인 예측을 위해서는 다음과 같은 추가 자료가 필요합니다. 먼저 지각의 구체적인 원인을 확인해야 합니다. 지각이 단순히 늦잠 때문인지, 교통 문제, 개인적인 급한 일, 모임에 대한 동기 부여 저하 등 구체적인 원인을 알아야 합니다. 원인이 제거 가능한 요소

라면 미래의 확률이 낮아질 수 있고, 만성적인 측면이라면 높아질 수도 있습니다. 특히 지각 발생 시점 및 패턴을 보아야 합니다. 5회 지각이 특정 기간에 집중되었는지(예: 학기 초, 특정 요일), 아니면 고르게 분산되었는지를 파악해야 합니다. 최근 지각이 잦았다면 다음에도 지각할 확률이 더 높다고 추정할 수 있습니다. 지각에 대한 개인의 인식 및 노력도 중요한 변수입니다. 성주와 주현이가 자신들의 지각 문제를 어떻게 인식하고 있는지 그리고 이를 개선하기 위해 어떤 노력을 하고 있는지(예: 알람 설정, 일찍 잠들기, 담임선생님과의 상담 등)에 대한 정보가 중요합니다. 발표일의 특수성도 감안해야 합니다. '다음 발표일'이 특정 인물의 발표일인지, 혹은 모두에게 해당되는 일반적인 모임의 발표일인지, 발표 준비 여부가 지각에 영향을 미치는지 등에 대한 정보도 필요합니다. 오전 7시 30분이라는 모임의 중요성이나 분위기에 변화가 있었는지, 혹은 지각에 대한 제재가 새롭게 도입되었는지 등의 요소도 미래의 지각 확률에 영향을 줄 수 있습니다.

'새빨간 거짓말, 통계(대럴 허프)' 의대입시에 활용하기

'새빨간 거짓말, 통계(대럴 허프)'의 저자는 이 책을 '통계로 사기 치는 방법을 알려주는 일종의 입문서'라고 말했는데, 표본, 평균, 오차, 그래프, 지수 등을 비롯한 여러 도구들을 평가합니다. 통계전문가들이 즐겨 사용하는 다양한 형태의 통계를 제시하여, 표본 연구, 도표화, 인터뷰 기법, 숫자로부터 결론을 추출하는 방법 등을 분석하여 이러한 형태의 통계들이 정보를 전달하기보다 대중들을 바보로 만들기 위한 속임수임을 보여줍니다.

전문가가 아닌 이상 방송과 언론에서 제시하는 통계수치를 일반인은 믿을 수밖에 없습니다. 특히나 정부에서 발표하는 통계발표에는 신뢰성을 더 갖게 됩니다. 하지만 경제성장률, 실업률, 소득불평등률 등은 정부의 목적과 필요에 따라 조작될 가능성이 많다고 저자는 지적합니다. 신문에 발표된 통계치를 보고 고개를 갸웃거린 적이 누구나 한 번은 있기 때문입니다. 물론 갸웃거리면서도 본인이 통계치에서 많이 벗어났다고 생각하고 마는 경우가 대부분이기도 합니다.

예일대학 졸업생들에 관한 기사는 표본에서 얻어진 것이다. 생존해 있는 1924년도 졸업생 모두를 추적할 수는 없으니 당연히 표본을 구성해야 한다. 졸업 후 상당한 시간이 지났으니 주소불명의 졸업생도 상당수 있기 마련이다. 또 주소가 분명한 졸업생이라 하더라도, 대부분이 질문지에 회답하지 않는 것이 보통이고, 더구나 개인적인 사생활에 관한 질문지에 대해서는 더욱더 그러하다.

"예일대학 졸업생의 연간 평균소득은 25,111달러이다!"라는 말에 숨겨진 함정은 바로 '표본추출'에 있다. 수십 년이 지나 설문조사에 선뜻 응한 졸업생들이 과연 예일대 졸업생 전체를 대표한다고 말할 수 있을까?

표본추출의 맹점과 관련한 또 다른 사례로 2차 세계대전 전투기로 알아보는 '생존자 편향'이 있다. 당시에 전장에서 살아 돌아온 전투기의 총탄자국은 주로 날개와 꼬리에 집중되어 있었다. 이는 반대로 말하면, 살아 돌아온 전투기는 엔진과 조종석에 총탄을 맞지 않았기에 생존자가 될 수 있었다는 뜻이다. 즉 예일대학 졸업생 중 설문조사에 응하지 않은 졸업생들처럼, 돌아오지 못한 전투기들도 표본추출 단계에서 표본에 포함되지 못한 것이다.(19쪽)

사업가와 정치인들은 여러 자료와 통계들을 여론을 조작하기 위해 사용하고 있지만 이런 일들이 벌어지고 있다는 것을 알지 못하는 일반인들은 기업과 정부정책을 평가할 때 그들이 제시한 숫자들을 그대로 믿어 버립니다. 저자는 통계에 대한 맹목적인 믿음이 우리를 함정에 빠지게 한다고 지적합니다.

'연간 평균급여 1,368만 원'이라고 할때 이 숫자는 엄청나게 높은 금액의 사장님 급여와 480만 원이라는 종업원의 급여 그 어느 쪽도 해당되지 않는 터무니없이 황당한 수치에 불과하다. 기술통계에서 대표값은 '평균', '중앙값', '최빈값'을 말한다. 가장 흔히 쓰이는 값은 평균이지만, 때론 아무런 정보도 주지 않곤 한다. 취업 준비를 위해 기업분석을 하다 보면, 어느 기업은 평균 연봉이 얼마라더라, 하는 정보를 듣게 된다. 물론 대기업이고 유명한 기업일수록 평균임금은 높고, 매우 부럽지만 신입사원 입장에서는 그다지 도움이 되지 않는 정보이다. 기업의 임금은 정규분포가 아니기 때문이다. 임금뿐 아니라 다양한 사례에서 '평균'이 언제나 우리가 원하는 정보를 담고 있는 것은 아니기 때문에 항상 해석에 조심해야 한다.(52쪽)

정치와 사회문제에 관련한 여론조사 통계수치는 매일 밤 뉴스를 통해 우리에게 전달됩니다. 통계수치가 더 많이 쏟아져 나오는 때가 선거철인데 여론조사 수치를 여과 없이 받아들이면 안 됩니다. 통계전문가가 내놓은 수치는 오히려 더 의심해야 합니다. 그들은 우리를 속일 수 있을 만큼 통계에 대해 너무 잘 알기 때문입니다.

어느 마을의 어린이 450명에게 이 백신을 접종하였고 동시에 접종을 하지 않은 680명 어린이의 통제집단을 구성하였다. 그 후 얼마 안 있어 이 유행병이 이 마을을 급습했는데 백신접종을 받은 아이들 중에서는 한 사람의 소아마비 환자도 생겨나지 않았다.
그런데 문제는 통제집단에서도 소아마비에 걸린 어린이가 한 사람도 없었다는 사실이다. 이 대규모의 실험을 행한 사람들은 소아마비의 감염률이 낮다는 사실을 모르거나 간과했던 것 같다. 소아마비의 일반적인 감염률에 따르면, 이 정도 크기의 집단에서 소아마비 환자가 발생할 기대값은 단 두 명뿐이다. 따라서 이 실험은 애초에 아무런 의미가 없었다. 무엇인가 의미 있는 결론을 얻기 위해서는 이 실험에서 다루었던 어린아이 수의 15배 내지 25배 정도의 표본이 필요했던 것이다.(68쪽)

어림셈으로 계산된 수는 항상 거짓이지만 잘 훈련된 통계학자가 소수점과 백분율을 사용하여 행한 정확하고 과학적인 계산은 그렇지 않습니다. 카메라와 같이 컴퓨터도 거짓을 말하지 않습니다. 누군가가 의도적으로 하지 않는다면 말입니다. 결국 '의도적'이 문제인데, 전문가들이 '의도적'으로 소수점과 백분율까지 사용한 과학적 계산을 무기로 일반인에게 믿으라고 강요한다면 그것이 엄청난 거짓이라 할지라도 믿을 수밖에 없습니다. 우리는 항상 통계수치에 노출되어 있습니다. 뉴스를 보아도 신문을 보아도 방대한 자료들이 수치와 도표들로 정리되어 있고 그대로를 믿고 있습니다. 통계에 대한 기본 상식만을 가지고 있는 대중들로서는 믿을 수밖에 없고 그것을 사실로 받아들인다고 경고합니다.

여담을 하자면, 지금은 폐지된 수시 모집 자기소개서에서 과거 서울대의 3번 문항은 독서활동이었습니다. 자신에게 가장 큰 영향을 준 책(5권에서 3권, 3권에서 2권으로 변경됨)을 선정하고 선정 이유를 단순한 내용 요약이나 감상이 아니라 읽게 된 계기, 책에 대한 평가, 자신에게

의대입시독서는 달라야 합니다

준 영향을 중심으로 기술해야 했습니다. 독서활동에서는 자기주도적 도서 선별 능력이 중요합니다. 예를 들어 '새빨간 거짓말, 통계'를 읽고 어떤 점을 느꼈다고 쓰기보다는 코로나19 또는 최신 경제 및 사회 이슈 관련 신문기사를 읽은 후 통계의 오류에 호기심이 생겨 이 책을 읽었다고 기재하면 자기주도적 도서 선별 능력이 더 돋보입니다. 그 다음으로 관련 독서 이력을 확장하는 노력이 필요합니다. '통계의 미학'이나 '괴짜 통계학' 같은 책으로 관련 분야에 대한 후속 독서활동을 한 후 대학 새내기들이 많이 보는 기초 통계학 분야의 책을 독서했다고 하면 독서 이력에서 좋은 평가를 받았습니다.

 **생기부 세특 예시**

　자발적으로 참여하는 학급모임에서 겪는 지각 상황을 분석해 총 20회 모임 중 두 학생 모두 5회 지각한 상태이며 모임이 아침 이른 시간이고 발표 준비 부담이 있다는 정보가 주어질 경우 제시된 정보만으로는 구체적인 지각 이유를 알 수 없으나, 과거 빈도만을 고려할 때 다음 모임의 지각 확률은 각 25%이지만 더 정확한 예측을 위해서는 단순히 빈도를 넘어서는 심층적인 정보가 필요하다는 의견을 개진함. 지각의 실제 원인(교통, 개인 사정 등)과 발생 패턴(특정 시기 집중 여부), 학생들의 개선 노력, 해당 모임일의 특수성, 모임의 중요도 변화와 같은 추가 자료를 통해 통계적 사고와 더불어 복합적인 상황 판단 능력을 키움. '새빨간 거짓말, 통계(대럴 허프)'에서 정부나 언론이 제시하는

통계가 표본, 평균, 그래프 조작 등으로 대중을 기만할 수 있다는 경고 사례를 분석하고 예일대 졸업생 소득이나 2차대전 전투기 사례처럼 '표본추출'과 '평균'의 맹점을 통해 통계적 속임수를 평가해 봄. 경제성장률, 실업률, 여론조사 등 일상에서 접하는 수치들이 의도적으로 조작될 수 있으므로 발표 주체 확인과 조사 방법 검토, 누락 데이터 탐색과 쟁점 바꿔치기에 주의하며 상식적 판단의 토대가 되는 비판적 사고력의 중요성을 배움.(1,498Byte, 띄어쓰기 포함 624자)

자발적으로 참여하는 학급모임에서 겪는 지각 상황을 분석해 총 20회 모임 중 두 학생 모두 5회 지각한 상태이며 모임이 아침 이른 시간이고 발표 준비 부담이 있다는 정보가 주어질 경우 제시된 정보만으로는 구체적인 지각 이유를 알 수 없으나, 과거 빈도만을 고려할 때 다음 모임의 지각 확률은 각 25%이지만 더 정확한 예측을 위해서는 단순히 빈도를 넘어서는 심층적인 정보가 필요하다는 의견을 개진함. 지각의 실제 원인(교통, 개인 사정 등)과 발생 패턴(특정 시기 집중 여부), 학생들의 개선 노력, 해당 모임일의 특수성, 모임의 중요도 변화와 같은 추가 자료를 통해 통계적 사고와 더불어 복합적인 상황 판단 능력을 키움.(832Byte, 띄어쓰기 포함 348자)

'새빨간 거짓말, 통계(대럴 허프)'에서 정부나 언론이 제시하는 통계가 표본, 평균, 그래프 조작 등으로 대중을 기만할 수 있다는 경고 사례를 분석하고 예일대 졸업생 소득이나 2차대전 전투기 사례처럼 '표본추출'과 '평균'의 맹점을 통해 통계적 속임수를 평가해 봄. 경제성장

의대입시독서는 달라야 합니다

률, 실업률, 여론조사 등 일상에서 접하는 수치들이 의도적으로 조작될 수 있으므로 발표 주체 확인과 조사 방법 검토, 누락 데이터 탐색과 쟁점 바꿔치기에 주의하며 상식적 판단의 토대가 되는 비판적 사고력의 중요성을 배움.(665Byte, 띄어쓰기 포함 275자)

50주차 《고정관념은 세상을 어떻게 위협하는가》
| 클로드 M. 스틸
" 정체성 비상사태"

분량 ★★★★	내용 ★★★★★	활용 ★★★★★

📑 〈2016학년도 서울대 수시 의과대학 면접 제시문 3〉

예시문 각각이 고정관념(固定觀念, stereotype)에 해당하는지 아닌지 생각해 보고 면접관의 질문에 답하시오.

1. 미국은 폭력(暴力)적인 나라야. 모든 사람이 총을 가지고 다니잖아.

2. 나는 그 친구가 왜 시험을 망쳤는지 모르겠어. 동양인은 전부 수학(數學)을 잘하는데 말이야.

3. 독일 사람들이 재활용에 신경을 쓰는 경향(傾向)이 있는 것을 봐서는 환경문제(環境問題)에 관심이 많겠다는 생각이 들어.

4. 이슬람 사람들은 그냥 싫어. IS나 알 카에다 같이 테러(terror)를 저지르고 다니잖아.

5. 일본 직장에서 대개 여자가 차(茶, tea)를 내오는 것을 보면 남자와 동등한 대우를 받지 못하고 있겠다 싶어.

질문 1. 고정관념으로 고른 예시를 말하고 고정관념으로 고른 이유

를 설명하시오.

답변 : 예시 1, 2, 4를 고정관념으로 선택했습니다.

먼저 예시 1의 "미국은 폭력적인 나라야. 모든 사람이 총을 가지고 다니잖아"는 특정 현상을 바탕으로 전체 집단에 대한 부정적인 편견을 일반화하는 고정관념입니다. 미국의 총기 소유는 특정 주나 상황에 따라 다르며, 모든 미국인이 폭력적이라거나 총을 소지한다고 일반화하는 표현은 사실과 다르기 때문입니다. 예시 2의 "나는 그 친구가 왜 시험을 망쳤는지 모르겠어. 동양인은 전부 수학을 잘하는데 말이야"도 흔한 고정관념 중 하나입니다. 한 개인의 능력은 인종이나 지역으로 일반화될 수 없습니다. 특정한 기대 심리를 특정 개인에게 투사하는 결론은 편견입니다. 긍정적인 문구처럼 보일 수 있지만, 개개인의 다양성을 무시하므로 고정관념입니다. 예시 4의 "이슬람 사람들은 그냥 싫어. IS나 알 카에다 같이 테러를 저지르고 다니잖아"도 이슬람교를 믿는 모든 사람을 IS나 알카에다와 같은 극단주의 테러 집단과 동일시하므로 심각한 고정관념이자 편견입니다. 소수의 특정 집단 행위를 전체 종교 집단에 확대 적용하여 부정적으로 판단하는 오류입니다.

예시 3과 5는 고정관념이라기보다는 관찰을 통해 형성될 수 있는 '경향성에 대한 추측' 또는 '경험에 기반한 판단'으로 볼 수 있습니다. 다만, 예시 3의 경우 '모든 독일인이 환경 문제에 관심이 많다'고 단정하면 고정관념이 되지만, 예시문은 '경향성'과 '생각이 든다'는 표현을 사용하여 가능성을 열어 두었습니다. 예시 5 역시 관찰된 사실(차를 내오는 행동)을 바탕으로 동등한 대우를 받지 못할 '것이다'라는 추론을 한 명제이므로, 특정 직장의 실제 문화를 모른 채 '모든 일본 직장 여성'이 그렇다고 단정하면 고정관념이지만, 예시문장에서는 일반적인 경향을 바탕으로 '추측'하는 수준으로 해석할 여지가 있습니다.

질문 2. 고정관념의 발생 원인은 무엇인가요?

답변 : 고정관념은 주로 다음과 같은 원인으로 발생합니다. 먼저 인지적 한계와 효율성 추구 때문입니다. 복잡한 세상을 이해하고 정보를 처리하는 데 있어 인간의 인지 능력에는 한계가 있습니다. 따라서 특정 집단에 대한 정보를 단순화하고 일반화하여 세상을 효율적으로 인식하려는 경향이 있습니다. 사회 학습과 문화적 영향도 크게 작용합니다. 가족, 친구, 학교, 미디어 등을 통해 특정 집단에 대한 고정된 이미지나 편견을 학습하게 됩니다. 특히 미디어는 특정 이미지나 행동 양식을 반복적으로 노출시켜 고정관념을 강화할 수 있습니다. 사회적 분류와 내집단-외집단 구분도 중요합니다. 사람들은 자신을 특정 집단(내집단)에 소속시키고 다른 집단(외집단)을 구분하면서, 내집단에 대해서는 긍정적으로, 외집단에 대해서는 부정적인 고정관념을 형성하기 쉽습니다. 제한된 경험도 문제입니다. 특정 집단의 소수 구성원과의 제한적인 경험을 전체 집단에 확대 해석하여 고정관념을 형성하기도 합니다.

질문 3. 예시와 비슷한 고정관념을 겪어본 적이 있나요? 겪어본 적이 있다면 어떻게 극복했나요?

답변 : 많은 사람들이 특정 출신 지역, 학력, 직업, 외모 등으로 인해 고정관념을 표출하게 됩니다. 이를 극복하기 위해 개인의 역량과 다양

의대입시독서는 달라야 합니다

성을 보여주어야 합니다. 고정관념의 틀에 갇히지 않고, 자신의 능력과 개성을 적극적으로 보여줌으로써 편견을 깨는 데 기여할 수 있습니다. 대화와 소통이 중요합니다. 고정관념을 가진 사람들과 직접 소통하며 오해를 풀고, 실제 정보와 경험을 공유함으로써 상호 이해를 높일 수 있습니다. 비판적 사고가 필요합니다. 자신이나 타인이 가지는 고정관념에 대해 비판적으로 사고하고, 다양한 정보를 접하며 시야를 넓히는 노력이 중요합니다. 사회적 인식 개선 노력도 수반되어야 합니다. 미디어, 교육 등을 통해 고정관념에 대한 인식을 개선하고 다양성을 존중하는 문화를 확산하는 사회적 노력이 필요합니다.

질문 4. 고정관념인 예시를 고정관념이 아닌 문장으로 고쳐보시오.

답변 : 고정관념인 예시 1, 2, 4를 고정관념이 아닌 문장으로 고쳐보겠습니다.

예시 1. (수정 전) 미국은 폭력적인 나라야. 모든 사람이 총을 가지고 다니잖아. (수정 후) 미국은 총기 소유가 법적으로 허용되는 곳이 많아 총기 관련 사건에 대한 우려가 있습니다.(특정 현상에 대한 사실적 언급)

예시 2. (수정 전) 나는 그 친구가 왜 시험을 망쳤는지 모르겠어. 동양인은 전부 수학을 잘하는데 말이야. (수정 후) 그 친구가 수학 시험을 망쳐서 안타깝네. 동양인 중에는 수학에 재능을 보이는 사람이 많다고 알려져 있지만, 개인차는 크지.(통계적 경향과 개인차를 함께 언급)

예시 4. (수정 전) 이슬람 사람들은 그냥 싫어. IS나 알 카에다 같이 테러를 저지르고 다니잖아. (수정 후) IS나 알카에다 같은 테러 집단은 극단적인 이념을 가지고 있으며, 이들의 행위는 이슬람교의 주류 가르

침과는 거리가 있습니다.(특정 집단의 행위와 전체 종교를 분리)

 ## '고정관념은 세상을 어떻게 위협하는가(클로드 M. 스틸)' 의대입시에 활용하기

'고정관념은 세상을 어떻게 위협하는가(클로드 M. 스틸)'는 여성, 노인, 소수 인종, 노동자 계층 등 특정 그룹에게 가해지는 사회적 고정관념이 개인의 일상과 삶을 어떻게 위협하는지 밝히고, 대안을 제시한 사회심리학서입니다. 흑인 학생은 왜 백인 학생보다 성적이 낮을까요? 이 현상에 의문을 품고 저자 클로드 M. 스틸은 20여 년간 과학 실험을 진행했습니다. 저자는 여성이 남성보다 수학 성적이 낮은 이유, 백인이 흑인보다 운동 실력이 떨어지는 이유, 노동자 계층이 상류 계층보다 언어 실력이 낮은 이유, 노인이 젊은이보다 기억력이 현저히 낮은 이유 등 우리의 일상과 긴밀히 맞닿아 있는 다양한 고정관념에 전방위적인 매스를 들이대며 원인을 밝힙니다. 뿐만 아니라 이러한 고정관념 위협을 극복할 수 있는 매우 실제적인 방안을 펼쳐 보입니다.

저자 클로드 M. 스틸은 미국의 저명한 사회심리학자이며 캘리포니아대학교의 부총장 및 학장입니다. '고정관념 위협'과 그 이론을 소수 인종 학생의 학문적 성과에 응용함으로써 이름을 널리 알리게 되었습니다. 고정관념 위협에 대한 그의 연구 덕분에 고등교육에서 저조한 성과를 냈던 소수 인종 학생들이 이 문제를 극복할 수 있는 실제적 방안을 마련했다고 평가받았습니다. 많은 논문을 발표했으며, 국립과학원, 국립교육원, 미국철학회, 미국 예술과학아카데미의 선출

위원이기도 합니다.

사람은 저마다 자율적 개인이다. 자유 의지로 직업, 인간관계 등 자신의 필요를 선택한다. 당연한 말이다. 그러나 우리가 쉽게 잊는 사실이 있다. 선택하는 바로 순간에 '맥락'이 작용한다는 것이다. 가령, 여기 한 여자고등학교 3학년 학생이 대학 진학을 앞에 두고 전공을 선택해야 하는 상황에 처했다고 가정해보자. 그간 그 여고생은 수학 과목에 높은 기량을 보였기에 수학 관련 학과를 선택하려한다. 그런데 그 순간 해당 학과의 대다수가 남자임을 떠올린다. 그러자 여성은 남성보다 수학 실력이 뒤처진다는 사회 통념을 떠올리고 동시에 그 통념을 깨뜨려야 한다는 압박감도 느낀다. 만약 당신이 그 여고생이라면 망설임 없이 수학 관련 전공을 선택할 수 있겠는가? 현재 한국 대학의 수학 관련 학과의 성비가 나타내듯 대개는 선택하지 않는다. 성별에 따른 수학 실력에 대한 고정관념은 '흑인이 백인보다 지적 능력이 떨어진다'만큼이나 오랫동안 타당하다고 주장돼온 생각이기 때문이다.(123쪽)

본문 8장에서는 이 고정관념이 과연 사실인지를 알 수 있는 실험을 소개했습니다. 동일한 수학 실력을 지닌 여성들을 세 집단으로 나누어 어려운 수학 시험을 치르게 했습니다. 그 결과 남성이 한 명도 없는 집단의 여성은 한 명의 남성이 있는 집단의 여성들보다 시험을 더 잘 보았습니다. 각 집단의 여성 숫자가 줄수록 그들의 점수도 낮아졌습니다. 저자는 "아마도 어린 시절부터 극복해야 한다고 배워왔을 어떤 배경적 신호에 영향을 받았을 것"이라고 설명합니다. 단지 수학 시험에 임하는 여성의 숫자가 줄었을 뿐인데 그것이 부정적 '신호'가 되어 해당 고정관념을 극복해야 한다는 큰 압박감을 느끼게 되는 현상입니다. 저자는 수학 관련 학과를 선택해야 하는 여고생처럼 사회적으로 부여된 정체성 때문에 해결해야 할 문제가 생기는 상황을 '정체성 비상사태(identity contingency)'라고 명명합니다. '여성은 남성보다 수학 풀이 능력이 뒤처진다'처럼 사회에서 널리 받아들여지는 부정적 고정관념에 처하게 되는 곤경을 '고정관념 위협'이라고 정의합니다.

고정관념 위협은 수학 성적에서 낮은 성적을 내는 여성, 전 분야에서 낮은 지적 성과를 내는 흑인처럼 사회적으로 널리 받아들여지는 통념에만 해당하지 않습니다.

지적 능력에서 아무 고정관념 위협도 느낄 일이 없는 테드는 백인 학생이 고작 두 명인 '아프리카계 미국인 정치학' 강의를 신청했다. 그런데 처음 강의실에 들어서는 순간 굉장한 긴장감을 느낀다. 흑인 학생이 다수를 차지하고 있었기 때문이다. 그는 본능적으로 백인이 몇 명인지 세어보았고, '백인들'과 '우리'를 나누며 활발히 토론하는 흑인 학생들을 보며 몸을 사렸다. 자신이 무심코 한 발언으로 혹시 인종 차별주의자라는 오해를 받게 될 것이 걱정되었기 때문이다. 테드는 다수를 차지하는 흑인 학생들의 뜨거운 학습 분위기에 엄연히 아는 사실도 '빙산의 일각'만큼만 말했고, 궁금한 점도 물을 수가 없었다. 심지어 자기 이름을 소개하는 것조차 겨우 해냈다.(117쪽)

테드는 인종 차별주의자라는 오해를 경계하기 위해 자연스럽게 위축됩니다. 그런 자신의 모습에 당황하고야 맙니다. 다른 강의실에서는 그런 적이 없었기 때문입니다. 이때 테드를 압박한 것이 바로, 백인은 인종 차별주의자일 가능성이 높다는 고정관념 위협입니다. 이 위협을 극복하느라 테드는 활발하게 강의에 참여하지 못했습니다. 결과적으로 그 강의에 소속되어 있다고 느끼지 못합니다. 그런 긴장감 때문에 학습에 방해를 받았다고 토로합니다. 정체성 비상사태와 고정관념 위협은 상황에 따라 그 모습을 바꿔가며 거의 모든 이를 압박한다고 짐작할 수 있습니다.

4장에서는 더 재미있는 실험을 소개했습니다.

사회심리학자 헨리 타펠은 옥스퍼드의 열네다섯 살짜리 소년 64명을 대상으로 한 가지 실험을 했다. 소년들에게 시각적 판단력을 실험한다고 소개한 뒤, 40개의 점들이 번쩍이는 스크린을 보여주고는 점이 몇 개인지 대답하게 했다. 그런 다음 각각의 소년들에게 '과대평가자', '과소평가자'라고 말해주었다. 사실 이러한 구분은 무작위로 주어진 것이었다. 그다음 한 명씩 격리된 공간으로 불러서 다른 소년 둘을 택해 점수를 주도록 했다. 대신 둘 중 한 명에게 더 높은 점수를 주어야 했다. 재미있게도 소년들은 그룹 구분이 날조되었음에도 완벽하게 자기 그룹을 편애했다. 양쪽 그룹 모두 동등하게 이익이 되는 선택을 할 수 있을 때조차 자기 그룹의 소년들을 우대했다.(104쪽)

이 실험은 세계 수십 개 국가에서 반복되었는데, 다른 결과가 나온 적은 없습니다. 사람은 최소한의 조건만 있어도 그룹 사이에 차별을 만들었습니다. 즉 아주 작은 소속감이라도 생기면 곧장 다른 사람을 차별할 수 있습니다. 이 모든 현상이 지구촌의 거의 모든 사람에게 적용됩니다. 인간의 편향에 불을 지피기가 얼마나 쉬운지 알 수 있습니다. 그러니 고정관념 위협은 사람의 일상에 촘촘히 파고들어 전 세계를 지배하고 있다고도 할 수 있습니다. 5장에서는 프랑스 노동자 계층 사람의 언어 능력이 떨어진다는 고정관념에 대한 실험이 등장합니다.

클레르몽페랑 대학교의 상류층과 노동자 계층의 학생을 뒤섞은 뒤 두 그룹으로 나누어 어려운 언어 능력 시험을 치르게 했다. 한 그룹에는 언어 능력을 측정하기 위한 시험이라 소개하고, 다른 그룹에는 언어 능력을 진단하기 위한 시험이 아니라고 소개한다. 결과는 어땠을까? 언어 능력을 측정하는 시험이 아니라고 소개했을 때 노동자 계층의 학생들은 총 21개 문제 중 11.4개를 맞혀 평균 10.3개를 맞힌 상류층 프랑스 학생들보다 더 좋은 결과를 냈다. 결국 고정관념 위협은 다른 나라와 문화, 다른 상황, 다른 그룹, 즉 세계 곳곳에서 발생하는 보편적 현상인 것이다.(130쪽)

하지만 여기서 짚고 넘어가야 할 분명한 사실은 남성이 여성보다, 백인이 흑인보다, 부자가 빈자보다, 젊은이가 노인보다 고정관념 위협에 노출될 상황이 더 적다는 사실입니다. 모든 사람이 자기 그룹의 자존감을 지키기 위해 다른 사람을 차별함으로써 타 그룹의 정체성을 위협하는 상황은 사실이되, 역사적으로 한 사회 구조 안에서 더욱 차별을 받은 그룹은 분명히 존재했기 때문입니다. '아프리카계 미국인 정치학' 수업을 들었던 백인 학생 테드는 유일하게 그 수업에서 고정관념 위협에 시달려야 했지만 거의 모든 분야에서 지적 능력이 뒤처진다는 압박감을 받는 흑인 학생들은 백인이 다수를 차지하는 대다수의 강의실에서 테드가 느꼈던 그 위협에 시달려야 했습니다.

이러한 문제를 해결하는 방안으로 저자는 '자기 가치 확인 이론'을 제시합니다. 자신이 유능한 존재, '양심적이고 능력이 충분한' 존재임을 확인시켜 주면 고정관념 위협을 줄일 수 있음을 입증합니다. 양심적이고 능력이 충분하다는 주관적인 느낌 하나만으로도 고정관념에서 자유로워져 자기 일에서 높은 성과를 낼 수 있음을 실험 결과로 보여줍니다. '아프리카계 미국인 정치학' 강의실에서 백인은 인종 차별주의자일 가능성이 높다는 고정관념을 확증할 위협 앞에서 한껏 위축됐던 테드처럼, 고정관념 확증 위협에 시달리는 이들에게 자신의 말이나 행동을 배움의 기회로 삼으라고 조언해 줌으로써 압박감을 줄여주었고, 과잉 노력을 기울이면서도 낮은 학업 성과를 내는 흑인 학생들의 문제를 해결하기 위해 공동 학습이라는 매우 실질적인 방법을 소개했습니다.

 **생기부 세특 예시**

미국 폭력성 일반화와 동양인 수학 능력 단정, 이슬람과 테러 동일

시 등 특정 속성을 전체 집단에 확대 적용한 고정관념 사례와 독일 시민들의 환경 의식 수준이나 일본 여성의 지위 등을 관찰을 통한 경향 추측으로 고정관념에 해당하지 않는 경우를 구분하며 인지적 한계, 사회 학습, 내/외집단 구분, 제한된 경험 등에서 비롯되는 고정관념을 극복하기 위한 개인의 역량 발휘, 상호 소통, 비판적 사고, 사회적 인식 개선 노력 같은 개선책을 공론화함. '고정관념은 세상을 어떻게 위협하는가(클로드 M. 스틸)'를 통해 소수 집단에 대한 사회적 고정관념이 개인의 삶과 성과에 미치는 심리적·사회적 위협을 다룬 사회심리학을 접하고 흑인 학생, 여성의 수학 성적, 노동자 계층의 언어 능력 등 다양한 실험을 통해 특정 집단을 향한 사회적 통념이 개인의 잠재력 발휘를 저해하는 '고정관념 위협'과 '정체성 비상사태' 개념을 분석해 봄. 사람이 최소한의 조건으로도 집단 간 차별을 만드는 본성과, 이러한 고정관념 위협이 단순히 심리적 위축을 넘어 성적 저하, 진로 변경, 심지어 고혈압과 같은 건강 문제까지 초래함을 지적하고 특정 소수자들의 수가 충분히 많아져 압박감을 줄이는 '임계 질량 효과' 같은 구체적 대안들을 논의해 봄.(1,495Byte, 띄어쓰기 포함 619자)

'고정관념은 세상을 어떻게 위협하는가(클로드 M. 스틸)'를 통해 소수 집단에 대한 사회적 고정관념이 개인의 삶과 성과에 미치는 심리적·사회적 위협을 다룬 사회심리학을 접하고 흑인 학생, 여성의 수학 성적, 노동자 계층의 언어 능력 등 다양한 실험을 통해 특정 집단을 향한 사회적 통념이 개인의 잠재력 발휘를 저해하는 '고정관념 위협'과 '정체성 비상사태' 개념을 분석해 봄. 사람이 최소한의 조건으로도 집

의대입시독서는 달라야 합니다

단 간 차별을 만드는 본성과, 이러한 고정관념 위협이 단순히 심리적 위축을 넘어 성적 저하, 진로 변경, 심지어 고혈압과 같은 건강 문제까지 초래함을 지적하고 특정 소수자들의 수가 충분히 많아져 압박감을 줄이는 '임계 질량 효과' 같은 구체적 대안들을 논의해 봄.(901Byte, 띄어쓰기 포함 373자)

　　미국 폭력성 일반화와 동양인 수학 능력 단정, 이슬람과 테러 동일시 등 특정 속성을 전체 집단에 확대 적용한 고정관념 사례와 독일 시민들의 환경 의식 수준이나 일본 여성의 지위 등 관찰을 통한 경향 추측으로 고정관념에 해당하지 않는 경우를 구분하며 인지적 한계, 사회 학습, 내/외집단 구분, 제한된 경험 등에서 비롯되는 고정관념을 극복하기 위한 개인의 역량 발휘, 상호 소통, 비판적 사고, 사회적 인식 개선 노력 같은 개선책을 공론화함.(593Byte, 띄어쓰기 포함 245자)

《찬란한 멸종》 | 이정모

" 여섯 번째 대멸종을 지나는
지구인을 위한 교양서 "

분량 ★★★★	내용 ★★★★★	활용 ★★★★★

📑 〈2016학년도 서울대 수시 의과대학 면접 제시문 4〉

"매해 서울의 매미 소리는 점점 더 시끄러워지는 것 같다." 매년 여름, 장마가 끝
나고 찜통더위가 본격적으로 시작되면 듣는 말이다. 매미 울음소리는 수컷이 낸
다. 짝짓기를 위해 암매미를 부르는 소리로 2015년 서울의 한 아파트에서 소음
도(騷音度)를 측정한 결과 평균 80데시벨(decibel/dB)로 조사(調査)되었다. 80
데시벨(decibel/dB)은 청소기나 주행(走行) 중인 자동차들이 내는 평균 소음(騷
音)과 맞먹는 수준이다.

혹자는 도시의 소음이 커지면서 암컷을 찾기 위한 수컷 매미의 울음소리가 더 커
졌다는 주장(主張)을 한다.

질문 1. 가설이 타당하다고 생각하나요?

답변 : 제시문의 가설은 생물학적으로 충분히 타당하다고 생각합니
다. 생물은 생존과 번식을 위해 환경 변화에 적응하는 능력을 가지고
있습니다. 이는 소리 의사소통에도 적용될 수 있습니다. 주변 소음 수

준이 높아지면 의사소통 효율을 높이기 위해 울음소리를 키우는 현상은 다른 동물에서도 관찰되는 행동 양식입니다. 이를 '롬바르드 효과'라고도 하는데, 배경 소음에 맞춰 소리 크기를 조절하는 현상입니다. 매미 역시 암컷 유인이 생존에 필수적이므로, 도시 소음에 맞서 울음소리를 증폭시키는 방향으로 진화적 적응을 했을 가능성이 있습니다.

질문 2. 가설이 타당하지 않다면 매미 소리가 커진 이유는 무엇인가요?

답변 : 해당 가설이 타당하지 않다면, 매미 소리가 커진 이유에 대한 다른 가설을 생각해 볼 수 있습니다. 먼저 매미 개체 수의 증가입니다. 도시 환경이 매미의 번식과 생장에 유리하게 변하여 특정 지역의 매미 개체수가 폭발적으로 증가했을 수 있습니다. 예를 들어, 도시의 '열섬 현상'은 매미의 생육 기간을 단축시키고 활동성을 높일 수 있으며, 도시 내 가로수나 공원 등의 녹지 공간 증가가 서식 환경을 개선했을 가능성도 있습니다. 매미종의 변화 가능성도 있습니다. 기존에 존재하던 매미 종보다 더 큰 소리를 내는 종이 도시 환경에 더 잘 적응하여 우점종이 되면서 전체적인 소음 수준이 높아졌을 수 있습니다. 예를 들어, 참매미는 다른 종에 비해 울음소리가 큰 편입니다. 인간의 인지적 변화 가능성도 고려해 보아야 합니다. 실제 소리가 커진 상황이 아니라, 도시민들이 여름철 실외 활동이 줄어들거나 실내에서 창문을 닫는 시간이 늘면서 작은 소음에도 민감하게 반응하게 되어 매미 소리를 더 크게 인식하게 된 현상일 수도 있기 때문입니다.

질문 3. 가설을 검증할 수 있는 실험설계방법을 제시해 보시오.

답변 : 가설(도시 소음 증가 → 매미 울음소리 증폭)을 검증하기 위한 실험 설계는 다음과 같습니다.

실험 대상은 동일한 종의 수컷 매미 그룹이어야 합니다. 실험 조건에서 제1그룹 대조군은 자연 상태의 낮은 배경 소음 환경에 둡니다. 제2그룹 실험군은 다양한 수준의 인위적인 도시 소음(예: 자동차 소음, 건설 소음 등)을 단계적으로 발생시키는 환경에 둡니다. 측정 변수로 각 그룹 매미의 울음소리 크기(데시벨)를 정확히 측정합니다. 제어 변수로 매미의 건강 상태, 연령, 온도, 습도, 암컷 매미 유무 등 울음소리에 영향을 미칠 수 있는 다른 요인들을 모든 그룹에서 동일하게 유지하거나 통제합니다. 이런 상황에서 배경 소음 수준이 높아질수록 매미의 울음소리 크기가 유의미하게 증가하는지 분석합니다. 이와 함께, 다양한 도시 환경(저소음 주거지역, 번화가 등)과 비도시 지역(숲, 시골)에서 매미 울음소리와 실제 배경 소음을 장기간 측정하여 비교 분석하는 현장 연구를 병행하면 더욱 신뢰할 수 있는 결과를 얻을 수 있습니다.

질문 4. 가설이 틀리다고 주장하려면 실험설계방법은 어떻게 구성해야 하나요?

답변 : 가설이 틀리다고 주장하기 위해서는 위에서 제시한 실험 설계와 유사하되, 결과가 가설을 뒷받침하지 않음을 입증하는 방향으로 구성해야 합니다. 도시 소음과 매미 울음소리 크기 사이에 유의미한 상관관계가 없거나, 소음 외 다른 요인이 더 큰 영향을 미친다는 사실

의대입시독서는 달라야 합니다

을 입증합니다. 다양한 소음 환경에서 매미의 울음소리를 측정합니다. 반증 포인트로 배경 소음 수준이 높아져도 매미 울음소리 크기가 유의미하게 증가하지 않음을 보여줍니다. 오히려 특정 소음 수준 이상에서는 매미가 스트레스를 받아 울음소리를 줄이거나 멈추는 현상을 관찰합니다. 소음이 일정하게 유지되는 상황에서도 매미 울음소리 크기가 다른 요인(예: 온도 변화, 습도 변화 등)에 의해 더 크게 변동함을 보여주는 데이터를 확보합니다.

소음이 적은 시골 지역에서도 매미 울음소리가 도시 매미만큼 크거나 더 큰 경우를 발견하여 도시 소음이 결정적인 요인이 아님을 입증합니다. 이러한 실험을 통해 '매미 울음소리 크기 변화는 도시 소음 때문이 아니다'라는 결론을 도출할 수 있습니다.

질문 5. (새로운 가설을 제시하면서) 새로운 가설은 타당하다고 생각하나요?

답변 : 새로운 가설로 "도시의 열섬 현상 심화와 도시 녹지 증가가 매미의 생육 환경을 개선하여 개체수를 늘리고, 이로 인해 전체적인 매미 소리가 커졌다"는 주장은 타당하다고 생각합니다. 열섬 현상으로 도시는 콘크리트와 아스팔트 등으로 인해 교외 지역보다 기온이 높아 매미 유충이 더 빨리 성장하고 우화할 수 있는 조건을 제공합니다. 매미는 변온동물로 주변 온도에 영향을 많이 받기 때문입니다. 도시화가 진행되면서 공원, 가로수 등 인위적인 녹지 공간이 증가했는데, 이러한 나무들은 매미에게 좋은 산란 및 서식처를 제공합니다. 매미는 나무 수액을 먹고 나무껍질에 알을 낳기 때문에 나무가 많을수록 개체

수 유지에 유리합니다. 도시는 자연 포식자(조류, 파충류 등)의 수가 적어 매미 유충과 성충의 생존율이 더 높아질 수 있습니다. 복합적인 요인들이 도시 매미의 개체수 증가로 이어지고, 개체수가 늘어나면 당연히 전체적인 울음소리의 총량도 커질 수 있습니다.

질문 6. 다른 가설을 제시해 보시오.

답변 : 다른 가설로 "도시 내 특정 매미 종의 비율이 증가했기 때문에 전체적인 매미 소음이 커진다"를 검토해 보겠습니다. 모든 매미 종이 동일한 크기의 울음소리를 내는 것은 아닙니다. 예를 들어, 참매미는 말매미보다 훨씬 큰 울음소리를 낸다고 알려져 있습니다. 특정 도시 환경 변화(예: 특정 나무 종의 식재 증가, 기후변화 등)가 특정 매미 종(예: 울음소리가 유난히 큰 참매미)에게 유리하게 작용하여, 해당 종의 도시 내 서식 밀도가 높아졌을 수 있습니다. 즉, 전체 매미의 소리 크기가 커진 것이 아니라, 시끄러운 매미 종의 수가 많아져 도시민이 느끼는 소음도가 증가했다는 가설입니다.

수컷 매미는 암컷을 유인하고 번식하기 위해 큰 소리로 웁니다. 2015년 서울의 한 아파트에서 측정한 참매미의 소음은 평균 77데시벨(dB), 시끄러울 때는 81데시벨(dB)까지 올라가는 수치로 조사되기도 했습니다. 이 정도 소음은 청소기나 주행 중인 자동차 소음과 맞먹는 수준입니다. '도시의 소음이 커지면서 암컷을 찾기 위해 수컷 매미의 울음소리가 더 커졌다'는 주장은 매미 생태와 도시 환경의 상호작용을 설명하는 가설 중 하나로 널리 알려져 있습니다. 매미들이 주변

의대입시독서는 달라야 합니다

환경 소음에 맞서 자신의 울음소리를 더 키워 암컷에게 도달하려는 적응 행동으로 해석될 수 있습니다.

'찬란한 멸종(이정모)' 의대입시에 활용하기

'찬란한 멸종(이정모)'은 46억 년 지구의 역사를 이야기합니다. 시간 순으로 진행되는 빅 히스토리에서 벗어나 인류가 멸망한 2150년에 인공지능이 들려주는 이야기로 시작합니다. 화성 테라포밍을 실행한 2100년, 지구에 아직 빙하가 남은 2024년, 46억 년 전 지구가 탄생할 때까지를 거꾸로 거슬러 올라가며 방대한 역사를 여러 자료와 함께 소개했습니다. 범고래, 네안데르탈인, 산호, 삼엽충 등 지구 생명체가 직접 자신의 이야기를 펼쳐내 그동안 인간이 지구를 바라보던 관점을 뒤집습니다.

흔히 멸종이라고 하면 부정적인 이미지를 떠올립니다. 하지만 멸종은 새로운 생명 탄생의 시작이기도 합니다. 새로운 생명이 등장하려면 누군가 그 자리를 비워주어야 하기 때문입니다. 따라서 생명의 역사는 멸종의 역사이기도 합니다.

희한하게도 인류, 특히 어린 인류는 공룡을 사랑했다. 그들이 공룡을 사랑한 이유는 사실 간단했다. 모두 오해에 근거한 애정이었다. 아이들이 공룡을 사랑하는 대표적인 이유는 세 가지다. 첫째, 크다. 둘째, 괴상하게 생겼다. 셋째, 사라졌다.

공룡이 크다는 것부터 오해다. 인류는 자기가 등장하기 한참 전에 살았던 공룡을 무려 2,000종 가까이 발굴해 냈다. 대단한 능력이다. 그런데 그 가운데 절반은 성인의 무릎 높이보다도 작았다.(26쪽)

오늘날 지구의 기후는 날마다 급변하고 있습니다. 수온 상승으로 물고기가 떼죽음을 당하고 강수량 문제로 급등한 채솟값에 장바구니 물가가 휘청입니다. 갑작스러운 폭우에 사람이 다치고 죽는 사건도 이제는 너무 흔한 일이 되어버렸습니다. 기후위기는 정말 막을 수 없는 섭리일까요? 우리는 지구에서 언제까지 살 수 있을까요?

지금은 빙하시대, 우리는 그 유명한 네안데르탈인이다. 그리고 마지막으로 남은 가족이다. 지구상에 네안데르탈인은 우리를 제외하고는 아무도 없다.
눈발이 날리는 넓은 공터에 오록스(멸종된 유럽들소) 떼가 먹이를 찾아 앞발로 눈밭을 헤치고 있다. 우리 가족은 소나무가 빽빽하게 들어차 있는 강기슭에서 오록스를 바라보고 있다. 그것을 사냥해야 한다. 쉬운 일이 아니다. 우리 무리는 숫자도 몇 되지 않는 데다가 며칠 동안 제대로 먹지도 못했고 너무 추워서 몸을 가누기조차 힘들 정도다.
불과 수십 미터 떨어진 곳에 한 무리의 크로마뇽인이 나타났다. (중략) 크로마뇽인 꼬마는 짙은 속눈썹에 우락부락한 몸매 그리고 털이 무성한 우리 얼굴을 보고 겁이 났겠지만 정작 두려운 것은 우리다. 크로마뇽인에게 당했다는 소문이 우리 네안데르탈인 사이에 심심치

의대입시독서는 달라야 합니다

않게 들렸던 것이다. 크로마뇽인 사내는 우리를 향해 창을 흔든 후 어깨를 한번 들썩이고는 자기 가족을 데리고 가던 길을 간다. 휴, 다행이다.

왜 우리 네안데르탈인은 점점 사라지는 것인가? 과연 우리는 얼마나 더 살 수 있을까?(137~138쪽)

그 답을 찾아가기 위해 저자는 지구의 역사를 총 3개 장으로 보여줍니다. 오늘날 인류의 멸종 위기를 담은 '기후위기의 시간', 대멸종으로 공룡이 사라지고 호모사피엔스가 지구 최고의 포식자로 등극하는 과정을 담은 '호모 사피엔스의 시간', 지구와 생명이 탄생하는 경이로운 순간들을 담은 '생명 탄생의 시간'으로 나눠 방대한 역사를 서술합니다.

지구는 46억 년 동안 다섯 번의 대멸종을 겪었습니다. 그리고 지금 여섯 번째 대멸종을 지나고 있는 중입니다. 지난 다섯 번의 대멸종이 일어난 원인은 결국 기후변화였습니다. 멸종 당시 생명체들은 기후변화에 속수무책이었습니다. 화산이 터지고, 대륙이 움직이고, 운석이 충돌하는 것을 막을 수 없었기 때문입니다. 그런데 우리가 겪고 있는 여섯 번째 대멸종은 좀 다르다고 합니다. 지금의 기후변화는 자연적인 현상이 아니라 인류 활동의 결과이기 때문입니다. 저자는 기후위기를 극복하는 데 필요한 대부분의 기술이 이미 우리에게 있기에, 의지만 있다면 여섯 번째 대멸종을 극복할 수 있다고 희망을 전합니다.

6,600만 년 전 육상의 공룡을 전멸시켰던 다섯 번째 대멸종마저 상

어를 몰살시키지는 못했다. 우리 상어의 생존은 단순한 행운이 아니다. 그렇다고 대격변에 맞서서 싸운 불굴의 생존 의지의 결과도 아니다. 사람들이 나쁘게 평가하는 '기회주의'라는 성품 때문에 살아남았다. 일관된 입장 없이 그때그때 상황에 따라 자신에게 이로운 쪽으로 행동하는 것을 기회주의라고 한다. 인간사에서 기회주의자는 신념과는 상관없이 유리한 쪽에 빌붙는 사람을 뜻한다. 하지만 자연사에서 기회주의는 생존을 위한 핵심역량이다. 우리가 네 차례의 대멸종을 견뎌낸 것은 오로지 태초부터 우리를 정의해온 진화적 강점, 즉 기회주의적인 적응력 때문이다.(282쪽)

 **생기부 세특 예시**

도시 소음이 커지면서 매미 울음소리가 더 커졌다는 가설의 타당성을 논의하며 롬바르드 효과처럼 생물의 환경 적응 측면에서 타당하다는 주장을 검토해 봄. 매미가 번식을 위해 소음을 증폭시킨다는 주장에 대해 가설이 틀리다면, 도시의 '열섬 현상'과 녹지 증가로 인한 매미 개체수 증가 또는 특정 '시끄러운 매미 종'의 우점화, 심지어 인간의 '인지 변화'도 원인이 될 수 있다고 다양한 각도에서 분석해 봄. 가설 검증은 통제된 환경에서 매미 울음소리와 배경 소음의 상관관계를 측정하는 실험으로 가능하며, 반증을 위해 소음과 울음소리 간 유의미한 관계가 없거나 다른 요인을 입증해야 한다고 지적하며 과학적 가설 설정과 검증, 다면적 사고 능력을 키움. '찬란한 멸종(이정모)'에서

의대입시독서는 달라야 합니다

인류 멸망이 예견되는 2150년부터 지구 탄생까지 시간을 거슬러 오르는 역방향 서사를 통해 46억 년 지구 역사를 탐구하고 AI와 과거 생명체들의 시점으로 공룡, 네안데르탈인 등 다섯 번의 대멸종을 평가해 봄. 진행 중인 여섯 번째 대멸종이 과거와 달리 인류 활동으로 인한 기후변화가 원인임을 평가하며 기후위기를 극복할 기술은 이미 존재하므로 인간의 의지에 따라 미래를 바꿀 수 있다는 희망에 대해 지속 가능한 공존의 길을 모색함.(1,499Byte, 띄어쓰기 포함 621자)

도시 소음이 커지면서 매미 울음소리가 더 커졌다는 가설의 타당성을 논의하며 롬바르드 효과처럼 생물의 환경 적응 측면에서 타당하다는 주장을 검토해 봄. 매미가 번식을 위해 소음을 증폭시킨다는 주장에 대해 가설이 틀리다면, 도시의 '열섬 현상'과 녹지 증가로 인한 매미 개체수 증가 또는 특정 '시끄러운 매미 종'의 우점화, 심지어 인간의 '인지 변화'도 원인이 될 수 있다고 다양한 각도에서 분석해 봄. 가설 검증은 통제된 환경에서 매미 울음소리와 배경 소음의 상관관계를 측정하는 실험으로 가능하며, 반증을 위해 소음과 울음소리 간 유의미한 관계가 없거나 다른 요인을 입증해야 한다고 지적하며 과학적 가설설정과 검증, 다면적 사고 능력을 키움.(880Byte, 띄어쓰기 포함 362자)

'찬란한 멸종(이정모)'에서 인류 멸망이 예견되는 2150년부터 지구 탄생까지 시간을 거슬러 오르는 역방향 서사를 통해 46억 년 지구 역사를 탐구하고 AI와 과거 생명체들의 시점으로 공룡, 네안데르탈인 등 다섯 번의 대멸종을 평가해 봄. 진행 중인 여섯 번째 대멸종이 과거와 달리 인류 활동으로 인한 기후변화가 원인임을 평가하며 기후위기를 극복할 기술은 이미 존재하므로 인간의 의지에 따라 미래를 바꿀 수 있다는 희망에 대해 지속 가능한 공존의 길을 모색함.(618Byte, 띄어쓰기 포함 528자)

《도덕경제학》 | 새무얼 보울스

" 왜 경제적 인센티브는 선한 시민을
대체할 수 없는가 "

분량 ★★★	내용 ★★★★	활용 ★★★★

📝 〈2016학년도 서울대 수시 의과대학 면접 제시문 5, 6〉

아래 두 개의 글을 읽고, 준비된 원고지에 각 제시문의 주제를 각각 한 문장으로
작성하세요.(준비시간 10분을 별도로 제공)

📋 제시문 [5]

수년 전 학년 초였다. 첫 자치활동(自治活動)이 있는 날이었다. 반장을 교무실로
불러 학급회의(學級會議)를 잘 이끌어 보라고 주문했다. 학급 규칙(規則) 같은
것을 정해서 우리만의 제대로 된 학급 자치(自治)를 이뤄보는 게 어떨까 싶어서
였다. 모두가 흔쾌히 응했다.

학생들은 회의를 제법 진지하게 진행했다. 나는 회의 중간에 교무실로 돌아왔다.
회의가 끝나고 반장이 결과(結果)를 알려주었다. 회의록을 살펴보니 벌금제(罰
金制)가 중심이었다. 무단 지각(遲刻) 벌금 얼마, 야간 자율학습 무단 결과(缺課)
벌금 얼마 등의 식이었다.

벌금제(罰金制)라 학생들에게 제법 효과가 있을 것 같았다. 잘하면 많은 담임교사들의 꿈이기도 한 무지각(無遲刻)·무조퇴(無早退)·무결석(無缺席)의 한 해를 만들 수도 있겠다고 생각했다. [중략]

벌금제(罰金制) 운영의 결과(結果)는 기대와는 전혀 딴판으로 나왔다. 지각(遲刻)하는 학생들이 줄지 않았고, 야간 자율학습에 무단으로 빠지는 학생들도 늘어났다. 물론 다른 반과 비교하면 많은 편이 아니었지만 벌금제(罰金制)를 운영하는 학급이라고 말하기가 무색할 정도였다.

미나(가명)는 그 해의 잊지 못할 학생이다. 전 학년 담임선생님의 말씀에 따르면, 미나는 평소에 수시로 지각(遲刻)하고 결석(缺席)하는 학생이었다. 학년 초에 미나는 지각(遲刻)과 결석(缺席)을 하지 않았다. 그러나 묵은 습관 때문이었을까. 미나는 지각(遲刻)하는 날이 잦아졌다. 이삼일을 계속해서 학교에 늦게 올 때도 있었다.

"미나야, 요새 무슨 일 있는 거야?" 그날도 나는 진심으로 걱정하는 마음에 미나에게 물었다.

"아니요. 벌금 내면 되잖아요."

📑 제시문 [6]

수년 전 문을 연 서울 ○○동의 '베이비박스'에 대한 찬반논란이 해를 거듭할수록 치열해지고 있다. 자신의 집 담벼락에 '베이비박스'를 설치한 이○○ 목사는 '베이비박스'를 개설한 사연을 여러 언론 인터뷰를 통해서 알렸다. 어느 추운 날 한밤중에 익명의 남성으로부터 전화를 받았는데, 대문 앞에 아기바구니를 두고

갔다는 것이었다. 황급히 나간 그는 아기바구니가 놓인 것을 발견했고, 바로 그 순간 고양이가 아기바구니 옆을 휙 지나가는 것을 목격했다는 것이다. 버려지는 아이를 추위와 고양이의 공격으로부터 보호해야겠다는 생각에 '베이비박스'를 설치했다고 한다.

'베이비박스'는 버려지는 아기의 생명과 안전을 생각하는 선의와 사랑으로부터 우러나온 결과물임에 틀림이 없다. 더 나아가 이○○ 목사는, 서울 변두리의 한 유적한 골목에 자리 잡고 있는 이 '베이비박스'가 전국적인 지명도를 획득하면서 밀려들기 시작한 어린 생명들을 밤낮을 가리지 않고 온 정성을 다해 돌보고 있다. 한밤중 벨이 울리면 잠옷 바람으로 달려 내려가 아이를 안아내는 이○○ 목사의 모습은 이제 더 이상 낯설지 않다. 때로는 미숙아, 탯줄도 갈무리되지 않은 아기, 장애아동도 있다. 버려진 아이들을 돌보는 일 그 자체의 선함에 대해서 시시비비하는 일은 옳지 않다.

그러나 불행하게도 찬반논란이 가열되고 있는 것이 현실이다. 한쪽에서는 이 일은 긴급한 일일 뿐 아니라 선하고 아름다운 일이니 전국적으로 10개소 이상 확산해서 설치할 필요가 있다고 말한다. 다른 한쪽에서는 '베이비박스'의 출현은 우리 사회의 아동양육시스템이 병들고 고장 났다는 사실을 드러내어 주는 일일 뿐 아니라, '베이비박스' 그 자체가 아동유기를 조장할 수 있으므로, 우리 사회의 아동양육시스템을 전방위적으로 재구성하는 일이 필요하다고 주장한다.

둘 다 틀린 이야기가 아니다.

'베이비박스'를 운영하는 교회 측에서는 아동들이 '베이비박스'에 들어오는 즉시 관할 구청에 신고해야 하고 ○○구청에서는 '베이비박스'로 공무원을 보내 이 아동들을 거기에서 데리고 나와 서울에 산재한 아동보육원으로 재배치한다. 국내외를 막론하고 '베이비박스'의 이○○ 목사가 이 모든 아이들을 돌보는 것으로 알려져 있는데, 실제로는 '베이비박스'가 이 아동들의 양육에 책임을 지지는 않는다. 그럼에도 불구하고 '베이비박스'에 대한 언론보도는 '베이비박스'의 존재를 전 세계적인 수준의 아동구호체계로 각인시켰다. 미국에서는 이 '베이비박스'를 후원하는 재단이 설립되었고, '베이비박스'가 존재하지 않았으면 이 아이들은 죽었을 것이라는 주장을 담은 다큐멘터리 영화가 제작되었다. 하지만 '베이비박스'가 세계적 수준의 인지도 상승과 후원금의 쇄도라고 하는 엄청난 선의와 사랑의 혜택을 누리는 동안, '베이비박스'에 유기되었던 아동들은 그 아동의 친모나 가족의 기대와는 달리, 난방도 제대로 안 되고 수돗물이 없어 지하수로 우유를 타 먹이는 열악한 아동보육시설들로 보내지고 있다.

질문 1. 두 제시문에 제목을 붙여 보세요.

답변 : 제시문 [5]의 제목은 '벌금제의 역설' 또는 '의도치 않은 자치의 부작용'입니다. 제시문 [6]의 제목은 '선의의 딜레마, 베이비박스' 또는 '선의와 현실의 괴리'입니다.

질문 2. 두 제시문의 공통점은 무엇이라고 생각하나요?

답변 : '선의의 의도나 바람직한 목적을 가지고 시작된 시스템이나 행위가 예상치 못한 부정적인 결과나 딜레마를 초래한다'입니다. 학급의 벌금제는 규칙 준수라는 좋은 의도와 달리 오히려 학생들이 벌금을 비용으로 인식하며 무단 행위를 늘렸고, 베이비박스는 생명 보호라는 숭고한 선의에도 불구하고 아동 유기를 조장한다는 비판과 열악한 실제 보호 환경의 괴리에 직면했기 때문입니다.

의대입시독서는 달라야 합니다

질문 3. 두 제시문을 묶어서 하나의 제목을 붙여 보세요.

답변 : '선의의 역설과 시스템의 딜레마' 또는 '의도치 않은 결과를 낳는 선의'입니다.

질문 4. 각 제시문에서 문제점이 무엇이고, 어떻게 해결해야 한다고 생각하나요?

답변 : 제시문 [5]에서 학급 벌금제는 벌금이라는 처벌이 학생들에게 '비용을 지불하면 허용되는 행위'로 인식되어 도덕적 해이를 불러왔습니다. 학급 규칙 준수라는 본래의 교육적 의미를 퇴색시켰습니다. 따라서 벌금제를 단순히 금전적 제재가 아닌 교육적 대안으로 전환해야 합니다. 예를 들어, 규칙 위반 시 벌금 대신 공동체를 위한 봉사 활동이나 토론을 통한 책임감 부여 등 대안적인 교육 방식을 적용해야 합니다. 또한 학생들이 규칙 제정 과정에 진정으로 참여하고 그 필요성을 공감하게 함으로써 자율성을 바탕으로 한 책임감을 함양하도록 유도해야 합니다.

제시문 [6]에서 베이비박스는 생명 보호라는 긍정적인 목적에도 불구하고, 아동 유기를 조장할 수 있다는 사회적 논란을 야기합니다. 실제 아동들이 열악한 보육 환경에 놓이게 되는 사회 시스템의 미비점을 드러냅니다. 또한 언론 보도로 인해 대중의 인식이 현실과 괴리되는 문제도 큽니다. 그러므로 베이비박스의 존재 자체를 논하기에 앞서, 아동 유기가 발생하는 근본적인 사회·경제적 원인(미혼모 지원 부족, 양육 부담 등)을 해결하기 위한 포괄적인 시스템을 강화해야 합니다. 출산 및 양육 지원, 상담 서비스 확충 그리고 버려진 아동이 양질의 보호를 받을 수 있는 공공 보육 인프라 확충이 시급합니다. 또한 언론은 베이비박스에 대한 선의만 강조하기보다는, 현실적인 문제점과 아동 복지 시스템의 실상을 균형 있게 보도하여 사회 전체가 근본적인 해결책을 모색하도록 해야 합니다. 두 제시문은 단순한 해결책보다는 복잡한 사회적, 심리적 맥락을 고려한 다각적인 접근이 필요함을 보여주고 있습니다.

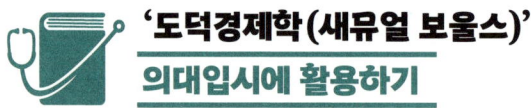

'도덕경제학(새뮤얼 보울스)' 의대입시에 활용하기

'도덕경제학(새뮤얼 보울스)'의 저자는 '왜 경제적 인센티브가 선한 시민을 대체할 수 없는가?'라고 묻습니다. 30년 동안 여러 동료 학자들과 연구하고 토론하며 다양한 연구와 사례 분석을 통해 촘촘히 논증해낸 결과물을 담았는데, 보상, 처벌, 규칙으로 통제할 수 없는 인간 행동의 비밀을 파헤칩니다.

2001년 보스턴 시 소방청장은 소방대원들의 병가가 이상하게도 월요일과 금요일에 몰려 있다는 사실을 발견한다. 그래서 그해 12월 1일 무제한 유급 병가제도를 폐지한다. 대신 연간 유급 병가를 최대 15일로 제한하고 이를 초과하면 그만큼 급여에서 삭감하도록 했다. 소방청장의 의도대로라면 새롭게 도입된 인센티브 정책에 따라 소방대원들의 병가가 줄어들어야 했다. 현실은 어떠했을까? 소방관들은 같은 해 크리스마스와 새해 첫날 전해에 비해 무려 열 배가 넘는

병가 신청을 내며 제도에 저항했다.

그러나 소방청장은 물러서지 않았다. 보복조치로 소방대원들에게 지급하던 휴가 보너스를 폐지했다. 소방대원들도 물러서지 않았다. 이듬해 소방대원들이 신청한 병가 일수는 총 1만 3,431일로 아무런 제한이 없던 전해의 6,432일보다 2배 이상 늘어났다. 많은 소방대원이 새로운 인센티브 제도에 모욕감을 느꼈고, 제도를 남용하는 것으로 대응했다. 이들은 앞서 자신들이 갖고 있던 윤리의식, 즉 부상을 당하거나 몸 상태가 좋지 않더라도 공공을 위해 일해야 한다는 신념을 버렸다.(41쪽)

결과만 놓고 보면 얼핏 멍청하기까지 보이는 소방청장의 인센티브 제도는 사실 오랫동안 우리 사회를 지배해 온 이론을 반영한 결과입니다. 마키아벨리로부터 흄을 거쳐 근대 경제학에 이르는 동안 많은 사상가들은 제도(법질서 혹은 시장)를 설계할 때 이로부터 영향을 받게 될 '시민들은 부정직하며 자신의 이익 말고는 어떤 다른 지향도 갖지 않는다'고 전제했습니다. 따라서 개인들은 이기적인 선택을 한다는 전제하에 보상과 처벌을 중심으로 하는 제도를 만들어야 한다고 주장했습니다. 그러나 보스턴 소방대의 사례처럼 경제학의 신성불가침한 전제로 여겨지는 '이기적 인간'이란 명제가 현실에서 제대로 작동하지 않을 때가 많습니다.

근 반세기 사이에 '보이지 않는 손'을 맹신하는 불평등한 시장구조가 전 세계적으로 확산되면서 불평등, 차별, 공정의 문제를 일으키고 있습니다. 19~20세기 자유주의 확대를 가져온 시민의 덕성과 연대를 복원하고, 약자와 취약 계층을 보호하는 인센티브 제도를 갖춘 사회일수록 공정한 사회가 될 수 있다는 메시지는 큰 울림으로 다가옵니다.

인센티브는 사람들의 행동을 바람직한 방향과 수준으로 이끌기 위해 고안됩니다. 쉽게 말해 잘하면 상을 주고, 못하면 벌을 주는 것이 인센티브입니다. 우리는 어렸을 때부터 인센티브에 둘러싸여 살아갑니다. 교육기관은 학생들의 학업을 독려하기 위해 상장을 수여하는 등 여러 인센티브를 만듭니다. 회사는 노동자의 생산성을 높이기 위해 적절한 성과급 체계를 설계합니다. 일상에서도 이런 인센티브는 쉽게 접할 수 있습니다. 약속 시간에 늦지 않도록 벌금을 매기거나 자녀가 책을 읽으면 용돈을 줍니다. 이 모든 원리가 인센티브입니다.

하지만 인센티브가 의도대로 작동하는지에 대해서는 의견이 분분합니다. 상이나 돈 등 물질적 보상의 결과를 측정하기 어렵고, 제도가 제대로 작동하는 것처럼 보이더라도 진정한 동기가 왜곡(용돈을 받기 위해 책을 읽는다)되기도 합니다. 사람들의 행동을 원하는 방향으로 이끌기 위해 인센티브를 제공했는데, 그 효과가 제대로 나타나지 않거나 효과가 반대로 나타나는 경우를 가리켜 '몰아냄 효과'가 발생했다고 합니다. 저자는 사람들은 보상과 벌금이라는 인센티브를 주지 않더라도 타인을 도우려는 성향이 있으며, 인간 본성의 이타심에 호소하지 않더라도, 자신의 행동이 타인에 미치는 영향을 고려해 자신의 행동을 제어하는 존재라고 말합니다. 그런데 경제적 인센티브가 이런 인간의 성향을 '몰아내는' 경우가 종종 있습니다.

《도덕경제학》은 몰아냄 효과를 여러 연구를 통해 증명하고 이를 통

　　　　　　　　　의대입시독서는 달라야 합니다

해 우리가 오해하고 있었던 인센티브와 인간 행동의 상관관계를 밝혀낸다.

첫째, 인센티브는 인센티브를 설계하거나 제공하는 사람이 상대방을 어떻게 인식하고 있는지를 알려준다. 예컨대, 특정 행동에 대해 벌금과 처벌이라는 인센티브를 설계하게 되면, 그 제도를 적용받는 사람들이 감시나 벌금 없이는 올바른 행동하지 않을 것이라고 생각하고 있다는 정보가 함께 전달된다. 이렇게 인센티브와 함께 전달되는 '불쾌한' 정보 때문에 사람들 사이의 관계가 손상되고, 이것이 앞에 살펴본 보스턴 소방대의 사례처럼 나쁜 결과를 낳기도 한다.

둘째, 경제적 인센티브는 자칫 도덕적인 판단 없이 이기적인 선택만으로 의사결정을 해도 된다는 사인을 주어 뜻하지 않은 결과를 가져오기도 한다. 특히 경쟁이 극심한 상황에서 금전적 인센티브가 제공되면 사람들에게 무의식적으로 도덕과 거리두기를 해도 좋다는 식의 맥락적 암시(여기는 시장이다. 네 맘대로 이익에 따라 행동해도 된다!)를 주게 된다.

셋째, 인센티브는 내 행동이 자율적인 의사결정에 의해서가 아니라 외부에서 강제되는 요인에 의해 이루어진다고 생각하게 만듦으로써 더 이상 자발적인 행동을 하지 않게 만든다. 예를 들어 아이들에게 계속 상을 주면 상을 주지 않아도 흔쾌히 했던 일에 더 이상 의미나 흥미를 두지 않게 되는 경우가 있는데, 세 번째 효과가 지칭하는 바가 이것이다.

이처럼 가장 효과적인 방법이라고 여겨지는 보상, 처벌 중심의 경제적 인센티브는 인간의 이타적 본성을 마비시키고 때론 의도하지 않

은 역효과를 불러오기도 한다.(330쪽)

　인센티브 제도로 대표되는 자본주의 시장은 인간의 도덕적, 윤리적 행동을 줄어들게 만들고, 궁극적으로 우리 사회를 이기적인 사람으로 가득한 불공정한 사회로 변화시킬까요? 저자는 오히려 아니라고 답합니다. 산업화 이후 여러 사상가들이 시장이 확대되면 도덕성이 쇠퇴할 것이라고 우려했습니다. 인센티브의 몰아냄 효과를 보더라도 이런 우려는 일견 타당해 보입니다. 그런데 저자는 여러 역사적 사례와 실험을 통해 자본주의의 역사가 길고 시장이 지배적인 사회일수록 시민적 덕성이 더 잘 관찰되었음을 증명해 냅니다. 자본주의의 역사가 오래된 나라일수록 왜 도덕적 시민이 더 많이 발견될까요?

　저자는 시장이 도덕적 덕성을 몰아내는 경향을 갖고 있지만 자본주의 발달(시장의 확대)과 함께 등장한 국가적 차원의 제도적 토대들(국가적 차원의 사회보험, 자유주의적 법치 등)이 시민적 덕성을 함양하는 (혹은 도덕적 행동에 따르는 비용을 감소시키는) 경향을 갖기 때문이라고 설명합니다. 무한 경쟁이 펼쳐지는 시장이 비록 인간의 도덕적 행동을 몰아내기는 하지만, 역사적으로 시장의 확장은 족벌이나 일부 계층이 좌우하던 닫힌 사회를 변화시켰기 때문입니다. 지리적, 직업적 이동성과 법치 같은 자유주의 사회의 여러 측면이 시민적 덕성을 유지시키고, 사회적 질서를 보존하는 데 기여하기 때문입니다.

　의대입시독서는 달라야 합니다

선의의 의도나 시스템이 예상치 못한 부정적 결과나 딜레마를 초래하는 현상을 토의하며 학생 자치를 위해 도입된 '벌금제'가 오히려 지각을 늘려 도덕적 해이를 초래하는 '벌금제의 역설'을 지적함. 학생들에게 벌금이 규칙 위반의 '비용'으로 인식된 문제의 해결책으로 교육적 대안 마련과 학생들의 진정한 자율성을 통한 책임감 함양을 제시함. '베이비박스'도 생명 보호라는 숭고한 선의에도 불구하고 아동 유기를 조장한다는 비판을 받고 선의와 현실의 괴리를 나타내므로 근본적 해결을 위한 미혼모 지원 확대, 양육 시스템 강화 등 사회 전반의 제도 개선이 필요함을 시사함. 복합적인 문제에 대한 단순한 해결책보다는 다각적인 접근의 중요성을 배움. 관련 독서 활동으로 추천도서 '도덕경제학(새뮤얼 보울스)'을 통해 경제적 인센티브가 오히려 인간의 도덕성과 이타심을 해치는 '몰아냄 효과'를 탐구해 봄. 보스턴 소방관 사례처럼 처벌이나 보상은 때로는 의도와 달리 사람들의 신뢰를 손상시키고 이기심을 부추겨 자발적 행동을 감소시키는데 자본주의 발전과 함께 형성된 사회적 제도들이 역설적으로 시민적 덕성을 함양한다는 주장에 대해 시장과 인간 행동의 복잡한 상관관계를 분석해봄.(1,498Byte, 띄어쓰기 포함 606자)

선의의 의도나 시스템이 예상치 못한 부정적 결과나 딜레마를 초래하는 현상을 토의하며 학생 자치를 위해 도입된 '벌금제'가 오히려 지각을 늘려 도덕적 해이를 초래하는 '벌금제의 역설'을 지적함. 학생들에게 벌금이 규칙 위반의 '비용'으로 인식된 문제의 해결책으로 교육적 대안 마련과 학생들의 진정한 자율성을 통한 책임감 함양을 제시함. '베이비박스'도 생명 보호라는 숭고한 선의에도 불구하고 아동 유기를 조장한다는 비판을 받고 선의와 현실의 괴리를 나타내므로 근본적 해결을 위한 미혼모 지원 확대, 양육 시스템 강화 등 사회 전반의 제도 개선이 필요함을 시사함. 복합적인 문제에 대한 단순한 해결책보다는 다각적인 접근의 중요성을 배움.(906Byte, 띄어쓰기 포함 368자)

'도덕경제학(새뮤얼 보울스)'을 통해 경제적 인센티브가 오히려 인간의 도덕성과 이타심을 해치는 '몰아냄 효과'를 탐구해 봄. 보스턴 소방관 사례처럼 처벌이나 보상은 때로는 의도와 달리 사람들의 신뢰를 손상시키고 이기심을 부추겨 자발적 행동을 감소시키는데 자본주의 발전과 함께 형성된 사회적 제도들이 역설적으로 시민적 덕성을 함양한다는 주장에 대해 시장과 인간 행동의 복잡한 상관관계를 분석해 봄.(551Byte, 띄어쓰기 포함 221자)

의대입시독서는 달라야 합니다